从0开始 跨境电商实训教程

阿里巴巴（中国）网络技术有限公司 ◎ 编著

電子工業出版社
Publishing House of Electronics Industry
北京•BEIJING

内 容 简 介

本书以实训指导的方式，针对有志于从事跨境电商工作的院校学员和从业人员，从0开始，全真与实战并蓄，详细解析了跨境电商的运营知识。本书中关于阿里巴巴国际站后台的操作均来自于最新的真实平台，读者完全可以将本书与网站进行全真对照学习，整体内容通俗易懂。同时，本书内容与阿里巴巴国际站里的培训资源形成有益互动，在完成本书启蒙性的学习过程中，还可以从peixun.alibaba.com网站获得海量的基础版、高级版的学习资源。学习完毕后，读者可以在此网站进行跨境电商人才认证考试，获得人才资格认证后，即可真正融入跨境电商生态圈。

不论你是有意向进入跨境电商行业的传统外贸企业的外销员，还是跨境电商的行业新手，本书都将有助于你成为掌握国际贸易入门知识和跨境电商平台操作基础的跨境电商初级人才。

图书在版编目（CIP）数据

从0开始：跨境电商实训教程 / 阿里巴巴（中国）网络技术有限公司编著. —北京：电子工业出版社，2016.10

ISBN 978-7-121-28729-9

Ⅰ. ①从… Ⅱ. ①阿… Ⅲ. ①电子商务－教材 Ⅳ.①F713.36

中国版本图书馆CIP数据核字(2016)第204123号

策划编辑：张彦红
责任编辑：石 倩 郑柳洁
印　　刷：中国电影出版社印刷厂
装　　订：三河市良远印务有限公司
出版发行：电子工业出版社
　　　　　北京市海淀区万寿路173信箱　邮编 100036
开　　本：787×980　1/16　印张：25.75　字数：457.6千字
版　　次：2016年10月第1版
印　　次：2021年4月第22次印刷
印　　数：38001～39000册　定价：69.80元

凡所购买电子工业出版社图书有缺损问题，请向购买书店调换。若书店售缺，请与本社发行部联系，联系及邮购电话：（010）88254888，88258888。

质量投诉请发邮件至 zlts@phei.com.cn，盗版侵权举报请发邮件至 dbqq@phei.com.cn。

本书咨询联系方式：010-51260888-819，faq@phei.com.cn。

前　言

有一个有趣的现象——“几乎每本书的前言都是最后写就的”。本书也不例外，前言就是本书诞生的小历史。

从一年前因为市场的大量需求开始考虑编写本书，到半年前正式开始，历经网络讨论会、大纲的确定、初稿的编写、统稿再反复修改，直至现在成书，本书经历了一个“从0开始”的过程，所以当讨论本书的最终书名时，《从0开始——跨境电商实训教程》获得了一致通过。

正如书名，本书作为阿里巴巴跨境电商人才认证的第一本官方指定教材，它适用于一切跨境电商需要“从0开始”的企业和从业人员，因此不论你是有意向进入跨境电商行业的传统外贸企业的外销员，还是跨境电商的行业新手，本书都将有助于你成为掌握国际贸易入门知识和跨境电商平台操作基础的跨境电商初级人才。所以本书可作为高校开课教材、自考阿里认证学习教材、跨境电商人才上岗的基础资格证书培训教材、外贸企业跨境电商知识培训的基础教材等使用。

亦如书名，本书对于跨境电商理论和实战两个部分均有所兼顾，在章节的安排上，本书共分为三大部分，第一部分：跨境电商理论基础，这部分共有两章，第1章跨境电商概述和第2章国际贸易基础；第二部分：跨境电商实务操作，这部分由第3章阿里巴巴国际站入门、第4章店铺建设及营销、第5章商机获取及订单处理构成，这部分内容既兼顾了平台的操作基础，又介绍了相当多的实务操作技巧，极具实操性；第三部分：跨境电商风险与安全，这部分作为前面两个部分的额外补充，由第 6 章阿里巴巴平台规则、第 7 章国际贸易风险及安全构成。

本书在诞生过程中做了一些创新性尝试，这突出表现在编者的构成上。参与本书编写和审核的作者分为三类，分别为大学国际贸易专业相关教师、阿里认证讲师和阿里代运营服务公司的老师。大学老师对国际贸易和启蒙教学很有经验；阿里认证讲师则奋战在外贸前线多年，具有丰富的实战经验；而阿里代运营服务公司的老师对阿里巴巴国际站非常了解，深谙跨境 B2B 平台的操作。三方通力合作，发挥各自所长，终成此书，所以本书具备了一些不同于其他书籍的特点。

1．全真与实战并蓄。本书中关于阿里巴巴国际站后台的操作均来自于最新的真实平台，读者完全可以将本书与网站进行全真对照学习，整体内容通俗易懂。本书的第二部分跨境电商实务操作构成了本书的主体内容，主要由阿里认证讲师和代运营服务公司的老师完成，注重实战技巧的提炼，这些实战技能同样也适用于阿里巴巴国际站之外的跨境电商平台。

2．网络资源与书籍资源的互动。本书内容与阿里巴巴国际站里的培训资源形成有益互动，在完成本书启蒙性的学习过程中，还可以从 peixun.alibaba.com 网站获得海量基础版、高级版的学习资源。网站中既有视频资源，又有 PPT 演示文稿，还有论坛分享，形式多样。本书起着“师傅领进门”，网站则起到“修行在个人”的作用。

3．学习与考证兼得。学完本书后，读者可以在 peixun.alibaba.com 网站进行跨境电商人才认证考试。获得人才资格认证后，即可真正融入跨境电商生态圈。

最后，感谢为此书付出辛勤劳动的人们，阿里巴巴国际事业部 ICBU 百城千校项目组；编者周晓琛（南京工业大学教师，第 1 章及第 5 章 5.4 节编者）、严杰（资深外贸人，第 2 章编者）、黄勇（杭州赛群培训讲师，第 3 章、第 4 章编者）、杨海峰（南京工业大学教师，第 1 章及第 5 章 5.1 节编者）、孟娇（山东网商集团大学培训教师，第 5 章 5.2 节和 5.3 节编者）、刘晓玲（资深外贸人、第 5 章 5.5 节和 5.6 节编者）、柯丽敏（杭州师范大学教师，第 6 章和第 7 章编者）。并特别感谢为本书逐字逐句推敲审核的老师们，阿里巴巴国际事业部信保团队的夏莹、孙当当、张然、张鑫龙；国际事业部服务团队的于洋、陈玲、龙梦薇、赵倩倩；外贸圈名人堂资深外贸人 Anna 姐；百城千校人才项目服务商广州大洋的刘晓玲、莫嘉敏、刘丹；西安盛园的李扬老师。感谢阿里巴巴国际事业部安全风控团队的赵磊协助提供大量的国际贸易诈骗与风险处理的实际案例。

正是由于我们的共同努力，本书才得以付梓。谢谢！

本书编委会

执笔人：周晓琛

2016 年 8 月

轻松注册成为博文视点社区用户（www.broadview.com.cn），您即可享受以下服务：

- 提交勘误：您对书中内容的修改意见可在【提交勘误】处提交，若被采纳，将获赠博文视点社区积分（在您购买电子书时，积分可用来抵扣相应金额）。
- 与作者交流：在页面下方【读者评论】处留下您的疑问或观点，与作者和其他读者一同学习交流。

页面入口：http://www.broadview.com.cn/28729

二维码：

目 录

第1章

跨境电商概述

本章学习目标

- 了解跨境电商的概念和流程
- 了解跨境电商发展状况及趋势
- 熟悉主流跨境电商平台
- 熟悉 B2B 跨境电商出口平台与阿里巴巴国际站

知识重点

- 跨境电商的概念和趋势
- 跨境电商主流平台

在开始进行跨境电商业务和实际操作之前，我们首先要了解跨境电商的基本内容：

（1）到底什么是跨境电商？跨境电商与传统国际贸易有什么联系和区别？

（2）跨境电商在中国的发展状况如何？面对着世界上哪些市场？

（3）跨境电商有哪些新的发展趋势？我们如何利用这些趋势来快速发展壮大？

（4）主流的跨境电商平台有哪些？它们分别属于何种模式？我们所在的行业应该选择哪一个或者哪几个平台？

（5）阿里巴巴国际站（Alibaba.com）属于哪一类跨境电商平台？在阿里巴巴集团的跨境电商体系中拥有什么样的地位？我们为什么要选择阿里巴巴国际站？

本章将对上面这些问题逐一进行阐述。

1.1 跨境电商概述

1.1.1 跨境电商的概念

跨境电商（Cross-border E-commerce）脱胎于“小额外贸”，始于 2005 年，最初是以个人为主的买家借助互联网平台从境外购买产品，通过第三方支付方式付款，卖家通过快递完成货品的运送。发展到今天，从涵盖的范围来看，跨境电商有以下三层含义：

从狭义上看，跨境电商是指分属于不同关境的交易主体，借助互联网络达成交易，进行支付结算，并采用快件、小包等行邮的方式通过跨境物流将商品送达消费者手中的交易过程。这一过程基本等同于跨境零售。从海关的统计口径来看，狭义的跨境电商就是在网上进行小包的买卖，其基本上针对终端消费者（即通常所说的 B2C 或者 C2C），但随着跨境电商的发展，一部分碎片化、小额批发买卖的小 B 类商家用户也成为消费群体（即 B2 小 B），由于这类小 B 商家和 C 类个人消费者在现实中很难严格区分和界定，因此狭义的跨境电商也将这部分纳入跨境零售内容。

从广义上看，跨境电商是指分属于不同关境的交易主体，通过电子商务的手段将传统进出口贸易中的展示、洽谈和成交环节电子化，并通过跨境物流送达商品，完成交易的一种国际商业活动。这一过程基本等同于外贸电商。广义的跨境电商统计对象以跨境电子商务中商品交易部分为主（不含服务部分），它既包含跨境电商交易中的跨境零售（狭义部分），又包含跨境电商 B2B 部分，其中 B2B 部分不但包括通过跨境交易平台实现线上成交的部分，还包括通过互联网渠道线上进行交易洽谈，促成线下实现成交的部分，它与传统外贸的交易流程存在较大区别。跨境电商 B2B 部分构成本书讲解的重点内容。

从更广意义上看，跨境电商泛指电子商务在国际贸易中的应用，是传统国际贸易商务流程的电子化、数字化和网络化，但凡涉及国际货物的电子贸易、在线数据传递、电子资金划拨、电子货运单证等方方面面的活动均在此范畴。概言之，在国际贸易环节中只要涉及电子商务应用均可称之为泛跨境电商。但这不是本书的研究内容。

1.1.2 跨境电商的流程

跨境电商出口的流程大体为：出口商/生产商将商品通过跨境电子商务企业（平台式或/及自营式）进行线上展示，在商品被选购下单并完成支付后，跨境电子商务企业将商品交付给境内物流企业进行投递，经过出口国和进口国的海关通关商检后，最终经由境外物流企业送达消费者或企业手中，从而完成整个跨境电商交易过程。在实际操作中，有的跨境电商企业直接与第三方综合服务平台合作，让第三方综合服务平台代办物流、通关商检等一系列环节的手续（如图 1-1 所示）。也有的跨境电商企业通过设置海外仓等方法简化跨境电商部分环节的操作，但其流程仍不脱如上框架。

跨境电商进口的流程除方向与出口流程的相反外，其他内容基本相同。

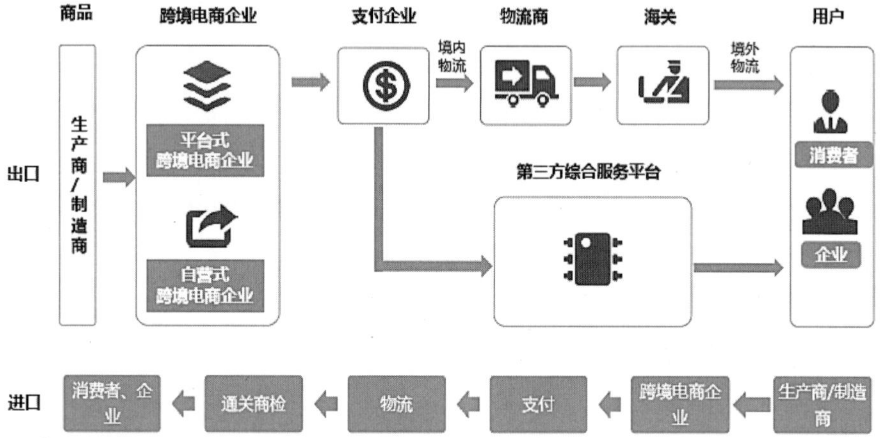

图 1-1　跨境电商的流程

可见，跨境电商兼具一般电子商务和传统国际贸易的双重特性，其贸易流程比一般电商贸易流程要复杂得多，它涉及国际运输、进出口通关、国际支付与结算等多重环节，也比传统国际贸易更需考虑国际展示和运营的电子商务特性。跨境电商在国际贸易领域也发挥着越来越重要的作用。

1.1.3 跨境电商的作用

跨境电商发展至今，是否只是把传统国际贸易的订购和支付步骤搬到了网上呢？显然不仅如此，跨境电商改变了整个国际贸易的组织方式，概括来说其主要作用有以下几点：

（1）促进贸易要素多边网状融合。随着全球范围内互联网技术、物流、支付等方面的迅猛发展与逐步完善，基于大数据、云计算等信息技术的提升与挖掘，国际贸易中的商品流、信息流、物流、资金流等要素在各国间的流动变得更为合理和有效。跨境电商使得各国间实现优势资源有效配置，提升购物效率和购物体验成为可能。消费者在 A 国的购物平台可以挑选来自全球的优质商品，选定后可以在 B 国的支付平台上结算，并选择 C 国的物流公司。跨境电商促进了贸易要素的配置从传统的双边线状结构向多边网状结构的方向演进。

（2）缩减国际贸易的贸易链条。传统国际贸易一般采取多级代理制，贸易链条较长，流通环节占用的利润较多，留给品牌、销售和金融等产业后端环节的利润相对较少，影响了产业的发展。跨境电商作为一种新型的国际贸易组织模式，它重塑中小企业国际贸易链条，实现多国企业之间、企业与小型批发商之间，企业与终端消费者之间及消费者与消费者之间的直接贸易，大大缩减了贸易中间环节，提升了企业整体的获利能力和竞争力（如图 1-2 所示）。

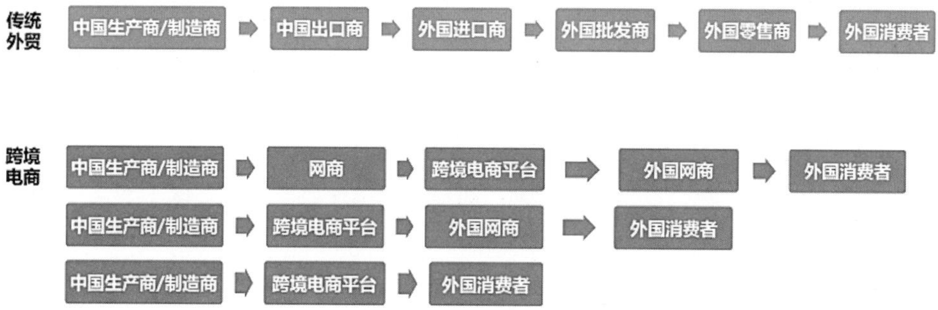

图 1-2 跨境电商贸易链条图

（3）提升国际贸易组织方式的柔性。近年来，国际贸易的组织方式发生较大的变化，它已由过去以大宗集中采购、长周期订单、低利润运营的刚性组织方式逐渐向小批量、高频次、快节奏的柔性组织方式转变。跨境电商在信息、技术方面的优势使得它比传统国际贸易更具灵活机动性，也使得企业或消费者能够按需采购、销售或者消费，多频次地购买成为可能。

（4）扩充国际贸易的交易对象"虚实"兼顾。传统国际贸易的交易对象多以实物产品和服务为主，其品类扩展往往受限。但随着跨境电商的迅速发展，以软件、游戏、音像等为代表的虚拟产品由于不涉及物流配送，交易瞬间完成，正成为跨境电商新一轮贸易品类的重要延伸方向。但虚拟产品的知识产权保护、海关监管的缺失、关税的流失等问题也为跨境电商虚拟产品贸易的发展带来了新的挑战。

1.2 跨境电商的发展状况及趋势

1.2.1 中国跨境电商的发展状况

1. 跨境电商交易规模持续高速增长

根据中国电子商务研究中心发布的《2015 年度中国电子商务市场数据监测报告》显示，2015 年中国跨境电商交易规模为 5.4 万亿元，同比增长 28.6%。而 2014~2011 年中国跨境电商交易规模的增长率也分别达到了 33.3%、31.3%、32%、40.1%，均远高于传统国际贸易增幅。商务部预测，2016 年中国跨境电商进出口贸易额将达 6.5 万亿元，未来几年跨境电商占我国进出口贸易的比例将会提高到 20%，年增长率仍将超过 20%（图 1-3）。

2015 年，我国外贸形势严峻，全国进出口总值 24.58 万亿元，同比（下同）下降 7%。其中，出口 14.14 万亿元，下降 1.8%；进口 10.45 万亿元，下降 13.2%。在这种情况下，跨境电商的发展成为了我国进出口贸易的最大亮点，也为我们从事跨境电商提供了非常好的机遇。

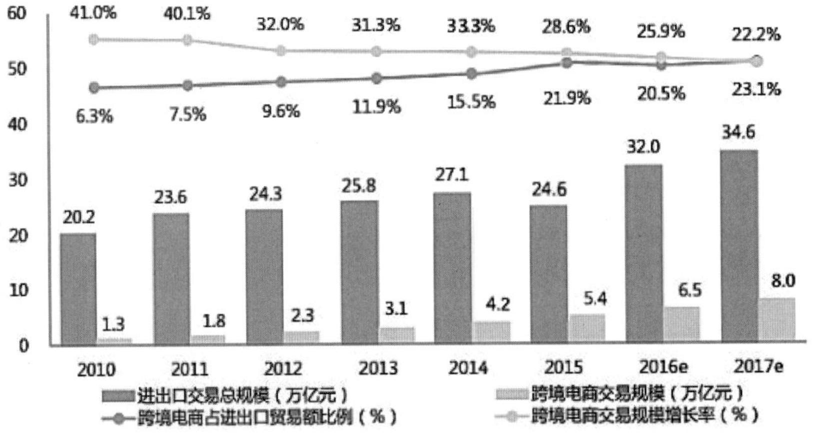

图 1-3 中国进出口贸易规模和跨境电商交易规模及预测

注释：中国跨境电商交易规模含跨境电商零售和跨境电商 B2B 两部分。

（资料来源：艾瑞咨询，其中 2014、2015 年数据根据实际有所调整，但此后数据没有随调）

2. 中国跨境电商出口额远超进口

中国电子商务研究中心的监测数据显示，2015 年中国跨境电商中出口交易规模达 4.49 万亿，占比达到 83.2%，进口占比为 16.8%，出口远超进口。造成这一现象的原因一方面因为中国跨境电商进口目前确实处于起步阶段，另一方面也因为大量的海外代购因为海关监管的缺失导致统计不完整所致。但值得注意的是，虽然跨境电商出口远超进口，但是其占比呈现逐年递减的态势，这一趋势随着国内对海外商品购买力的增加还会延续。即便如此，这并不能在短期内改变出口占绝对多数的基本格局，如图 1-4 所示。

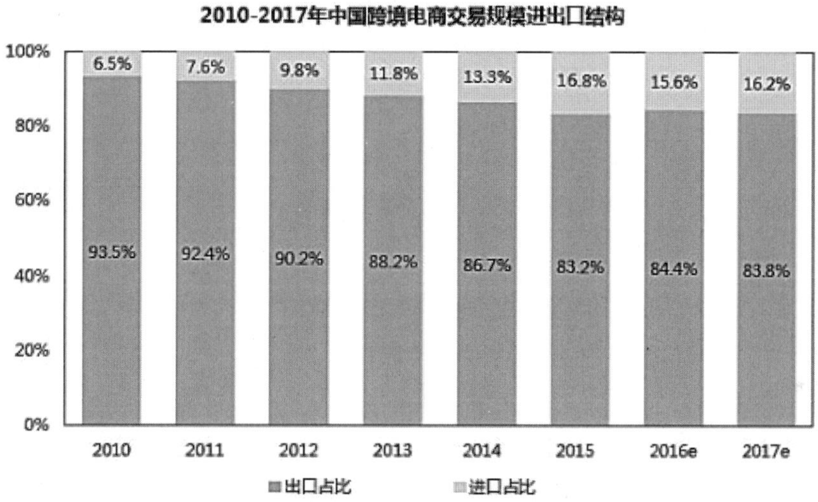

图 1-4　中国跨境电商进出口结构

（资料来源：艾瑞咨询，其中 2014、2015 年数据根据实际有所调整，但此后数据没有随调）

3. 中国跨境电商 B2B 占主流

中国电子商务研究中心的数据显示，2015 年中国跨境电商中，采用 B2B 交易模式的规模达到 4.55 万亿，占比 88.5%，跨境 B2C 占比为 11.5%，显然 B2B 模式占据主流（见图 1-5）。虽然从近几年的数据来看，B2B 占比呈现逐年递减之势，但由于跨境 B2C 模式存在物流服务跟不上、国际法务复杂等缺陷，而 B2B 交易量大，订单稳定，且处于相对较为成熟阶段，并存在制造型企业全面上线的未来增长空间，B2B 在较长时间内仍将保持主流地位。

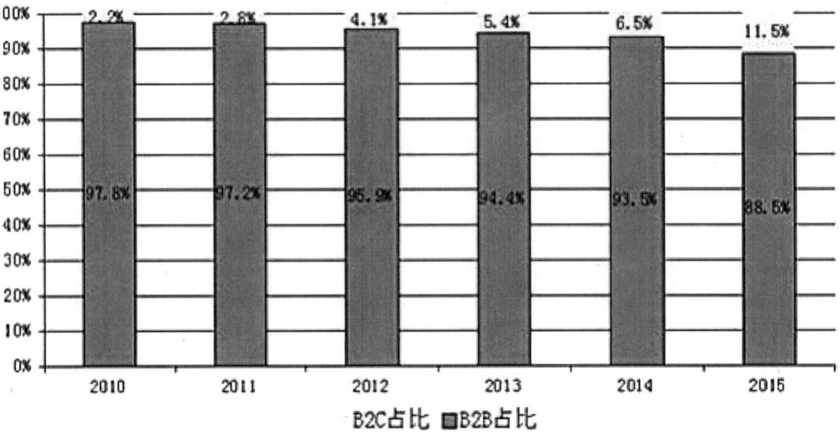

图 1-5　中国跨境电商交易模式

（资料来源：中国电子商务研究中心——《2015 年度中国电子商务市场数据监测报告》）

4．政策红利持续释放

从 2012 年至 2016 年，国家持续发布跨境电商（跨境贸易）的利好政策，具体内容如表 1-1 所示。2012 年年底，国家发改委批准同意上海、杭州、郑州、宁波、重庆五个城市作为国内首批跨境贸易电子商务试点城市，2013 年 9 月，广州获批，亦成为跨境电子商务试点城市；2014 年 1 月，深圳、苏州、青岛、长沙、平潭、银川、牡丹江、哈尔滨、西安九个城市成为第二批跨境贸易电子商务服务试点城市。2014 年 7 月，海关总署发布的《关于跨境贸易电子商务进出境货物、物品有关监管事宜的公告》和《关于增列海关监管方式代码的公告》，即业内熟知的「56 号」和「57 号」文，从政策层面上承认了跨境电子商务，也同时认可了业内通行的保税模式。2015 年 3 月，国务院印发《关于同意设立中国（杭州）跨境电子商务综合试验区的批复》，标志着我国跨境电商综合试点开始。

表 1-1　近年中国跨境电商相关政策

政　策	发布时间	发布单位	主要内容
《关于利用电子商务平台开展对外贸易的若干意见》	2012 年 3 月 12 日	商务部	明确要为电子商务平台开展对外贸易提供政策支持，鼓励电商平台通过自建或合作方式，努力提供优质高效的支付、物流、报关、金融、保险等服务，实现“一站式”贸易

续表

政　策	发布时间	发布单位	主要内容
《国家发展改革委办公厅关于开展国家电子商务试点工作的通知》	2012 年 8 月 11 日	国家发改委	批准同意上海、杭州、郑州、宁波、重庆五个城市作为国内首批开展跨境贸易电子商务的试点城市
《支付机构跨境电子商务外汇支付业务试点指导意见》	2013 年 2 月 1 日	国家外汇管理局	便利机构、个人通过互联网进行电子商务交易、规范支付机构跨境互联网支付业务发展，防范互联网渠道跨境资金流动风险
<<国务院办公厅关于稳增长调结构的若干意见》	2013 年 7 月 26 日	国务院办公厅	积极研究以跨境电子商务方式出口货物（B2C/B2B 等方式）所遇到的海关监管、退税、检验、外汇收支、统计等问题，完善相关政策，抓紧在有条件的地方先行试点，推动跨境电子商务的发展
《关于实施支持跨境电子商务零售出口有关政策意见的通知》	2013 年 8 月 29 日	国务院办公厅	针对现行管理体制、政策、法规及现有环境条件已无法满足跨境电商市场需求的背景下，《意见》提出了六项具体措施，主要集中在海关、检验检疫、税务和收付汇等方面
《关于跨境电子商务零售出口税收政策的通知》	2014 年 1 月 1 日	财政部、国家税务总局	对跨境电子商务零售出口有关税收优惠政策予以明确
海关总署公告 2014 年第 12 号（关于增列海关监管方式代码的公告）	2014 年 2 月 7 日	海关总署	增列海关监管方式代码“9610”，采用“清单核放、汇总申报”模式办理通关手续的电子商务零售进出口商品
《关于大力发展电子商务加快培育经济新动力的意见》	2015 年 5 月 4 日	国务院	加强电子商务国际合作。提升跨境电子商务通关效率。推动电子商务走出去
《关于加快培育外贸竞争新优势的若干意见》	2015 年 5 月 12 日	国务院	大力推动跨境电子商务发展，积极开展跨境电子商务综合改革试点工作，抓紧研究制订促进跨境电子商务发展的指导意见
《关于进一步发挥检验检疫职能作用促进跨境电子商务发展的意见》	2015 年 5 月 14 日	质检总局	构建符合跨境电子商务发展的检验检疫工作体制机制，建立跨境电子商务清单管理制度，实施跨境电子商务备案管理
《海关总署关于调整跨境贸易电子商务监管海关作业时间和通关时限要求有关事宜的通知》	2015 年 5 月 15 日	海关总署	海关对跨境贸易电子商务监管实行“全年（365 天）无休日、货到海关监管场所 24 小时内办结海关手续”的作业时间和通关时限要求

续表

政　策	发布时间	发布单位	主要内容
《“互联网 + 流通”行动计划》	2015 年 5 月 15 日	商务部	协同推进跨境电子商务“单一窗口”综合服务体系建设。加强知识产权和消费者权益保护。加快电子商务海外营销渠道建设。参与和主导电子商务国际规则制定
关于同意在天津等 12 个城市设立跨境电子商务综合试验区的批复	2016 年 1 月 12 日	国务院	同意在天津市、上海市、重庆市、合肥市、郑州市、广州市、成都市、大连市、宁波市、青岛市、深圳市、苏州市等 12 个城市设立跨境电子商务综合试验区
《关于跨境电子商务零售进口税收政策的通知》	2016 年 3 月 24 日	财政部、海关总署、国家税务总局	关税暂设为 0%；进口环节增值税、消费税取消免征税额，暂按 70%征收；个人单次交易限值为 2000 元，年度交易限值为 20000 元
《关于执行跨境电子商务零售进口新的监管要求有关事宜的通知》	2016 年 5 月 24 日	海关总署	明确了过渡期内跨境电子商务零售进口商品新的监管要求，过渡期为 1 年，截止期为 2017 年 5 月 11 日（含 11 日）

小提示

海关监管代码 9610 和 1210 是指什么？

9610 是指跨境电商的海关监管代码，适用于境内个人或电子商务企业通过电子商务交易平台实现交易。9610 俗称集货模式，一般是指把网络平台上完成的订单集中在一起发到国内，再按照单个订单逐个清关，查验放行后转国内快递。

1210 是给入驻保税区（B 型保税物流中心）的跨境电商的海关监管代码，适用于保税跨境电商。1210 俗称备货模式，即网络平台可以将未销售的货物整批发至国内保税物流中心，再进行网上零售，按照订单进行清关，查验放行后转国内快递。

1.2.2 全球主要跨境电商市场简介

1. 欧洲——最为资深的跨境电子商务市场

欧洲电商市场在全球电子商务市场拥有举足轻重的地位。欧洲电商协会（Ecommerce Europe）的统计数据显示，2015 年，欧洲电子商务市场规模实现了 4550 亿欧元，比 2014

年的营收额增长了 13%。事实上，欧洲电商市场一直保持可观增长，2011 年至 2015 年，欧洲 B2C 电商营收年复合增长率为 17%，期间电商销售额增长了超过 2000 亿欧元。有关人员预测，虽然欧洲电商市场增速放缓，但在 2016 年其增幅仍应达到 12%，也就意味着欧盟市场营收在 2016 年或将达到 5100 亿元，其中西欧占据近半壁江山，预计为 2520 亿欧元，中欧地区预计为 895 亿欧元。（注：因为欧洲电商协会公布数据时，英国尚未进行脱欧公投，所以数据中包含英国。）

欧洲市场能够达到这样的体量并不难以理解，首先欧洲在区域上拥有成熟的北部市场、迅速增长的南部市场和新兴的东部市场，具有稳健的市场基础和较好的增长空间；其次从网民数量及购物习惯来看，根据《2013 年全球跨境电子商务报告》，欧洲的 8.2 亿居民中有 5.3 亿互联网用户，2.59 亿在线购物用户，并且越来越多消费者希望能够随意通过笔记本电脑、智能手机或是平板电脑购物，庞大的网民基础和购物习惯为欧洲电商市场提供了良好的发展土壤；从电子商务贡献度来看，欧洲电商协会的数据显示，2015 年欧洲前十大电商市场分别为英国、法国、德国、俄罗斯、西班牙、意大利、荷兰、丹麦、瑞典和瑞士；其中英国电商市场营收达到 1571 亿欧元雄踞榜首，以占比总营收 1/3 以上的体量远超排名第二的法国的 649 亿欧元，德国、俄罗斯、西班牙分别以 597、205、182 亿欧元占据第三至五名；从电商销售对 GDP 的贡献度来看，排名前三的变为英国、丹麦和芬兰，分别为 6.1%、4.4%、3.5%，其后分别为法国、爱尔兰、捷克共和国、荷兰、挪威、奥地利和瑞典，可见在欧洲，经济受益于电子商务是带有普遍性的；电子商务也更好地解决了就业岗位，据预计，欧洲仅 B2C 市场，75 万家网店和企业就间接创造了 250 万份工作。

阿里跨境电商研究中心与埃森哲发布的《2020 全球跨境电商趋势报告》对于欧洲市场也做出了乐观的预测，报告指出，尽管市场增速放缓，但欧洲市场庞大的市场基数仍确保了其在 2020 年前三的霸主地位。欧洲数字化单一市场战略将大大推进区域内跨境电商的发展，跨境渠道将成为小众产品供应的主渠道。总之，无论何时，欧洲都是需要绝对重视的市场。

2. 北美——最受欢迎的跨境电子商务市场

雨果网的 2015 年的统计报告显示，北美作为一个最受欢迎的跨境电子商务市场，北美集中了全球约 37%的跨境在线买家。2014 年北美在线总销售额达到 3286 亿美元。《2013

年全球跨境电子商务报告》数据则显示，美国拥有 3.15 亿居民中网民高达 2.55 亿，在线购买者为 1.84 亿，其中超过半数在线购买者有跨境购物的经历。据预计，美国电子商务的销售额在 2017 年有望达到 3700 亿美元。Remarkety 统计，2015 年美国网购开支以 3490.6 亿美元成为全球第二大电商市场。但尽管美国上网购物人口占 57.4%，美国小型企业拥有独立网站的只有 28%，其电商仍有较大的上升空间，在购物习惯上，美国消费者电脑网购、手机和平板电脑消费占比分别为 72%、15%和 13%。相较而言，加拿大 2014 年电子商务零售总额占零售业销售总额的 4.5%，加拿大 2015 年网购开支为 287.7 亿美元，其中跨境网购占比 45%，电脑、手机和平板电脑的网购支出分别占 83.8%、8.7%和 7.5%，但值得关注的是，加拿大手机用户中有 70%在手机上网购，其移动端的客户值得开发。据专业预测，到 2018 年加拿大电子商务销售总额将高达 439.5 亿美元，在零售业销售总额占比将升至 8.2%。

《2020 全球跨境电商趋势报告》对北美市场做出了这样的预测，到 2020 年，北美仍是全球第三大跨境 B2C 电商市场，届时，美国不仅是消费者跨境购物的第一产品来源国，也是跨境购物的重要产品目的国。总之，未来几年，北美市场是跨境电商进出口的必争之地。

3. 亚太地区——增速最快的跨境电子商务市场

亚太地区是全球增速最快的跨境电子商务市场，也是全球最大的电商零售市场。eMarkter2016 年 8 月的一份报告预测，亚太地区在 2016 的电商零售额将超过 1 万亿美元，增速为 31.5%，到 2020 年将达 2.725 万亿美元。其中，中国的电商零售市场达 8990.9 亿美元，为全球贡献 47%的电商零售额。从网购用户规模来看，中国和印度庞大的人口基数使亚太地区拥有别的地区无法比拟的优势。据统计，截止 2015 年底，中国已经拥有 6.88 亿的网民，4.13 亿多的在线购物用户，网购十分活跃。Remarkety 的调查显示，中国 2015 的网购开支已达 5626.6 亿美元，其用手机、平板电脑和电脑进行网购的比例三分天下，互联网用户的平均年龄为 25 岁。日本作为全球第四大电商市场，网购开支达 793.3 亿美元。日本人 80%会网上购物，其中 46%来自手机端。韩国的网购开支也达到 367.6 亿美元，其在电脑、手机、平板电脑上的网购占比分别为 50%、49%和 1%。印度虽然只有 10%的人使用互联网，但其绝对人数非常多，马来西亚也有超过半数的人都会上网，亚太地区庞大的人口基数和财富增长对各国跨境卖家极具吸引力。

《2020 全球跨境电商趋势报告》认为，亚太地区将以其庞大的市场规模和强劲的增长成为全球最重要的区域市场。亚太地区跨境 B2C 电商交易额占比将持续增加，由 2014 年的 30%上升到 2020 年的 48%。其中，东亚区域（以中日韩为主）是整个亚太区跨境电商发展的核心，到 2020 年，其将占亚太区的 86%和全球的 39%，余下部分将归于东南亚区域。

4．俄罗斯、南美——最具活力的新兴跨境电子商务市场

众所周知，俄罗斯国内重工业和轻工业比例失衡，其对日常消费品进口需求量大。在 2014 年俄罗斯跨境电子商务零售额 3000 亿卢布中，中国占有超过一半的市场。俄罗斯的智能手机用户高达 3900 万，全球排第五名，俄罗斯的社交媒体非常发达，SNS 普及率高达 42%，其本土的 VK，Odnoklassniki.ru 的市场占有率均在 Facebook 之前。Remarkety 的调查显示，俄罗斯网购达 203 亿美元，13%的俄罗斯人会网购，喜欢货到付款。电脑、手机、平板电脑的网购支出占比分别为 80%、8%和 12%。

拉美地区是电子商务的新兴市场，其超过三位数的增速使其和俄罗斯一样极具有战略意义。巴西拥有世界排名第五的人口数 2 亿，其互联网覆盖率 50%，网购开支达 188 亿美元，巴西人最爱时装，网络商店有 18%在出售时装，电脑、手机、平板电脑的网购支出占比分别为 88%、4%和 8%。

《2020 全球跨境电商趋势报告》认为，拉美是全球第二大新兴市场，其超过 40%的年均增速使其成为全球跨境 B2C 电商增长最快的地区。对于俄罗斯和拉美而言，对进口消费品的强烈需求主要因为其产业结构不合理，线下零售业薄弱所导致，这也为跨境电商在这些地区的发展提供了长期增长空间。

此外，中东穆斯林地区的以色列和沙特阿拉伯在跨境电商上表现强劲，eBay 上以色列的访问比例国家排名第 11 位，亚马逊上沙特阿拉伯的访问比例国家排名第 21 位，两个国家在中国的兰亭集势、敦煌网、速卖通均有较好的流量表现，尤其斋月已成为该地区网购的高峰期。北非地区也是快速增长的新兴市场，其未来值得期待。

1.2.3 跨境电商的发展趋势

1．商品品类和销售市场呈现多元化趋势

（1）商品品类的多元化。跨境电商交易的商品品类经历了一个由简单到复杂得过程，

从最初的线上音乐和视频等零物流的数字化产品，到服装服饰、计算机及配件、珠宝、化妆品和消费类电子产品等便捷运输产品，再到生鲜食品、家居、汽车等物流要求更高的产品。随着多样化跨境物流解决方案的不断出现，商品品类将得以不断拓展，两者相辅相成。

（2）销售市场多元化。未来跨境电商的增长将主要来源于销售市场的多元化增长，在成熟的销售市场如欧洲、美国等保持持续增长的情况下，新兴市场如巴西、东亚地区将迅速崛起，这些新兴市场由于本土产业结构不合理，尤其是消费品行业的欠发达积攒了大量的消费需求；而线下零售渠道成熟度较差，本土市场规模较小使得消费需求难以满足；若当地跨境交易便利程度较高，移动互联网普及度较高，这些市场的跨境消费将一触即发。

2．跨境电商平台将由信息服务型转型为综合服务型

以收取会员费、竞价排名费等方式赖以生存的信息服务型跨境电商平台已经面临发展瓶颈，而综合服务型平台通过提供一站式服务提高交易双方的满意度，并可收取一定的在线交易类佣金，其变现率也显著高于前者，这类平台已经成为大势所趋。

3．移动端将成为跨境电商主流的交易渠道

随着移动技术的不断发展，智能手机、平板电脑的迅速普及，未来跨境电商将以“移动端为王”。移动电商可以让消费者随时随地随心购物，让供货方能够不受时空限制便携做生意，而那些直接进入移动跨境电商市场的新兴国家将带来巨大的增量市场。

而在中国国内，移动端的发展更为迅速，中国手机网民在人口中渗透率也越来越高。据 CNNIC 统计，2015 年中国手机网民规模为 6.2 亿，约占中国人口的 45%。Analysys 易观的报告显示，2016 年第二季度中国移动应用领域中移动购物用户覆盖率高达 51.9%。

4．跨境电商的产业生态将更为完善

中国跨境电商将从传统的链状模式向基于平台的生态系统模式转变，围绕着跨境交易双方，跨境金融、跨境物流、外贸综合服务、衍生服务（代运营、搜索关键词优化、人员培训咨询等）、大数据和云计算等等一环套着一环、一圈围绕一圈的生态体系衍生开来，在体系内的各方均受益于整个生态圈，并为之服务，如图 1-6 所示。

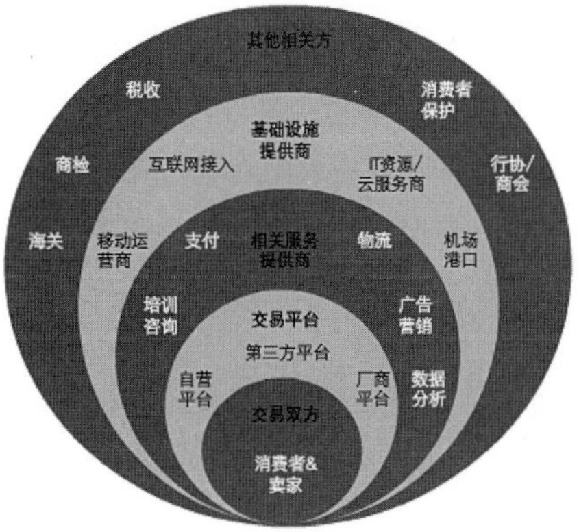

图 1-6　基于交易平台的商业生态系统

（资料来源：阿里跨境电商研究中心）

5. 消费和企业运营全球化趋势增强

跨境电商的发展使得消费全球化趋势明显，无国界的消费者互动、个性定制、柔性生产和数据共享将大行其道。消费者、企业通过电商平台彼此联系，相互了解，卖家通过全渠道汇聚碎片数据，经由数据挖掘准确识别和汇聚消费者需求，实现精准营销，买卖双方互动将使 C2B、C2M 的个性化定制更具现实基础，也促进了生产柔性化，推动市场性的供应链组织方式。

跨境电商的发展也推动了企业运营的全球化，据 Analysys 易观统计，阿里巴巴、腾讯、亚马逊、Facebook 的海外收入近年来均呈现逐年递增之势，更注重全球市场的电商企业将在市场上获得独特地位，而跨境电商的发展也可以让企业迅速将业务流程全球化，资产更轻，灵敏度更高，决策更加精准。

6. 跨境电商新的贸易规则和秩序或将出现

2016 年 8 月，阿里巴巴提出了成立 eWTP 倡议，即成立世界电子贸易平台，该平台作为一个私营部门引领、市场驱动、开放透明、多利益攸关方参与的国际交流平台，起到聚焦全球互联网经济和电子贸易发展，探讨发展趋势和面临问题，推广商业实践和最佳范例，孵化贸易规则和行业标准，推动交流合作和能力建设的职能，其宗旨和目标是促进普惠贸易发展、促进小企业发展、促进消费全球化、促进年青人发展（资料来源：阿里研究院）。

这一倡议透露出一个强烈信息，随着跨境电商的迅猛发展，以及其在全球国际贸易中地位的增强，将有越来越多的跨境电商龙头企业关注并拟参与到互联网时代国际贸易规则标准的制定中去，国际贸易新规则和新秩序或将出现。

1.3 跨境电商模式及代表性平台

跨境电商根据不同的分类维度，可以分成不同的类别。按按商品流向，可以分为跨境出口电商和跨境进口电商。按交易对象，可以分为B2B型、B2C型、C2C型。按销售经营模式，可以分为纯平台、自营+平台、自营：纯平台企业仅提供平台，不涉足采购和配送等；自营+平台企业一方面自营部分产品赚钱差价，另一方面作为平台提供方收取佣金；自营企业则自营赚钱差价，往往涉足采购和配送等领域。按业务专业性，又可以分为综合型跨境电商和垂直型跨境电商：综合型跨境电商的业务呈现多元化，其用户流量及商家商品数量巨大；垂直型跨境电商的业务比较专业化，专注核心品类的深耕细作。

随着跨境电商市场的高速发展，一方面，跨境电商平台数量呈增加趋势，据商务部统计，2015年，我国跨境电商平台企业已经超过5000家；另一方面，涉及跨境电商的新模式也层出不穷，大量的B2C和进口业务平台应运而生。下面结合商品流向与平台模式，对跨境电商的代表性平台进行分类和介绍。

小提示

跨境电商中的B、C、M、A、G、O……是什么？

这些是指交易对象的类型，B是企业（Business），C是消费者（Consumer）或者客户（Customer），这也是最传统的交易对象，并组合成了B2B企业对企业、B2C企业对消费者、C2C消费者对消费者三种模式。

M在有的情况下指经理人（Manager），但是在跨境电商领域一般指生产商或者工厂（Manufacturer），C2M模式即顾客对工厂模式。

A是指代理人（Agent），ABC模式指的是代理人、企业、消费者共同搭建的生产、经营、消费于一体的电子商务模式。

G 是指政府（Government），B2G 模式即企业与政府管理部门的电子商务，在跨境电商中包括政府采购，海关报税平台等。

O 是指线上（Online）和线下（Offline），目前跨境电商应用的主要是线下到线上（Offline to Online）模式，如在商场体验实物产品后，在线上下单，从保税区发单。

1.3.1 跨境电商出口平台简介

随着世界经济一体化的深入和跨境电商政策红利的不断释放，未来几年跨境电商出口业务将进入新一轮快速发展期。在此背景下，涌现大量的跨境电商平台，按照产业模式和交易对象，将跨境电商出口平台分为 B2B 平台、B2C 平台、C2C 平台三大类。其中，最具代表性的网站有阿里巴巴国际站、全球速卖通、亚马逊、易贝、兰亭集势、敦煌网等国内外知名电子商务平台，这些平台也是做跨境电商的首选对象。

1. B2B 平台

B2B 平台主要为境内外会员搭建网络营销平台，传递生产商/供应商、采购商及合作伙伴的商品或服务信息。这类平台通过较系统的附加服务（如搜索、广告）等形式帮助买卖双方完成交易，通过收取会员费、认证费、营销推广费等方式实现盈利。其特点是网站制面度高、流量大、信息充分、交易安全。

B2B 交易属于历史最悠久、成交额最大的交易平台，占据主体地位。这类模式的代表性平台有阿里巴巴国际站、环球资源、中国制造网、自助贸易网、敦煌网等。

1）阿里巴巴国际站（http://www.alibaba.com）

Alibaba.com®
Global trade starts here.™

阿里巴巴国际站是阿里巴巴集团的首个网站，也是中国最早出现的 B2B 跨境电商出口平台。阿里巴巴国际站成立是为了帮助中小企业拓展国际贸易市场，并提供出口营销推广服务，是外贸型企业拓展海外市场的首选外贸平台。平台服务包含一站式的店铺装修、产品展示、营销推广、生意洽谈及店铺管理等。平台宗旨在于最大限度地帮助企业降低成本、高效率地开拓国际市场，在助推电子商务服务业发展的同时提升综合竞争力。本书在后文中将以阿里巴巴国际站为基础，介绍跨境电商的实训操作。

2）环球资源（http://globalsources.com）

环球资源成立于 1970 年，是业界领先的多渠道 B2B 媒体公司，通过环球资源网站等资源进行 B2B 整合推广服务，包括提供综合性的 B2B 出口推广服务，为电子行业提供从设计到出口的一条龙服务，对印度等新兴市场提供一整套的出口解决方案等。

3）中国制造网（http://www.made-in-china.com）

中国制造网创建于 1998 年，是由焦点科技开发和运营的，面向全球市场提供产品的 B2B 电子商务服务类网站。中国制造网汇集中国企业产品，面向全球采购商，专注于出口推广，为中国大量的中小企业提供网络营销策略和商业信息数据库服务，协助其开展信息交流和国际商贸活动，提供高效可靠的信息交流与贸易服务平台。

4）自助贸易网（http://diytrade.com）

自助贸易网前身为大中华商贸网，2006 年 5 月更名，是面向全球供应商和采购商的国际贸易 B2B 平台，旨在通过市场定位和营销手段建立企业间的信息发布与沟通平台，为中小企业提供电子商务服务。个性化的自助建站功能，具有独立域名的商务网站，即时将企业资料提交全球主要搜索引擎等个性化的技术基础服务颇具特色。

5）敦煌网（http://www.dhgate.com）

敦煌网于 2004 年创立，是全球优质的在线外贸交易平台之一，其成立是为了帮助中国中小企业通过跨境电商方式走向全球市场，开辟新的国际贸易通道，让全球化在线交易变得更加简单、安全、高效。敦煌网在为中小型 B2B 企业提供高效专业的信息流、安全可靠的资金流及快捷简便的物流做了诸多尝试，尤其是为中小企业提供一系列的金融服务，是中小商家开展国际业务的优质外贸平台之一。

此外，跨境贸易 B2B 平台还包含 ECVV（全球范围内第一家按效果付费的 B2B 电子商务网站）、易唐网（综合性 B2B 跨境电商企业，交易模式如同 B2C）、万国商业网（拥有全球最多的地方贸易站）、亚洲产品网（为亚洲的国际贸易出口产品提供整合性的解决方案）、速贸天下（提供 B2B2C 服务，是中国交易速度最快的外贸电子在线交易平台）等。

2．B2C 平台

B2C 平台可以划分为独立 B2C 平台和自营 B2C 平台。独立 B2C 平台作为独立运营的第三方，平台一般不参与支付、物流等交易环节，但在市场影响力及服务体系等方面则较为完备。这类平台以收取佣金为主，收取会员费、广告费等为辅。其特点是门槛低、周期短、支付方式灵活、利润较高。这类模式的代表有亚马逊、Wish 等。自营 B2C 平台通常自主创建 B2C 商城，自建物流、支付及客服体系，主要利润来源是销售收入，通过不断巩固细分领域的发展优势，以差异化的竞争手段获取海外生存空间，有点类似于国内的京东商城、当当网等自营式电商企业。这类模式的代表有兰亭集势、易宝、环球易购等。

1）全球速卖通（http://www.aliexpress.com）

全球速卖通（AliExpress）正式上线于 2010 年 4 月，阿里巴巴旗下唯一面向全球市场打造的集订单、支付、物流于一体的外贸在线交易平台，是全球第三大英文在线购物网站，2015 年双 11 大促中，速卖通以 2124 万笔订单，覆盖全球 214 个国家和地区的成绩创下历史最高纪录。全球速卖通开店后，通过支付宝国际账户进行担保交易，并使用国际快递发货。在 2015 年 12 月 7 日，全球速卖通对外宣布，全面从跨境 C2C 平台转型跨境 B2C 平台，提升商家入驻门槛，帮助中国优质的中小企业开拓全球市场。

2）亚马逊（http://www.amazon.com）

亚马逊公司（Amazon，简称亚马逊）成立于 1995 年，是美国最大的电子商务公司，也是最早经营电子商务的公司之一。旗下业务包含 Amazon Services、Amazon Fulfillment、Amazon Kindle、Amazon Payments 等，网站经营范围从最初的图书业务逐步扩展至影视、音乐、家居、珠宝、婴幼儿用品、体育及户外用品等，已成为全球商品品种最多的网上零售商。数据显示，目前亚马逊美国市场的新增卖家中，50%来自美国本土以外的国家，这些国家中又有 56%的卖家来自中国，即亚马逊美国市场每新增四个卖家，就有一个来自中国。由此可见，中国品牌正在迅速占领美国电子商务市场。

3）Wish（http://www.merchant.wish.com）

Wish 是北美地区最大的移动跨境购物平台，创立于于 2011 年 9 月，目前 Wish 平台 95%的订单量来自于移动端。Wish 平台 60%～70%的商家来自中国，并占据了总交易额的 80%～90%。Wish 的迅速崛起，不仅为数量众多的国内中小卖家提供了产品走出国门的机会，也为移动跨境电商的发展提供了范本。Wish 专注于移动端的“算法推荐”购物，实现千人千面，即不同用户看到的商品信息不一样，同一用户在不同的时间也会看到不同的商品，这让在 Wish 的购物体验融合了更多的娱乐感，在无形的互动中增强用户粘性。

4）兰亭集势（http://www.lightinthebox.com）

兰亭集势成立于 2007 年，是整合了外贸跨境电商供应链服务的在线 B2C 平台，旗下包含婚纱礼服、小额批发、手机数码等相关子网站。公司拥有一系列的供应商，并拥有自己的数据仓库和长期的物流合作伙伴，兰亭集势以欧洲和北美为主要目标市场，主要经营外贸销售，产品品类涵盖服装、电子产品、玩具、家居用品、体育用品等 14 大类。2014 年 6 月 7 日，兰亭集势在美国纽交所挂牌上市，成为中国第一个真正意义上的跨境电商上市公司（此前 DX 曾借壳海外上市），其以“小批量、高频率、跨界走”的特色正形成跨境电商的一股新兴的力量。

5）易宝 DX（http://www.dx.com）

易宝 DX 创立于 2007 年初，易宝 DX 坚持 3C 产品的主营线路，目标市场定位于俄罗斯、巴西、以色列等新兴市场，其中巴西市场的销售额占据了网站销售总额的 23%左右。在具体的营销模式上，DX 主打“论坛营销”，通过大量的论坛合作将产品信息整合推广至各个区域市场，并以此提升用户的粘性，在物流方面，借助“全网最低价+2 公斤以下电子产品+国际小包免运费”的模式，吸引了大量对价格敏感的客户。2012 年 DX 上线了批发网站和垂直类网站，力求在跨境电商垂直市场上有所发展。

3. C2C 平台

C2C 平台向所有个人开放注册，向卖家收取商品展示费和交易服务费，平台提供交易和支付保障，一般不参与洽谈与物流等交易环节。其特点是商品种类多、门槛低、利润较高。这类模式的代表有 eBay、Etsy 等。

1）eBay（http://www.ebay.com）

eBay，又名电子港湾、亿贝、易贝，创立于 1995 年 9 月，是一个可供全球网民买卖物品的线上拍卖及购物网站，目前已发展成为全球最大的网络零售市场，eBay 全球交易中有 20%的商品交易属于跨境贸易，交易使用 PayPal 进行支付。

eBay 中国是 eBay 旗下的全资子公司，通过本地化服务平台 www.ebay.cn，为中国的中小企业和个人卖家提供跨境电商服务。

2）Etsy（http://www.etsy.com）

Etsy 网是一个在线销售手工工艺品的社交型跨境电商网站，被认为是复古和创意电商，网站集聚了一大批极富影响力和号召力的手工艺术品设计师。每个人都可以在 Etsy 开店，销售自己的手工艺品，模式类似 eBay 和淘宝。2015 年 3 月，Etsy 在美国上市。

1.3.2 跨境电商进口平台简介

跨境电商进口业务占跨境电商业务比例仍然较低，但随着自贸区政策和电子贸易通关政策试点的日益放开，国内对高质量进口产品需求的逐渐增加，其发展潜力及前景巨大。从平台业务模式来看，跨境电商进口目前主要包含以下五种形式：一是以天猫国际、易趣网等为代表的“支付+物流”的大平台模式；二是以亚马逊海外购、苏宁海外购为代表的自营+平台模式；三是以洋码头、海豚村为代表的 M2B2C 模式；四是以 55 海淘（论坛+返利性质）、海淘城为代表的链接销售模式；五是以上海“跨境通”、宁波“跨境购”等跨境贸易电子商务服务试点为主的“网购保税”进口模式。

1. 大平台模式

平台融合了支付和物流，兼顾货品的多样性和交易的安全性。其代表是天猫国际、易趣全球集市。

1）天猫国际

2014 年 2 月 19 日，阿里巴巴集团宣布天猫国际正式上线，为国内消费者直供海外原装进口商品。入驻天猫国际的商家均为中国大陆以外的公司实体，具有海外零售资质；销售的商品均原产于或销售于海外，通过国际物流经中国海关正规入关。所有天猫国际入驻商家将为其店铺配备旺旺中文咨询，并提供国内的售后服务，消费者可以像在淘宝购物一样使用支付宝买到海外进口商品。而在物流方面，天猫国际要求商家 72 小时内完成发货，14 个工作日内到达，并保证物流信息全程可跟踪。这些举措使得买家跨境购物体验与国内购物相差无几，在解决支付和物流的同时，也解决了交流与沟通问题。

2）易趣全球集市（http://www.eachnet.com）

易趣网成立于 1999 年，2002 年 3 月，eBay 以 1.5 亿美元全资控股易趣网，2012 年 4 月，Tom 集团从 eBay 手中收购易趣。2010 年 7 月 20 日，易趣推出“全球集市”这一新业务，为买家提供代购服务，目前设有美国馆和加拿大馆。

2. 自营+平台模式

该模式由大型企业主导，既有自营产品，又利用平台引入第三方企业。其代表是亚马逊海外购、苏宁海外购。

苏宁海外购（http://g.suning.com）频道于 2014 年 12 月份上线，采用“自营直采+平台海外招商”模式，以母婴美妆、食品保健、电子电器、服装鞋帽等四大品类为主。目前已相继上线香港、日本、美国、韩国、欧洲五地的品牌馆。

3. M2B2C 模式

该模式主要打通了国外优质生产商、零售商和国内消费者的通路，缩短跨境进口的链条。其代表是洋码头、海豚村、蜜芽、小红书等。

1）洋码头（http://www.ymatou.com）

洋码头于 2011 年 6 月正式上线，打通了从美国、欧洲、日本等世界各地购买当地商品的渠道，并跨过所有中间环节，提供直购邮购服务，免去了零散代购模式中的一切繁杂手续。洋码头移动端 APP 内拥有首创的“扫货直播”频道；而另一特色频道“聚洋货”，则汇集全球各地知名品牌供应商，提供团购项目，认证商家一站式购物，保证海外商品现货库存。

2）海豚村（http://www.haituncun.com）

海豚村是一家主打“平价购物”的海外直邮网站，于 2013 年 12 月 20 日正式上线。海豚村通过与欧洲知名厂商合作，建立中欧物流通道，面向中国消费者销售海外品牌商品。商品价格与欧洲零售价同步、欧洲原产地直发、商品运输周期超长则赔偿、7 天无理由退货、购物送海豚币等。

3）蜜芽（http://www.mia.com）

蜜芽的前身 mia 时尚母婴用品 2011 年在淘宝上线，后来逐步发展为进口母婴品牌限时特卖商城，目标是创造简单、放心、有趣的母婴用品购物体验。“母婴品牌限时特卖”是指每天在网站推荐热门的进口母婴品牌，以低于市场价的折扣力度，在 72 小时内限量出售。

4）小红书（http://www.xiaohongshu.com）

小红书创办于 2013 年 6 月，是一个社区电商平台，主要包括两个板块，UGC（用户原创内容）模式的海外购物分享社区，以及跨境电商“福利社”。小红书福利社采用 B2C 自营模式，直接与海外品牌商或大型贸易商合作，通过保税仓和海外直邮的方式发货给用户。

4．链接销售模式

该模式又称为返利模式，主要通过提供大量的跨境进口的链接资源，以论坛、即时通讯工具、社交网站等形式进行推广。对于通过链接进行购买的销售额，按照一定比例提供佣金，从而实现病毒式的传播。其代表是 55 海淘、海淘城等。

55 海淘网（http://www.55haitao.com）是一家致力于为国内消费者提供海外购物全方位咨询服务的网站。介绍来自全球的网络商品的信息，并提供海淘返利和海淘转运，使得消费者可以在全球范围内自由浏览及选购商品。

5. 网购保税模式

网购保税模式是指境外商品入境后暂存保税区内，境内消费者凭身份证件购买物品，从保税区，通过国内物流的方式送达。该模式主要由政府主导，包括上海的跨境通、宁波的跨境购、郑州的 E 贸易平台、重庆的爱购保税等。

1）跨境通（http://www.kjt.com）

跨境通是一家上海自贸区官方的进口商品海外购物商城，所有商品全部原装进口，消费者购买后由上海自贸区发货,并实行国内售后；跨境通平台还是一家从事第三方进口清关及物流增值服务的跨境电商网站，它为入驻商户提供备案服务、商品交易导购和推广服务、一体化通关服务以及跨境资金结算服务。跨境通实现全程电子化管理，商品流程及管理比较透明，可信度很高。

2）跨境购（http://www.kjb2c.com/）

跨境购是由国家发改委和海关总署授牌的宁波跨境贸易电子商务服务平台。它依托一套与海关、国检等部门对接的跨境贸易电子商务服务系统，可实现快速通关，解决灰色通关问题。纳入跨境购平台的卖家都经过平台认证，买家可享受实名身份备案、税单查询、商品防伪溯源查询等跨境网购服务。买家下单后，平台提供商品追溯二维码，买家手机扫描二维码后，商品进口的详细信息一目了然，买家验证真伪极为便利。

1.4　B2B 跨境电商出口与阿里巴巴国际站（alibaba.com）

本节将以阿里巴巴国际站为例，讲述跨境电商的理论知识与实际操作。

1.4.1 B2B 跨境电商出口平台

1. B2B 跨境电商出口平台的发展

在传统的国际贸易中，几乎所有交易都是在企业和企业之间完成。到了互联网时代，越来越多的企业利用信息技术，通过各种 B2B 型电商平台开展贸易。

B2B 型跨境电商的发展可以分为以下两个阶段（图 1-7）：

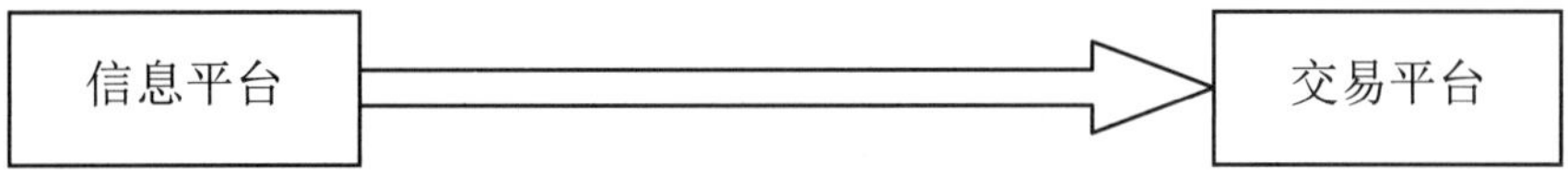

图 1-7　B2B 跨境电商的发展阶段

第一阶段的 B2B 平台是信息平台，这时候，外贸企业主要利用 B2B 平台进行接洽，把企业名录、商品目录放在网上，做信息的交换。

第二阶段的 B2B 平台是交易平台，这时候，随着技术的发展，支付和物流手段的成熟，安全和信用的保障提升，业务模式趋于成熟，外贸企业逐渐利用 B2B 平台实现整个交易流程。如今，企业可以通过不同的网络服务平台，发布浏览贸易信息、进行贸易洽谈、签订贸易合同，直到支付货款、收货等。而且，网络平台提供了贸易的上中下游的通路，将供应商、服务商、中间商、采购商等有效地联系在一起，降低彼此之间的交易成本，提高贸易的效率。

近年来，随着跨境贸易主体越来越小，买家需求越来越个性化，跨境交易订单趋向于碎片化和小额化，B2C 和 C2C 类型的交易出现了快速的增长，但 B2B 仍将是全球贸易的主流，因为企业之间的商业行为组织规范，专业化程度高，订单交易量大，这都是 C 端交易所无法代替的。

2. 互联网 B2B 平台的优劣势

非实体的互联网 B2B 平台的最大优势是相对的低成本。以网络为基础，由虚拟空间作为信息载体，省去了租借场地的成本。在网络平台上发布与企业产品相关的信息对产品进行宣传，其展示的是虚拟产品，避免了实物产品的运输和维护成本。通过 B2B 的交易方式，买卖双方能够在网上完成整个业务流程，包括从建立最初印象，到货比三家，再到讨价还价、签单和交货，最后到客户服务。互联网 B2B 平台使企业之间的贸易减少许多线下工作和管理费用，降低了企业经营成本，增加了中小企业的竞争力。网络的便利及延伸性使企业扩大了业务范围，让跨地区跨国界的企业发展更方便，成本更低廉。通过与潜在的客户建立网上商务关系，可以覆盖原来难以通过传统渠道覆盖的市场，增加企业的市场机会。通过互联网进行交流，打破了时间与空间的局限，不仅使客户双方建立起跨地域的点对点接触，而且还可以长久为双方建立往来服务，有利于双方更快捷、更深刻、更细致地增进了解，提高贸易效率，增加贸易机会。

互联网平台的不足之处也非常显而易见的。因为产品是有形的，而网络中展示的产品是数字化的。对于一些需要触摸、操作体验的产品在网络贸易中困难重重。就像面料产品要靠手感，食品要尝味道一样，这些视觉听觉以外的感觉通道难以通过网络实现传输。其他一些消费类电子产品、婚纱、家具、设备还是需要客户亲自体验来确认的。有采购商表示“有些商品的品质，我只要拿起来摸一摸摇一摇就知道了。但是，在网上根本判断不了。另外，供应商的新产品往往需要演示如何使用如何操作，我在现场可以有更直接的体验，只有网上的信息不足以让我马上做出采购判断”。再者，网络上图片和实物存在差异。如色差问题是很难避免和控制的，但在很多贸易中，这样的差异是不可接受的。由于网络上沟通的形式有限，特别是在跨境贸易中，语言问题成为很多英语不好的中国供应商的一大障碍。如某采购商所言，在展会上对方英语不好没关系，可以用很多肢体语言，可以直接展示产品看实物，再不行还可以找翻译。但是在网上，沟通手段和信息通道有限，对语言文字的要求则高很多。还有采购商特别关注细节，不仅仅是公司的细节，产品的细节还有人的细节。这些都是在线下实际环境中才能观察了解得到的。更关键的是，网络上的产品和商家的信息真实性是无法保证的，进而交易的真实性也无法保证，更无法形成贸易必备的信誉体系。信任风险的不确定性，使得交易的风险性大大增加，也难以直接生成大金额的订单。在没有真正的保障之前，贸易风险必然约束了网络贸易的规模性和持久性。

1.4.2 阿里巴巴跨境电商布局

阿里巴巴主要的电商平台包括淘宝网、天猫、聚划算、阿里速卖通、阿里巴巴中国站、阿里巴巴国际站，另外还有配套的支付与物流支撑体系。从图 1-8 可以看到，阿里巴巴已经很好地布局了与全球批发买卖家、制造商及消费者对接的跨境平台。在阿里巴巴的平台生态中，境内电商与跨境平台之间也有较多的共享与协同，具有将中国制造、中国零售升级为“买全球卖全球”的巨大潜力。

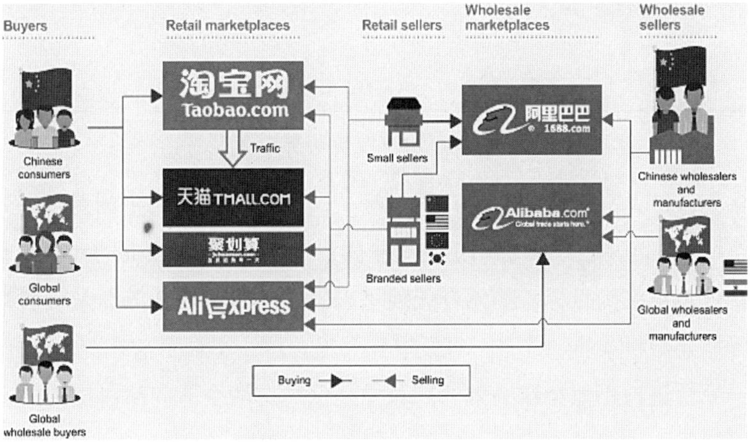

图 1-8 阿里电商平台业务生态图

（资料来源：阿里巴巴上市资料）

而在跨境电商领域，随着阿里巴巴的发展，不论是 2B 还是 2C，也不论是出口还是进口，阿里平台都有所涉及。最早，阿里巴巴推出了跨境贸易 B2B 平台 alibaba.com，并在 2011 年开始逐步孵化了 2C 零售出口平台阿里全球速卖通（Aliexpress）。近两年，进口业务机会开始爆发，阿里推出了代购模式相关的淘宝“全球购”，以及海外招商、直邮与保税备货结合的“天猫国际”平台。随着进口业务在线下逐步繁荣，贸易进口规模化的全球货源分销平台“1688 全球货源”上线，迎来了大货进口的新纪元，如图 1-9 所示。

在跨境电商领域，阿里以“让天下没有难做的生意”为使命，从为中国跨境电商的发展提供平台服务开始，逐步为世界大市场提供电商基础设施，最终实现“货通天下”的愿景（全球买，全球卖，各国之间完成最优配置和交易）。阿里将实现服务于全球 20 亿消费者，72 小时全球到货的新目标。具体而言，主要举措包括：

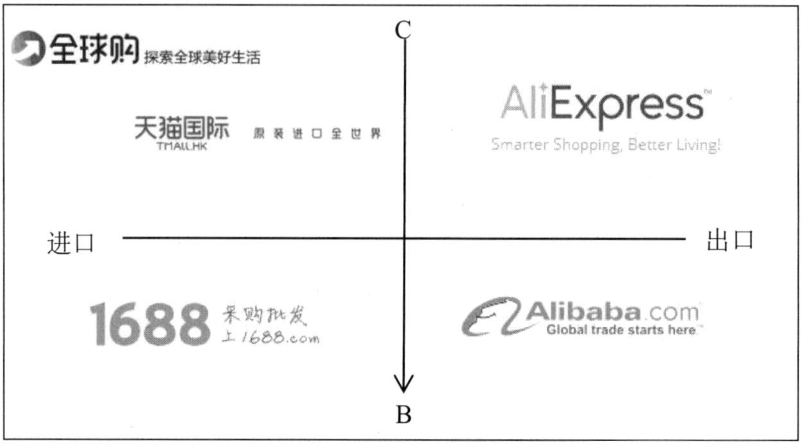

图 1-9　阿里跨境电商平台

一是建立全球最大的跨境 B2B 市场平台——alibaba.com，为中国乃至海外供应商和采购商提供贸易场所。阿里巴巴国际站是阿里集团于 1999 年最早成立的业务，十几年来始终以帮助中小企业走出去为目标。虽然今天阿里巴巴的国内零售业务非常吸引眼球，但当年却是从跨境贸易开始起家的，并且一直发展到今天。这一平台目前在跨境 B2B 领域处于领先地位。这一平台进口仍然会在高效匹配和安全保障这两个方向精耕细作，发展外贸综合服务和信用保障体系，完成从信息平台向交易平台的转型。

此外，在 B2B 领域，未来还将积极响应国家的贸易方向，积极开拓海外货源和进口业务，在扩大出口的同时也逐步丰富进口。随着国家政策和监管方式的成熟，更多的海外招商、自贸区、保税区良好环境的形成，B2B 进口领域的瓶颈（1688 进口业务）有望突破。

二是探索跨境零售电商的新模式，同步开拓零售出口和零售进口，当前已经成为我国跨境零售电商领域的中坚力量。2011 年，阿里全球速卖通全面转向 2C 零售业务，2014 年速卖通和天猫国际进口加入“双十一”。实现了货卖全球消费者，尤其是新兴经济体消费者，同时将国外品牌货直接销售给中国消费者。这些新模式激发了国内跨境零售领域的发展和繁荣，跨境零售电商迎来新的热潮。

三是完善跨境电商所需要的服务体系，形成跨境电商生态圈。阿里建立了外贸综合服务（一达通）、跨境物流服务、跨境支付服务等一系列服务业务，并结合第三方服务合作和服务市场，形成生态圈，支持跨境电商的长远发展。优化服务体验将不断提升（通关效率、物流时间、支付便捷性、融资便利性等），用数据闭环支持服务的发展。

1.4.3 阿里巴巴国际站（alibaba.com）发展状况

1999 年，马云带领 18 位创始人在杭州成立了阿里巴巴集团，集团的首个网站便是 www.alibaba.com，也就是阿里巴巴国际站。这个网站致力于帮助中国中小型企业发展出口业务，也是中国最早出现的 B2B 跨境电商出口平台。

从 1999 年开始至今，阿里巴巴国际站一直服务于中小企业出口。这一平台已经能影响中国 2%左右的出口额，服务全球 200 多个国家和地区的买家。平台覆盖超过 40 个主要行业，买家累计超过 5000 万人，中国本土供应商超过 10 万家。阿里巴巴国际站—美国《财富》杂志“全球企业家首选 B2B 网站”，以及被福布斯连续 8 次评为“全球最佳 B2B 网站”。

未来，阿里巴巴国际站的发展趋势包括以下几点：

第一，由信息平台转型为交易平台。

在传统的国际贸易中，整个业务可以划分为先后两部分，即“谈成交易”和“完成交易”，而 B2B 业务的买方和卖方互动的场景同样主要有两个部分，第一个部分是“Meet”环节，即是买家和卖家联系、洽谈的环节；第二个部分是“Work”环节，涉及交易和后续的出口流程，如图 1-10 所示。

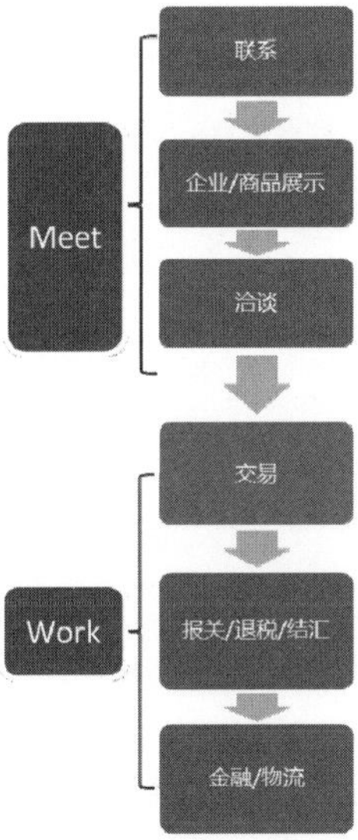

图 1-10　阿里巴巴 B2B 业务的基本流程

以往阿里巴巴国际站大部分 B2B 业务都是在“Meet”环节，这一环节的价值就是带来更多的商机，要想实现信息平台向交易平台的转型，阿里巴巴国际站未来必将在“Work”环节有所动作。目前阿里巴巴国际站将在“Meet”环节实现买卖家“高效匹配”的基础上，努力做好“Work”环节的配套和服务，即使得买卖双方能够借助阿里巴巴国际站，完成支付、包装、运输、保险、通关、退税等一系列流程。

第二，实现信用与安全保障。

一直以来，由于跨境 B2B 涉及的一般贸易流程环节多，贸易周期较长，线下支付习惯稳固，交易功能很难推广。阿里巴巴看到了 B2B 交易的难点首先在于买卖双方对大额贸易的互不信任问题，如果能解决信用保障，那么在线交易和支付预付款就变得可行。因此，阿里巴巴国际站正在实现基于信用保障的跨境交易。

为了解决交易的信任基础，阿里巴巴推出了“信用保障体系（Trade Assurance 简称：TA）”，核定卖家的信用额度，帮助国内的中小企业出海。阿里巴巴国际站根据每家中小企业在国际站上的基本信息和贸易交易额等（一般是一达通通关额度，核定真实出口情况），以及其他信息综合评定并给予一定的信用保障额度，帮助他们向买家提供跨境贸易安全保障（如果出现付款后不发货等情况，阿里会先行赔付买家），具体流程如图 1-11 所示。

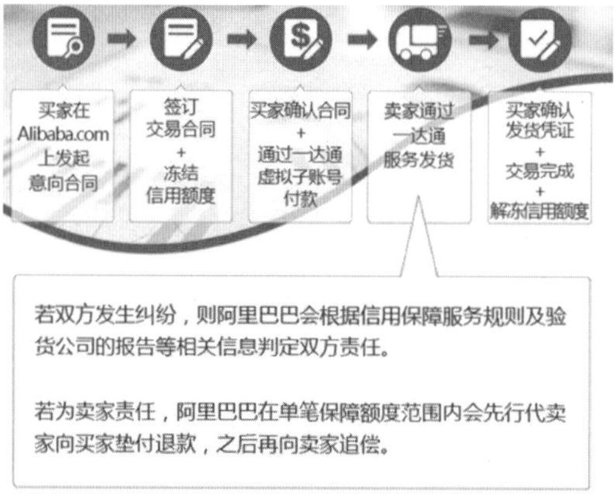

图 1-11　基于信用保障（TA）的交易流程

第三，构建跨境电商生态圈。

阿里巴巴国际站将不仅仅是一个贸易信息平台，而且会逐步走向一个交易体系和生态圈。围绕 B2B 跨境贸易相关的各类服务将在数据、信用的驱动下融为一体，网上贸易、物流、支付、通关等环节都可以在阿里巴巴国际站实现业务流程的进行（图 1-12）。

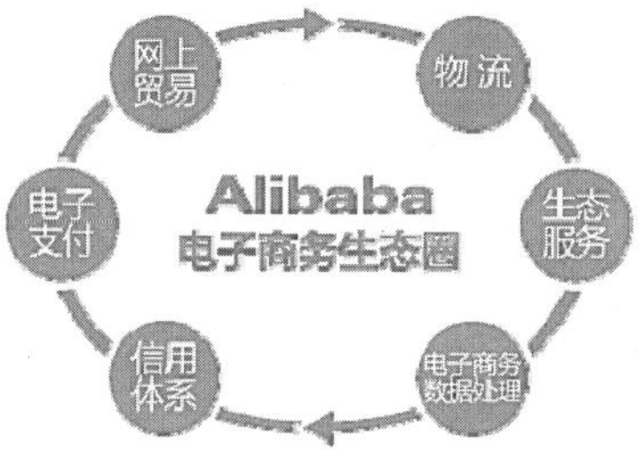

图 1-12　电子商务生态化发展

第四，实现在线小额批发。

随着 B2B 订单越来越小，越来越多的标品小订单开始选择类似境内电商的直接交易，这种方式实现了一种比较灵活的贸易模式——在线小额批发。在线小额批发最大的特点是针对标准描述且有库存的商品，明码标价，可以直接下单购买，并直接使用信用卡或第三方支付工具实现支付。由于直接下单购买的商品往往在数量和价格上相对较小较低，因此也常常采用快递、小包等物流方式。随着跨境支付和物流的便利化，小额批发模式开始爆发（图 1-13）。

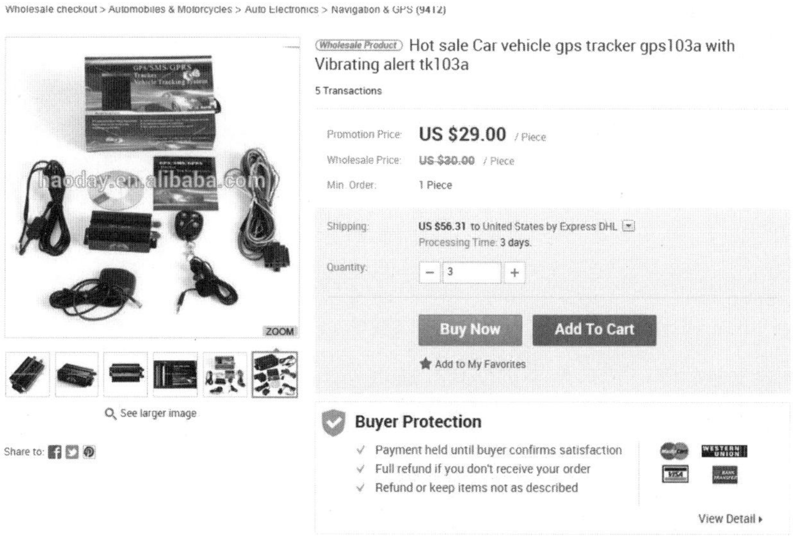

图 1-13　在线批发的商品展示

未来，阿里巴巴国际站将为国内中小企业提供更多更好的服务，开发出更多的国际市场和国外需求，让中国的产品走向世界，让中国的出口贸易能够进一步发展。

1.5 本章总结

（1）狭义上的跨境电商是跨境零售，广义上的跨境电商是外贸电商，更广意义上的跨境电商是使用了电商手段的外贸，本书采用的是广义上的跨境电商概念。跨境电商兼具一般电子商务和传统国际贸易的双重特性，发挥着越来越重要的作用。

（2）跨境电商是我国进出口贸易的最大亮点，在我国跨境电商交易中，出口交易额远大于进口交易额，但进口交易所占份额在逐步提升；在我国跨境电商交易中，2B 的交易额远大于 2C 的交易额，但 2C 所占市场份额在逐步提升。

（3）跨境电商出口平台分为大宗跨境贸易 B2B 平台、独立第三方跨境小额批发零售平台（B2 小 B、B2C、C2C）、综合自营式跨境小额批发零售平台（B2C 独立商城）；跨境电商进口平台分为大平台模式、链接销售模式、M2B2C 模式和网购保税模式。

（4）包括阿里巴巴国际站在内的跨境电商平台正在由信息平台发展为交易平台，阿里巴巴国际站是国内创立最早，交易规模最大的出口型 B2B 平台，致力于帮助中国中小型企业发展出口业务。

1.6 巩固练习

1. 问答题

（1）为什么在我国跨境电商交易中，出口数额远大于进口数额？

（2）在跨境电商中，什么是集货模式和备货模式？两者有何区别？

（3）阿里巴巴集团的跨境电商平台中，天猫国际、1688、速卖通、阿里巴巴国际站分别是何种运营模式？

（4）信息平台和交易平台的主要内容包括哪些？

（5）跨境电商中的 B、C、M、A、G、O 分别指什么？

（6）如果你在中国国内完成以下跨境交易行为，分别属于哪种跨境电商模式？

① 在天猫国际购买商品

② 在跨境通网站购买商品

③ 在速卖通销售商品

④ 在中国制造网销售商品

⑤ 在 eBay 销售商品

⑥ 在 eBay 购买商品

⑦ 委托出国的朋友从国内购买带回

2．选择题

（1）以下跨境电商支付渠道，传统国际贸易中没有使用的是哪个？

A．西联汇款　　B．PayPal　　C．托收　　D．信用证

参考答案：B

（2）以下城市中，哪一个不属于第一批跨境贸易电子商务试点城市？

A．深圳　　B．杭州　　C．上海　　D．重庆

参考答案：A

（3）以下购买进口产品的行为，哪一个不属于跨境电商？

A．在社交网站代购　　B．从天猫国际购买

C．从保税区网站购买　　D．在超市购买

参考答案：D

第 2 章

国际贸易基础

本章学习目标

- 了解买家和卖家的贸易流程，跨境电商与传统外贸的区别，跨境电商的优势
- 了解跨境贸易术语概念及责任划分
- 了解在外贸过程中使用的各种跨境贸易单证
- 熟悉跨境贸易的各种支付方式
- 了解各种跨境贸易物流

知识重点

- 国际贸易流程
- 国际贸易术语
- 国际贸易单证

通过第 1 章的讲述，读者对跨境电商的重要性已经有所了解，本章将对国际贸易的基础做深入学习。

做讲述国际贸易之前，大家先思考几个问题：

（1）完整的外贸流程是怎样的？买家和卖家分别在国际贸易过程中有哪些重要的操作？海外买家采购商品需要经过哪些阶段？卖家出口商品又要经历哪些步骤？各阶段主要做什么？

（2）在国际贸易中，有哪些专业的价格术语？不同的价格术语，分别表示买卖双方所承担的不同义务，如何真正理解这些术语而不是死记硬背呢？

（3）很多人说做国际贸易主要就是做各种单证，在前面的贸易流程中，最常用到的单证是哪些呢？学习单证一定要对照单证样例，彻底地理解单证背后的意义。

（4）做国际贸易，海外买家是怎么给中国供应商付款的？有哪些常见的付款方式？

（5）怎么把商品运输给海外买家？整个过程中需要注意哪些细节？

请带着这些问题，本章将对这些问题做逐一阐述。

2.1 国际贸易术语与单证

2.1.1 国际贸易流程

国际贸易即买家和卖家的交易，下面我们分别详细了解一下买家和卖家在国际贸易中的整个操作流程。

1. 买家的操作流程

国际贸易出口环节中海外买家的操作步骤如图 2-1 所示。买家的操作流程包含搜索、筛选、询盘、样品、合同、付款、收货这几个重要阶段。

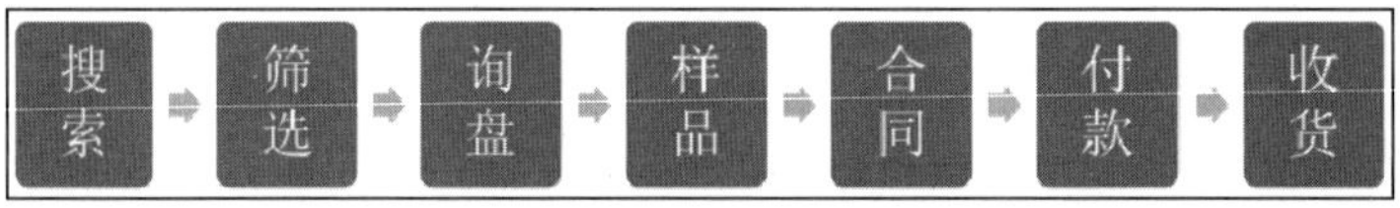

图 2-1 买家操作流程图

买家流程 1：搜索

海外买家根据采购需求，通过跨境电商平台或者搜索引擎，用关键词“搜索”寻找自己要采购的商品（当然还有展会等途径，不详述）。

案例：南美一个采购商，需要采购一批儿童智能手机，于是他在 alibaba.com 上面搜索，在他面前呈现了很多“儿童智能手机”，下一步，采购商需要做什么呢？他需要筛选合适的供应商，即“筛选”。

买家流程 2：筛选

根据前面搜索的结果，买家根据商家的图片、文字判断哪家是适合自己的供应商。

案例：上面的南美采购商，根据自己的需求匹配，选择了几家合适的供应商，准备进一步了解信息。

小提示

买家搜索前商家应该怎么做呢？

第一，在买家“搜索”寻找商品前，作为卖家应该做哪些对应工作呢？

答：以阿里巴巴国际站为例，中国供应商需要发布产品，并让关键词的自然排名靠前或者通过购买 P4P（按照效果点击付费）等方式让产品出现在海外采购商面前。

第二，在海外采购商筛选符合自己采购需求的供应商时，卖家应该做好哪些环节便于买家选择呢?

答：采购商主要是根据图片、产品信息和公司信息来判断供应商的实力，要提高被客户选中的机会，产品图片是最直观的，所以，拍好图片、详细介绍产品和公司信息显得非常重要。

买家流程 3：询盘

采购前，采购商都会发出相关的 Inquiry（即询盘）给供应商，做一些细节上的了解。

小提示

海外买家在“发询盘”了解产品细节的环节中，作为卖家应该做哪些对应工作呢？

答：回复询盘和海外采购商进行沟通交流。

买家流程 4：样品

下单之前，海外买家会让供应商按照自己的要求打样。样品确认后，签订合同，后续生产会以此样品为标准。

买家流程 5：合同

经过洽谈，签订正式的采购订单（或者 PI），在合同中约定好买卖双方达成的意见。跨境电商会用到很多的单证。合同、PI 等很多重要的单证在本章跨境贸易单证中再详细阐述。

买家流程 6：付款

采用各种不同的付款方式。

付款方式：比较常用的付款方式有三种，即 L/C 信用证付款方式，T/T 付款方式，D/P、D/A 方式。这些付款方式之间的区别将在 2.2 节国际贸易支付中详细阐述。

买家流程 7：收货

等待买家生产发货，运输到港口，收到自己采购的商品。

2. 卖家的操作流程

在学习了解了海外买家整个采购过程后，下面我们来了解对应的卖家的整个操作过程。如图 2-2 所示。

图 2-2 卖家的操作流程图

卖家的操作流程主要包括：国际市场了解、客户开发、询盘回复、样品寄送、合同、收款、报关。

卖家流程 1：国际市场了解

出口企业需要对出口产品的海外市场、行业竞争情况和海外市场需求做全面的调研，主要包括：出口产品市场调查、竞争对手调查和潜在客户背景调查等。

卖家流程 2：客户开发

客户开发是外贸出口环节中最重要也是最艰难的一个环节，通过各种渠道开发寻找潜在客户，可以分为主动开发和被动营销方式。

主动开发：通过开发信、展会等方式寻找潜在客户。这种方式开发客户需要掌握开发信的正确写法、积极参加展会，另外要学习询盘分析与回复等客户开发技巧。

被动营销：借助第三方平台推广（比如阿里国际站）或者搜索引擎推广（比如 Google），让客户找到你。这种方式需要掌握阿里巴巴国际站的各种营销方法（比如自然排名、P4P 推广）或者学会利用搜索引擎找客户。

卖家流程 3：询盘报价

收到潜在客户的产品询价后，需要对询盘进行报价和沟通。

对于出口产品，主要的报价信息包含：产品规格型号、产品质量等级、产品包装、产品材质，产品价格、付款方式、运输方式等。

在贸易过程中，需要做好与买家的沟通，注意不同地区不同的风俗习惯、商务礼仪，做好客户接待，提高谈判技巧，协调生产等工作。

比较常用的报价形式有 EXW（工厂交货）、FOB（船上交货）、CNF/CFR（成本加运费）、CIF（成本、保险费加运费）等。

卖家流程 4：合同订单

买卖双方达成意向，买方确认样品。双方签订 PI（形式发票）或者购货合同。PI 或者购货合同中，主要对商品名称、规格型号、数据、价格、包装、产地、装运期、付款条件、结算方式、索赔、仲裁等内容进行约定，并将达成的共识写入 PI 或采购合同中。

付款方式：比较常用的付款方式有下面几种，即 L/C 信用证付款方式，T/T 电汇付款方式，D/P（付款交单）、D/A（承兑交单）等方式。

签订合同：主要注意合同应包含内容，有哪些付款方式及对比，以及风险把控等。

卖家流程 5：生产及运输

① 生产环节

该环节主要根据双方 PI 或者采购合同的要求，以及买家确认的样品来进行生产，主要核对以下内容。

货物名称、规格型号：要按照合同要求核实

货物数量：满足合同要求

交货时间：根据合同规定，结合船期安排

② 订仓拖柜

生产完成后，安排租船订仓和拖柜（或者是送货到指定仓库），将货物运送到码头。

③ 委托报关

在拖柜同时将报关所需资料交给合作报关行或者货代，委托出口报关及做商检通关换单。通常要给报关留出两天时间（船截关前）。委托报关时，应提供一份装柜资料，内容包括所装货物及数量、口岸、船公司、定仓号、柜号、船开截关时间、拖车公司、柜型及数量、本公司的联系人和电话等。

④ 获得货物提单（提单是买家提货的重要凭证）

最迟在开船后两天内，要将提单补料内容传真给船运公司或货运代理。补料要按照 L/C 或客人的要求来做，并给出正确的货物数量，以及一些特殊要求等，包括要求船公司随同提单出的开船证明等。

督促船公司尽快出提单正本及运费账单。

卖家流程 6：收款结汇

外汇收款人将外汇卖给银行，银行按照外币的汇率支付等值的人民币。

2.1.2 跨境贸易术语概念及责任划分

在国际贸易中，买卖双方所承担的责任不同，商品的价格也随之不一样。在长期的国际贸易实践中，逐渐形成了贸易条件与价格直接联系的若干种报价的模式。每一种模式都规定了买卖双方需要承担的责任。用来说明这种买卖双方义务的术语，我们称之为贸易术语。

在外贸过程中，经常听到 FOB、EXW、CIF、CFR 之类的贸易术语。不同贸易术语条件下，卖方所承担的费用和责任是不同的。为了方便分组，我们暂且把这些贸易术语分为 E 组、F 组、C 组和 D 组几个不同的组别。下面，我们就分别进行详细介绍。

第一组：E 组（EXW）

E 组指卖方仅在自己的地点为买方备妥货物交付，出了工厂门就没有费用和安全责任了。当然产品品质责任，所有的价格术语下供应商都是需要负责的。

通过图 2-3 我们详细了解 EXW 术语下卖家需要承担的责任。

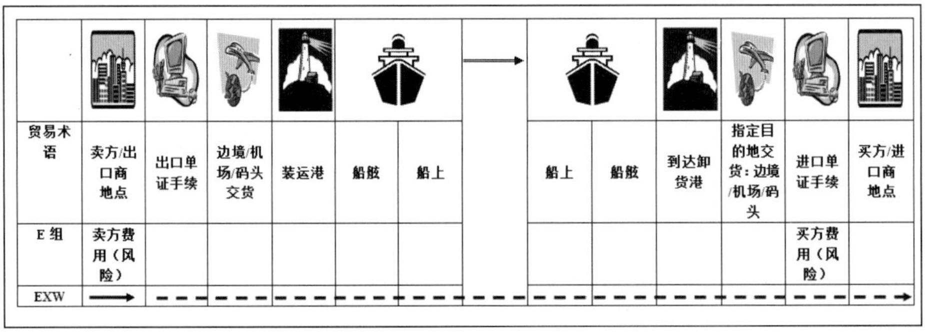

图 2-3 E 组贸易术语责任划分

EXW（工厂交货）

E 组，卖方在“指定营业地点”将货物交给买方即可。该贸易术语赋予买方最大的责任，而赋予卖方最小的责任。卖方无须办理货物出口报关清关，也无须在指定出发地点将货物装上卡车或其他运输工具。

注意

如果买方不能办理出口手续，就不应该使用该术语。在此情况下，建议使用 FCA 术语。EXW 术语常常用于进行货物销售的初期报价。它代表了货物的成本，但不包括任何其他费用。

小提示

EXW 报价，货物运输到码头的费用是由卖家承担还是买家承担？

EXW 方式，表示的是出厂价格，运输到码头等费用是不包含在内的，因此需要海外买家支付。

第二组：F 组（FCA、FAS 和 FOB）

F 组，指卖方需将货物交至买方指定的承运人（承担货物运输的一方）；F 组包括 FCA（货交承运人）、FAS（装运港船边交货）和 FOB（装运港船上交货）三种贸易术语。F 组三种方式买卖双方费用和风险如图 2-4 所示。

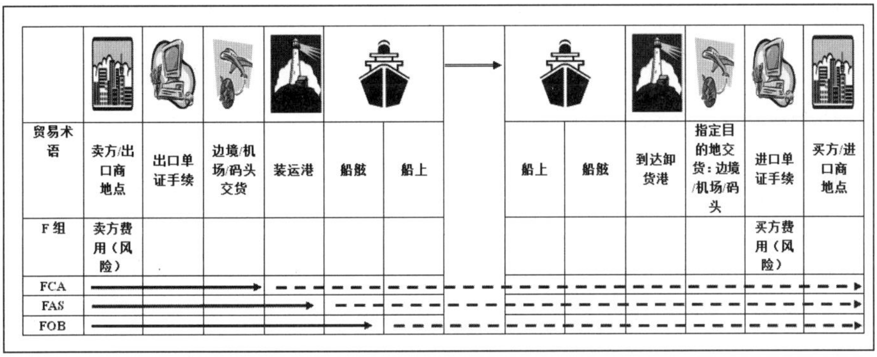

图 2-4　F 组贸易术语责任划分

注意

F 组三种贸易术语，一定要对照图 2-4 理解三者之间的责任差别，其中最常用的是 FOB 方式。

① FCA，全称 Free Carrier（货交承运人）

卖方负责办理货物出口结关手续，在合同约定的时间和地点将货物交由买方指定的承运人处置，及时通知买方购买货运保险。

在货交承运人条件下，卖方/出口商/制造商负责货物出口清关并随后在指定地点交付给买方指定的承运人。如果指定地点是卖方营业地点，则卖方负责将货物装上运输工具，如果指定地点是另外一个地点，如承运人的装运码头，则卖方只负责将货物送至指定的码头而不负责将货物装上运输工具。货交承运人条件可以用于任何运输方式，包括多式联运。货交承运人和所有 F 组术语下的“指定地点”均在卖方国内。“承运人”具有狭义和广义的含义。承运人可以是一家航空公司、航运公司、卡车运输公司或者铁路。承运人也可以是一个采用上述任何运输方式，包括多式联运进行运输的个人或企业。所以，一个个人，例如货运代理商，在这一术语下可以担任“承运人”的角色。该术语经常用于货物销售的初期报价。

② FAS，全称 Free Alongside Ship（装运港船边交货）

在船边交货条件下，卖方/出口商/制造商负责货物出口清关并随后将货物置于“指定装运港”的船边。但是，交易的各方当事人可以在其销售合同中规定买方办理货物出口清关。船边交货条件仅可用于海洋或内河水运。船边交货和所有 F 组术语下的“指定地点”均在卖方国内。船边交货术语经常用于散装货，如石油、粮食和矿石等商品的销售。

③ FOB，全称 Free On Board（装运港船上交货）

在船上交货条件下，卖方/出口商/制造商负责货物出口清关并承担在指定装运港将货物越过船舷的费用和风险。船上交货条件仅可用于海洋或内河水运。船上交货和所有 F 组术语下的“指定地点”均在卖方国内。船上交货术语经常用于如石油、粮食和矿石等大宗商品的销售。这些商品的销售中，越过船舷非常重要。然而，它也常用于其他货物的集装箱运输。船上交货交易中主要的文件是“已装船提单”。买卖双方经常把船上交货 FOB 和货交承运人 FCA 相混淆。FOB 不是指在卖方营业场所将货物装上卡车。船上交货 FOB 只用于海洋或内陆水运中将货物越过船舷。而 FCA 则适用于所有运输方式。

小提示

FOB 价格是怎么计算的？

FOB 到港口的价格除了产品成本和利润，还有国内的运输费用，因此计算公式如下：

FOB 价格=（产品含税成本+利润+国内运输费用–出口退税）/汇率

小提示

Fob Shenzhen USD21.5/pcs 是什么意思？

基本意思是：深圳交货，每件产品价格为 21.5 美元。

深层还有两层意思，具体如下。

第一层意思：明确买卖双方义务

卖方义务

（1）在合同规定的时间，深圳港交货，每件产品价格为 21.5 美元；将合同规定的货物交到买方所指派的船上并及时通知买方（交货义务）；

（2）承担货物越过装运港船舷之前的一切风险；

（3）办理货物的出口手续（出口清关手续）；

（4）提交商业发票等所需单证。

买方义务

（1）租船订舱、支付运费并将船名、装货地点和要求交货的时间及时通知卖方；

（2）受领货物、支付货款；

（3）承担货物越过装运港船舷之后的一切风险；

（4）办理货物的进口手续（进口通关手续）。

第二层意思：明确买卖双方承担的责任

卖方保障货物安全的责任在国内港口（深圳）交货就结束了，之前的安全责任由卖方承担，之后的安全责任转移给买方。

第三组：C 组（CFR、CIF、CPT 和 CIP）

C 组，指卖方须订立运输合同，但对货物灭失或损坏的风险及装船和启运后发生意外所产生的额外费用，卖方不承担责任。C 组包括 CFR（运费付至目的地）、CIF（成本运费保险）和 CIP（运费/保险费付至目的地）四种贸易术语。买卖双方责任如图 2-5 所示。

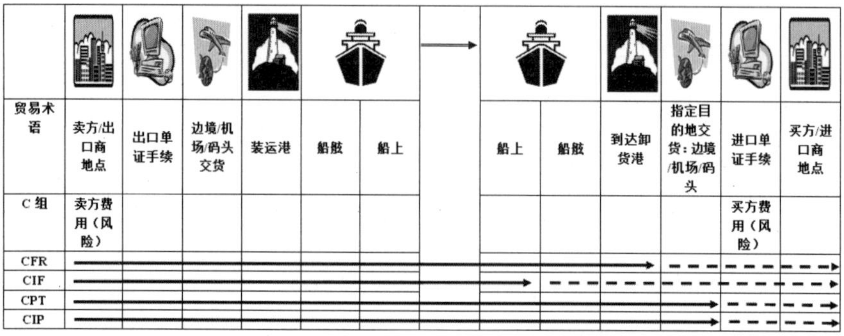

图 2-5　贸易术语责任划分（C 组）

C 组和 F 组具有相同的性质，卖方都是在装运国或发货国完成交货义务，C 组和 F 组订立的买卖合同都属于装运合同。下面重点介绍一下 CFR 和 CIF 两种方式：

① CFR（成本加运费）

在 CFR 条件下，卖方/出口商/制造商负责货物出口清关并将货物在装运港（而非目的港）交付越过船舷。卖方还负责支付将货物运抵指定目的港有关的费用。但是，一旦货物在装运港越过船舷，买方即承担损失或损坏的风险及任何额外的运输费用。CFR 条件常用于海洋或内河水运。所有 C 组术语中的“指定目的港”均在买方国内。它通常用于无法装入海运集装箱或超过这些集装箱重量限制的过大或过重货物的销售。该术语还适用于拼箱货及通过铁路棚车运往海运承运人的货物运输。

② CIF（成本运费保险）

在 CIF 条件下，卖方/出口商/制造商负责货物出口清关并负责将货物在装运港（而非目的港）交付越过船舷。卖方还负责支付将货物运抵指定目的港有关的费用。但是，一旦货物在装运港越过船舷，买方即承担损失或损坏的风险以及其他额外的运输费用。卖方还负责以买方名义为货物购买海运保险，并支付保险费。CIF 条件仅可用于海洋或内河水运。所有 C 组术语中的“指定目的港”均在买方国内。

小提示

CFR 和 CIF 的区别是什么？

CFR 是包括海运费在内的目的港交货价，即 CFR=FOB 价格+海运费

CIF 是包括海运费和保险在内的目的港交货价，即 CIF=FOB 价格+海费+海运保险费

二者的区别在于：CIF 比 CFR 多了保险费。

小提示

CFR L.A. USD21.5/pcs 是什么意思？

基本意思是：美国洛杉矶交货，每件产品价格为 21.5 美元；买卖双方的义务和责任与 FOB 有所不同。

卖方义务和责任

（1）交货地点在洛杉矶港的情况下，买家支付的单价是每件产品 21.5 美元；

（2）卖家承担产品成本、国内内陆运输运费、出口清关费，还有海运运费；

（3）卖方责任到洛杉矶港口，之后的责任属于买方。

买方义务和责任

货运保险费用以及到洛杉矶之后的费用由买家承担，比如保险费、进口清关费等。

第四组：D 组（DAF、DES、DEQ、DDU 和 DDP）

D 组，指卖方须承担把货物交至出口国边境或者目的地国所需的全部费用和风险，D 组（货到）包括 DAF（边境交货）、DES（目的港船上交货）、DEQ（目的港码头交货）、DDU（未完税交货）和 DDP（完税后交货）。买卖双方各自责任和风险如图 2-6 所示。

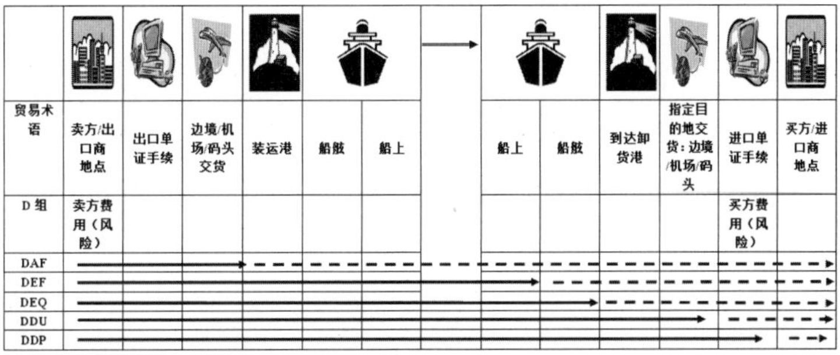

图 2-6 贸易术语责任划分（D 组）

采用 D 组术语，卖方应该负责将货物运至边境或者目的港（Port），或者进口国内约定目的地（Place），并承担货物运至该地以前的全部风险和费用。按照 D 组订立的买卖合同术语是到货合同。

上面介绍了各种跨境贸易术语（最常用的是 FOB、CIF、CFR 三种），经过汇总各种贸易术语的责任划分如表 2-1 所示。

表 2-1 各种跨境贸易术语概念及责任划分表

所属分组	贸易术语	交货地点	报关		租用运输工具	保险	适合的运输方式
			出口	进口			
E 组	EXW	商品产地，所在地	买方	买方	买方	买方	任何
F 组	FCA	出口国内地，港口	卖方	买方	买方	买方	任何
	FAS	指定的装运港	卖方	买方	买方	买方	水上运输
	FOB	指定的装运港口	卖方	买方	买方	买方	水上运输
C 组	**CFR**	装运港	卖方	买方	卖方	买方	水上运输
	CIF	装运港	卖方	买方	卖方	卖方	水上运输
	CPT	出口国内陆，港口或者车站	卖方	买方	卖方	买方	任何
	CIP	出口国内陆，港口或者车站	卖方	买方	卖方	卖方	任何
D 组	DAF	两国边境指定地点	卖方	买方	卖方	卖方	任何
	DES	目的港船上	卖方	买方	卖方	卖方	水上运输
	DEQ	目的港码头	卖方	买方	卖方	卖方	水上运输
	DDU	进口国国内	卖方	买方	卖方	卖方	任何
	DDP	进口国国内	卖方	卖方	卖方	卖方	任何

2.1.3 跨境贸易单证

外贸是一个很繁琐的单证操作，整个贸易过程中会用到各种各样的单证。直接介绍各种单证，外贸新手很难理解。下面结合整个贸易流程，把各种单证穿插到里面，就能更好地理解。根据这些单证和文件的运用场景，我们分类为成交前的文件、报关所需的单证和清关所需的单证。

1. 成交前的文件

传统贸易，在成交之前，买卖双方会根据交易条款做一个彼此之间的约定，这个双方达成共识的约定就是买卖合同。跨境贸易也一样，在成交之前，签署 PI（形式发票）或者销售合同来约定买卖双方的责任和义务。PI 和销售合同都运用本章国际贸易流程中买家流程 5“合同”环节和卖家流程“签订合同”环节。

1）PI（Proforma Invoice）

PI（Proforma Invoice，形式发票），指经双方签字或盖章之后产生法律效力的充当合同的文件，它包括产品描述、单价、数量、总金额、付款方式、包装、交货期等。形式发票本来只是在客户确认了价格并下了订单之后卖方所做的使对方再次确认的发票，但在没有正式合同之前形式发票即是合同。

PI 范例如图 2-7 所示，内容主要包含：

A．货物品名

B．数量

C．成交价格方式（FOB、CFR 或 CIF 等，关系到费用及风险分担的问题）

D．装运期

E．运输方式

F．付款方式

G．公司详细的银行资料

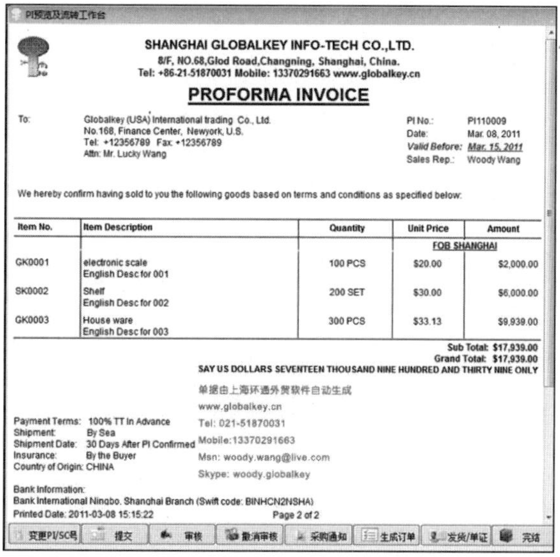

SHANGHAI GLOBALKEY INFO-TECH CO.,LTD.

8/F, NO.68,Glod Road,Changning, Shanghai, China.

Tel: +86-21-51870031 Mobile: 13370291663 www.globalkey.cn

PROFORMA INVOICE

To: Globalkey (USA) International trading Co., Ltd.
No.168, Finance Center, Newyork, U.S.
Tel: +12356789 Fax: +12356789
Attn: Mr. Lucky Wang

PI No.: PI110009
Date: Mar. 08, 2011
Valid Before: Mar. 15, 2011
Sales Rep.: Woody Wang

We hereby confirm having sold to you the following goods based on terms and conditions as specified below:

Item No.	Item Description	Quantity	Unit Price	Amount
			FOB SHANGHAI	
GK0001	electronic scale English Desc for 001	100 PCS	$20.00	$2,000.00
SK0002	Shelf English Desc for 002	200 SET	$30.00	$6,000.00
GK0003	House ware English Desc for 003	300 PCS	$33.13	$9,939.00

Sub Total: $17,939.00
Grand Total: $17,939.00
SAY US DOLLARS SEVENTEEN THOUSAND NINE HUNDRED AND THIRTY NINE ONLY

单据由上海环通外贸软件自动生成
www.globalkey.cn
Tel: 021-51870031
Mobile:13370291663
Msn: woody.wang@live.com
Skype: woody.globalkey

Payment Terms: 100% TT In Advance
Shipment: By Sea
Shipment Date: 30 Days After PI Confirmed
Insurance: By the Buyer
Country of Origin: CHINA

Bank Information:
Bank International Ningbo, Shanghai Branch (Swift code: BINHCN2NSHA)
Printed Date: 2011-03-08 15:15:22 Page 2 of 2

图 2-7 PI 样例

2）合同（Contract/Sales Confirmation）

合同也叫外贸合同或销售合同，与 PI 的作用类似，都是约束买卖双方履行各自义务而签订的，是正式的法律文件，内容与 PI 大致相同。

合同包含的主要内容有：产品相关信息、付款方式、质量标准、运输方式等。

合同一般性条款有：异议和索赔、不可抗力规定、仲裁等。

销售合同会增加一些合约性的条款，例如：仲裁、保险、支付、检验、不可抗力和一些格式性的条款等，二者差别如表 2-2 所示。

表 2-2　PI与合同差别表

二者差别	PI（Proforma Invoice）	合同（Contract）
相同点	内容大致相同	
不同点	非正式法律文件	正式法律文件
	无标准格式	格式相对规范
	无一般性合同条款	有一般性合同条款
	出口商向进口商提供	双方一同签署
	供进口商申请许可证	约定双方合约条款

2．报关所需的单证

报关单证是报告给海关，需要经过海关审查的单据。

根据海关法规定，出口货物发货人应在出货前 24 小时向海关申报。目前，对集装箱货物规定提前三天申报。出口公司报关时，需要向海关交验如下单证：

- 商业发票（Commercial Invoice）（一式两份，盖财务专用章或公章）
- 装箱单（P/L:Packing List）（一式两份，盖公章）
- 货物出口报关单（一式两份，盖报关专用章，如货物入海关监管仓需盖公章）
- 海运委托书
- 代理报关委托书（如代理报关，一式两份，盖公章）
- 销售合同正本（不用商检或者采用电子换单的商检不需要）
- 核销单（现在纸质核销单已取消）

销售合同在前面已经讲过，其他几个报关用到的单证，下面一一进行介绍。

1）商业发票（Commercial Invoice）

商业发票（Commercial Invoice）是出口方向进口方开列发货价目清单，是买卖双方记账的依据，也是进出口报关交税的总说明。商业发票是一笔业务的全面反映，内容包括商品的名称、规格、价格、数量、金额、包装等，同时也是进口商办理进口报关不可缺少的文件，因此商业发票是全套出口单据的核心。

商业发票范本如图 2-8 所示。

COMMERCIAL INVOICE

M/S:AL-ESSAMI COMPANY FOR INVESTMENT AND TRDAE.
P.O.BOX 110150 AMMAN 11110 JORDAN

Invoice No.: MZ121203 ORDER NUMBER: 064 Date: DEC 3RD, 2012

[redacted]

Shipping Marks	Description of Commodity	Specification	Quantity	Unit Price	Total Amount
AL-ESSAMI	RED OAK MDF, GRADE A, CROWN CUT VENEER, FIRST QUALITY, AS FOLLOWS: 1) 5 X 1220 X 2440 MM 1 SIDE 1000 SHEET AT USD 7.62/SHEET 2) 8 X 1220 X 2440 MM 1 SIDE 1000 SHEET AT USD 9.56/SHEET 3) 11 X 1220 X 2440 MM 1 SIDE 1000 SHEET AT USD 11.98/SHEET 4) 14 X 1220 X 2440 MM 1 SIDE 1000 SHEET AT USD 14.36/SHEET SHIPPING MARKS (AL-ESSAMI) CFR. AQABA PORT - JORDAN FULL LINER TERMS	5X1220X2440 MM 8X1220X2440 MM 11X1220X2440 MM 14X1220X2440 MM	14.88 23.81 32.74 41.68	usd7.62/sheet usd9.56/sheet usd11.98/sheet usd14.36/sheet	7620 usd 9560 usd 19800 usd 14360 usd
In-total			113.12M³		$43520.00

TOTAL AMOUNT: SAY U.S.DOLLARS FORTY THREE THOUSAND FIVE HUNDRED AND TWENTY ONLY.

This document is submitted to The Hong Kong General Chamber of Commerce for endorsement purpose only.

for The Hong Kong General Chamber of Commerce
Date: 24 DEC 2012

[redacted] LIMITED

[redacted]

Authorized Signature(s)

Invoice No.:MZ121203 PAGE: 1 TTL PAGES: 1

图 2-8 商业发票范本

2）装箱单（P/L:Packing List）或运单

装箱单是商业发票的补充单据，它列明了合同（PI）中买卖双方约定有关包装事宜的细节，便于国外买方在货物到达目的港时供海关检查和核对货物，通常可以将其有关内容加列在商业发票上，但是在信用证有明确要求时，就必须严格按信用证约定制作。

装箱单范本如图 2-9 所示。

PROSPERITY TIEH ENTERPRISE CO.,LTD

PACKING LIST

CONTRACT NO. AS8006001B

MARKS & NOS	DESCRIPTION	NET WEIGHT	GROSS WEIGHT
AS806001B D/NO.1-288 GUANGZHOU CHINA	LIQUID OIL (MELTING POINT 19-24C)	275.00KG 79,200.00KG	279KG 80,352.00KG
CONTRACT NO.	NO. OF CONTAINER/PACKING		
ISBU440933/TARE WGT3000KG ISTU7197509/TARE WGT3000KG IAXU485418/TARE WGT3000KG	288 DRUM 3X40'CONTAINER STC "FREIGHT PREPAID"		
TOTAL PACKAGES:288 DRUM	PACKING: STANDARD EXPORT PACKING		

PROSPERITY TIEH ENTERPRISE CO.,LTD

图 2-9 装箱单范例

3）出口货物报关单

出口货物报关单是由海关总署规定的统一格式和填制规范，由出口企业或其代理人填制并向海关提交的申报货物状况的法律文书，是海关依法监管货物出口、征收关税及其他税费、编制海关统计，以及处理其他海关业务的重要凭证。

报关单用于确认货物是否真正出口或者进口，是海关出具的出口货物报关单进出口的正式凭证。为企业出口退税、企业结汇核销的凭证。

范本及样式如图 2-10 所示。

出口退税专用

海关出口货物报关单

预录入编号：020001909　　　　海关编号：

出口口岸 上海海关	备案号		出口日期 2010-06-25	申报日期 2010-06-25
经营单位 艾格进出口贸易公司 2200001986	运输方式 航空运输	运输工具名称 CZ3103		提运单号 999-00000881
发货单位 艾格进出口贸易公司 2200001986	贸易方式 一般贸易(0110)		征免性质 一般征税(101)	结汇方式 付款交单
许可证号	运抵国（地区） 日本(116)	指运港 名古屋(1287)		境内货源地
批准文号	成交方式 C&F	运费 502 /159.04 /3	保费 / /	杂费 / /
合同协议号 CONTRACT03	件数 20	包装种类 盒	毛重(公斤) 6	净重(公斤) 4.4
集装箱号	随附单据			生产厂家

标记唛码及备注

YALLOW JADEITE JADE TEAPOT
JAPAN
C/NO.1-20
MADE IN CHINA

项号	商品编号	商品名称、规格型号	数量及单位	最终目的国(地区)	单价	总价	币制	征免
1	7116200000	黄翡茶壶 A货翡翠,尺寸: 3.88CM X 2.90CM X 3.00CM	20件	日本(116)	80000	1600000	日本元 (116)	照章征税

税费征收情况

录入员 录入单位	兹声明以上申报无讹并承担法律责任	海关审单批注及放行日期(签章)	
报关员		审单	审价
	申报单位（签章）	征税	统计
单位地址		查验	放行
邮编　　电话	填制日期		

报关专用章

国家海关 验讫章

图 2-10　海关报关单

海关报关单一般六联、海关留存联、海关作业联、报关企业留存连、海关核销联、出口收汇证明联和出口退税证明联。

4）海运委托书

海运委托书是出口商向运输货物的船公司或者代理人订舱时提交的单据，在订舱前准备，一般货代会提供模板。

5）代理报关委托书

代理报关委托书是托运人委托承运人或其代理人办理报关等通关事宜，明确双方责任和义务的书面证明。委托方应及时提供报关报检所需的全部单证，并对单证的真实性、准确性和完整性负责。

代理报关委托书一般一式两份，盖公章；另加盖法定代表人的章。样例如图 2-11 所示。

委托方	
主要货物名称	
HS编码	
进出口日期	年 月 日
提单号	
贸易方式	
原产地/货源地	
传真电话	
其他要求：	
背面所列通用条款是本协议不可分割的一部分，对本协议的签署构成了对背面通用条款的同意。	
委托方业务签章： 经办人签章： 联系电话： 年 月 日	

被委托方		
*报关单编码	No.	
收到单证日期	年 月 日	
收到单证情况	合同	发票
	装箱清单	提（运）单
	加工贸易手册	许可证件
	其他	
报关收费	人民币： 元	
承诺说明：		
背面所列通用条款是本协议不可分割的一部分，对本协议的签署构成了对背面通用条款的同意。		
被委托方业务签章： 经办报关员签章： 联系电话： 年 月 日		

图 2-11 代理报关委托书

3．买家清关用到的单证

上面列举的单证是货物出口报关用到的单证，当货物到海外客户一端时，海外客户需要清关，将用到清关文件（清关单证）。

清关文件是指外贸进出口过程中，货物出入海关时需要同时提供的证明业务合规性的作证资料，是保证出口货物顺利通关的基础。清关资料主要包括：提单、装箱单和发票、产地证等，下面我们对这些单证做一一介绍。

1）提单（Bill of Lading，B/L）

提单就是货物交付货运公司以后，由货运公司出具的证明，用以代表物权，以及在目的地提货。每个船公司都有自己样式的提单，但内容大同小异。提单是最核心的单证，某种意义上就是货权和货款的价值。根据运输方式的不同，分为空运提单（Air Way Bill，简称 AWB）和海运提单（Ocean Bill Of Loading，简称 B/L）及其他。但实务中以海运提单最为常见，空运提单次之。海运提单样例如图 2-12 所示。

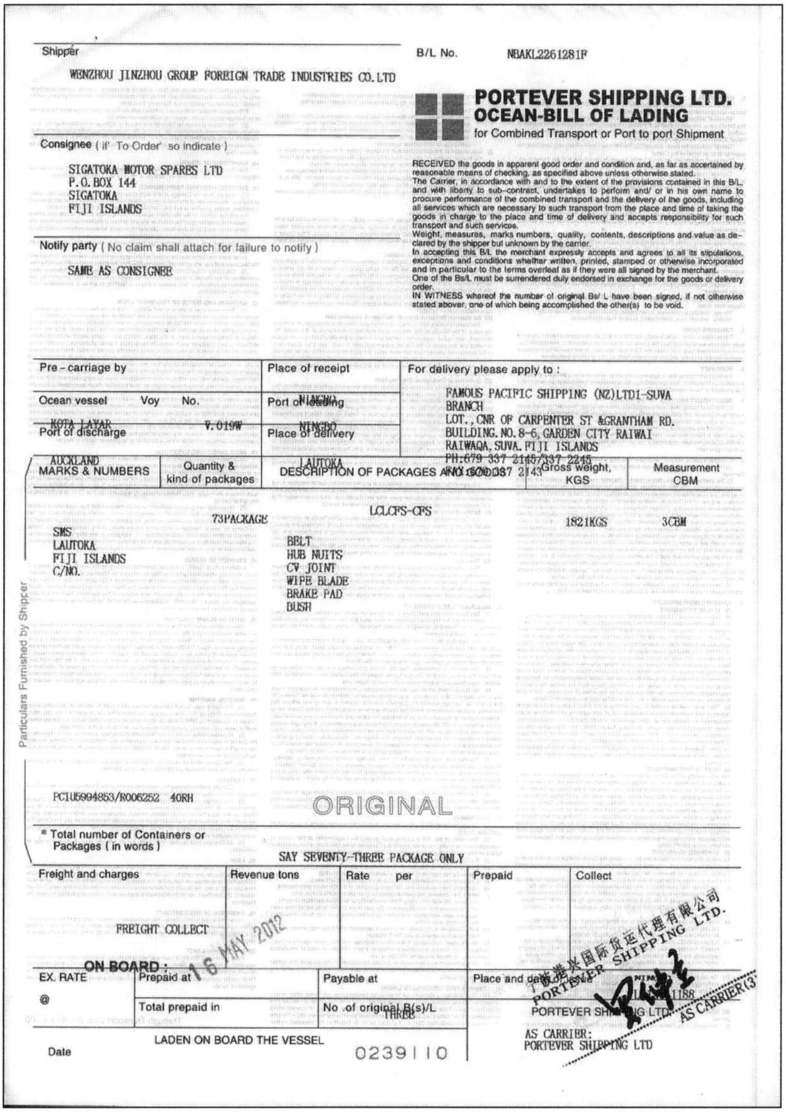

Shipper
WENZHOU JINZHOU GROUP FOREIGN TRADE INDUSTRIES CO.LTD

B/L No. NBAKL2261281F

PORTEVER SHIPPING LTD.
OCEAN-BILL OF LADING
for Combined Transport or Port to port Shipment

Consignee (if 'To Order' so indicate)
SIGATOKA MOTOR SPARES LTD
P.O.BOX 144
SIGATOKA
FIJI ISLANDS

RECEIVED the goods in apparent good order and condition and, as far as accertained by reasonable means of checking, as specified above unless otherwise stated.
The Carrier, in accordance with and to the extent of the provisions contained in this B/L, and with liberty to sub-contract, undertakes to perform and/ or in his own name to procure performance of the combined transport and the delivery of the goods, including all services which are necessary to such transport from the place and time of taking the goods in charge to the place and time of delivery and accepts responsibility for such transport and such services.
Weight, measures, marks numbers, quality, contents, descriptions and value as declared by the shipper but unknown by the carrier.
In accepting this B/L the merchant expressly accepts and agrees to all its stipulations, exceptions and conditions whether written, printed, stamped or otherwise incorporated and in particular to the terms overleaf as if they were all signed by the merchant.
One of the Bs/L must be surrendered duly endorsed in exchange for the goods or delivery order.
IN WITNESS whereof the number of original Bs/ L have been signed, if not otherwise stated above, one of which being accomplished the other(s) to be void.

Notify party (No claim shall attach for failure to notify)
SAME AS CONSIGNEE

Pre-carriage by	Place of receipt	For delivery please apply to :
Ocean vessel　Voy　No. KOTA LAYAR　V.019W	Port of loading NINGBO	FAMOUS PACIFIC SHIPPING (NZ)LTD1-SUVA BRANCH LOT.,CNR OF CARPENTER ST &GRANTHAM RD. BUILDING.NO.8-6,GARDEN CITY RAIWAI RAIWAQA,SUVA.FIJI ISLANDS PH:679 337 2145/337 2245 FAX:679 337 2143
Port of discharge AUCKLAND	Place of delivery LAUTOKA	

MARKS & NUMBERS	Quantity & kind of packages	DESCRIPTION OF PACKAGES AND GOODS	Gross weight, KGS	Measurement CBM
SMS LAUTOKA FIJI ISLANDS C/NO. PCIU5994853/R006252 40RH	73PACKAGE	LCLCFS-CFS BELT HUB NUITS CV JOINT WIPE BLADE BRAKE PAD BUSH ORIGINAL	1821KGS	3CBM

Particulars Furnished by Shipper

* Total number of Containers or Packages (in words)
SAY SEVENTY-THREE PACKAGE ONLY

Freight and charges	Revenue tons	Rate　per	Prepaid	Collect
FREIGHT COLLECT				

ON BOARD : 16 MAY 2012

EX. RATE	Prepaid at	Payable at	Place and date of issue
@	Total prepaid in	No .of original B(s)/L THREE	PORTEVER SHIPPING LTD.
Date	LADEN ON BOARD THE VESSEL	0239110	AS CARRIER: PORTEVER SHIPPING LTD

宁波港兴国际货运代理有限公司
PORTEVER SHIPPING LTD.
AS CARRIER(3)

图 2-12　海运提单范例

提单由货运公司根据发货人提供的发货人和收货人名址、目的地、货物描述等相关数据来填制，经发货人确认无误后签章出具。一般三正三副，任何一份正本均可提货。一经提货，其余两份即告失效。为防止提单在传递过程中遗失，如果客户没有指明要求的话，可以只给客户一份或两份正本。除了提单上的固定栏目，海运提单在签发的时候还必须加注“上船时间”（ON BOARD DATE）字样，这是计算实际交货期的标准。

2）装箱单（P/L:Packing List）

内容与报关的装箱单一致。

3）商业发票（Commercial Invoice）

内容与报关的商业发票一致。

4）产地证（Certificate of Origin）

产地证是一种证明货物原产地或制造地的证件，主要用途是提供给进口国海关凭此确定货物的生产国别，从而核定进口货物应征收的税率。有的国家限制从某些国家或地区进口货物，也要求以产地证明书来证明货物的来源。产地证明书一般由出口地公证行或工商团体签发。在我国，它由进出口商品检验局或中国国际贸易促进委员会签发。

2.2 国际贸易支付

国际贸易支付，简单的说就是买家用什么方式把钱付给卖家。目前，国际贸易的支付主要有三种方式：电汇、托收和信用证，下面我们分别详细介绍。

2.2.1 电汇

电汇（TT），英文全称 Telegraphic Transfer。电汇是汇款人将一定款项交存汇款银行，汇款银行通过电报或电传给目的地的分行或代理行（汇入行），指示汇入行向收款人支付一定金额的一种汇款方式。

1. 电汇流程及分类

电汇流程如图 2-13 所示。

图 2-13　电汇流程

电汇一般分为以下几类。

1）前 T/T

先收款，后发货，风险主要在买方；

2）后 T/T

先发货，后收款，风险主要在卖方；

3）先订金，后余款

通常情况下，电汇要预付 30%的货款作为订金，另外 70%的余款见提单复印件支付。这种方式对买卖双方的风险均有比较好的平衡。

2．电汇过程中的处理细节

1）电汇收款账号必须包含的信息

作为中国供应商，简单的说，电汇需要提供付款账号，让海外采购商付款。那么提供的收款账号必须包含哪些信息呢？

- 收款人公司：Beneficiary
- 收款人账号：Beneficiary Account#
- 收款银行名称：Beneficiary Bank
- 收款银行地址：电话 Beneficiary Bank address，Tel

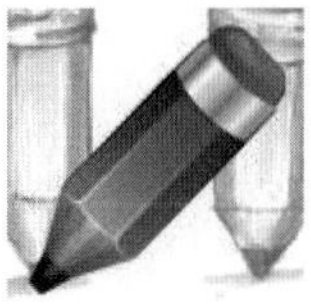

知识点介绍

SWIFT Code

SWIFT Code（银行国际代码）一般用于发电汇，信用证电报，每个银行都有，用于快速处理银行间电报往来。环球银行金融电信协会（Society for Worldwide Interbank Financial Telecommunication，SWIFT），或译为环球同业银行金融电讯协会。SWIFT 是一个协作组织，它运营着世界级的金融电文网络，银行和其他金融机构通过它与同业交换电文（message），从而完成金融交易。

2）SWIFT Code 查询

要查询某家银行的 SWIFT Code，推荐的方式是：

① 直接去银行询问工作人员；

② 可以打电话咨询；

③ 通过 SWIFT 的官方网站（www.swift.com）查询：

精确查找，进入网站后，如果你知道银行的 SWIFT 代码（BIC Code）或机构关键字（Institution Keyword），可以快速查找它的信息。例如：中国银行的关键字是 Bank of China，输入就可以查询中国银行在全世界的分行的 SWIFT Code，当然包括中国大陆各地的代码。从搜索结果可以看到，内地分行的开始 8 位全部是 BKCHCNBJ，可以直接在 BIC 搜索下输入这 8 位，列出国内中国银行各地分行的 SWIFT Code。

3）SWIFT Code 银行识别代码

十一位数字或字母的 BIC 可以拆分为银行代码、国家代码、地区代码和分行代码四部分。以中国银行北京分行为例，其银行识别代码为 BKCHCNBJ110。其含义为：BKCH（银行代码）、CN（国家代码）、BJ（地区代码）、110（分行代码）。

① 银行代码（Bank Code）：由四位英文字母组成，每家银行只有一个银行代码，并由其自定，通常是该行的行名字头缩写，适用于其所有的分支机构。

② 国家代码（Country Code）：由两位英文字母组成，用以区分用户所在的国家和地理区域。

③ 地区代码（Location Code）：由 0、1 以外的两位数字或两个字母组成，用以区分位于所在国家的地理位置，如时区、省、州、城市等。

④ 分行代码（Branch Code）：由三位字母或数字组成，用来区分一个国家里某一分行、组织或部门。如果银行的 BIC 只有八位而无分行代码时，其初始值订为“×××”。

同时，SWIFT 还为没有加入 SWIFT 组织的银行，按照此规则编制一种在电文中代替输入其银行全称的代码。所有此类代码均在最后三位加上“BIC”三个字母，用来区别于正式 SWIFT 会员银行的 SWIFT 地址代码。

T/T 付款样例及水单如图 2-14 所示。

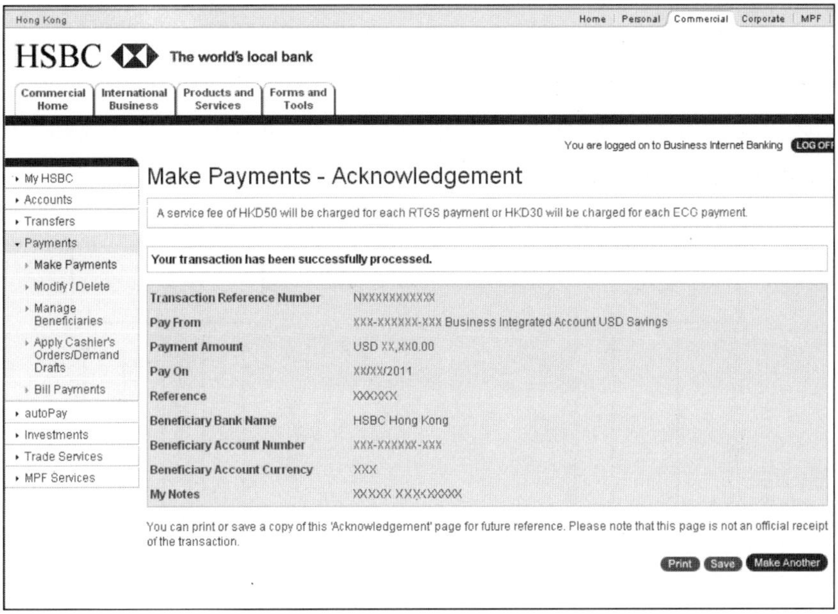

图 2-14　T/T 水单样例

重点

T/T 电汇是目前主流的支付方式，前 T/T 风险集中在买方，后 T/T 风险集中在卖方，因此在实际运用中，主要采用先付 30%订金，见提单扫描件付尾款的方式。

2.2.2 托收

1．什么是托收

托收（Collection）是出口人在货物装运后，开具以进口方为付款人的汇票（随附或不随附货运单据），委托出口地银行通过它在进口地的分行或代理行代出口人收取货款的一种结算方式。属于商业信用，采用逆汇方式。

2．托收的基本流转程序

第一步：委托人（卖家）向托收行（卖家当地银行）申请跟单汇票；

第二步：托收行（卖家当地银行）向代收行（买家当地银行）寄出跟单汇票；

第三步：代收行通知买家付款购买提单；

第四步：代收行将费用转给托收行，再转给委托人（卖家）。

支付流程图如图 2-15 所示。

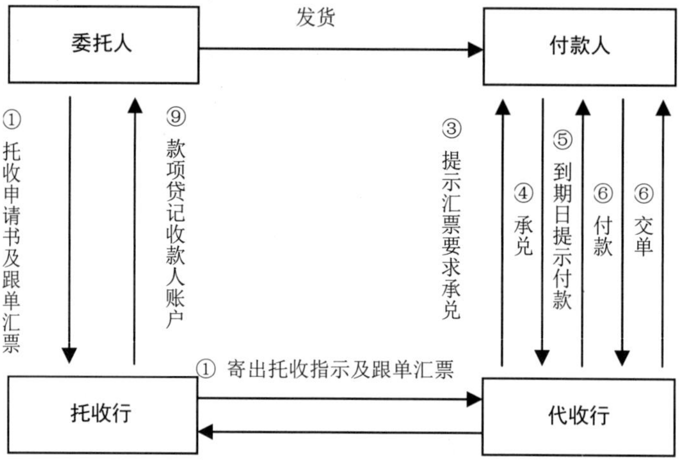

图 2-15　托收支付流程图

小提示

托收案例

英国伦敦买家 A 向上海商家 B 订购价值 2 万美元的鞋子，双方约定采用托收（Collection）方式。

卖家 B 签发了一张汇票，写明金额 2 万美元，付款人是伦敦的 A。然后连同提单，委托当地上海分行（托收行）通过伦敦当地分行（代收行）向买家 A 收取 2 万美元。整个过程就是“委托”和“代收”。

里面的四个角色中，卖家 B 是委托人，也是出票人；买家 A 是付款人；卖家 B 的上海分行是托收行（寄单行）；买家 A 所在银行是代收行。

托收和 T/T 有什么不同？

托收有汇票，汇票的作用是卖家向买家索要货款的支付凭证。T/T 方式没有汇票，付款方向有所不同，T/T 方式是买方主动付款，托收是卖家通过银行代理去讨钱，采用的是逆汇。

3. 托收的利弊

托收方式对买方比较有利，费用低，风险小，资金负担小，甚至可以取得卖方的资金融通。对卖方来说，即使是付款交单方式，因为货已发运，万一对方因市价低落或财务状况不佳等原因拒付，卖方将遭受来回运输费用的损失和货物转售的损失。远期付款交单和承兑交单，卖方承受的资金负担很重，而承兑交单风险更大。托收是卖方给予买方一定优惠的一种付款方式。对卖方来说，是一种促销的手段，但必须对其中存在的风险持慎重态度。

国际商会制定的国际惯例，即《托收统一规则》。

托收者之间的法律关系很简单，委托人和托收行、托收行和代收行之间是委托代理关系，而代收行与买方间是没有直接法律关系的。

重点 “托收”支付方式风险相对比较高，实际应用比较少，占国际贸易的3~5%，是非主流支付方式。

2.2.3 信用证

1. 什么是信用证

开证银行应申请人的要求并按其指示向第三方开立的载有一定金额的，在一定期限内凭符合规定的单据付款的书面保证文件。

2. 信用证的基本流转程序

信用证最主要的关系人是货物买卖双方。

整个信用证流转程序如图 2-16 所示，买卖双方是货物买卖关系，其与开具信用证而形成的信用证关系是相互独立的，因此银行只负责审单，而不负责审查买卖关系中的争议及问题。

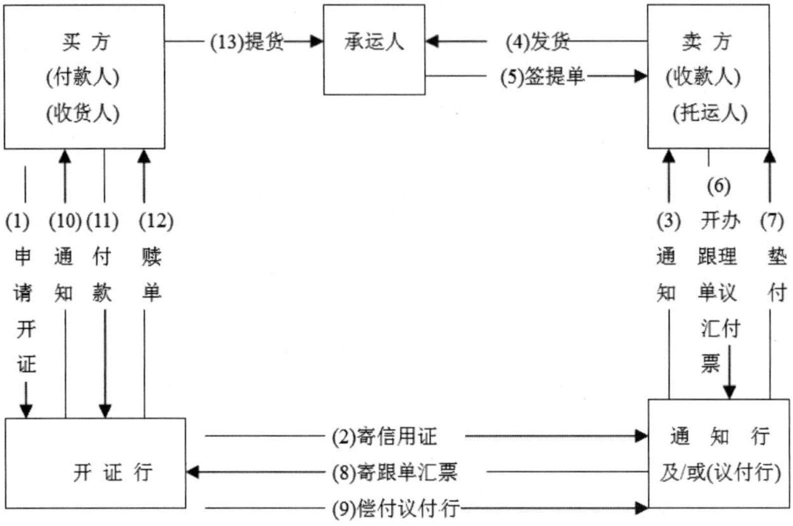

图 2-16　信用证流程图

小提示

信用证流程案例

英国伦敦买家 A 向上海商家 B 订购价值 5 万美元的鞋子，双方约定采用信用证（LC 模式）交易。

买家 A（开证人）向伦敦分行（开证行）提出开立“信用证”的申请。买家 A 交了一些押金后，伦敦当地银行（开证行）根据申请内容及保护自身利益的条款，形成信用证，传递到了卖家 B 的上海分行（通知行），于是卖家 B 得到了上海分行（通知行）的通知书及信用证复印件。

卖家 B 查看了信用证，条款没有问题，交货时间也足够，就确认了信用证，用信用证向上海银行做了抵押，贷款 2 万美元，启动生产。

信用证交货期是 2 个月后，卖家 B 如期交货，并在船公司获得提单，做了一套完整的单据，把单证和提单一起提交给上海分行。上海分行审核了所有的单据，发现没有问题，就将货款垫付给卖家 B，并将单据邮寄去了伦敦分行，伦敦分行（开证行）收到了单据，审核没有问题，付款给上海分行（通知行）。买家 A 再付款给伦敦银行，把提单买回来，去港口提货。

信用证的要点是，单证一致，如有不符点：一是改单或改证，二是不符点交单。不符点交单的情况下，最好跟客户沟通。

3. 信用证的分类

处理单据时遵循单证相符原则，即对相符交单予以承付。

1）以开证行所负的责任为标准划分

① 不可撤销信用证（Irrevocable L/C）。指信用证一经开出，在有效期内，未经受益人及有关当事人的同意，开证行不能片面修改和撤销，只要受益人提供的单据符合信用证规定，开证行必须履行付款义务。

② 可撤销信用证（Revocable L/C）。开证行不必征得受益人或有关当事人同意便可随时撤销的信用证，应在信用证上注明“可撤销”字样。但《UCP500》规定：只要受益人依信用证条款规定已得到了议付、承兑或延期付款保证时，该信用证即不能被撤销或修改。它还规定，如信用证中未注明是否可撤销，应视为不可撤销信用证。

最新的《UCP600》规定银行不可开立可撤销信用证（注：常用的都是不可撤销信用证）。

2）按信用付款时间不同划分

① 即期信用证（Sight L/C）。指开证行或付款行收到符合信用证条款的跟单汇票或装运单据后，立即履行付款义务的信用证。

② 远期信用证（Usance L/C）。指开证行或付款行收到信用证的单据时，在规定期限内履行付款义务的信用证。

在国际贸易的货款结算中，绝大部分使用即期不可撤销信用证。

重点　“信用证”交易处理的是单据，银行也是审核单据，而不会审核产品是否有质量问题。如果发生质量问题，需要国际仲裁来解决。

2.2.4 各类小额付款

除了刚才介绍的主流的付款方式，还有一些常见的小额付款方式。

1. 西联汇款

西联汇款是西联国际汇款公司的简称，是世界上领先的特快汇款公司，可以在全球大多数国家的西联代理所在地汇出和提款。西联手续费由买家承担。需要买卖双方到当地银行实地操作。西联在卖家未领取款项时，买家随时可以将支付出来的资金撤销回去。

- **费用：**西联手续费由买家承担；需要买卖双方到当地银行实地操作；西联在卖家未领取钱款时，买家可以将支付的资金撤销回去。
- **优点：**手续费由买家承担；对于卖家来说最划算，可先提钱再发货，安全性好；到账速度快。
- **缺点：**由于对买家来说风险极高，买家不易接受；买家和卖家需要去西联线下柜台操作；手续费较高。
- **适用范围：**1 万美元以下的小额支付。

2. PayPal

PayPal（在中国大陆的品牌为贝宝），是美国 eBay 公司的全资子公司。1998 年 12 月由 Peter Thiel 及 Max Levchin 共同创立。是一个总部在美国加利福尼亚州圣荷西市的因特网服务商，允许在使用电子邮件来标识身份的用户之间转移资金，避免了传统的邮寄支票或者汇款的方法。PayPal 也和一些电子商务网站合作，成为它们的货款支付方式之一，但是用这种支付方式转账时，PayPal 会收取一定数额的手续费。

- **费率：**2.9%~3.9%
- **费用：**无开户费及使用费；每笔收取 0.3$的银行系统占用费；提现每笔收取 35$；如果跨境每笔收取 0.5%的跨境费。
- **优点：**国际付款通道满足了部分地区客户付款习惯；账户与账户之间产生交易的方式，可以买可以卖，双方都拥有；美国 eBay 旗下，国际知名度较高，尤其受美国用户信赖。
- **缺点：**PayPal 用户消费者（买家）利益大于 PayPal 用户卖家（商户）的利益，双方权利不平衡；电汇费用，每笔交易除手续费外还需要支付交易处理费；账户容易被冻结，商家利益受损，很多做外贸的朋友都遇到过。
- **适用范围：**跨境电商零售行业，几十到几百美金的小额交易更划算。

3. 离岸公司银行账户

卖家通过在中国香港或其他地方开设离岸银行账户，接收海外买家的汇款，再从香港或其他地方账户汇往大陆的账户。

- **优点**：接收电汇无额度限制，不需要像大陆银行一样，有 5 万美元的年汇额度的限制。不同货币可直接自由兑换。
- **缺点**：中国香港银行或其他地方账户的钱还需要转到大陆账户，较为麻烦。部分客户选择地下钱庄的方式，有资金风险和法律风险。
- **适用范围**：传统外贸及跨境电商都适用，适合已有一定交易规模的卖家。

4. MoneyGram

速汇金汇款是 Money Gram 公司推出的一种快捷、简单、可靠及方便的国际汇款方式，目前该公司在全球 150 个国家和地区拥有总数超过 50000 个代理网点。收款人凭汇款人提供的编号即可收款。

- **费率**：单笔速汇金最高汇款金额不得超过 10000 美元（不含），每天每个汇款人的速汇金累计汇出最高限额为 20000 美元（不含）。
- **优点**：速汇金汇款在汇出后十几分钟即可到达收款人手中；在一定的汇款金额内，汇款的费用相对较低，无中间行费，无电报费；手续简单，汇款人无需选择复杂的汇款路径，收款人无需预先开立银行账户，即可实现资金划转。
- **缺点**：汇款人及收款人均必须为个人；必须为境外汇款；通过速汇金进行境外汇款的，必须符合国家外汇管理局对于个人外汇汇款的相关规定；客户如持现钞账户汇款，还需交纳一定的钞变汇的手续费，国内目前有工行、交行、中信银行三家代理了速汇金收付款服务。

小提示

各种付款方式如何综合运用呢？

现实中，各种支付方式并不是独立或者对立，而是相互补充；比如，样品费、小额订单可以通过 PayPal 或者西联汇款来支付；几万美元的订单，采用 T/T 方式；一些尾款采用托收方式向买家收取；数额比较大的订单，可以采用信用证方式或部分信用证后 T/T 方式。

各种付款方式不仅要灵活运用，更需要从贸易和生意角度考虑，为买卖双方创造生意的最大可能，同时又要规避不必要的风险。

2.3 国际贸易物流及保险

前面我们学习了各种国际站贸易术语和国际贸易的支付方式，支付之后，货物怎么从中国供应商手中运输到客户手里呢？在国际贸易中，常见的物流方式有海运、空运（Express+Air Cargo）、陆运和多式联运，下面就从海陆空贸易物流的基本流程讲起。

2.3.1 海运（海运拼箱+海运整柜）

海运（Sea Transportation），广义定义为一切与海有关的经营活动。目前提起海运，一般意义为海上的交通运输，如散杂货运输、集装箱运输等港到港的海上运输。

很多外贸新人把外贸运输想得太复杂，其实外贸物流主要是通过物流公司或者船公司完成的，关键是要理解海运出口过程中的主要流程，以及了解和外贸人切实相关的关键节点，了解在该时间节点中外贸人需要做什么。简单说，海运流程如图 2-17 所示。包括：查询船期和价格、订舱、装箱进港和货到目的国四个重要的环节。

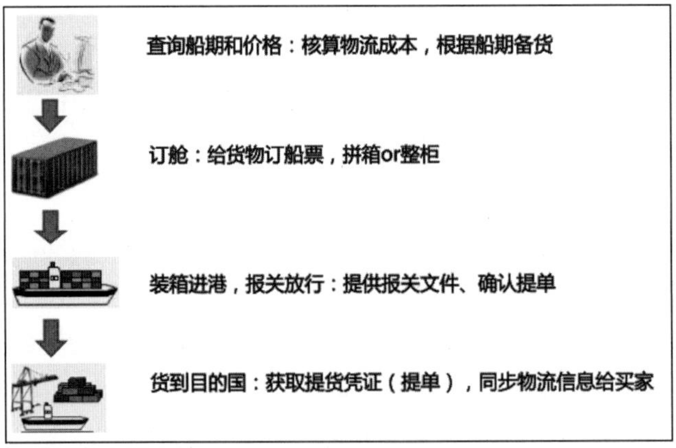

图 2-17　海运运输流程图

2.3.2 空运（Express+Air Cargo）

空运是一种现代化的运输方式，它与海洋运输、陆地运输相比，具有运输速度快、货运质量高，且不受地面条件限制等优点。因此，它最适宜运送急需物资、鲜活商品、精密仪器和贵重物品。空运一般又分为国际快递和普通空运。

1．国际快递（Express）

国际快递是国际快递公司上门取件，航空运输，送货上门的服务，比较适合于时效性高、货物体积小且尽量保证货物无损失的情况。目前最主流的国际快递公司有 UPS、Fedex、TNT、DHL 等几家。

国际快递的主要流程如图 2-18 所示。

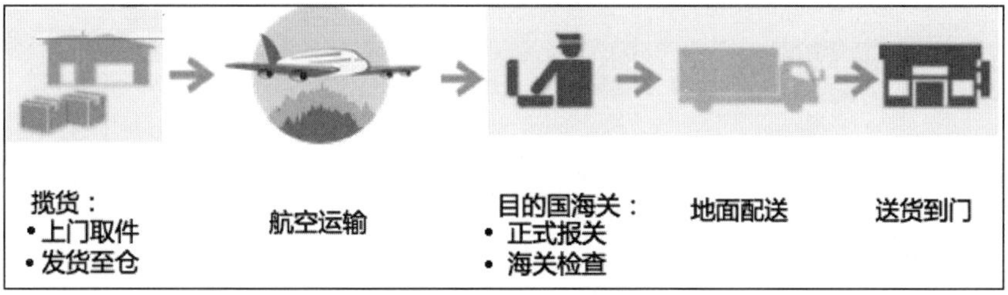

图 2-18 国际快递流程图

小提示

在什么情况下适合用国际快递？

阿里巴巴卖家接到来自外国买家的样品单，买家希望在本周末收到样品，再决定是否下大单。例如小王公司销售的是汽车零配件，为了满足买家周末收到样品的**时效要求**，同时要**控制成本**，尽量**保障货物**无损失，这时候国际快递是小王不错的选择。

2．空运运输（Air Cargo）

当有相对较大的货物（比如 200kg 以上的货物），若使用国际快递则成本就很不划算。但又需要尽快发送给买家，这个时候通过空运运输更适合。空运运输流程如图 2-19 所示。

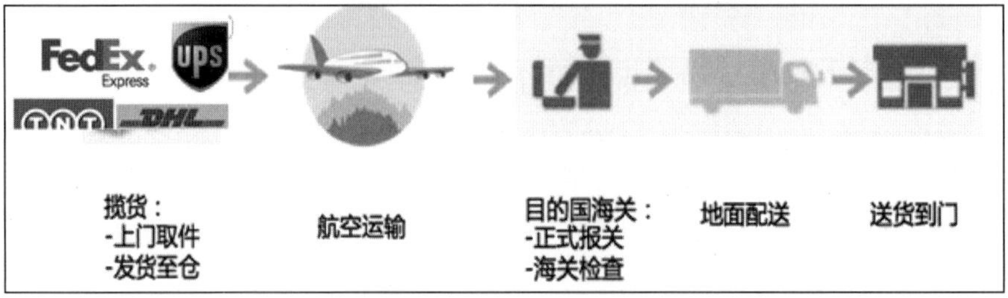

图 2-19　空运运输流程图

2.3.3 陆运

陆运指的是通过陆地方式，将货物运输到海外客户手中的运输方式。陆运的线路多种多样，一般陆运衔接后段的海运或者是空运运输。今天我们用阿里陆运的深圳至香港陆运拼箱举例，流程如图 2-20 所示。

图 2-20　陆运运输流程图

上面介绍了主流的几种运输方式，具体在选择跨境电商物流运输方式的时候，需要根据自己的实际情况，综合考虑物流时间和物流成本等多个因素。

2.4 本章总结

本章介绍了在国际贸易中，买卖双方的贸易流程。买家的操作流程包含搜索、筛选、询盘、样品、合同、付款、收货这几个重要阶段；卖家的操作流程主要包括：国际市场了解、客户开发、询盘回复、样品寄送、合同、收款、报关。

在不同贸易术语条件下，卖方所承担的费用和责任是不同的，用来说明这种买卖双方义务的术语称之为贸易术语。贸易术语通常分为 E 组、F 组、C 组和 D 组 4 个组别，每一种模式都规定了买卖双方需要承担的责任，需要理解并掌握 FOB、EXW、CIF、CFR 等常见贸易术语的含义并清楚双方所承担的责任。

国际贸易的支付主要有三种方式：电汇、托收和信用证，需要理解各种不同支付方式的支付场景和支付流程。

外贸是一个很繁琐的单证操作，整个贸易过程中会用到各种各样的单证。根据这些单证和文件运用场景，我们分类为成交前的文件、报关所需的单证和清关所需的单证：① 成交前的文件主要包括 PI（Proforma Invoice）、合同（Contract/Sales Confirmation）；② 报关所需的单证包括商业发票（Commercial Invoice）、装箱单（P/L:Packing List）或运单、出口货物报关单、海运委托书、代理报关委托书等；③ 买家清关用到的单证包括提单（Billof Lading，B/L）、装箱单（P/L:Packing List）、商业发票（Commercial Invoice）、产地证（Certificate of Origin）等。

在国际贸易中，常见的物流方式有海运、空运、陆运和多式联运，需要分清在什么情况选择什么样的运输方式，并理解各种运输方式的运输流程。

2.5 巩固练习

1. 问答题

（1）请对比一下买家和卖家在国际贸易中的操作流程？

（2）提单的性质和作用是什么？

（3）在所有结汇单据中，最重要的单据是什么？

2．选择题

（1）信用证是一种（　　）信用。

A．商业　　B．银行　　C．民间　　D．企业

参考答案：B

（2）邮政的航空大包航程一般需要多久？

A．2 周　　B．4 周　　C．1 周　　D．3 周

参考答案：A

（3）在所有结汇单据中，最重要的单据是（　　）。

A．商业发票　　B．保险单　　C．装箱单　　D．提单

参考答案：D

（4）以下哪一个是 FOB 计算公式。

A.（产品成本+国内费用–出口退税+利润）/汇率+海运费

B.（产品成本+国内费用–出口退税+利润）/汇率+海运费+保费

C.（产品成本+国内费用–出口退税+利润）/汇率+保费

D.（产品成本+国内费用–出口退税+利润）/汇率

参考答案：D

（5）以下关于 PI 的说法错误的（　　）。

A．形式发票没有效力

B．买方可以用形式发票申请外汇许可、进口许可和开立信用证

C．形式发票可以当作销售合同

D．形式发票是一种数量化的报价

参考答案：A

（6）寄送样品后是否需要留样？

A．不用留样　　B．根据实际情况决定　　C．一定需要

参考答案：C

（7）线上的询盘发送形式有（　　）。

A．电话，邮件　　B．邮件，聊天工具

C．传真，电话　　D．邮寄，邮件

参考答案：B

（8）在 CIF 术语下，以下是买方义务的是（　　）。

A．进口国清关　　　　B．购买保险

C．租船订舱　　　　D．出口国报关

参考答案：A

（9）客户希望我们找船，把货物运到澳大利亚的悉尼港，但是保险由他们购买，这种情况下，我们应该给客户报什么价格？（　　）

A．CFR Sydney　　　　B．CIF Shanghai

C．CIF Sydney　　　　D．FOB Shanghai

参考答案：A

（10）如果一家没有外贸经营权的企业通过一家外贸出口代理与美国客商签订合同，结算货币应该是（　　）。

A．企业与代理用美金结算，代理与外商也用美金结算

B．企业与代理用美金结算，代理与外商用人民币结算

C．企业与代理人用人民币结算，代理与外商用美金结算

参考答案：C

（11）以下流程顺序正确的是（　　）。

A．退税—核销—退单—报关　　　　B．核销—退税—报关—退单

C．报关—退单—核销—退税　　　　D．退单—核销—退税—报关

参考答案：C

（12）一份完整的报价单包含（　　）。

A．价格，贸易术语，产品名称，规格，包装，MOQ，付款方式

B．价格，贸易术语，产品名称，规格，包装，MOQ，付款方式，报价有效期

C．价格，贸易术语，产品名称

D．价格，贸易术语，产品名称，规格，包装

参考答案：B

第3章

阿里巴巴国际站入门

本章学习目标

- 了解阿里巴巴国际站后台
- 了解产品排序规则
- 了解阿里平台搜索诊断的维度
- 搜索诊断各维度的优化方法
- 通过案例对比灵活分析平台优劣并进行优化

知识重点

- 产品排序规则
- 搜索诊断 6 大板块
- 各板块功能概述及优化
- 案例分析学习

3.1　国际站后台认知

3.1.1 什么是国际站后台（My Alibaba）

国际站后台（My Alibaba）就像一个功能强大而全面的操作系统，所有跟国际站相关的功能入口都集中在 My Alibaba 后台，其功能包括但不局限于产品发布与管理、橱窗产品管理、网站数据查看等，My Alibaba 后台的具体功能介绍详见 **3.1.3 My Alibaba 后台功能**。

3.1.2 My Alibaba 登录

（1）打开阿里巴巴国际站首页链接 www.alibaba.com，单击右上角的“sign in”或者右上角的“My Alibaba”，输入账号密码即可登录；

（2）直接输入登录网址：sh.vip.alibaba.com，输入账号密码，单击“登录”按钮即可。

（3）通过 TradeManager 登录：通过单击 TradeManager 左侧的 My Alibaba 管理入口，如图 3-1 所示。

图 3-1 Trade Manager 主界面

3.1.3 My Alibaba 后台功能

My Alibaba 后台各个功能板块布局如图 3-2 所示。

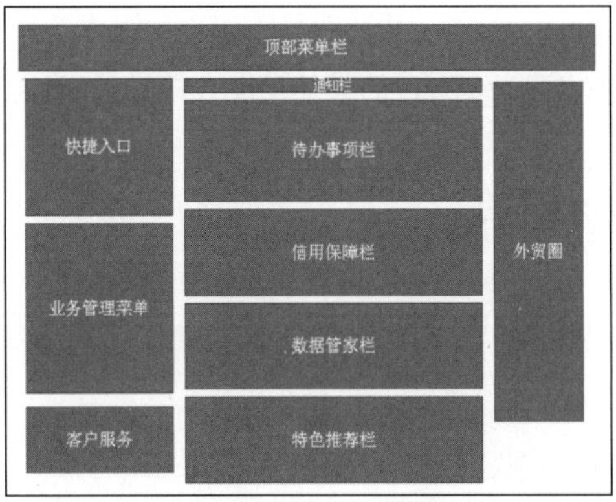

图 3-2 My Alibaba 后台功能板块布局

1. 顶部菜单栏

顶部菜单栏分为左边、中间、右边三个区域。

左边区域是阿里巴巴国际站首页热点链接，单击 Alibaba Logo 区域可以跳转至阿里巴巴国际站首页。

中间区域包含业务、商圈、账户 3 个子菜单。商圈是一个圈内的各商业用户能积极分享交流各自的贸易经验，促进彼此共同成长的平台。在商圈中供应商可以选择关注感兴趣的商业人士、行业资讯、展会活动等内容，从而及时获得相关商业信息的推送，扩展人脉，获得商机。账号菜单中则可以对账号进行设置，包括子账号管理等操作，这部分的内容详见 **4.3 账号设置**。

右侧区域包括消息中心、卖家频道、界面语言设置及信用保障介绍页菜单。将鼠标移动至右侧区域头像位置可以看到账号中心、退出按钮，还有消息中心弹出菜单，包括待处理订单、未读询盘、未读人脉等。其中卖家频道中主要包括服务中心、外贸圈、采购直达等子菜单，常用功能主要有培训之家、外贸圈等，供应商可进入对应板块进行拓展学习。

2. 快捷入口

“我的快捷入口”中默认的菜单有询盘、RFQ 市场、我的效果等，可以单击右侧的“添加/设置”来对快捷入口菜单进行管理，如图 3-3 所示。

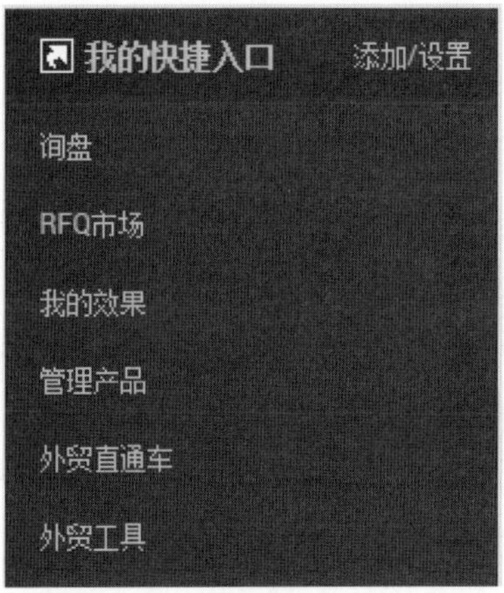

图 3-3　“我的快捷入口”界面

快捷入口最多可以添加 10 个菜单入口，单击左侧菜单项前的“+”符号可以将其添加至快捷入口中，在右侧列表中可以通过拖曳进行调整排序，如图 3-4 所示。

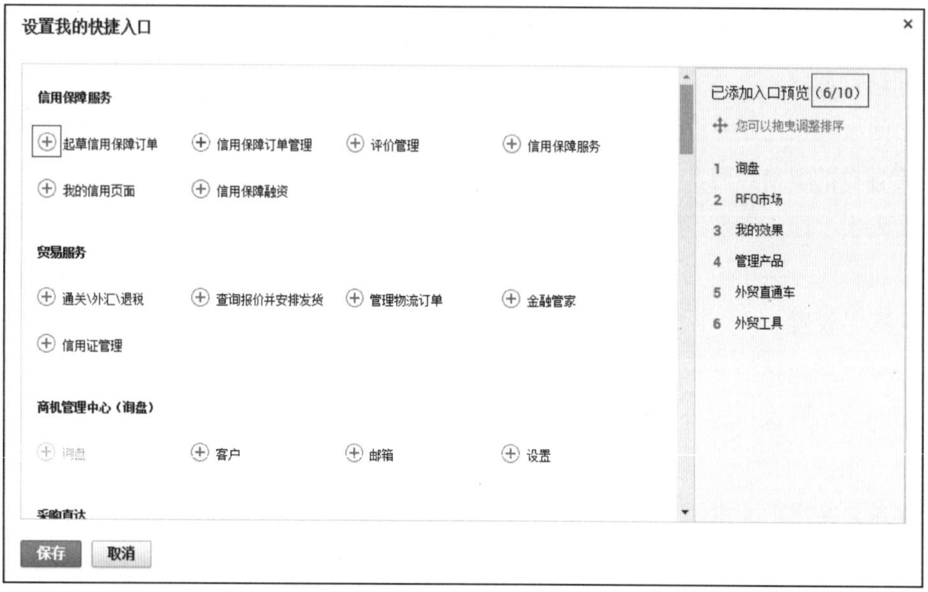

图 3-4 “我的快捷入口”设置界面

3. 业务管理菜单

My Alibaba 后台所有与业务相关的功能均集中在业务管理菜单中。包括订单管理、信用保障服务、商机管理中心（询盘）、采购直达、数据管家、产品管理、营销中心、在线批发市场、招商活动中心、建站管理、多语言市场、贸易服务、我的外贸服务 13 个二级菜单。日常使用中使用频率比较高的有数据管家、产品管理、多语言市场等。

数据管家主要用于查看 My Alibaba 各项数据指标，其菜单展开后如图 3-5 所示，其中包含诊断中心、知己、知买家、知行情等条目。从对应条目中可以看到店铺核心指标、搜索词等信息，数据管家的功能介绍详见 **4.7 数据分析**。

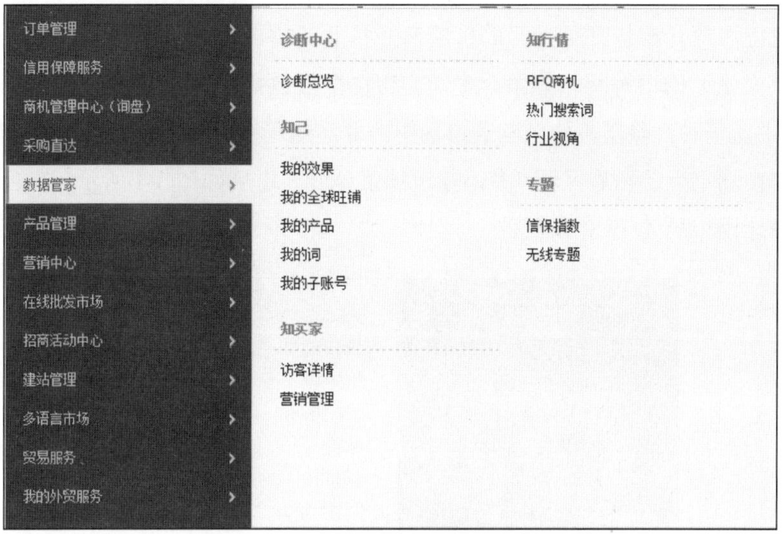

图 3-5　“数据管家”菜单展开界面

产品管理可以说是日常操作中打开频率最高的菜单，每一个新产品的编辑发布均在此菜单下进行操作。产品管理菜单展开以后如图 3-6 所示，主要由发布产品、管理产品、搜索诊断等子板块组成。发布产品部分内容详见 **4.4 图片处理**。

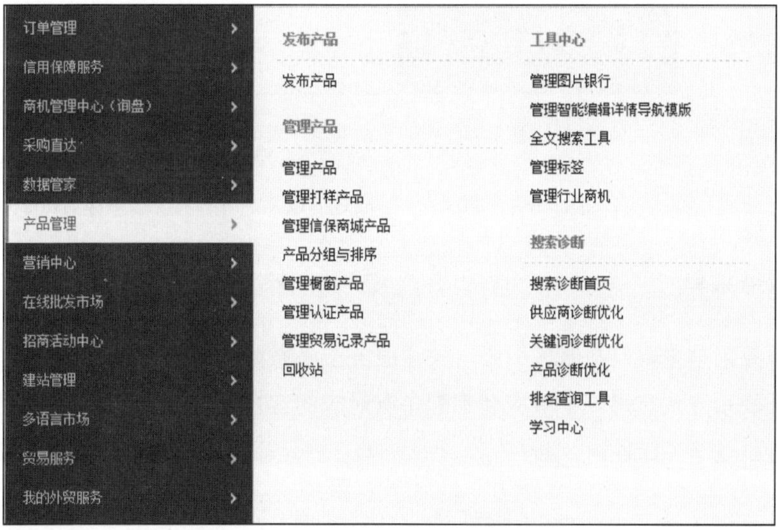

图 3-6　“产品管理”菜单展开界面

阿里巴巴多语言市场，是为帮助供应商开拓非英语市场而建立的，且独立于阿里巴巴国际站（英文站）的语种网站体系。多语言市场主要包括西班牙语、葡萄牙语、法语、俄语等 13 个主流语种，除覆盖传统欧美市场中的非英语买家群体外，南美、俄罗斯等新兴市场是多语言市场重点的拓展区域。多语言市场菜单展开以后如图 3-7 所示，包括多语言市场首页、西班牙语市场等 13 个条目。

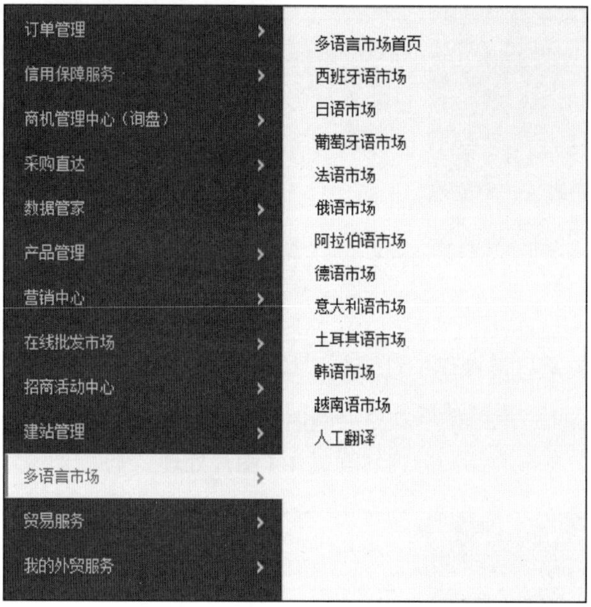

图 3-7 “多语言市场”菜单

其他业务管理菜单的二级菜单在此不一一赘述，读者可自行登录 My Alibaba 后台查看。

4．客户服务菜单

客户服务菜单主要包括服务中心，关注服务中心微博的入口，以及供应商客户经理的个人信息及联系方式。每一个供应商都配备有对应的客户经理，有关阿里巴巴国际站的问题可以向客户经理进行咨询。

5．通知栏

通知栏用于推送阿里巴巴国际站相关的重要通知，用鼠标单击通知栏中“了解更多”

按钮可以查看通知的具体内容。

6. 待办事项栏菜单

供应商信息下方待办事项栏中展示如待处理订单、未读人脉请求等事项，不同事项后面的数字则表示对应事项有多少条记录待处理，如“待处理订单”，表示目前有 4 个订单等待处理。其中待办事项后的数字最多显示到 99，如果超出 99 个事项要处理则会显示为 99+。单击右侧“添加/设置”按钮可以对待办事项栏进行个性化设置，如图 3-8 所示。

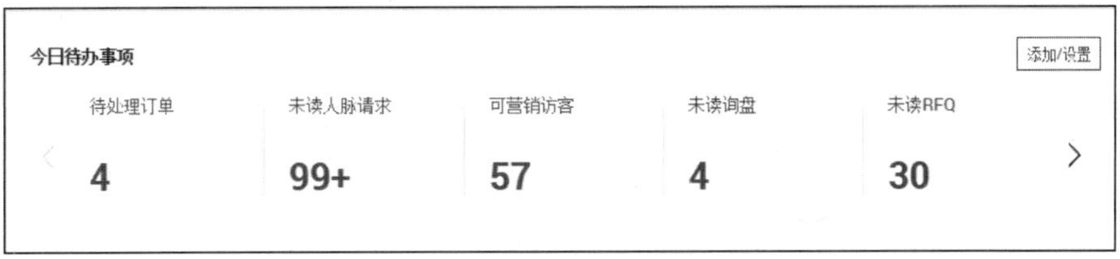

图 3-8　添加/设置待办事项栏

7. 信用保障栏菜单

信用保障栏菜单下可以快速起草信保障订单及管理信保订单，也可以查看当前的信用保障总额度和查看信用保障交易排名，还可以在下方获取信用保障标示代码，可用于在独立企业网站上展示，增强企业网站可信度。如图 3-9 所示。

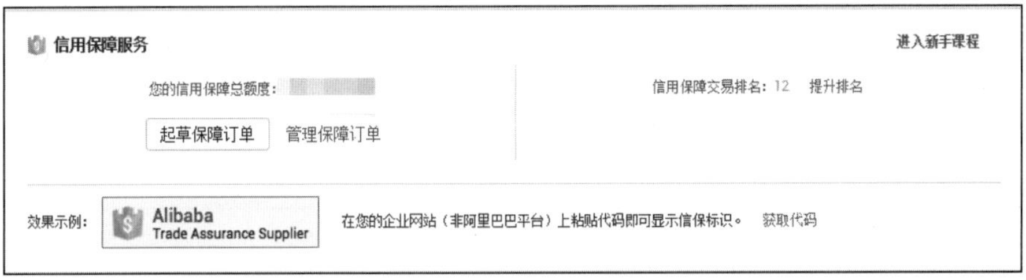

图 3-9　信用保障栏菜单

8. 数据管家栏菜单

数据管家栏菜单会展示网站的曝光，点击反馈、RFQ、信报订单数等网站数据指标报表，报表中的数据均来源于数据管家，单击右上方“查看数据详情”按钮可以跳转到数据管家——我的效果界面，如图 3-10 所示。

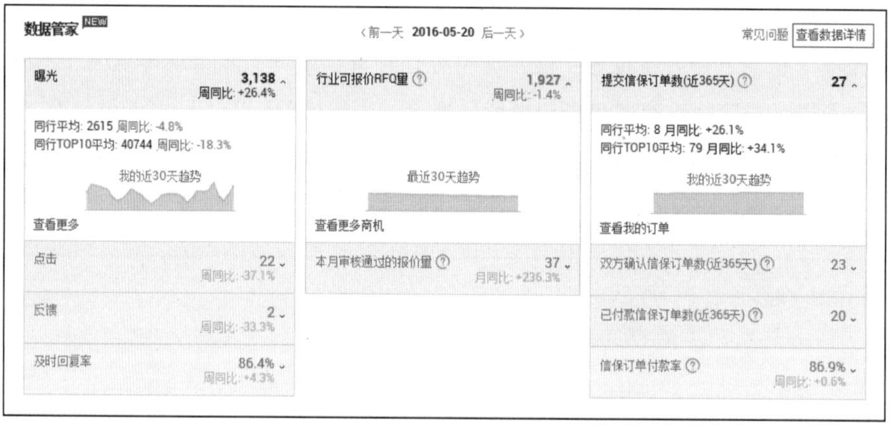

图 3-10 数据管家界面

9. 特色推荐栏

特色推荐栏中会向供应商推荐采购直达（RFQ）报价信息，单击右上方“查看更多商机”按钮可以跳转到采购直达（RFQ）首页，如图 3-11 所示。

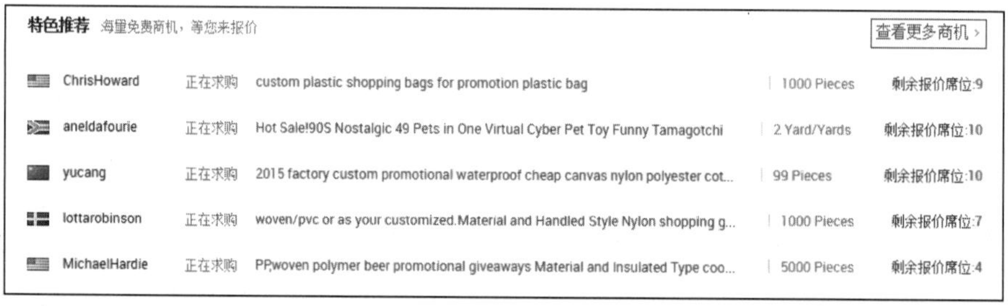

图 3-11 特色推荐栏

10. 外贸圈

外贸圈是阿里巴巴的外贸论坛（waimaoquan.alibaba.com），以阿里产品、外贸、电子商务三大块内容为主，为供应商与供应商之间、供应商与阿里之间提供了一个互相沟通、交流学习的平台。My Alibaba 外贸圈板块中会推送外贸圈公告和热议话题等信息。

3.2　跨境 B2B 平台产品排序逻辑

3.2.1　跨境 B2B 平台总排名规则

《跨境 B2B 平台搜索排序规则》是对目前跨境 B2B 平台（阿里巴巴国际站）（www.alibaba.com，以下也称“平台”）搜索排序机制的相关说明，由阿里巴巴（中国）网络技术有限公司（下称“阿里巴巴”）编制，于 2014 年 9 月首次发布，并于 2016 年 5 月进行更新修订。

本文主要从正向引导及反向排除两个角度入手，辅以部分图、表、数据等对跨境 B2B 平台搜索排序的原则及机制做出解释及说明。

跨境 B2B 平台搜索排序机制会根据用户需求、市场环境、政府监管等不断进行优化调整，搜索排序结果将是诸多内外部因素共同作用而成，变化性和不确定性较大。

3.2.2　跨境 B2B 平台搜索排序定义及原则

1. 跨境 B2B 平台搜索排序功能的定义及目标

定义：网站的基本功能是搜索，它能让用户更加快速清晰地表达自己的需求并且得到网站的结果，排序就是这一类搜索结果的体现。

目标：跨境 B2B 平台搜索排序功能的目标是让用户快速高效地匹配到最合适的产品、供应商或者其他信息。

2. 跨境 B2B 平台搜索排序分类

类目浏览排序（Categories）、产品搜索排序（Products）、供应商搜索排序（Suppliers）、供应商店铺内搜索排序等都是跨境 B2B 平台搜索排序的内容。这四类排序方式基本上相同，仅仅在一些细微的地方有区别。

3. 跨境 B2B 平台搜索排序原则

第一是从买家校对出发，可以称之为买家导向。因为在跨境 B2B 平台上搜索的大部分用户是买家群体，因此，阿里巴巴会对供应商的产品进行判断，符合买家喜好度，更加有利于买家的产品会更加被倡导，排序将更加靠前。

第二是从供应商端口出发，严惩作弊。作弊行为会极大地伤害买家体验，破坏市场公平竞争的秩序和环境。因此，跨境 B2B 平台搜索排序机制也将“严惩作弊”作为重要原则，从事这类行为的供应商必将受到平台的严惩。

4．跨境 B2B 平台搜索排序机制

搜索排序主要是买家需求的体现，跨境 B2B 平台的搜索排序机制正是从买家角度出发逐步进行筛选后做出决策。

以产品搜索排序为例，平台的搜索排序机制主要有作弊过滤、匹配、排序三个阶段，即平台会首先过滤掉作弊产品，然后根据类目和文本的关联程度筛选出符合搜索需求的产品，最后根据买家偏好、产品及供应商信息进行排序。如图 3-12 所示为产品搜索排序框架图。

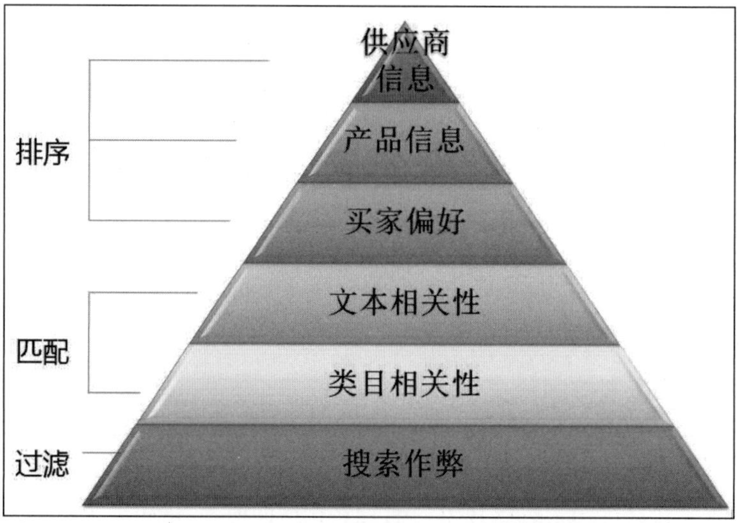

图 3-12　产品排序规则“金字塔”

过滤：搜索作弊是指部分供应商故意通过重复铺货、类目错放、虚假交易等虚假行为影响平台搜索排序效果、骗取平台搜索曝光资源。搜索作弊行为严重破坏了公平竞争的市场秩序，极大地伤害了买家的搜索体验，是平台严厉打击的行为。

重复铺货：重复铺货，指于同一平台上由同一会员发布产品信息，而该产品信息跟曾经发布并仍然出现于平台上的产品信息完全相同或近似。存在一些供应商通过滥发重复产品的方式提高产品在平台搜索结果中的曝光量。建议供应商在店铺产品信息发布中，注意在产品图片、标题、属性、详细描述等方面体现不同产品的差异和特点，避免出现重复铺货。

类目错放：是指部分供应商故意将其产品发布在与产品实际描述不符的类目下以期获得热门类目下产品高曝光的行为。此类行为一经识别，平台将按搜索排序下调或搜索屏蔽等对相关产品信息做出处理。建议供应商根据产品的实际描述选择合适的类目以获得更好的搜索曝光效果，避免类目错放。

跨境 B2B 平台搜索排序机制认定的作弊行为并不仅限于以上两种，任何不诚信的行为、效果虚假行为等一经认定，均会受到严厉处罚。

为便于供应商对搜索作弊行为进行自查自纠，目前，阿里巴巴在供应商管理后台（即供应商的 My Alibaba 后台）的“搜索诊断”工具中为供应商提供了类目错放及重复铺货两类搜索作弊行为的相关提示，供应商可以根据后台提示进行相应操作。同时，阿里巴巴建议供应商对搜索作弊行为及相关处罚给予足够重视，并在企业员工间培养相应意识，避免因此遭受处罚，导致损失。

虚假交易：指通过不正当方式提高账户的商品销量或交易量、网站会员积分、信用积分等以获取不当利益的行为。此类行为一经识别，平台将按搜索排序下调或搜索降权等对相关产品信息做出处理，并对供应商采取限制参加平台营销活动、限制国际站账号部分或全部权限等的处理。

匹配：是指搜索返回结果要与买家输入的搜索词相匹配，主要考虑类目相关性、文本相关性两个方面。

- 类目相关性：类目即产品的类别，搜索功能首先要保证类目相关，以期快速定位到买家需求所属的同类产品。

发布产品前需要确定产品的类目，千万不要错放类目。跨境 B2B 平台把将产品放置在不正确的类目下以期获得曝光的行为认定为作弊行为，此类行为将会受到平台反作弊机制的严厉打击，并对供应商产品展示效果产生负面的影响。

存在准确类目的产品不要放在“Other”类目下。

如图 3-13 和 3-14 所示为“类目相关性”的示意图。

如图 3-13 所示，图像、标题、类目一致，产品的类目相关性较高。

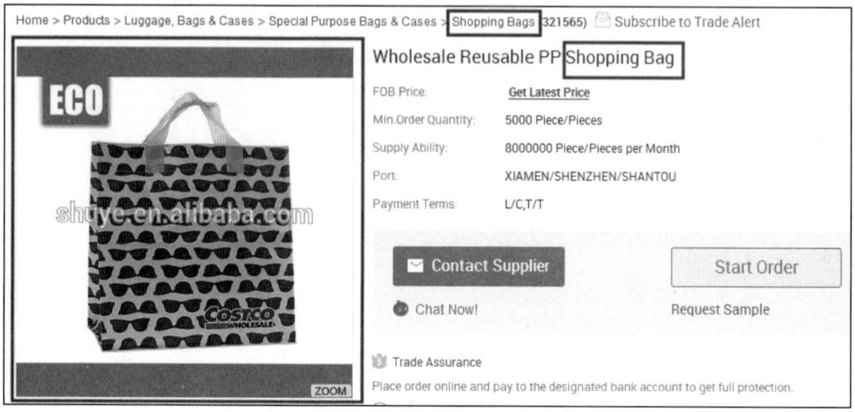

图 3-13　类止相关产品图

如图 3-14 所示，图像标题说的都是活动部件，类目却放置在楼梯下，产品的类目错误。这种情况就是需要特别注意整体和部件类目的区别。“Stainless Clamps”关键词应该放在“Hardware→Clamps”的类目下。具体的类目选择方法参考 **4.4 产品发布**。

图 3-14　类目相关产品务

- 文本相关性：是指搜索精准匹配到买家需求的产品集合。搜索功能会根据产品标题、属性、关键词等产品关键信息进行检索，并与买家搜索词的文本相关性进行匹配。

在发产品之前需要仔细了解产品的属性，如材质、颜色、重量、尺寸等。将产品信息真实、准确地体现在产品标题中，并可以在产品标题中添加相关的修饰词、关键词，通过完善属性等方式来更好地匹配买家搜索词。

在产品信息描述中单纯地重复使用关键词的行为，如关键词堆砌、关键词滥用、标题滥用等非但不会增加文本相关性反而会降低搜索匹配效果。

如图 3-15 和图 3-16 所示是“文本相关性”的示意图。

如图 3-15 所示，买家搜索词为“ 12v led lights”，该产品标题中较好地体现了产品的部分特性并同时匹配搜索词，文本相关性较高。

图 3-15　“文本相关性”示意图

如图 3-16 所示，买家搜索词为“12v led lights”，而该产品描述文本中反复地重复“Led strip”，标题显得很长、不易阅读，对文本相关性提高无益。

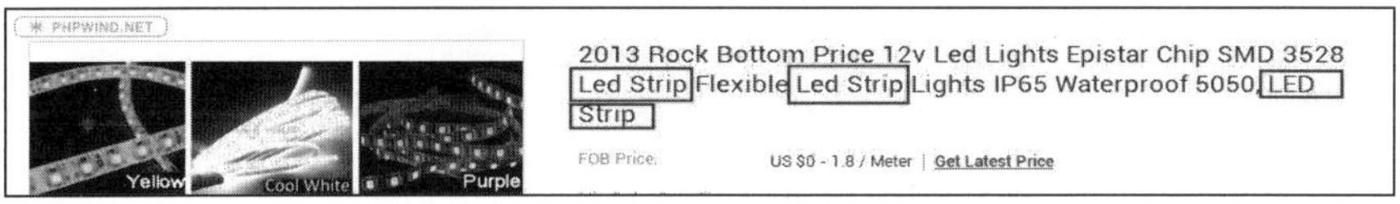

图 3-16　文本相关性较高产品图例

排序：是指在匹配条件同等的情况下将买家偏好的产品、更好的产品、更优质的供应商优先展示，主要考虑买家偏好、产品信息、供应商信息 3 个要素。

产品信息：平台排序功能会从产品信息描述的易读性、丰富性、一致性来判断产品质量的高低。

建议产品标题要做到言简意赅。简要、清楚地描述产品的名称、型号及关键特征、特性，使买家一看即知产品关键信息。注意不要反复堆砌、罗列相同或者意思相近的词组，过于冗长的标题会使买家找不到重点，难以判别产品标题的中心内容。

产品属性要尽量完整、准确填写，主图尽量清晰、明确，这些能够帮助买家清楚了解产品。

产品详细描述中的信息一定要真实、准确，避免和标题、属性出现互斥或者不一致的情况，对买家或平台的判断造成干扰。恰当使用图片或表格介绍产品功能、特点、质量、优势，有助于买家的快速理解。不是正确的表达方式的标题或信息重复严重的产品表述会降低该产品的搜索排序效果。

如图 3-17 和 3-18 所示为“产品信息”描述较好的相关示意。

如图 3-17 所示，产品属性填写完整、内容丰富。

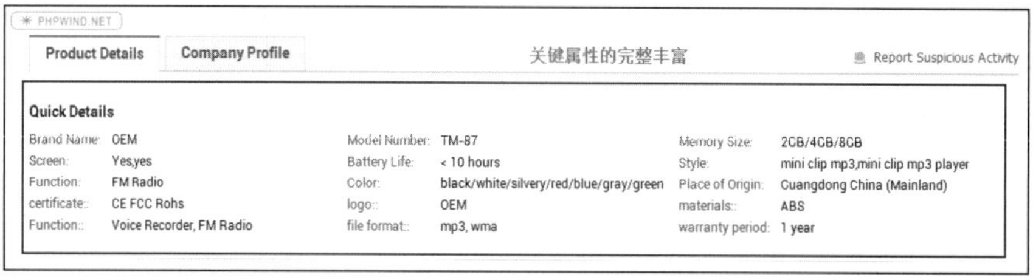

图 3-17　产品属性示意图

如图 3-18 所示，在产品详细表述中适当使用图片介绍产品细节。

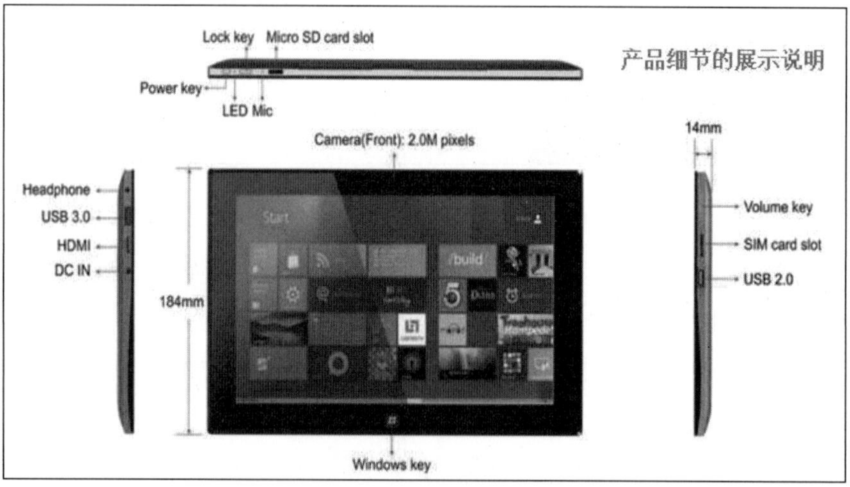

图 3-18　产品细节示意图

供应商信息：平台排序功能会从供应商信息的完整度、真实度、供应商在平台的活跃度、供应商对其店铺及产品的管理维护程度等多方面进行供应商信息质量的判断。

首先需要完善供应商表单中的内容，所有的认证信息都能提供。一般来说，供应商认证信息展示得越多，买家对该供应商真实性的信任感越强，沟通的成本也越低，发询盘的概率也会随之提升。

积极、及时地对自身的店铺进行维护，如合理控制产品总量、突出重点产品、对逾期或者不具太大价值的产品进行清理等。将店铺内大量相似的产品或无效产品进行优化、删除或者下架。零效果产品或者相似产品过多会使买家产生视觉疲劳，从而失去对该店铺的兴趣，并将直接影响供应商信息质量，进而影响供应商的搜索排序效果。

及时回复买家的各类询盘、咨询等。及时回复能提升买家的好感，有助于达成贸易，避免错失商机。

如图 3-19 和图 3-20 所示为“供应商信息”的相关示意图。

如图 3-19 所示，店铺内产品分组直观易懂，每个产品都用不同图片展示，便于买家快速清晰地获取相关信息。

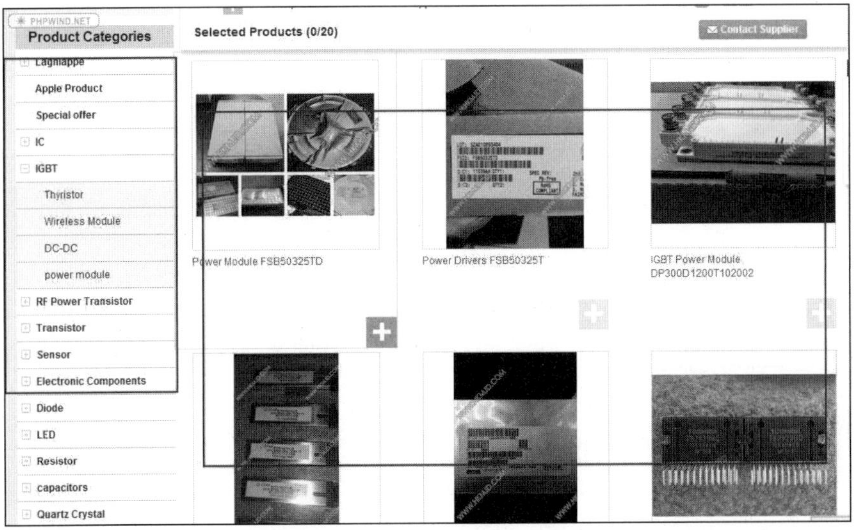

图 3-19　产品分组示意图

如图 3-20 所示，店铺内产品分组不易于直接理解，且反复使用重复的图片，信息量较低，买家可能会丧失翻页或者继续浏览的兴趣。

图 3-20 分组产品示意图

买家偏好：平台排序功能会根据买家的行为识别买家偏好，将买家更喜欢的产品排序靠前。

买家偏好又可称为买家喜好度。发布产品前需要及时了解产品所在行业的动态信息和买家需求点，与自有产品的优势、特点进行分析和结合，并在产品标题、关键词、自定义属性、描述中加以体现。

需要说明的是，买家偏好更多取决于买家自身的采购意愿。不同的买家搜索相同的关键词，因为买家偏好、意愿不同，买家对产品或供应商的选择也会不同。

3.2.3 跨境 B2B 平台排序分类

目前跨境 B2B 平台首页主搜区一般为 38 个产品，排名优先级为：

- 1 个顶级展位
- 固定排名
- 5 个 P4P（外贸直通车）产品

- 3 个信保精选专区产品
- 橱窗产品
- 普通产品

在主搜区的侧边和下面分别有 10 个和 4 个产品。

顶级展位是 alibaba.com 为供应商专设的独家推广位，以帮助提升产品曝光和店铺流量。是一款可以一次性抢占 alibaba.com 关键词搜索结果展示区域第一位的最优曝光资源，并根据自身的产品特点和市场走势灵活地调整产品推广方案，获得更精准的曝光的付费产品。（注：并不是所有词都有顶级展位）

展示区域：搜索结果第一页第一名，并在标题的前面带有皇冠的标志，如图 3-21 所示。

图 3-21　顶级展位产品标识

固定排名在顶级展位和 P4P（直通车产品）之间，经阿里巴巴公司慎重考虑，决定 2014 年 3 月 18 日起正式停售跨境 B2B 平台关键词搜索排名。但是有的关键词可能在 2016 年还未到期，所以会有相关产品存在。

5 个 P4P 产品，即外贸直通车产品，展示免费，点击扣费。搜索首页展示标志主要有两种：搜索词无关键词固定排名广告，则下方的外贸直通车（P4P 竞价排名）产品以细实线+“Sponsored Listing”字样相隔；若搜索词有关键词固定排名广告，则下方的外贸直通车（P4P 竞价排名）产品以虚线相隔，如图 3-22 和图 3-23 所示。

图 3-22　Sponsored Listing 直通车产品展示

图 3-23　搜索结果首页直通车产品虚线展示

3 个信保精选专区产品。Top-Rated Supplier 是搜索结果首页的精选推广位，出现在 Top-Rated Supplier 中展示逻辑：首先根据产品的信息质量（排除重复产品、零效果产品、类目错放的产品），供应商诊断表现为正常或优秀，其次按照整个公司最近 90 天信保订单量排序，订单数量在前 3 名的供应商产品可以展示在 Top-Rated Supplier 资源位展示。根据产品相关性，按照公司最近 90 天信保订单量排序，订单量在第三名以后的供应商产品都有可能展示在 View More （查看更多）页面中。如图 3-24 所示。

图 3-24　首页精选推广标志图例

在三个首页精选推广位下就是橱窗产品和自然排名，这两者之间没有明确的区别标志，均以细实线分隔。

主搜区侧边和下面的 P4P 产品分别如图 3-25 和图 3-26 所示。

图 3-25　主搜侧面 P4P 产品展示

图 3-26　搜索结果首页底直通车产品展示

为了让买家能尽快找到符合自身需求的供应商，在跨境 B2B 平台搜索页面页码的下方增加 Popular Buying Requests 板块，也就是“采购需求推荐”，这个模块中展示的信息都是根据买家的浏览特征用算法推荐出来的，不能人为控制。如图 3-27 所示。

图 3-27　“采购需求推荐”产品展示

3.3　跨境 B2B 平台诊断实战

3.3.1 搜索诊断首页功能概述

通过调研及客户投诉发现，供应商发布的产品存在重复铺货、类目错放等一些作弊行为，这些行为打乱了正常的市场秩序，侵害了正常产品的效果利益，降低了买家的用户体验，故这类作弊产品在搜索排序中会受到影响，搜索诊断工具会将这些产品提示给供应商并给予一定的操作建议，同时搜索诊断工具未来不仅限于提示排序受到影响的作弊产品，其他诸如信息质量过差导致的搜索排序效果不佳的产品也会被提醒。总入口：My Alibaba→产品管理导航→搜索诊断首页。搜索诊断主要包括六大板块：① 商品基础信息质量；② 优势商品；③ 问题产品；④ 供应商质量；⑤ 信用保障交易量；⑥ 关键词健康度。如图 3-28 所示。

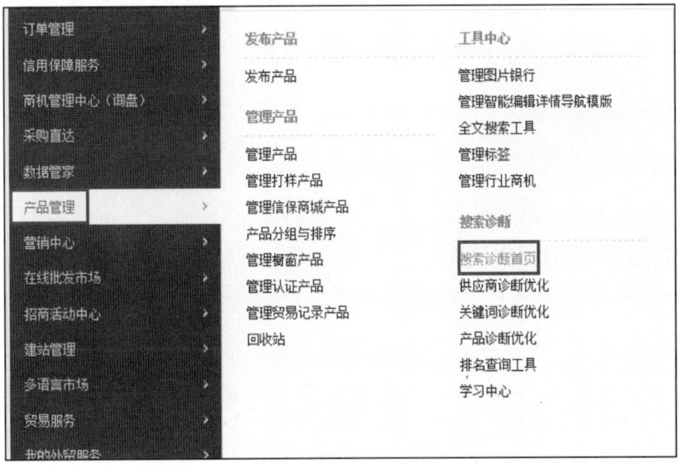

图 3-28　阿里巴巴搜索诊断首页入口

3.3.2 商品基础信息质量

商品基础信息质量诊断主要包含以下几个维度，如图 3-29 所示。

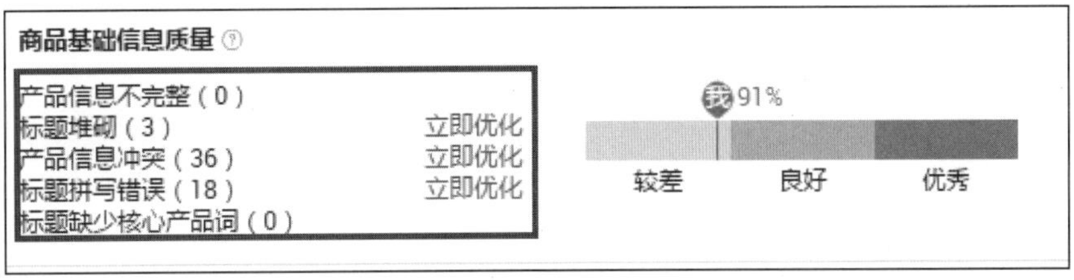

图 3-29　“商品基础信息质量”诊断结果

我们可以从发布信息是否完整和是否专业两个维度来看待。

产品的标题、发布类目、属性、图片、详细描述、交易条件等对于买家快速做出购买决策来说都非常重要，建议您在发布信息时都如实、完整的填写。

注意 在专业性上面，标题中描述清楚商品的名称、型号以及关键的一些特征和特性，发布类目的选择一定要准确，切忌将自己的产品放到不相关的类目上，产品的属性填写一定要尽量完整和准确，产品的图片清晰，详细描述信息真实、准确，最好能够图文并茂地向买家介绍您的产品的功能、特点、质量、优势，展现您的专业度，帮助买家快速理解。

1）产品信息的如实描述

这是最基本的要求，您销售的是什么样的产品，在产品描述的时候一定要真实、准确地告诉买家，帮助买家快速做出购买决策。

2）产品描述信息尽量准确完整

（1）产品的标题、发布类目、属性、图片、详细描述对于买家快速做出购买决策来说都非常重要。

（2）发布类目的选择一定要准确，切忌将自己的产品放到不相关的类目，不但买家搜到的机会小，而且会浪费产品的曝光机会，造成买家流量转化率低下。

（3）产品的属性的填写一定要尽量完整和准确，因为这些属性将帮助买家快速判断您的产品是不是他们想要的产品。

（4）产品的主图是产品不可或缺的一个部分，买家更加喜欢实物拍摄的高质量、清晰的图片，因为这些能够帮助他们了解您的产品，是否做出采购决策。

（5）详细描述的信息一定要真实、准确，最好能够图文并茂地像买家介绍您的产品的功能、特点、质量、优势，帮助买家快速理解，当然，完全的实物拍摄、美观、整洁、大方的排版设计，会增加买家的吸引力。

（6）严格禁止盗用其他供应商的图片，因为这样做不但会让买家怀疑您的诚信，并且将会受到平台严厉的处罚。

3）避免罗列堆砌

在一个字段中（标题、属性）多次堆砌相同的关键词会被视为罗列堆砌。例如，“wedding

dress, fashion wedding dress, design wedding dress”这样的产品标题就属于罗列堆砌。

3.3.3 优势商品

优势商品定义：优势商品是您店铺所有产品中，基于曝光、点击、询盘等表现，综合计算出来的最优秀产品。

优势商品作用：优势商品帮助带来更多点击和询盘，建议在这些商品上积累更多交易数据（设置为橱窗产品或 P4P 推广产品），同时为这些商品争取更多流量。

如图 3-30 所示。

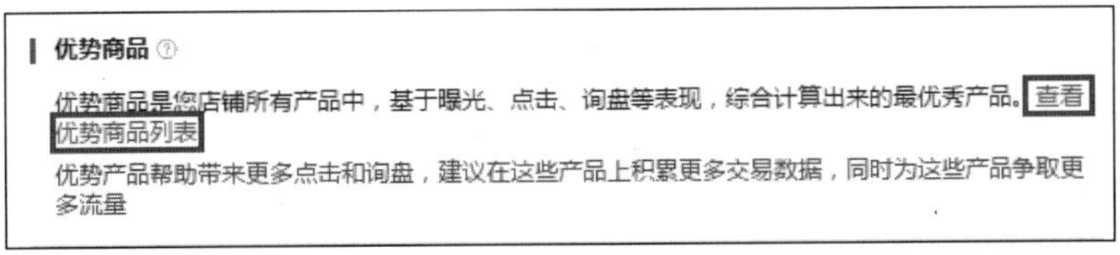

图 3-30　阿里巴巴优势商品入口

3.3.4 问题产品

1. 产品类目错放

发布或者修改产品时将产品放在错误或者不适合的产品类目下面。

产品类目错放会影响产品信息质量的相关性，继而影响排序。

产品类目错放优化方法：

（1）依次单击“我要销售→搜索诊断工具→搜索诊断首页”，找到“类目错放”，单击“立即处理”按钮，如图 3-31 所示。

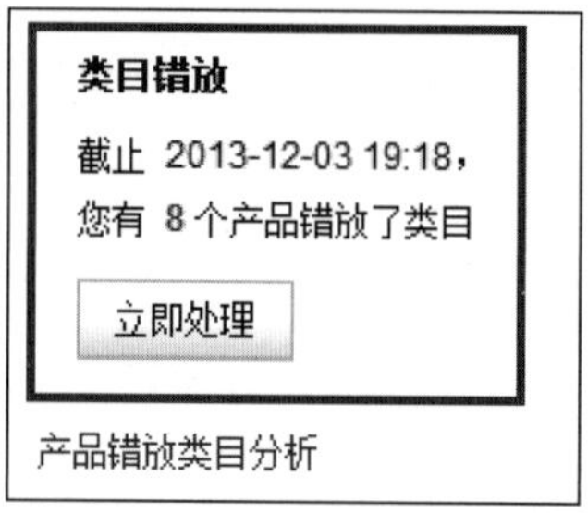

图 3-31　阿里巴巴类目错误

（2）同时支持批量修改类目，具体操作，如图 3-32 所示。

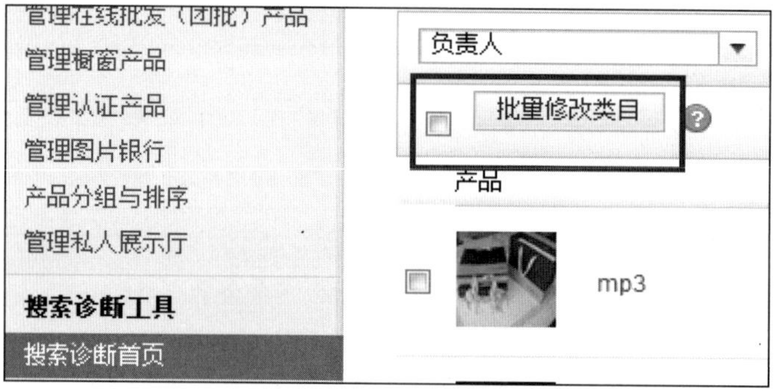

图 3-32　阿里巴巴批量修改类目

（3）如果发现没有自己需要的类目，或者觉得自己明明放对类目却提醒了，可以直接单击对应产品后面的“反馈原因”，如图 3-33 所示。

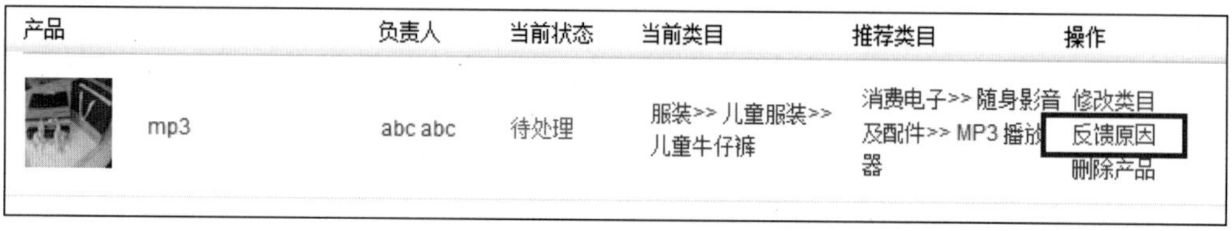

图 3-33　阿里巴巴无合适类目“反馈原因”

注意　正常单击“反馈原因”后，会在 1~3 个工作日内处理完毕。

2. 重复铺货

明确重复铺货的定义，重复铺货的产品分为以下几种情况：

重复铺货，指于同一平台上由同一会员发布产品信息，而该产品信息跟曾经发布并仍然出现于平台上的产品信息完全相同或近似。

完全相同的产品信息指：产品信息的标题、关键词、属性及图片完全相同。

近似的产品信息指：

（1）产品图片相同，且产品信息的标题、类目、关键词、属性近似；

（2）产品图片虽不同，但是产品信息的标题、类目、关键词、属性高度近似。

举例说明：

如图 3-34 所示是同一张产品图片，所显示的 MP3 的外形、功能都一样，差别只是在颜色上。

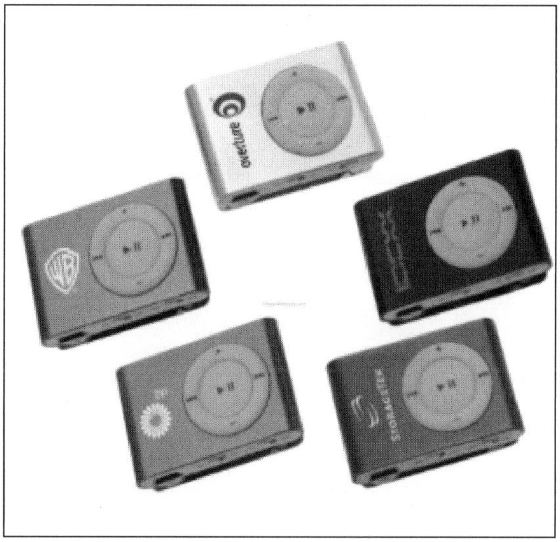

图 3-34　外形一致颜色不同的 MP3 产品

业务员 A，用了这同一张图片，发布了 5 条产品信息。5 条信息中的不同仅仅是对颜色做了区分。这样发布产品的结果就很容易出现上面讲述的近似产品信息中的第 1 种情况。

业务员 B，把 5 个产品分别拍了 5 张照片，发布了 5 条产品信息。尽管产品图片是不同的，但由于 5 个产品的各种功能指标是一样的，客观上存在很大的雷同机会，如果在营销产品的思路上又没体现出有差异性，因此这 5 个信息非常有可能出现上述的第 2 种情况。

3. 零效果产品

零效果产品定义：

零效果产品是指持续 15 天或 15 天以上，曝光、点击、反馈及访客均为 0 的产品。

它的主要影响是：

（1）对产品本身而言：若产品为公司的主打产品，必定是日常维护的重点，零效果无疑打击了推广人员操作的积极性，同时造成产品推广效果达不到预期目标。

（2）对于公司整体而言：如供应商店铺内产品总量达到 2 万及以上，并且长期零效果产品中 180 天以上零效产品占产品总量比例超过 10%，需及时做出相应处理，否则可能对供应商产品排序效果产生影响，产品数量越多、零效果产品的占比越大，排名受影响的程度也会越大。搜索排序规则后期也会针对网站整体供应商产品管理的情况来调整影响的阈值。

所以赶紧找到病症并改善零效果产品吧（图 3-35）。

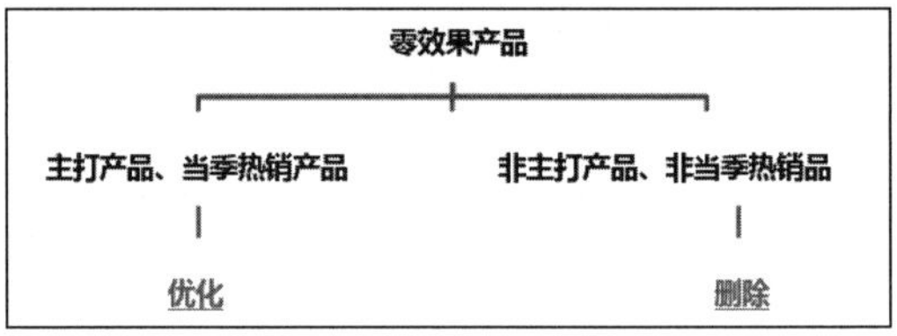

图 3-35　不同零效果产品的处理方式

改善零效果的主打产品：

一般而言，产品效果不佳或者是产品信息质量不够好，或者是买家搜索词的选择和使用有偏差，都会影响产品的销售。至于零效果，恐怕就是这两方面的问题很严重了。

1）检查产品信息质量

检查产品信息是否填写完整、详实，还要检查标题、关键词、简要和详细描述、属性等各方面是否符合国外买家的采购习惯。

2）检查买家搜索词是否存在选择的偏差

例如通过检查词的曝光量，或许你选择的词买家很少使用甚至不使用（图 3-36），那么建议挑选有适当热度的词替换。

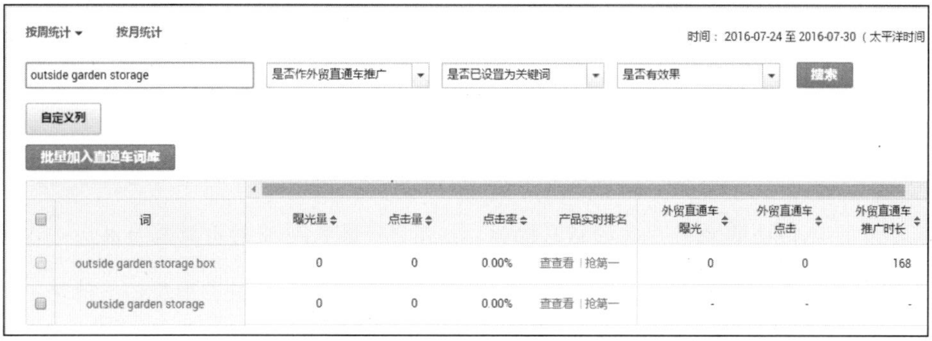

图 3-36　“我的词”曝光量低的词

3）检查买家搜索词是否存在使用的偏差，很可能是过多的重复使用某个买家搜索词

如图 3-37 所示，同一个词在不同产品上的效果是有差异的，一般而言是递减的。简言之，在同一个词上，自己的产品之间也存在一定的竞争关系。所以，不建议多个产品使用同个搜索词，建议使用不同的搜索词，从而获得买家的关注。

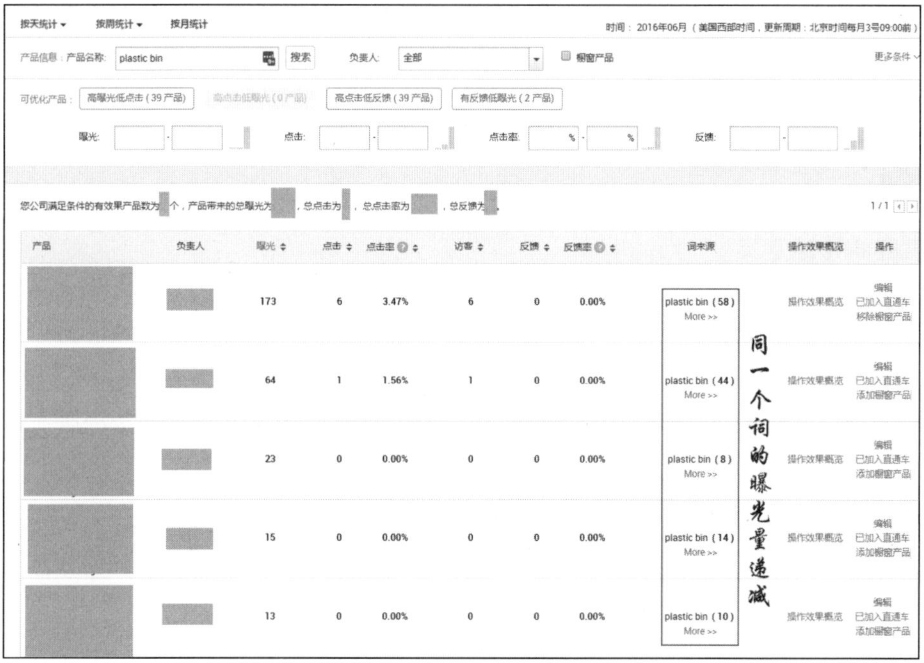

图 3-37　同一个词曝光量减示例

4）验收修改后的零效果产品

你的修改是否有效呢？建议 1~2 周后，再次查看该产品效果，检验修改成果。

注意

（1）零效果产品修改后不是立刻就生效，建议 2 个工作日后再查看。

（2）零效果产品的信息编辑后，不是一定能够变为有效果产品。

如有漏网之鱼，请重点关注替换后的买家搜索词是否出现如下情况：

（1）热度太高，排名不佳。

（2）热度太低，没有买家搜索。

（3）依旧存在过多重复使用的情况。

不论是哪一种情况都是在提醒我们，词的选择要谨慎。

总之，主打产品拥有效果是核心利益，因此一旦发现有零效果产品，要尽快修改。当然不能仅仅针对零效果中的主打产品进行修改和完善，其他产品也需要大家关注，毕竟每一个产品都花费了我们的时间与精力。

3.3.5 供应商质量

1．供应商诊断定义

供应商诊断是对网站搜索排序中的重要维度“供应商信息”提供优化建议，它由两部分组成：被鼓励的行为及影响效果的行为。

- 被鼓励的行为，是对信用彰显、真实交易信息彰显、线上活跃、线上沟通等表现优秀的行为做出激励；
- 影响效果的行为，是对重复铺货、店铺维护管理不足、不合理多发产品等可能扰乱搜索市场秩序的行为进行规范。供应商诊断功能的入口：My Alibaba→业务管理→产品管理→搜索诊断→供应商诊断。如图 3-38 所示。

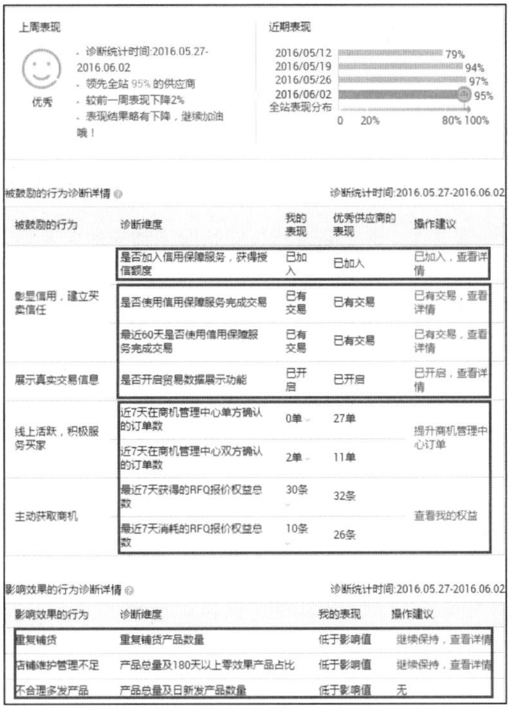

被鼓励的行为诊断详情　　诊断统计时间:2016.05.27-2016.06.02

被鼓励的行为	诊断维度	我的表现	优秀供应商的表现	操作建议
彰显信用，建立买卖信任	是否加入信用保障服务，获得授信额度	已加入	已加入	已加入，查看详情
	是否使用信用保障服务完成交易	已有交易	已有交易	已有交易，查看详情
	最近60天是否使用信用保障服务完成交易	已有交易	已有交易	已有交易，查看详情
展示真实交易信息	是否开启贸易数据展示功能	已开启	已开启	已开启，查看详情
线上活跃，积极服务买家	近7天在商机管理中心单方确认的订单数	0单	27单	提升商机管理中心订单
	近7天在商机管理中心双方确认的订单数	2单	11单	
主动获取商机	最近7天获得的RFQ报价权益总数	30条	32条	查看我的权益
	最近7天消耗的RFQ报价权益总数	10条	26条	

影响效果的行为诊断详情　　诊断统计时间:2016.05.27-2016.06.02

影响效果的行为	诊断维度	我的表现	操作建议
重复铺货	重复铺货产品数量	低于影响值	继续保持，查看详情
店铺维护管理不足	产品总量及180天以上零效果产品占比	低于影响值	继续保持，查看详情
不合理多发产品	产品总量及日新发产品数量	低于影响值	无

图 3-38　阿里巴巴供应商诊断界面

提升供应商诊断效果的行为：① 彰显信用，建立买卖信任；② 展示真实交易信息；③ 线上活跃，积极服务买家；④ 主动获取商机。

影响供应商诊断效果的行为：① 重复铺货；② 店铺维护管理不足；③ 不合理多发产品。

2．优化

1）最上方展示的是“供应商诊断表现”：有优秀、正常、待优化三种结果

（1）诊断结果为优秀，有两种情况：

①通常情况，各维度全部达到优秀供应商的表现，且不存在影响效果的行为，综合结果为“优秀”。

②个别情况，有 1~2 个维度，略低于优秀供应商的表现，且不存在影响效果的行为，综合结果也可能为“优秀”。

（2）诊断结果为正常：被鼓励的诊断行为中至少有一项不达到优秀供应商的表现，且不存在影响效果的行为。

（3）诊断结果为待优化：只要存在影响效果的行为就是待优化。

2）供应商诊断表现结果对应其网站搜索曝光的影响，如表 3-1 所示

表 3-1　供应商诊断与网站搜索曝光的关系

诊断表现结果	供应商可获取的网站搜索曝光资源情况
优秀	曝光优先
正常	曝光正常
待优化	曝光靠后

3）更新时间

（1）每周日更新（美国时间上上周五至上周四）。

（2）在诊断周期内新加入的供应商，数据未满一个统计周期时，供应商诊断表现结果为“暂无”，但网站搜索资源情况为搜索曝光正常。

注意

（1）阿里巴巴国际站搜索排序机制会根据用户需求、市场环境、政府监管等不断地进行优化，搜索排序结果是诸多因素共同作用而成的，变化性和不确定性较大。供应商诊断功能也将与网站搜索排序机制优化同步，逐步升级或纳入更多的诊断维度帮助供应商诊断和优化搜索排序效果。

（2）影响效果行为的具体数值是根据网站供应商整体行为表现及市场资源分布、曝光的效率等维度来确定的，建议供应商根据系统的诊断结果和建议及时调整优化。您可以优先对以下几个维度进行排查：

① 是否有过高的产品总量和零效果产品。比如：当产品总量已超过或者远远超过 2 万个，并且 180 天以上零效果产品占比大于 10%，建议及时处理，合理控制产品总量；

② 同时，是否每天仍在新发大量产品。比如：每天新发产品量大于或者远远大于 500 个，建议减少新发产品，优化现有产品；

③ 是否有过多被诊断为重复的产品。比如：重复铺货的产品量达到甚至超过 2000 个，建议及时清理，重复铺货的产品量越多，越影响买家体验。

3.3.6 信用保障交易量

信用保障交易量与优秀同行表现对比如图 3-39 所示。

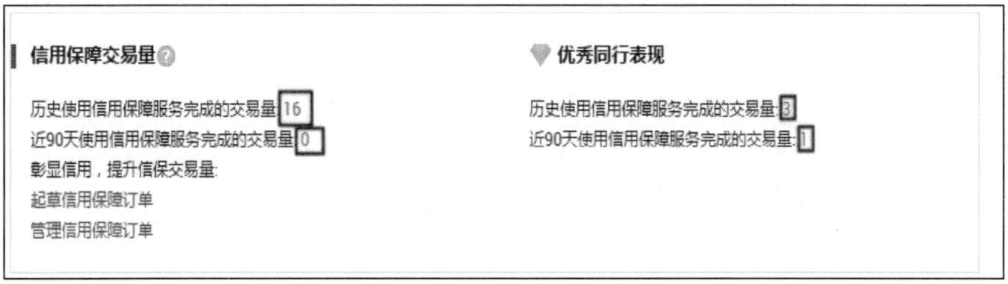

图 3-39　信用保障交易量与优秀同行表现对比图

信用保障交易量：统计“挂账成功”的订单数，预付款挂账成功也会计算，但如果后期订单取消了，那么之前挂账成功的订单数会自动减少。

3.3.7 关键词健康度

平台关键词健康度检测结果如图 3-40 所示。

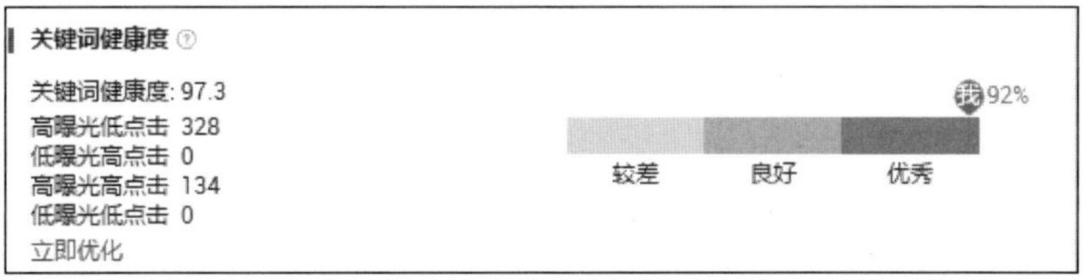

图 3-40　平台关键词健康度检测结果

关键词健康度维度：高曝光低点击、低曝光高点击、高曝光高点击、低曝光低点击，如图 3-41 所示每个部分可以单独查看，定位到精准产品进行优化。

优化原则：

1）作用

产品关键词是对产品名称的校正，便于机器快速识别准确抓取匹配。跟你的产品排在第几名是没有关系的。

一个产品的多种叫法可以在关键词中体现，如“手机”的关键词可以是 cell phone 或 mobile phone 等。

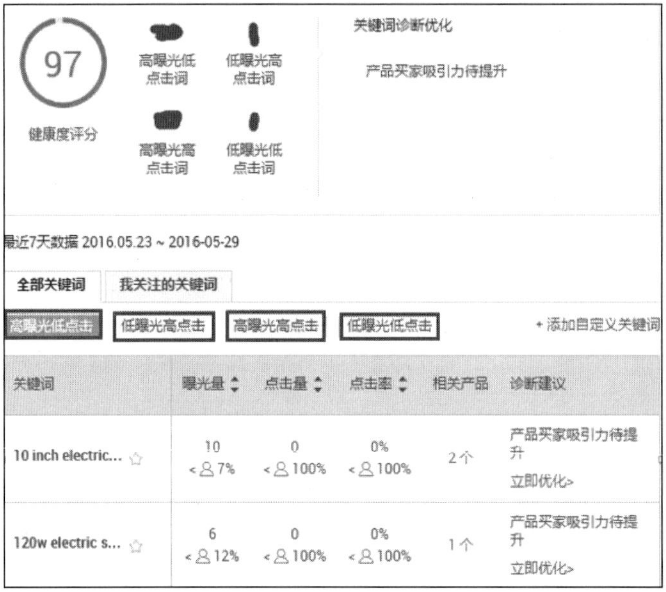

图 3-41　关键词诊断结果

（2）填写要求

与产品名称不冲突。“冲突”的含义：冲突指不是同一产品，如 tractors part 和 tractors，如图 3-42 所示。

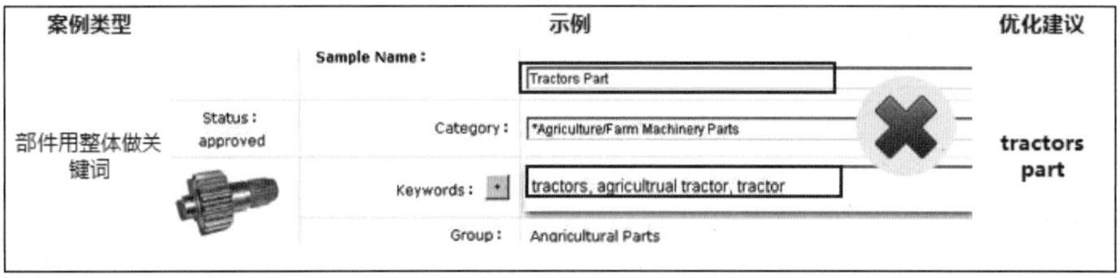

图 3-42　关键词与产品标题冲突样例

注意　使用产品名称的中心词作为关键词，实在无法提取可与产品名称一样。

3）常见误解

（1）三个关键词必须填满。

实际上，关键词是否填满并不影响搜索结果顺序，主关键词必填，另两个关键词是供你在产品有多种叫法的时候使用，如果没有则不用非得填满。

（2）关键词比产品名称重要，所以产品名称可以很简单，关键词填写好就可以。

产品名称是第一匹配要素，关键词是对产品名称的校正，两者都需要认真填写。

（3）罗列关键词对搜索结果有利。

罗列会让机器辨别不出主关键词，对搜索结果很不利，如图 3-43 所示。

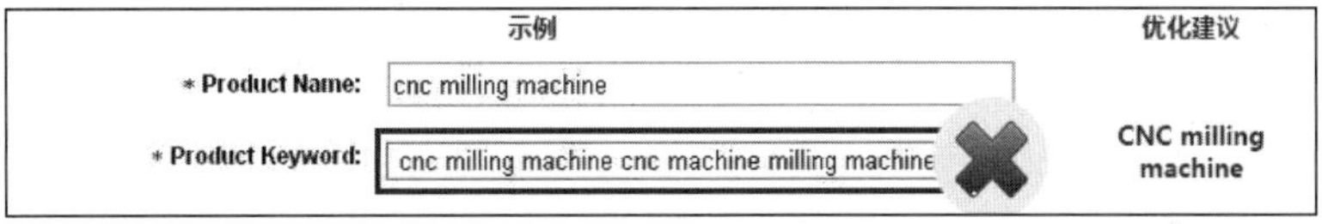

图 3-43　关键词罗列、堆砌样例

（4）用不同的或者相近的关键词不断发布产品信息对搜索排序有利。

这种铺词行为会导致网站上出现大量的重复产品，严重影响买家体验；且产品越多，管理维护的成本也就越大，会导致网站上出现大量零效果产品，产品数量越多、零效果产品的占比越大，排名受影响的程度也会越大。

（5）三个关键词写得一样对排序有利。

三个关键词写得一样跟就写一个关键词在搜索中的效果是一摸一样的，且关键词对排在前面还是后面没有影响作用。

注意

（1）建议选择买家常用的热门关键词，让买家快速搜索到产品；

（2）关键词不要太长或添加公司内部产品型号，买家较少用很长的词搜索，若产品型号非行业内通用，买家搜索热度可能不高；

（3）每个产品可设置三个关键词，同等重要且不分先后，不建议设置三个完全一样的关键词；例如：手机的“产品关键词”为 mobile phone，“更多关键词”可设为 cell phone，mobile；

（4）关键词不区分大小写；

（5）买家喜好度上线后单复数会影响到排名。

3.3.8 案例分析学习

案例 1

如表 3-2 所示，图 3-45 需要在标题堆砌、产品信息冲突、拼写错误、类目错误、重复铺货、零效果产品上做优化，尤其是后三类维度，问题产品总数仅为 4%，而如图 3-44 所示，问题产品高达 100%。图 3-45 中平台权重毫无优势可言。需要重点优化问题产品。

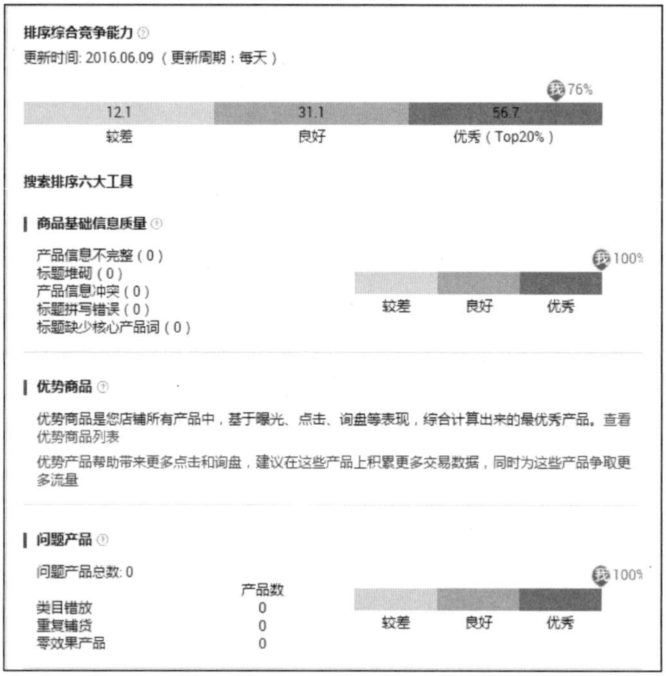

图 3-44 搜索诊断样例一

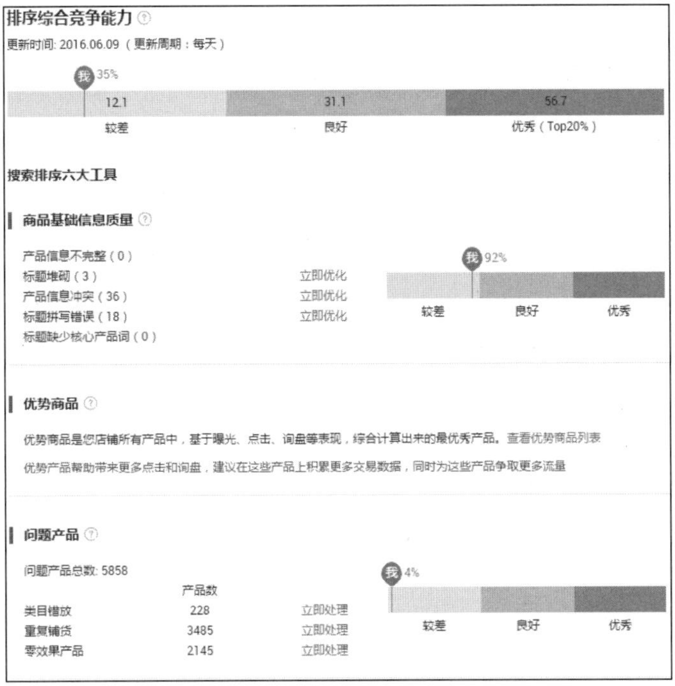

图 3-45　搜索诊断样例二

表 3-2　图 3-44、图 3-45 对比表

案　　例	图 3-44（个）	图 3-45（个）
产品信息不完整	0	0
标题堆砌	0	3
产品信息冲突	0	36
拼写错误	0	18
缺少核类目心产品词	0	0
类目错误	0	228
重复铺货	0	3485
零效果产品	0	2145

案例 2

如表 3-3 所示统计对比诊断，图 3-47 相比图 3-46 中平台供应商诊断板块需要优化，关键词健康度需要优化，主要优化方向为积极多渠道提升供应商诊断（参考 **3.3.5 供应商质量**），

增加精准长尾词覆盖率和优化关键词匹配度。

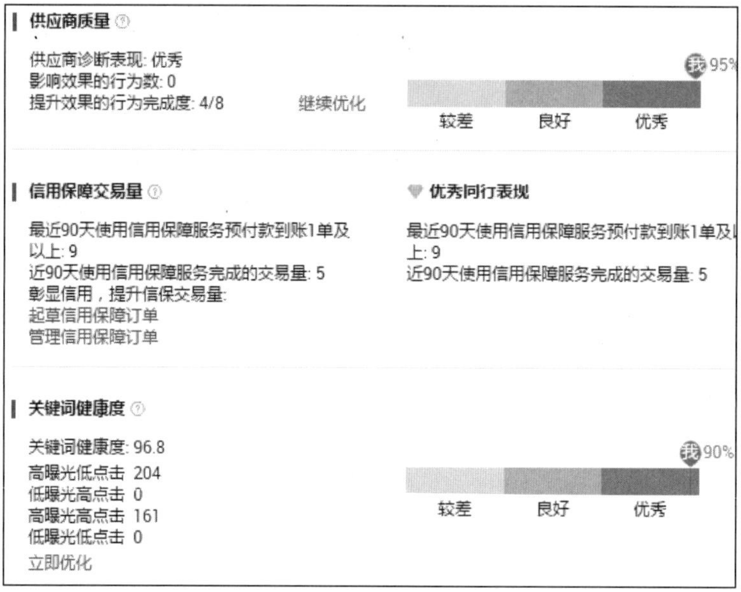

图 3-46　搜索诊断样例三

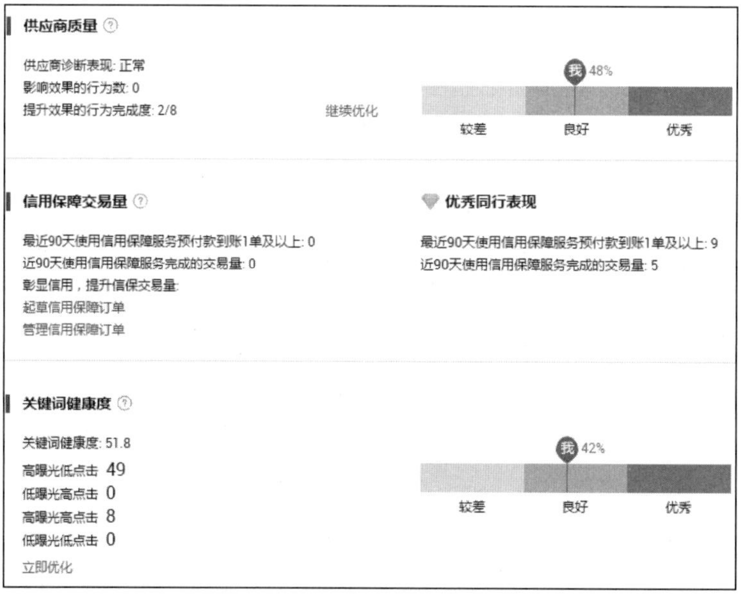

图 3-47　搜索诊断样例四

表 3-3　图 3-46、图 3-47 对比表

	图 3-46	图 3-47
供应商诊断表现	优秀	正常
影响效果行为数	0	0
提升效果完成度	4/8	2/8
90 天信保付款到账单	9	0
90 天信保完成交易量	5	0
关键词健康度	96.8	51.8
高曝光低点击	204	49
低曝光高点击	0	0
高曝光高点击	161	8
低曝光低点击	0	0

3.4　本章总结

本章重点介绍了阿里巴巴国际站后台（My Alibaba），分别介绍了快捷入口、数据管家栏、业务管理菜单等 10 个功能板块，通过熟知各个功能板块，可以更好地应用于日常的操作中。

本章还详细介绍了产品的排序规则与供应商诊断。排序规则是阿里巴巴国际站信息展示的核心保障，通过本章对产品排序规则的介绍，读者可以结合排序规则发布出符合平台要求、满足海外采购商需要的高质量产品信息。而通过对供应商诊断维度的了解，则可以根据平台实际的情况，做出合理的优化与调整，提升整站的搜索权重。

3.5　巩固练习

（1）供应商诊断中，提升效果的行为有哪些？

（2）供应商诊断中，影响效果提升的行为是什么？

（3）搜索诊断包含哪 6 大板块？

第 4 章

店铺建设及营销

本章学习目标

- 了解如何开通店铺
- 学会发布产品
- 了解产品模板制作
- 了解旺铺、模板图片处理
- 了解数据管家
- 了解关于 P4P 的知识

知识重点

- 平台开通流程
- 账号信息设置
- 产品发布技巧
- 简单数据分析
- 简单图片处理
- P4P 操作与维护

4.1　店铺开通流程指导

4.1.1 阿里巴巴国际站开通流程

阿里巴巴国际站平台的开通流程，需要进行三个维度的信息上传。在学习阿里巴巴国际站平台的具体实操方法之前，首先要学会进行公司认证，确保平台可以正常开通运作。

阿里巴巴国际站开通审核流程分为三个步骤，如图 4-1 所示。

- 提交认证信息
- 提交公司信息
- 发布产品信息

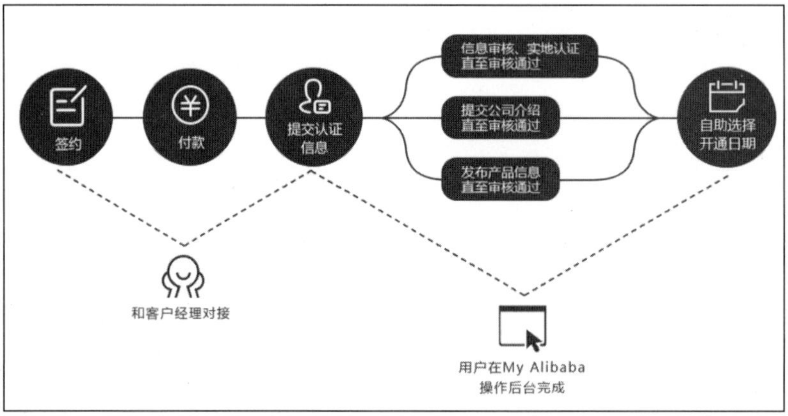

图 4-1 阿里巴巴国际站开通审核流程

1）资料上传步骤

第一步：提交认证信息。注意：认证信息需要在到款后才能提交，如无法提交，请确认是否已成功支付款项。认证信息提交后，等待客户经理审核确认以及第三方认证审核。

第二步：提交公司信息。在提交认证信息后，可同步进行提交公司信息，并等待审核通过。

第三步：发布产品信息。在平台激活之前，可以提前发布 24 个产品，如图 4-2 所示，平台一旦激活，产品即正式上架。

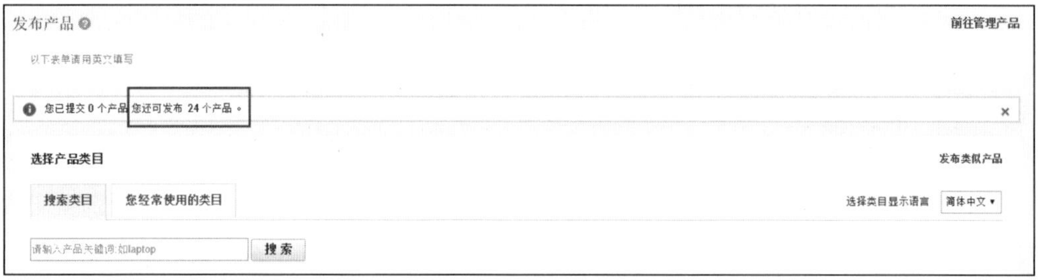

图 4-2 发布产品信息

当三项步骤都完成后（包括认证通过、公司信息审核通过、提交的产品信息全部审核通过），即可进入下一环节（同步页面会更新），选择开通服务的时间。

三项步骤后，就可以看到页面提示，如图 4-3 所示。

图 4-3　平台开通三步骤完成

当三项都完成后，需要 2~3 小时的同步时间才会开放选择界面。

注意　如对三项步骤的资料再进行修改，将退回资料准备阶段。

2）服务开通时间确认

平台开通日期选择如图 4-4 所示。

图 4-4　平台开通日期选择

注意　因网站开通数据同步需要时间，为保证您所有产品在开通当天完整展示，建议您，18 点前操作可选择二次日开通；18 点后选择隔日开通。

出现如图 4-5 所示的提示就说明已经操作成功，网站能在阿里巴巴国际站上打开。

图 4-5　成功选定服务开始日期

4.1.2 提交认证信息

1. 认证流程

认证流程如图 4-6 所示。

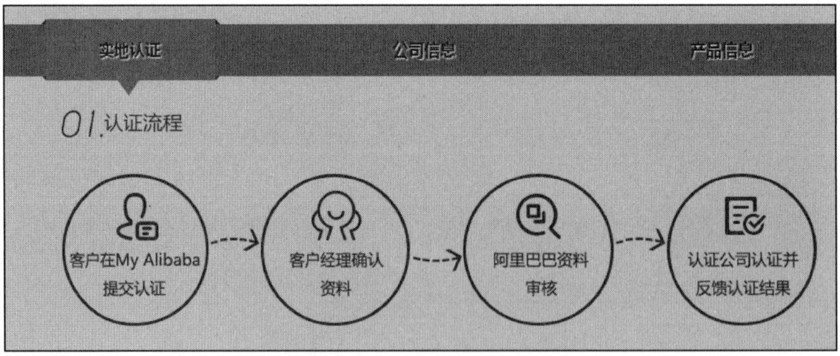

图 4-6　认证流程

2. 后台实操步骤

第一步：单击“提交认证信息”按钮，进入如图 4-7 和图 4-8 所示页面窗口。

图 4-7　提交认证信息

图 4-8　上传营业执照

第二步：填写企业对公账户信息，如图 4-9 所示。

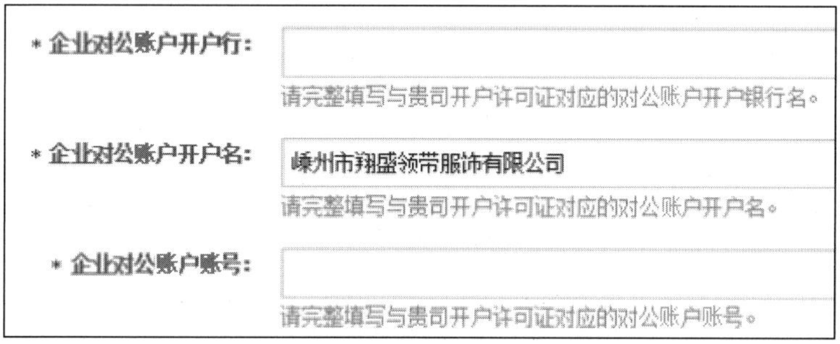

图 4-9　填写企业对公账户信息

第三步：填写企业经营地址信息及上传企业经营场地证明照片，如图 4-10 所示。

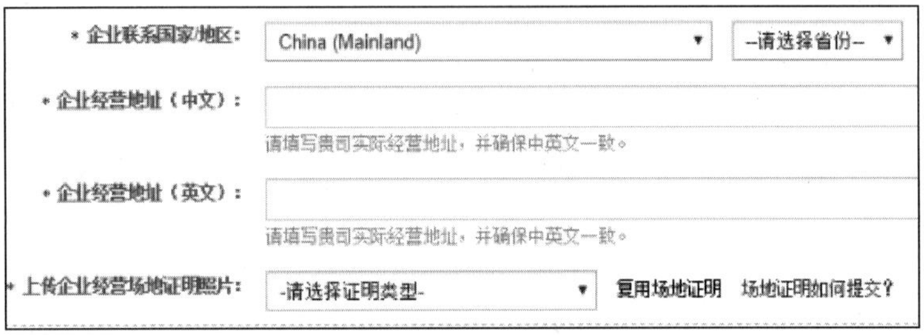

图 4-10　填写经营场地证明

第四步：填写认证人信息，如图 4-11 所示。

图 4-11　填写认证人信息

第五步：单击“提交”按钮，如图 4-12 所示。

图 4-12　提交认证信息

4.1.3 提交公司信息

1. 公司信息

公司信息是企业网站的重要组成部分，也是买家了解企业实力的依据，专业的买家在确定订单之前大都会综合考量供应商。因此，全面、专业的公司展示必不可少。这就需要供应商填写关于公司的过去、现在和未来，硬件实力和软件能力，设备以及人员等信息。换言之，公司介绍就是用文字、图片及视频的方式向买家展现公司的方方面面。

1）图片展示：公司形象展示图

最初的印象当然是图片最直接。先设想初次见面买家想要了解的内容，其次再想想能引起买家更深层兴趣的内容，再次盘点哪些信息适合展示，最后考虑该如何用图片展示出来，行业不尽相同，忌简单照搬照抄。下面几点可以作为参考。

（1）公司外观：360 度的展示，正面照等，如图 4-13 所示。

图 4-13　公司外观展示

（2）样品间：摆列有序的样品间是很好的选择，展品有序摆放的展会摊位照片也是不错的选择，如图 4-14 所示。

（3）车间：除了整洁和规范，不妨再看看各自行业下买家看厂时的关注点，比如流水线，重要机器设备等，如图 4-15 所示。

图 4-14　样品间展示

图 4-15　车间展示

内容取决于买家的关注，因此各行业的内容也不同。但如何展示，都可以借助图片搜索。

注意　目前最多展示三张公司形象图片，图片尺寸 270×270 像素，大小控制在 200KB 以内，目前支持 jpg 和 png 格式。

2）文字展示：公司详细信息

公司详细信息通常可以分为如下四部分。

（1）企业名称、建立年份、所属行业、产品系列、子母公司、地段/交通；

（2）员工状况、公司部门、生产经验、管理制度、机械设备、生产能力、销售额；

（3）产品优势、技术、出口比例、出口市场、知名客户、证书；

（4）广告语、欢迎词、宗旨口号、共同合作。

考虑在买家搜索后的产品详情页面及旺铺的公司简介板块中，公司详细信息并不是全部展示，如图 4-16 所示，而仅显示前面的部分内容，需要每个公司根据各自行业的特点并结合自身的优势对以上内容排序，让买家优先关注到重要的信息。

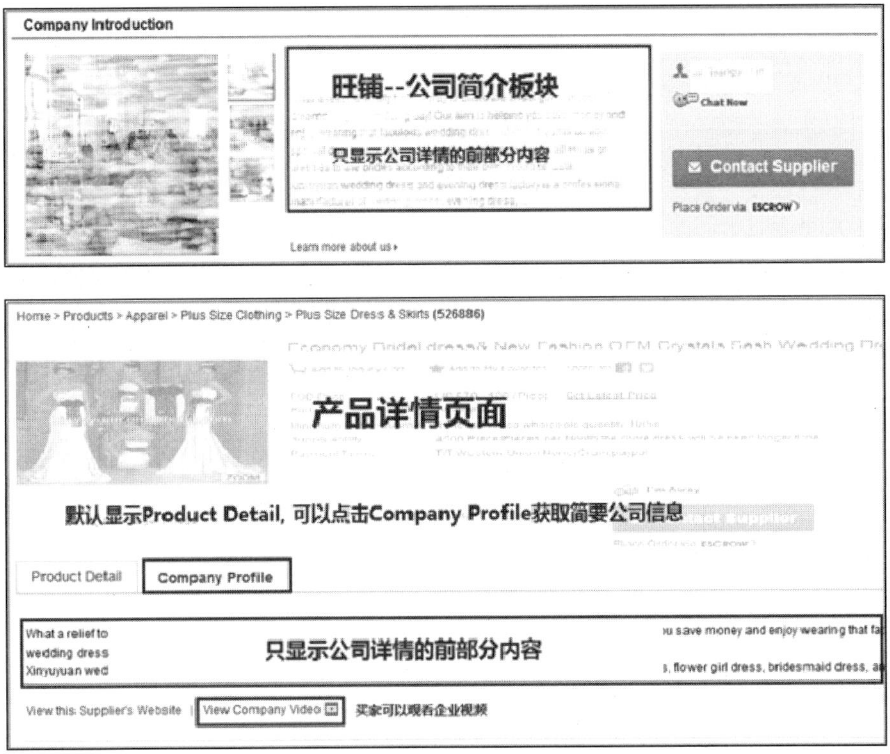

图 4-16　公司详细信息展示

3）视频展示：公司视频

在线视频可以将企业的形象及实力视频化，借由视频加深买家对企业的了解，帮助与买家快速建立信任。因此，视频拍摄内容除了公司外观、车间和样品间以及公司详细信息中的内容，还可以是企业文化，如晚会、颁奖大会等。

内容选定后就可以进行视频拍摄及后期的制作了。

2．实操步骤

第一步：单击“提交认证信息”按钮，进入如图 4-17 所示的页面窗口，进行信息填写，注意与企业营业执照一致。

图 4-17　填写公司信息

经营模式如图 4-18 所示，后台最多选择三种经营模式，根据企业的真实情况进行信息填写（注：如果是经过实地认证的，经营模式在管理公司页面不可以设置，在认证信息中设置或修改）

图 4-18　选择企业经营模式

第二步：公司信息。根据实际情况进行信息录入，如图 4-19 所示。

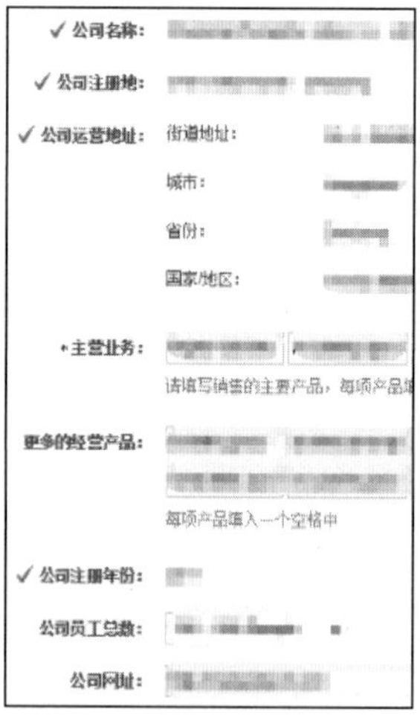

图 4-19　企业认证信息

填写完毕之后单击“提交”按钮，如图 4-20 所示。

图 4-20　提交公司信息

第三步：工厂信息。根据实际情况进行信息录入，如图 4-21 所示，填写完毕之后单击“提交”按钮。

第四步：贸易信息。根据实际情况进行信息录入，如图 4-22 所示，填写完毕之后单击“提交”按钮。

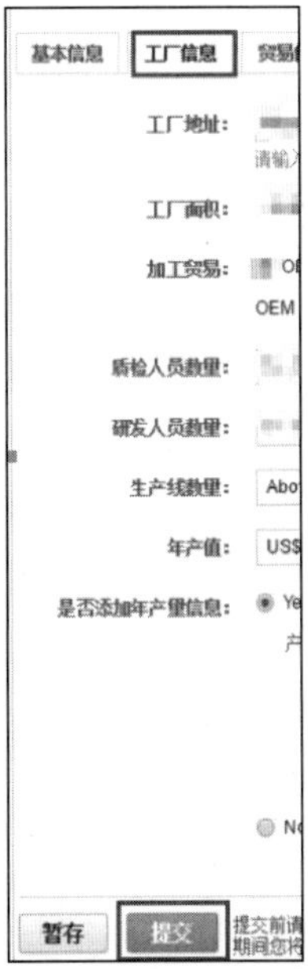

图 4-21　工厂信息填写

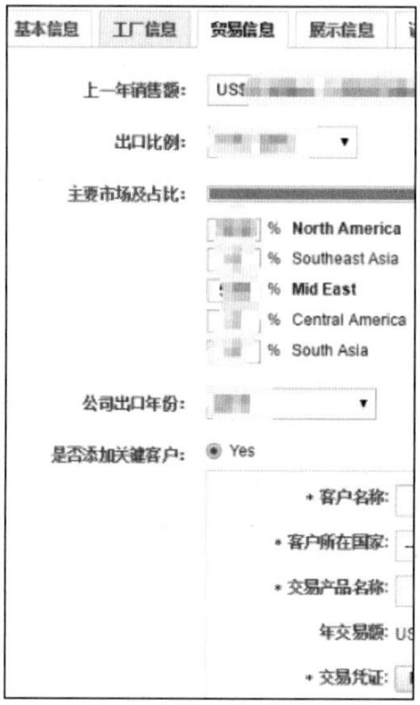

图 4-22　贸易信息填写

第五步：展示信息。根据实际情况进行信息录入，如图 4-23 所示，填写完毕之后单击“提交”按钮。

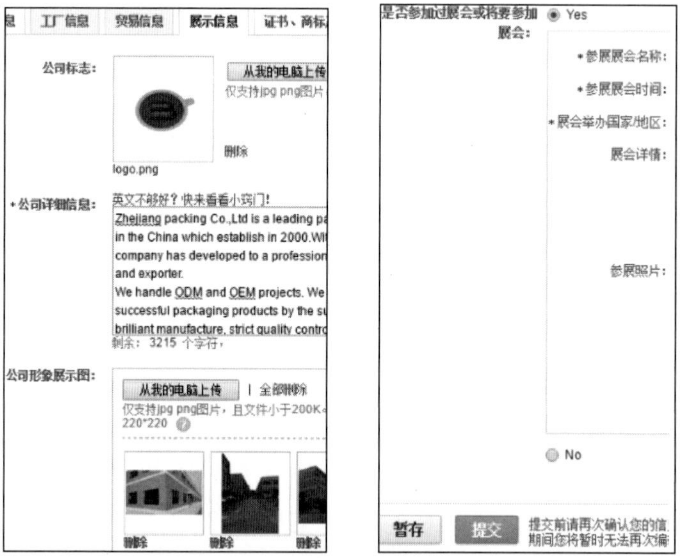

图 4-23　展示信息填写

4.1.4 发布产品信息

1. 产品发布流程

发布产品信息是网站建设的基础，也是最关键的一步，在开始发布产品信息之前，一定要关注阿里巴巴产品的发布流程，如图 4-24 所示。

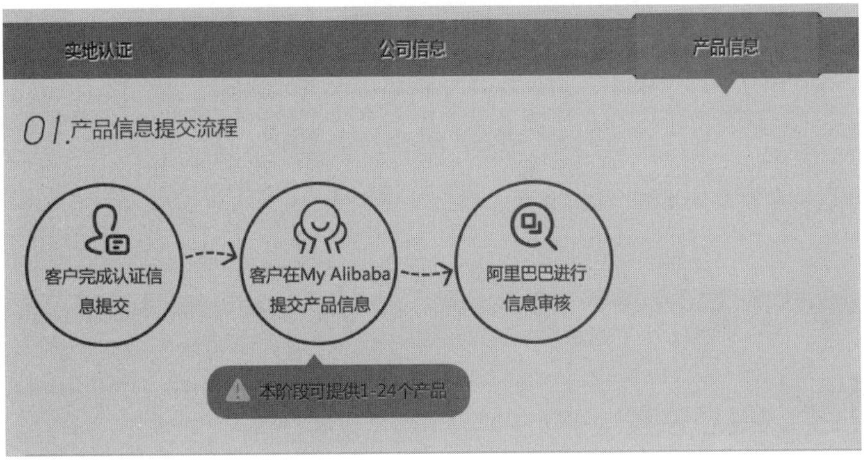

图 4-24　产品信息提交流程

通过对海外买家的调研，发现买家非常关注产品信息细节描述，如果产品信息细节展示不够清晰就无法快速建立与买家的信任，买家在产品信息描述中看不到或者看不清海外买家所关注的点，那很有可能就会流失一个客户，或者增加询盘跟进的时间人力成本。同时网站中千万不能有重复产品信息或者是描述高度相似的产品信息，这不仅会给买家带来视觉疲劳和抱怨，也会让买家对产品和公司的专业度产生困惑和质疑。

2. 产品发布实操

登录“My Alibaba”，打开“产品管理”页面，单击“发布产品”按钮，如图 4-25 所示。

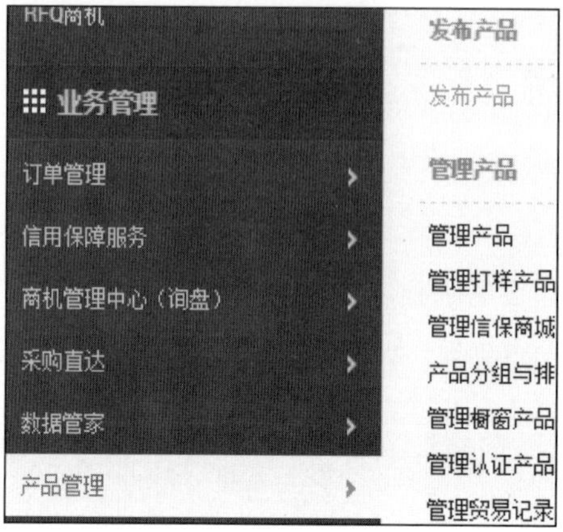

图 4-25　My Alibaba 产品发布功能

具体发布步骤参见 **4.3 产品发布**。

4.2　账号设置

4.2.1　个人信息设置

在 My Alibaba 后台顶部账户菜单可以进行个人信息设置相关操作，包括管理个人信息、头像上传、商业信息等设置，如图 4-26 所示。

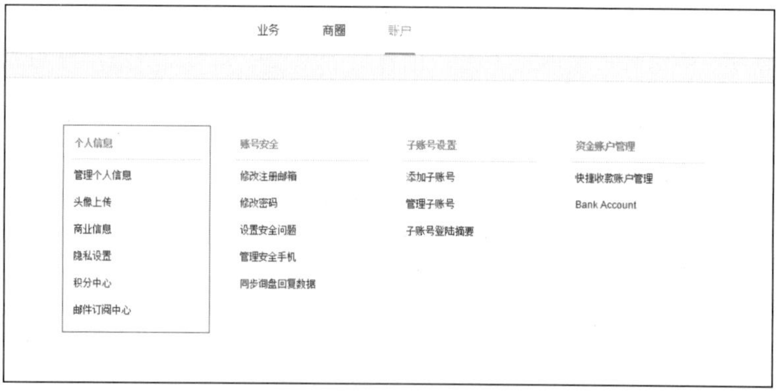

图 4-26　管理个人信息设置

1）管理个人信息

依次单击“账户→个人信息/管理个人信息”，进入“个人信息管理”界面，在此界面下可以设置姓名、性别、邮箱、手机等基本信息。在填写姓名、性别等个人信息时务必如实填写，以免造成海外采购客户不必要的误会。此外务必使用真实的邮箱和联系方式，使得海外采购客户可以直接联系到对应供应商。

2）头像上传

依次单击“账户→个人信息/头像上传”，进入“头像上传”界面。可以通过单击按钮或将图片拖曳至虚线框内进行头像上传，头像的图片只支持 jpg 格式，头像图片大小需要控制在 3MB 以内。上传时应注意使用正确的图片格式。账号的头像属于商业用途，建议使用符合商业定位的个人照片，避免使用合照。此外务必上传与个人性别、年龄、身份相符合的照片。头像上传成功以后后台会进行审核，在 24 小时内将会被展现在供应商的 Alibaba 网页上。

3）商业信息

依次单击“账户→个人信息/商业信息”，进入“商业信息设置”界面，在此界面下可以编辑账号对应的名片信息、采购信息及公司信息。在海外采购客户发送询盘和发布 RFQ 时可以选择发送名片信息，从而让海外采购客户快速获得供应商的联系方式。采购信息主要包括所处行业、采购偏好、采购频率等，供应商填写明确这部分信息有利于得到海外采购客户更精准的回复。

4）隐私设置

依次单击“账户→个人信息/隐私信息”，进入“隐私设置”界面，在此界面下可以设置个人信息、采购信息可见级别等。可见级别分为三种：所有用户可见、仅认证供应商可见、所有用户不可见。适度公开信息有利于海外采购客户更快了解供应商的特点与实力，但是如果过度公开信息可能会在一定程度上造成隐私外泄。总而言之，这部分内容供应商应根据实际情况和自身需求进行设置。

5）积分中心

依次单击“账户→个人信息/积分中心”，进入“积分中心”界面，在此界面下可以管理积分、积分兑换，以及查看积分赚取、兑换、订正&处罚记录。通过 RFQ 报价，直接支付信保订单等可以获取积分，积分可用于兑换商机包、P4P 红包和 RFQ 报价权益。

6）邮件订阅中心

依次单击“账户→个人信息/邮件订阅中心”，进入“邮件订阅中心”界面，在此界面下可以设置订阅会员服务、通知等邮件。建议供应商开启各类邮件订阅，以便能第一时间获取商情咨询和网站重要通知。

4.2.2 账号安全设置

在 My Alibaba 后台顶部账户菜单可以进行账号安全设置等相关操作，包括修改注册邮箱、修改密码等，如图 4-27 所示。

图 4-27　账号安全管理

1）修改注册邮箱

依次单击“账户→账号安全/修改注册邮箱”，进入“邮件订阅中心”界面，在此界面下可以修改账号的注册邮箱。修改注册邮箱属于敏感操作，需要验证修改者身份，根据提示可以选择 4 种验证方式中的任意一种，如图 4-28 所示。在验证完成以后可以修改原有的注册邮箱。

图 4-28　修改密码认证方式

2）修改密码

依次单击“账户→账号安全/修改密码”，进入“修改密码”界面。与上述修改注册邮箱流程一致，在验证完成后可以修改密码。

3）设置安全问题

依次单击“账户→账号安全/设置安全”，进入“设置安全问题”界面，安全问题可以配合用于验证身份进行相关操作。与上述修改注册邮箱流程一致，在验证完成后可以设置安全问题。

4）管理安全手机

依次单击“账户→账号安全/管理安全手机”，进入“管理安全手机”界面，在此界面下可以设置与修改安全手机，安全手机用于后台登录以及账号敏感操作时的身份验证。与上述修改注册邮箱流程一致，在验证完成后可以管理安全手机。

5）同步询盘回复数据

依次单击“账户→账号安全/同步询盘回复数据”，进入“同步询盘回复数据”界面，在此界面下可以设置非阿里国际站绑定邮箱用于同步询盘信息及回复信息（注：同步询盘回复数据主要用于统计回复率使用，邮件内容并不会同步到网站上）。

4.2.3 子账号设置

在 My Alibaba 后台顶部账户菜单下可以进行子账号设置等相关操作，包括添加子账号、改变子账号类型等，如图 4-29 所示。

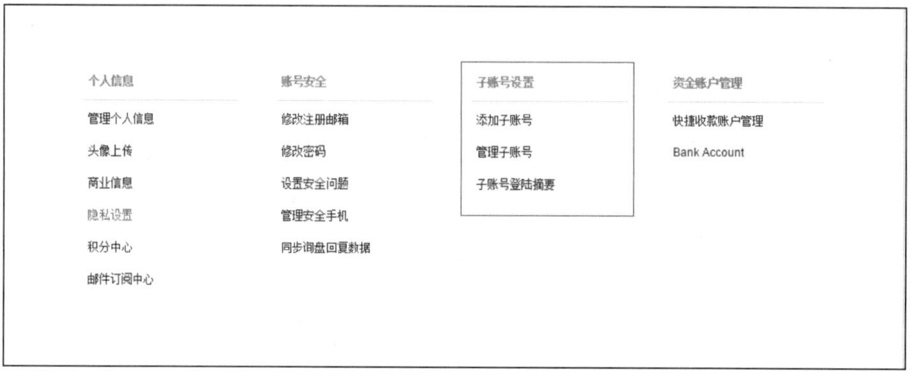

图 4-29　子账号管理设置

在开始设置前笔者先介绍一下 My Alibaba 后台账号类型及对应权限。

My Alibaba 后台账号可以分为主账号（管理员账号）和子账号两种。其中子账号类型有：业务经理、业务员和制作员三种，主账号可根据公司情况来设置子账号，可以全都是业务员，也可都是业务经理或者制作员，但一个子账号只能是一种身份。建议根据公司实际业务需要分层设置。各类子账号权限如图 4-30 所示。

账号类型	管理员	业务经理	业务员	制作员
管理账号	√	×	×	×
管理公司联系信息	√	×	×	×
管理公司栏目	√	×	×	×
创建、编辑产品	√	√	√	√
创建、编辑产品组	√	×	×	√
创建、编辑私人展厅	√	√	√	×
分配产品	√	√	×	√
分配私人展厅	√	√	×	×
分配询盘/客户	√	√	×	×
处理询盘/客户	√	√	√	√
邮件订阅中心	√	√	√	√
网站设计	√	×	×	√
域名管理	√	×	×	×
企业邮局	√	√	√	√
数据管家	√	√	√	×

图 4-30　各类子账号权限表

1）添加子账号

依次单击“账户→子账号设置/添加子账号”，进入“添加子账号”界面，在此界面下可以添加不同种类的子账号。My Alibaba 子账号最多可以添加 5 个，已经添加满 5 个子账号以后不能再进行添加。添加子账号属于敏感操作，必须先进行身份验证，通过安全手机/邮箱验证完成后可进行添加子账号操作。依次设置好邮箱、密码、账号类型、联系方式等信息后单击“添加”按钮即可完成添加。

2）管理子账号

依次单击“账户→子账号设置/管理子账号”，进入“添加子账号”界面，在此界面下可以进行删除子账号、冻结子账号、更改子账号类型等操作。下面以删除子账号和修改子账号类型为例进行讲解。

- 删除子账号

勾选待删除的子账号，然后单击“删除”按钮，按照提示填写验证码即可删除已勾选的子账号，已冻结的子账号不能删除，需要先解冻再删除。在子账号删除后，该子账号名下的 RFQ、询盘、产品、人脉名片和客户会自动归主账号（管理员账号），如果要分配给其他账号，需要先分配之后再删除子账号。

- 修改子账号类型

在子账号右侧单击“查看详情”，可以进入对应子账号页单击“编辑”按钮，在账号类型中重新选择新账号类型即可完成操作。其中制作员能升级成业务员或业务经理，业务员与业务经理可互相调换，而业务员或业务经理不能转为制作员，而主账号（管理员账号）不能变更为任何类型的子账号。

3）子账号登录概要

依次单击“账户→子账号设置/子账号登录概要”，可以进入“子账号登录概要”界面，在此界面下可以查看子账号登录时间、IP 地址、国家/地区等信息，如果发现子账号不在常规 IP 地址登录的情况，核实后应及时冻结账号以免账号信息被盗造成损失。

4.2.4 资金账户设置

依次单击“账户→资金账户设置/Bank Accoun”，可以进入“Bank Account 管理”界面，在此界面下可进行添加在线收款账户以及线下 T/T 收款账户，对信保收款、快捷支付收款进行提现等操作。

4.3 产品发布

4.3.1 产品发布前的准备工作

发布产品信息是网站建设的基础，也是最关键的一步，在产品发布之前需要做好相关的准备工作。

一般产品发布前，需要做以下准备：

（1）了解并熟悉自己的产品及行业情况，以便筛选更精确的产品关键词；

（2）筛选出适用于自己产品的关键词；

（3）对应不同类目或型号的产品图片（包含产品多角度展示&细节展示图片），并进行分类备注；

（4）对应不同类目或型号的产品的参数信息及交易信息，并进行分类备注；

（5）产品内页设计模板，如导航栏、通用介绍模板（如公司介绍、生产流程介绍板块等）。

1．关键词

关键词即产品的中心词，是对产品名称的校正，便于系统快速识别匹配买家搜索词，能让买家尽快找到相关的产品。

国际站查找关键词的常规方法：

（1）在“My Alibaba→数据管家→行业视角”中选择关注行业后查看不同国家买家热索词、搜索上升最快词及零少词等，如图 4-31 所示。

（2）进入“My Alibaba→数据管家→我的词”页面，这里会显示已经使用的关键词和买家通过搜索找到相关的词，及该词的搜索热度和卖家竞争度，如图 4-32 所示。

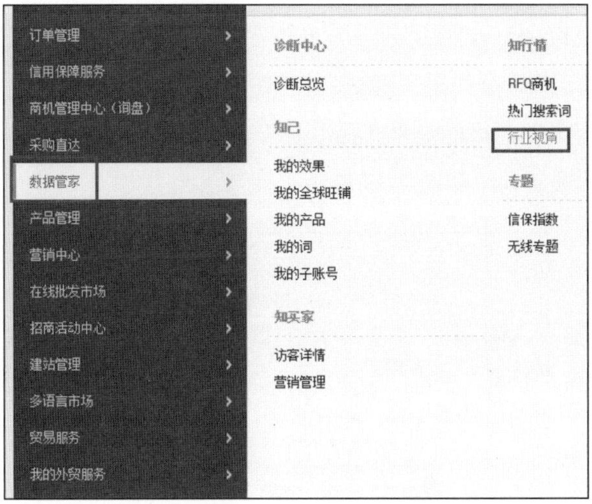

图 4-31　数据管家——行业视角

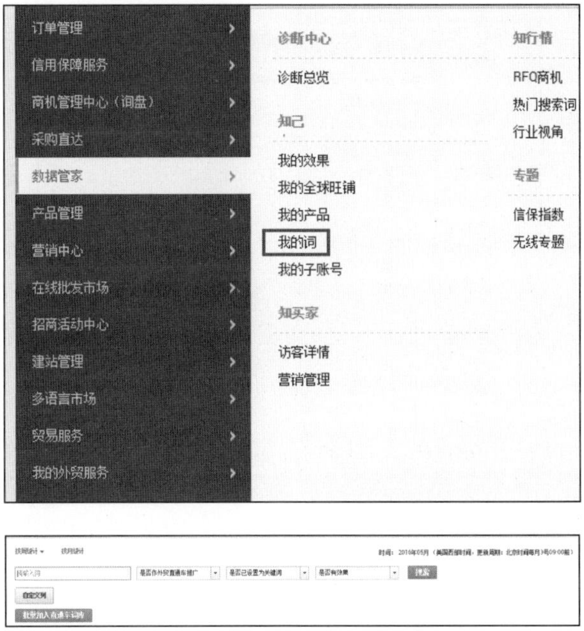

图 4-32　数据管家——我的词

（3）进入“My Alibaba→数据管家→热门搜索词”页面，直接输入关键词，显示近一个月的关键词的买家竞争度、橱窗数和搜索热度。

（4）进行“My Alibaba→产品管理→发布产品”页面，输入产品名称后，单击“产品关键词”或“更多关键词”，会弹出关键词列表——出现“热门搜索词”和“蓝海词”，可在其中选择。如果没有出现，可能是“产品名称”没有输入，或是该名称比较生僻或复杂，系统没有对应推荐的关键词，如图 4-33 所示。

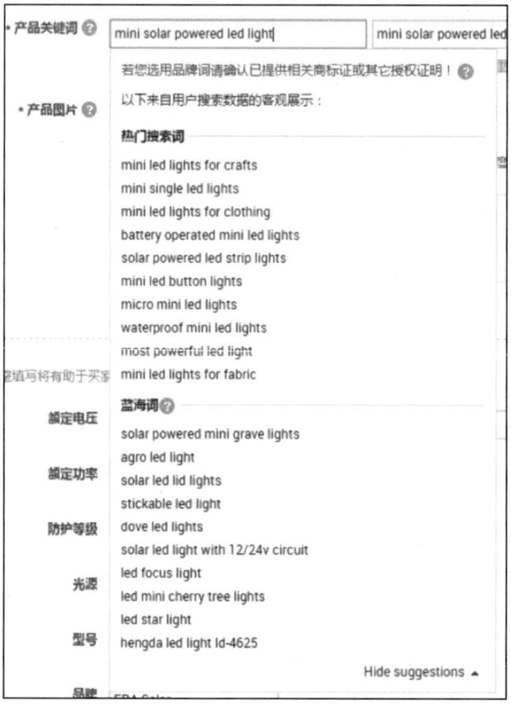

图 4-33 “热门搜索词”与“蓝海词”

（5）在首页关注同行发布的产品，排在首页的同行发布的产品所用的关键词可以作为参考。

在具体发布产品之前需要准备好相关产品的图片，具体准备和选择方式参考 4.5 **B2B 平台图片处理原则**。

4.3.2 产品发布流程

发布产品信息是网站建设的基础，也是最关键的一步。所谓的产品发布模板，就是操作者按照阿里巴巴出口通平台提供的产品发布格式，逐一填写，并进行必要的修饰，加入适量的图片而编辑制成的网页版面。每一种产品都应有与之相对应的模板，甚至每一个关键词都应对应差异化的模板。

产品模板的制作：

登录“My Alibaba”进入“产品管理”页面，单击“发布产品”选项。

“发布产品”页面分为选择类目、填写产品名称、填写产品关键词、插入产品主图、填写产品属性、填写交易信息和编辑产品详情 7 大板块。

目前支持直接发布产品、发布类似产品两种产品发布方法。

1. 选择类目

类目是对产品的分类或归类。每个产品都有属于自己的类目，放错类目将导致买家无法找到操作者发布的产品。因此，找到符合产品的类目是发布产品的第一步，阿里巴巴系统中在类目选项位置有很多类目选项，找出最适合自己产品的类目，最好不要选“others”类目，否则会影响排名。

根据阿里巴巴排名规则，主要选择最精准匹配对应产品的类目作为产品类目，提高排名；同时在自定义属性和详细描述中重复提到该类目。

类目的作用：用于产品的归类，产品类目的准确选择是第一步。客户会从类目中搜索产品，类目错放将不会展示，因而失去一次重要的展示机会。

类目的填写要求：不要放错，尽量避免放在“others”类目下。类目放错会降低信息的相关性，从而使得产品排序靠后；放在“others”类目，买家在类目浏览时可能无法找到操作者发布的商品，如图 4-34 所示。

小提示

放在系统推荐越靠前的类目下，信息相关性越高，搜索结果越靠前吗？

实际上，是否选择系统推荐靠前的类目并不影响搜索结果，搜索出来的推荐类目是系统提供的参考，操作者根据自己的产品属性自己选择即可。如果系统推荐的类目不符合要求，可自行选择。

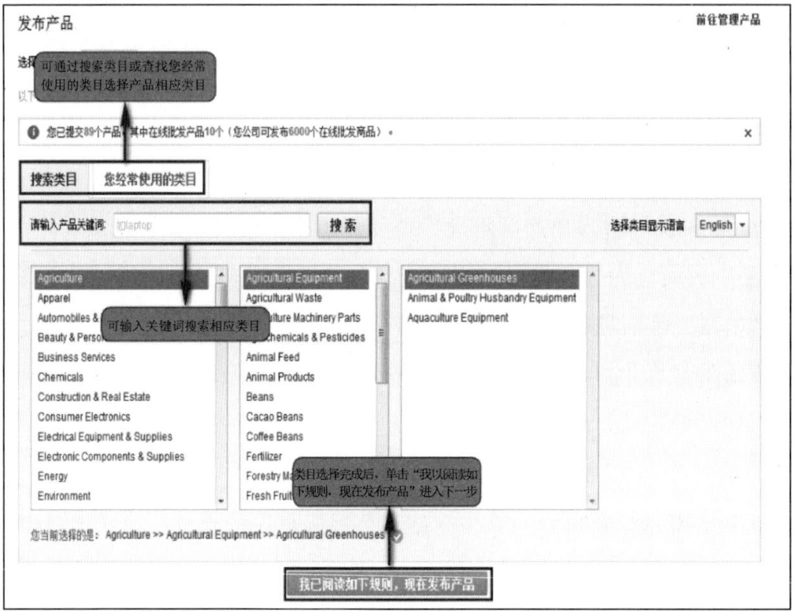

图 4-34　产品类目选择

2．设置产品标题

确定产品类目后，接下来就是设置产品标题。产品标题，也是产品的主要信息，是买家搜索的第一匹配要素。标题的设置决定了买家是否能精确地搜索到相关推广的产品，换言之，同等产品信息质量的情况下，产品标题书写是否符合买家的搜索习惯，很大程度上决定了产品的排名。

好标题=通用修饰+准确的产品属性+关键词

例如：Alibaba hot sale 100% polyester polar fleece blanket

设置好的产品标题应该注意以下几点：

1）标题符合买家搜索行为习惯及偏好性

以关键词 hand bag 举例：

如果买家在用关键词 hand bag 搜索产品时，以下两种标题描述方式，从文本相关性上讲，都是一样的。

New model sexys woman summer hand bag 2016

2016 Ladies nice hand bag

不要盲目为了买家搜索词而不断用同一个关键词发布产品，这样容易造成产品重复铺货。另外重复铺货的定义是：当前发布的产品与之前产品很相近的时候才会被认为重复铺货，而非新发布产品。

2）标题中可使用介词 with/ for ，核心关键词置于 with/for 前面

例如：

steel pipe with ASTM DIN JIS Standard

15mm film faced plywood for construction

这两句中，核心词分别为 steel pipe 和 15mm film faced plywood。

3）产品名称长度要适当

产品的名称能恰当地突出产品的优势特性就最好！不要过短，也不建议过长。买家搜索词（热门搜索词）是有 50 个字符限制的，如果名称写得太长，就会与买家的搜索词匹配度不高。

注意　产品名称即产品标题是买家搜索的第一匹配要素。

4）不要把多个关键词在名称中重复累加

产品标题中含多个不同的名称，买家用这些不同的名称搜索都能搜索到该产品吗？其实这是个误区，产品名称罗列和堆砌不但不会提升产品的曝光可能，反而会降低产品与买家搜索词匹配的精度，从而影响搜索结果，影响排序。

5）慎用特殊符号

产品名称中慎用特殊符号“/”、“ - ”、“（ ）”等，可能被系统默认成无法识别字符，影响排序。如需使用，请在符号前后加空格。

3. 设置产品关键词

具体方式见 **3.3.7 关键词健康度**。

4. 产品主图

清晰美观的产品主图可吸引买家点击和反馈，建议上传 1000×1000 像素，正方形（比例 1:1）的图片，以防图片被系统压缩影响美观。

图片格式：Jpeg、Jpg、Png

图片大小：3MB 以内

色彩模式：RGB

5. 产品属性

产品属性是买家关注度最高的产品特征或参数，体现出信息的完整度。填全系统给出的选项，多维度展示产品。橱窗产品有十个选项，左边是属性名称，右边填写内容，尽量填全；好的属性，要求产品信息精准，便于买家精细化搜索。

产品属性包括固定属性和自定义属性（图 4-35）。对于固定属性，要根据自身产品的特性完整、准确填写；对于自定义属性：主要填写产品特征、产品用途、出口市场、相关认证等。

图 4-35　产品属性

注意　填全系统给出的属性，不足的时候可以使用自定义属性根据自己的需求添加，注意不要与系统给出的属性重复。

产品属性的作用：因为用于销售，产品属性是对产品特征及参数的营销性的提炼，便于买家在属性筛选时快速地找到你的商品。

产品属性的填写要求：填全系统给出的所有属性。一个属性等于一个展示机会，所以全部填全系统给出的所有属性，增加自定义属性，更全面地描述产品信息。属性字段分为标准属性和自定义属性，标准属性只能选择属性值；自定义属性的属性名和属性值都需要手动添加。

产品属性展示页面：你填写的属性会在每条信息的详细页面进行展示。

产品属性筛选页面：买家通过属性筛选进行搜索的页面。

小提示

属性是否填全，对搜索结果有无影响？

不填写属性字段或者少填，影响了此产品信息的完整度，从而减少系统读取这款产品及呈现给买家查看的机会。

填写错误的影响大吗？

填写产品属性错误的或者不填写，将会影响产品的完整度。产品属性填写是否正确，会影响产品展示的准确性。

产品属性中出现关键词可以增加信息相关性，是信息的搜索结果靠前吗？

目前产品属性中是否出现关键词并不影响搜索结果的排序。相反，产品属性中罗列不相关的关键词会降低卖家的专业度。

自定义产品属性越多，搜索结果越靠前吗？

填写自定义产品属性是横向给了自己更多被买家搜索用词匹配到的概率，但并不会影响一个特定搜索条件下的排名结果。

---

6. 产品交易信息

相关交易信息都填写完整，港口、发货期限、常规包装栏处都可以有选择性地匹配产品名称，如图 4-36 所示。

图 4-36　产品交易信息填写

注意　选择“根据数量设置价格”或“FOB 价格”填全系统给出的交易条件，有利于提升卖家线上对您示例的评估。

6．产品详情

产品详情从多方位展示产品、产品的制作、打包流程、公司相关信息介绍、产品认证以及相关产品的超链接等。

1）图片选择和要求

图片是对产品的直观描述，产品图片是直观展示产品细节和特征的最好途径之一。产品详细描述中最多可插入 15 张图片，支持手动调整图片大小和位置；产品详细描述只支持展示图片静态效果，不支持 GIF 动态闪图效果。

图片要求，主要体现在大图和细节图。

大图和细节图的要求是不一样的。这两者在功能上有实质区别，它们的功能点、侧重点是不同的；大图主要是吸引眼球用的，而细节图可能更多是为介绍产品用的，直观地展示细节，配合阐述产品的功能特性等。

吸引买家的图片要求如下。

清晰：主题突出

美观：不用杂乱背景；

专业：突出细节特征；

专属：加上水印或者不加；

主图之外加上细节小图、体现真实拥有的认证信息、突出产品的独特卖点等。

图片的作用：产品图片能直观展示卖家的产品，让买家在浏览产品时获得更多的产品细节特征。丰富的高品质图片大大提升买家发送询盘的机会。

- 主图的基本要求：

A．清晰度

主要是指拍摄图片的像素，以及是否聚焦等参数。不能用手机或者像素不高的傻瓜机去拍摄产品照片；也不能使用没对好焦距，模模糊糊的照片。

作为一般产品的主图，建议像素在 1000×1000 以上为佳，这在整个互联网界都是通行的。现如今很少有人拿裸图来作为主图；所谓裸图，就是不加任何处理的图片。一般都是对图片做专业处理，比如后期抠个图、做个背景、弄点光线效果等。用专业单反相机拍摄有两个原因：一是好的专业性图片才能发挥出制图软件的能力；二是每一次的图片处理都有可能会损失清晰度。

B．大小适中

主图中的主体应该更大一些 ，但是，如果加了些边框、色彩、文字等，硬生生地挤占了主体的展示面积，这种做法是不可取的。

C．背景干净

主图照片背景要干净，最好是白色背景，背景不能杂乱，杂乱很容易混淆视线，无法抓住买家眼球；如果主图经过专业处理就会更好，除了清晰度更高，还会显得有档次。

D．主体突出

主体突出就是别让产品本身淹没在杂乱的环境和一堆堆的文字描述中。主图的主体一定要突出。

- 细节图基本要求：

A．强调细节和使用环境展示

这一点说明中不要展示细节，最好再加上使用环境的展示，简单来讲，就是衣服得让人穿上之后展示，而不是简单平铺在床上拍摄。同理，MP3 得在佩戴使用的环境下拍摄，行车记录仪得安装在车上拍摄，等等。

B．图片风格保持一致

因为细节图往往是多图，所以很多供应商为了方便就会东拼西凑，各种类型 、各种光感的图片都进行简易堆放了事。这种情况是很影响视觉感官的，毕竟通过互联网的贸易，第一要素就是看，视觉上的直观感受非常重要，而风格一致是一个很有必要的标准。即要有一致的背景色，一致的边框，一致的大小，一致的清晰度。

C．图片数量不超过 15 张

产品的多角度展示至少应该是 4~6 张；产品包装需要 2~4 张；生产车间流水线也需要 2~4 张，各种产品印证等都需要展示图片。

2）产品模板制作要求

A．风格统一，模板设计要体现出公司的文化底蕴，适合产品自身的特点，并适合国际市场不同国别文化的要求。

B．图片精美，要抓眼球，并与内容详情相匹配，不要过度使用图片。

C．产品卖点，要充分展示产品的卖点，体现出专业性，要迎合买家的需求。

D．充分展示产品内容，尽可能把买家的疑问消灭在产品介绍中。

8．产品详情描述

产品详情描述是指对产品进行多维度的描述，是对产品和服务的全面、详实的介绍。它是全面展示专业度的重要途径，是用各种手段对产品的图文并茂、结构化、表格化、细节化的全面介绍。

详细描述要求：

1）结构化

名称后一定要加上"："，在用文字描述的同时，也要善用表格形式来表达。

2）内容尽可能详尽

产品细节描述需要详实、具体，尽可能突出该产品的细节特征和参数，同时让买家了解产品的质量标准与供货能力。如展示产品的技术指标、规格、材质、产品特征、用途、出口市场、相关认证、包装、装箱资料、交货期、企业信息等，要包含全部信息点。

详细描述的填写要求：对产品要多角度介绍，文字内容要结构化。

产品描述要写得详实具体，可将买家比较关注的产品的详细特征、参数、质量标准、服务、现货还是库存状况等展示出来。因为这是做生意，需要营销型的文案，而不是写说明书。

结构化表达：第一个层次是描述的内容要全面合理，买家最关心的内容优先，次关心的内容后写，确保每一部分内容都能解决买家关注的问题。第二个层次是要展示清晰，如分段有标号且有核心词，或提炼参数表格化显示，重点突出，吸引更多买家注意。

描述内容要利用序号、段落等将内容有条理地展示，便于买家阅读。

举例说明：如婚纱用品，除了介绍选材、风格的信息，还介绍配件的选择、量身定做的服务等，这些就需要段落来呈现了。

描述内容要利用不同的字体、字号凸显重要信息。

举例说明：如婚纱的款式及独家设计是一个卖点，那么在众多信息中，将这些字眼用加大字体、加背景等方式凸显出来。

描述内容要利用图片更加生动展现产品，最多可上传 15 张图片（注：智能服务器中已经可以添加 30 张图片）。文字描述得再生动，也不如图片来得直观。建议图文结合，将买家关注的信息，如细节、面料等展示出来，如图 4-37 所示。

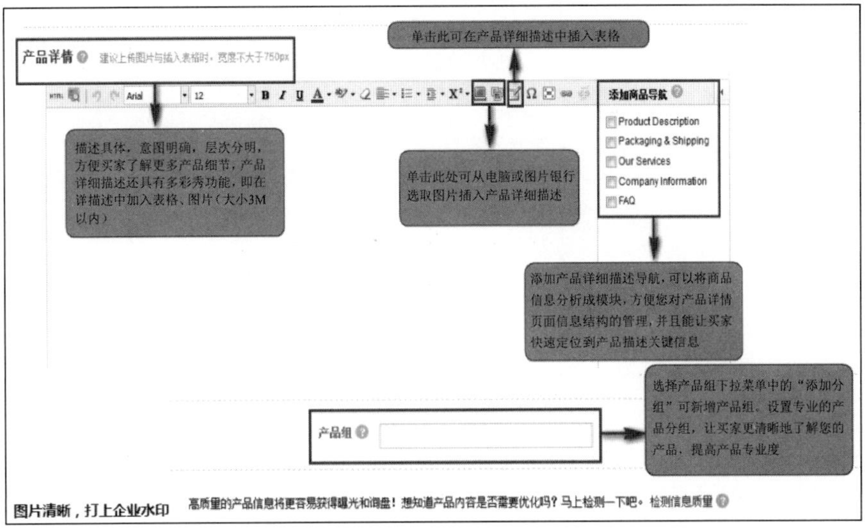

图 4-37　产品详情编辑

常见问题：

（1）详细描述字书写得越多越长，搜索结果越靠前吗？

详细描述字数的多与少，和信息是否有用，是两个层面的事情。所谓“信息有用”，是能解决买家的疑惑。越能解决问题的信息越受买家欢迎，其行为转化率越高，从而才能使计算机更好地判断卖家的信息。单纯地用字数衡量没有实际意义。

（2）在详细描述中填写公司介绍，这也是不可取的。

9. 产品详细描述导航介绍

产品详细描述导航功能（图 4-38）可以将商品信息分拆成模板，方便操作者管理产品详情页面信息结构，并且可以让买家快速定位到宝贝描述关键信息。产品导航最多容纳 20000 个字符。

导航锚点：加入锚点后买家即可在该产品介绍页面快速定位到该锚点以下区域。

区块标题：加入导航锚点后，会自动带入标题，该标题会在产品展示中出现，帮买家清晰区分区块（可删除修改）。

产品描述区：在该区块，操作者可以根据导航锚点的内容添加适合的产品介绍信息。

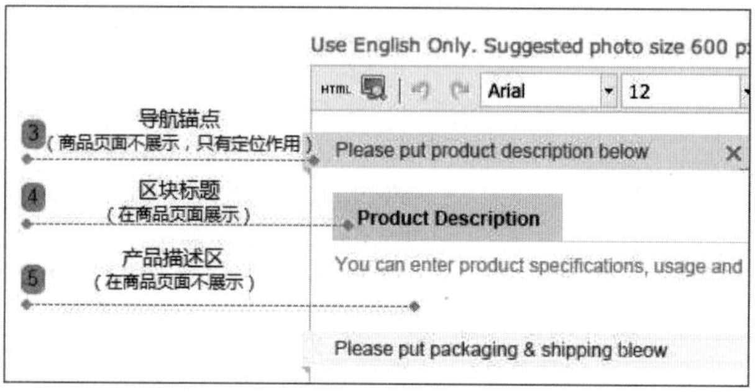

图 4-38　设置产品详细描述导航

1）如何使用系统导航

（1）插入导航：当通过 MA 后台发布或者编辑产品时，详细描述框的右侧会默认展开导航，单击鼠标即可插入（每个模块只可以插入一次），如图 4-39 所示。

图 4-39　系统默认导航

（2）结束导航：单击导航锚点后方的“×”结束此次导航，如图 4-40 所示。

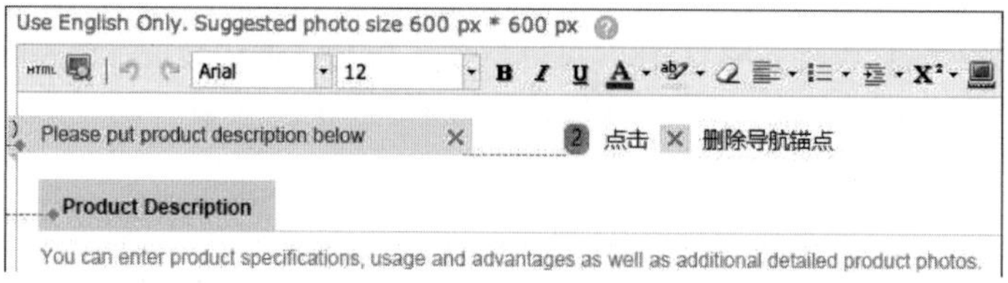

图 4-40　结束导航

2）如何使用自定义导航

（1）编辑产品详细描述时单击“添加自定义导航”，如图 4-41 所示。

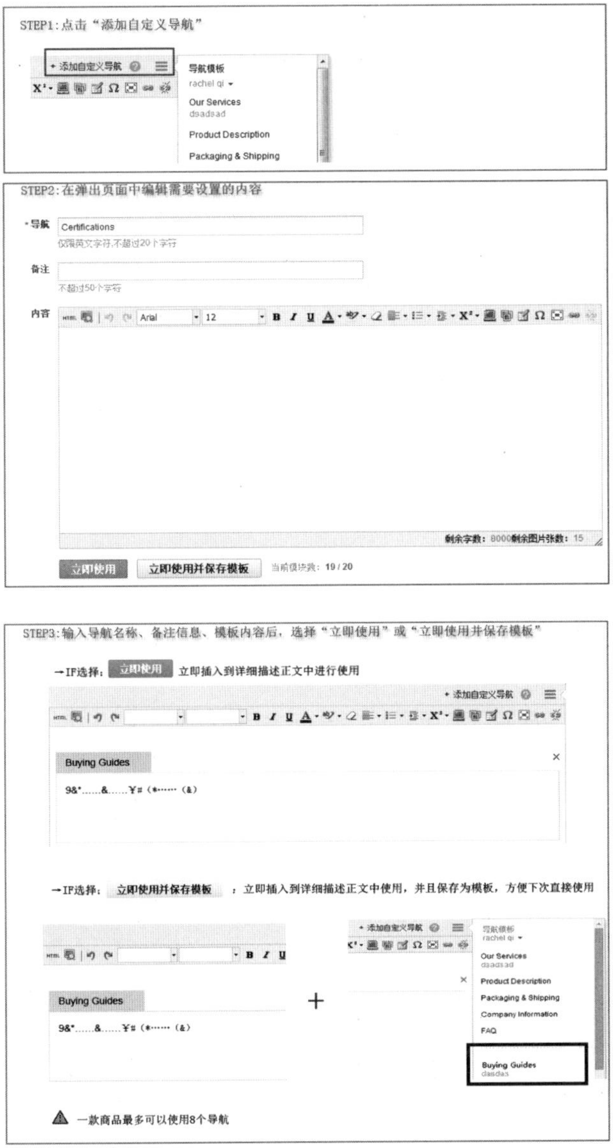

图 4-41　编辑产品详情自定义导航

（2）“管理模板”中添加自定义导航模板，如图 4-42 所示。

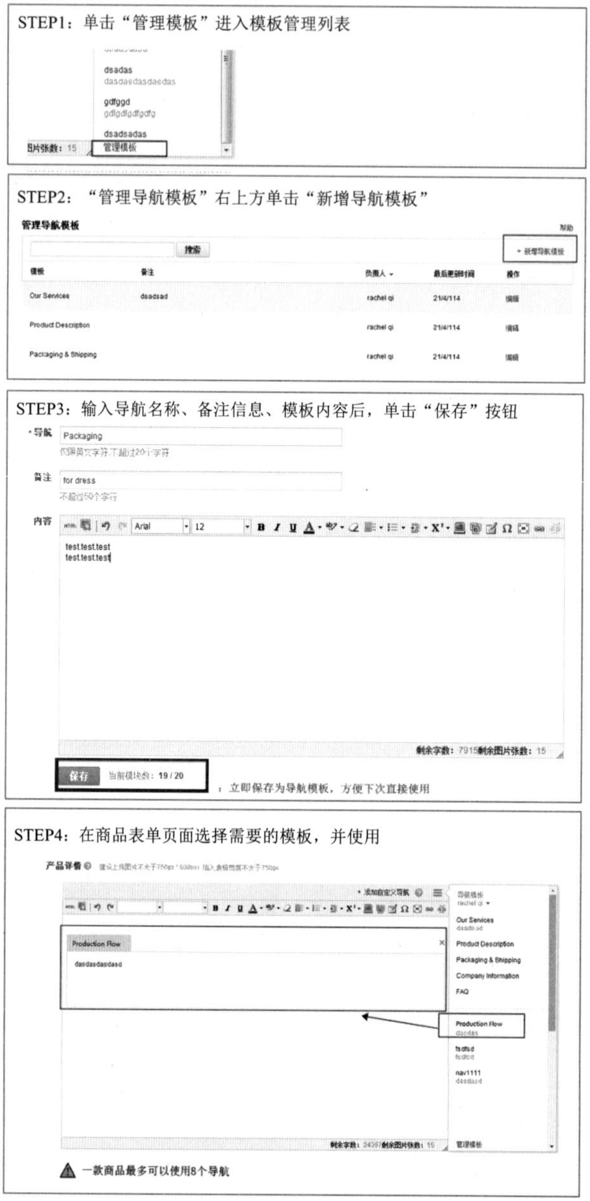

图 4-42　管理导航模板

3）设置了导航以后前台如何展示

在产品展示页面，买家点击某导航后，页面跳转到对应的描述区，如图 4-43 所示。

图 4-43　产品导航功能展示

10．智能编辑器

1）什么是商品详情“智能编辑”

商品详情“智能编辑”是根据为供应商在 My Alibaba 后台发布产品时提供可以直接套用的格式化字段和行业特性展示的新功能，可以很大程度上提升供应商发布产品的便利性和行业专业度，从而提升买家对产品详情的关注度。

2）如何操作智能编辑器

登录 My Alibaba 后台，依次单击“产品管理→发布产品”，找到“智能编辑”。

第一步：在产品发布详情页选择“智能编辑”，并单击“立即体验”按钮，如图 4-44 所示。

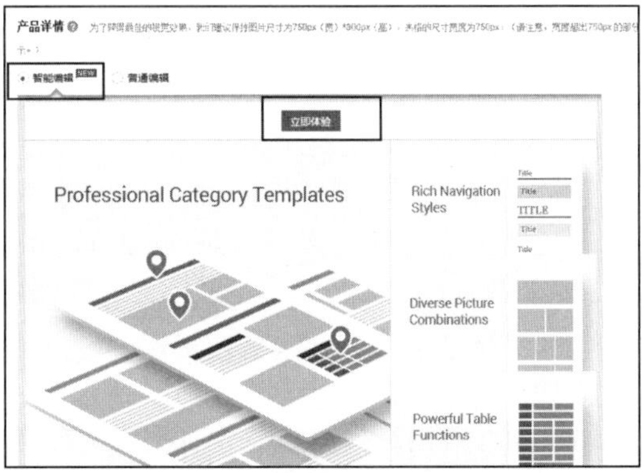

图 4-44　产品详情智能编辑

第二步：选择引用合适的行业模板，如若没有相应的行业模板，就选择基础模板进行操作，如图 4-45 所示。

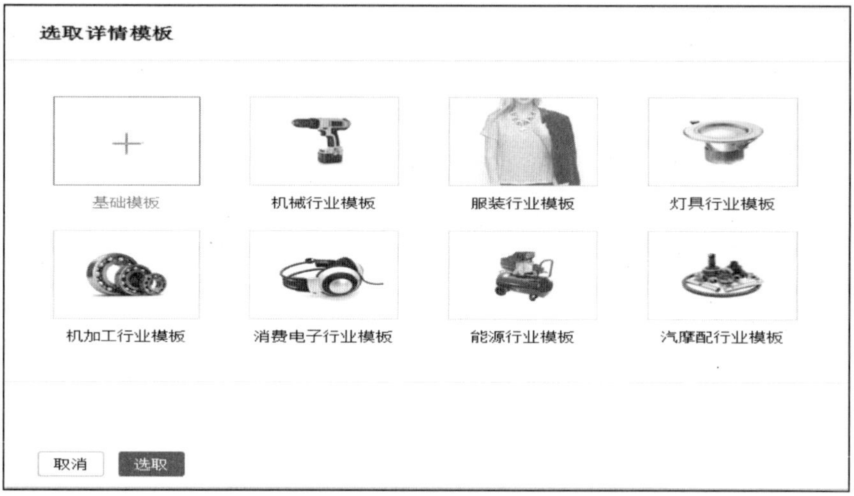

图 4-45　选择详情模板

第三步：选取模板后的页面操作布局，如图 4-46 所示。

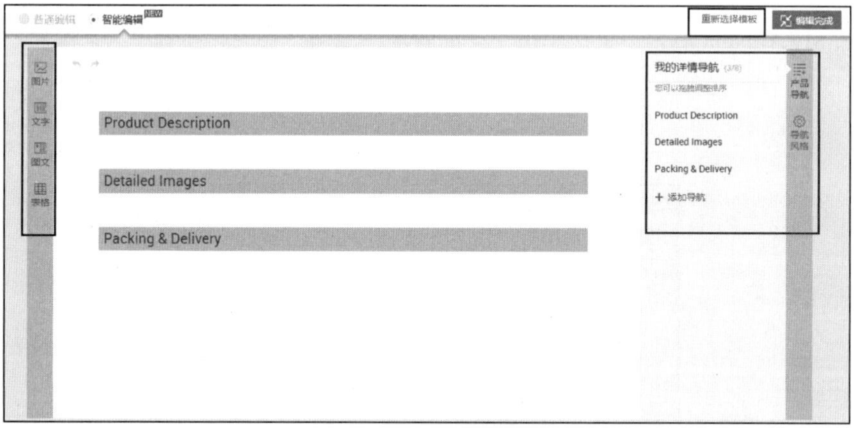

图 4-46　产品详情编辑界面

建议先从右侧操作布局页面，自由选择和添加导航模块，自定义合适的导航风格，如图 4-47 和图 4-48 所示。

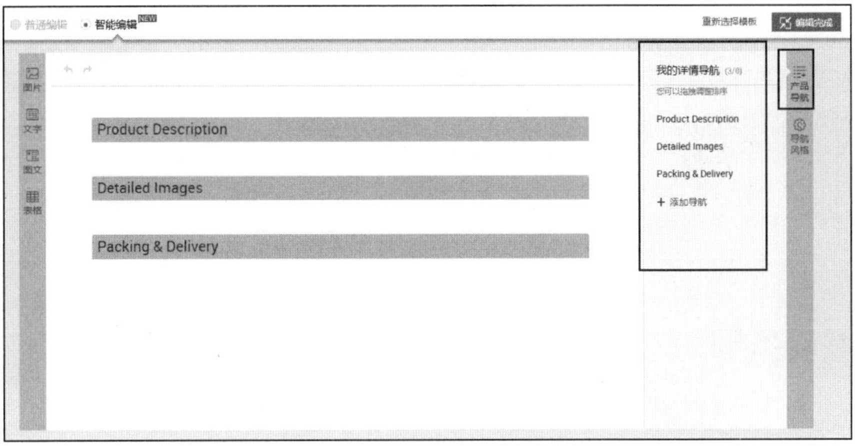

图 4-47　选择产品详情导航

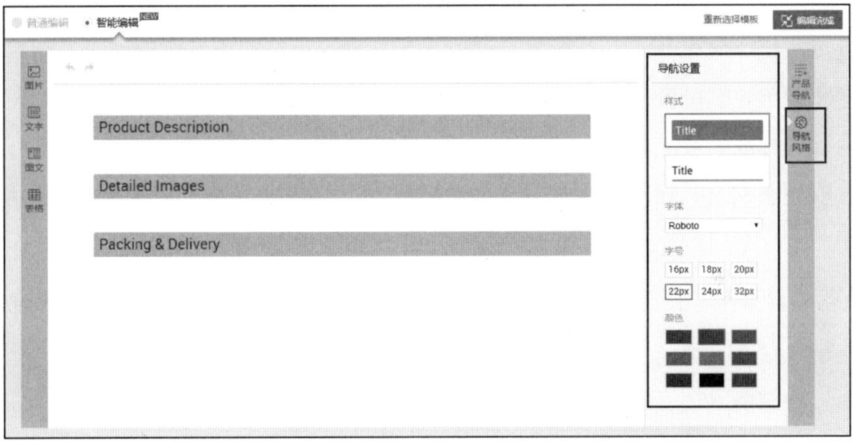

图 4-48　导航设置

产品导航：通过自由添加信息，排序和自定义等功能组合自己需要的产品详情导航模块。

导航风格：可以根据自己的需求和喜好选择色调和字体等导航风格模块。

第四步：根据自己的需求通过左侧图片、文字、图文和表格进行模板自由组合和填充内容，如图 4-49 所示。

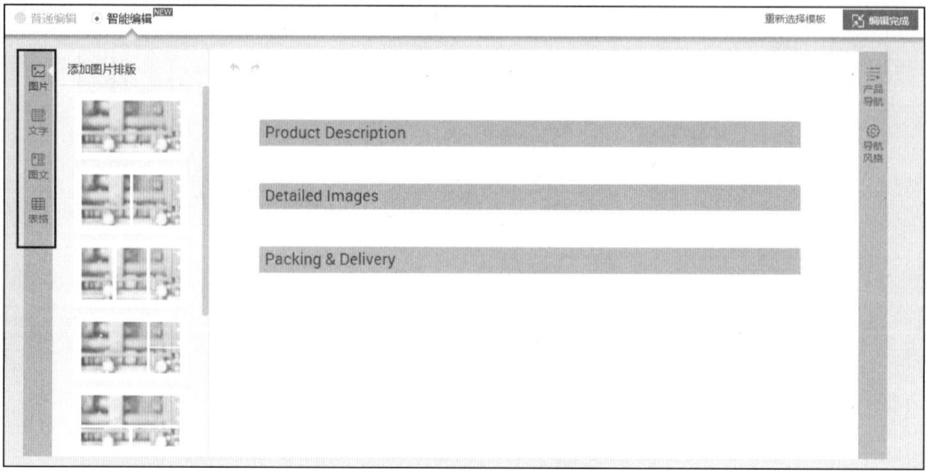

图 4-49　修改产品详情排版

第五步：模板保存及调用。操作者可以保存并导出已经编辑好的自定义导航模块。

保存和导出导航模板：

将鼠标光标放到导航栏上时，会显示“保存”按钮，可以将当前模块导出为自定义导航模板，以便下次直接调用。当保存模板数超过最大限量时，会有管理模板的提醒，如图 4-50 所示。

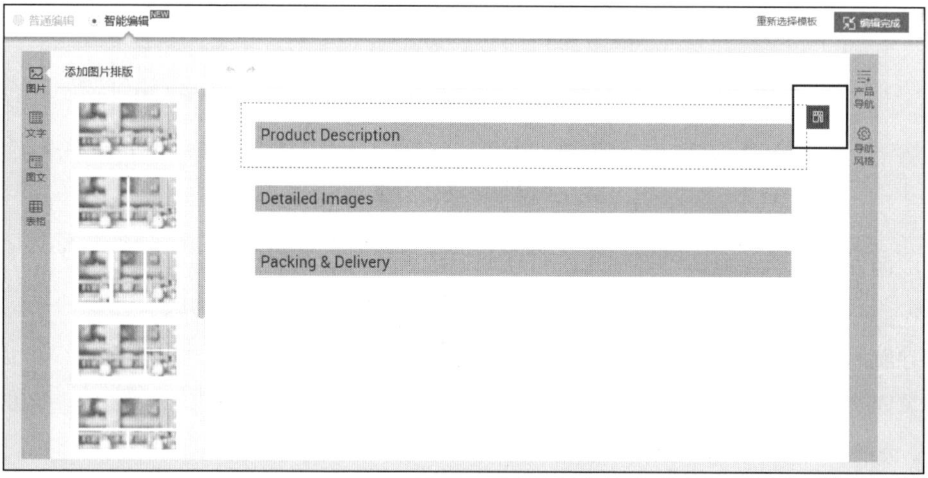

图 4-50　保存导出自定义导航模板

导入自定义导航：

操作者可以导入并调用已经保存过的自定义导航模块，如图 4-51 和图 4-52 所示。

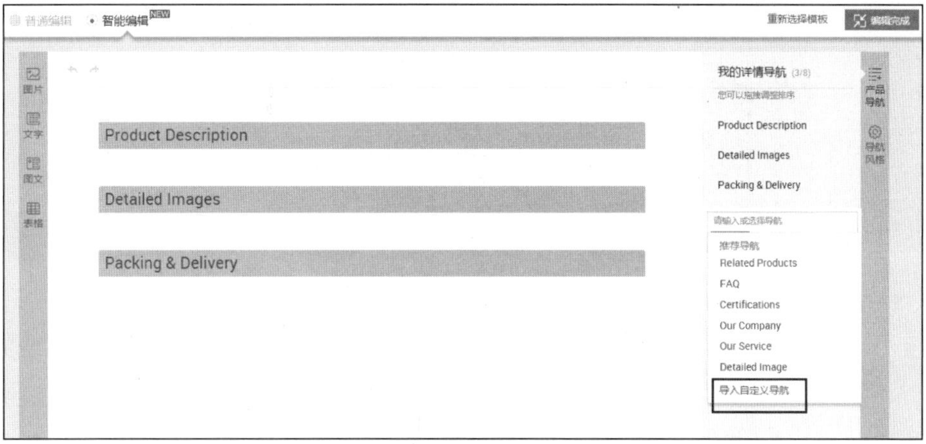

图 4-51　导入自定义导航

图 4-52　导入自定义导航设置

第六步：完成商品详情编辑，提交并完成产品发布。

操作者可以通过管理智能编辑导航模板管理自己已经保存过的模板；同时，还可以复制同事已经保存的模板到“我的导航”，如图 4-53 所示。

图 4-53　管理智能编辑详情导航模板

4.4　图片处理

4.4.1　B2B 平台图片处理原则

阿里巴巴国际站平台是一个 B2B 平台，属于关键词搜索引擎。客户搜索产品关键词之后，首先映入眼帘的就是产品图片，所以产品图片是客户的第一眼视觉冲击，在产品从曝光到点击的转化过程中起着不可忽视的作用。那么，作为客户第一眼的视觉产物，国际站的产品主图需要注意的原则如下：

（1）正方形饱满展示。国际站平台的产品框设置是正方形的，所以必须将产品主图处理成正方形格式的，才会以最饱满，最美观的程度展现，给客户最舒适的视觉感受。

（2）高清晰度。作为产品的展示门面，为了让买家能够非常直观清晰地看到产品的细节和相关特征，必须保证所展示的图片是清晰的，一般要求图片像素不低于 600 像素。

（3）突出产品特性。客户停留在首页的时间不会很长，停留在单款产品上也就只有几秒钟的时间，所以产品的图片要展示出该款产品最主要的特征，能够瞬间抓住客户的购买点，引起客户继续浏览的兴趣，从而将曝光进一步转化成点击，以及后续有更深层次的转化产生。

（4）背景干净统一。产品主图的背景一般以白色为主，背景干净整洁，突出产品。假设要为产品设置一个背景，背景也要保证不起到喧宾夺主的效果，背景只是一个辅助作用，主要还是要突显出产品本身。

（5）多图展示。国际站的后台每发布一个产品可以上传 6 张产品主图，所以对于每一款产品，可以从不同的角度，从产品的细节各方面去着手，拍摄多张图片，上传到后台。

（6）委以装饰。为了进一步增强图片的生动性，更加吸引客户的注意，可以为产品主图设计一款装饰性的边框，让你的产品能够脱颖而出。

4.4.2 美图工具的使用

一张好看的图片主要由两个部分组成，一个是前期的拍摄，一个是后期的美化处理。在没有专业的摄影的情况下，后期的美化处理就显得尤为重要。在 B2B 的平台中，一张好的图片，可以突出产品的特征和优势，使得你的产品在众多的供应商中脱颖而出，吸引买家的眼球，在产品有不错排名的情况下，获得买家更多的点击，从而吸引更多的流量，提升整个平台的效果。

关于图片处理，需要用到专业的图片处理软件，对于专业的设计师来说，图片处理用得最多最广泛的是 Adobe PhotoShop，简称“PS”（图 4-54），是由 Adobe Systems 开发和发行的图像处理软件。PhotoShop 主要处理以像素所构成的数字图像。使用其众多的编修与绘图工具，可以有效地进行图片编辑工作。PS 有很多功能，在图像、图形、文字、视频、出版等各方面都有涉及。

但是，PhotoShop 的技能掌握相对比较难，需要经过专业的技能培训，对于没有设计基础的人员来说，更加简单，容易操作的修图软件会更容易上手。根据实操经验，在此推荐一款软件，叫作“光影魔术手”。

光影魔术手（图 4-55），是一款针对图像画质进行改善提升及效果处理的软件。它简单、易用，不需要任何专业的图像技术，就可以制作出专业胶片摄影的色彩效果，且其批量处理功能非常强大，是摄影作品后期处理、图片快速美容、数码照片冲印整理时必备的图像处理软件，能够满足绝大部分照片后期处理的需要。

图 4-54　PhotoShop CS6

图 4-55　光影魔术手

接下来，具体介绍光影魔术手的功能以及使用方法。

打开光影魔术手，界面如图 4-56 所示。

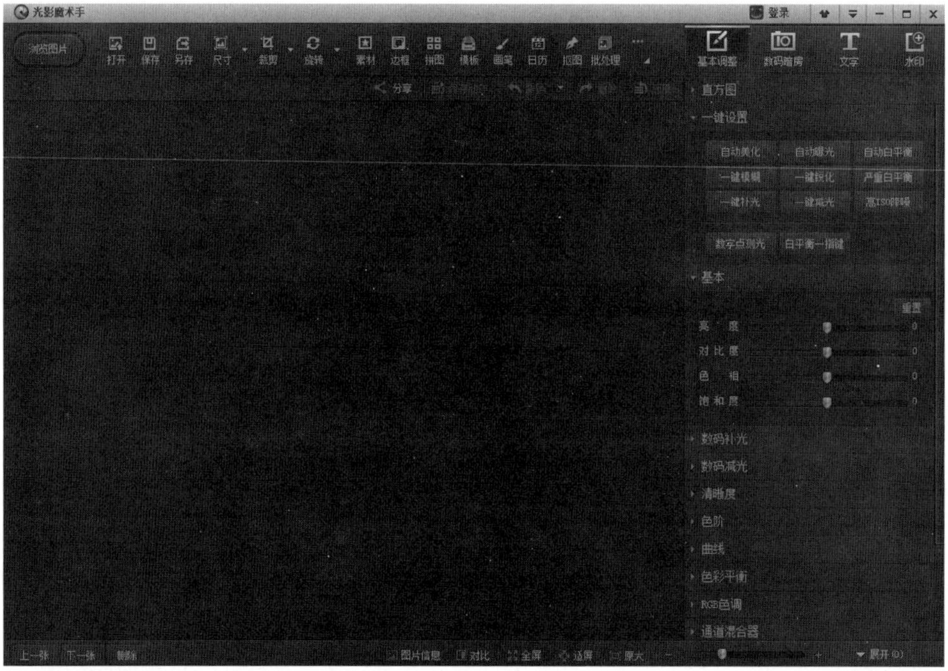

图 4-56　软件打开时的界面

单击“打开”按钮，从文件夹中选择图片，在光影魔术手中打开，如图 4-57 所示。

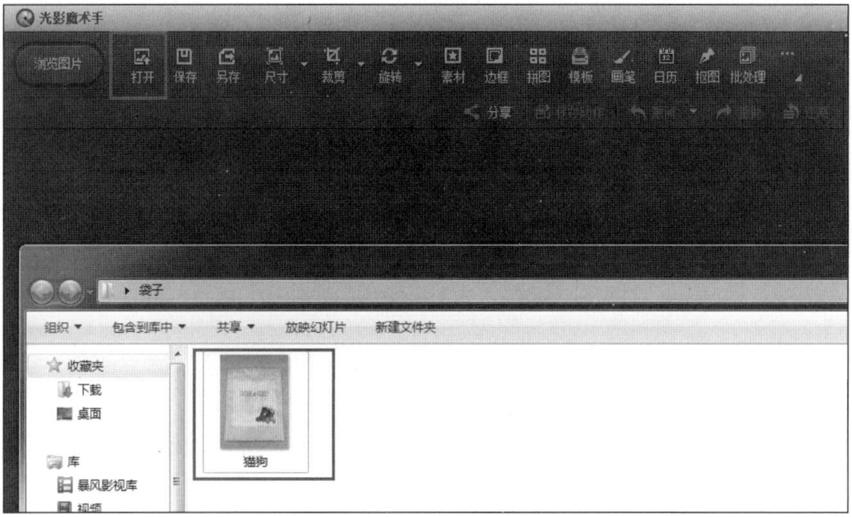

图 4-57　从文件夹打开图片

可以利用基本的设置进行图片的简单处理，包括亮度、饱和度、清晰度的调整等，让原本暗淡的图片变亮，变得更加生动些，如图 4-58 所示。

图 4-58　基本调整功能区

选择抠图功能的“手动抠图”，可以对产品进行自定义的抠图处理，并且将图片保存成白色底统一背景的图片，如图 4-59 所示。

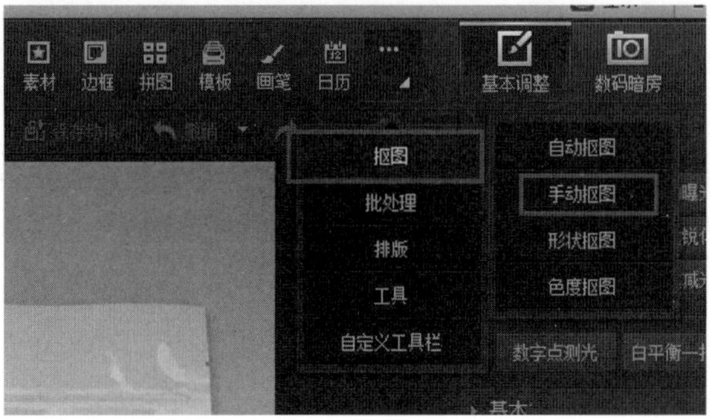

图 4-59 抠图功能

选择一个点作为抠图的起点，沿着产品本身的轮廓，勾勒出一个虚线的选区。在抠图过程中，一定要细致地沿着图片轮廓去勾勒，不能粗枝大叶，否则最终图片会抠不完整，如图 4-60 所示。

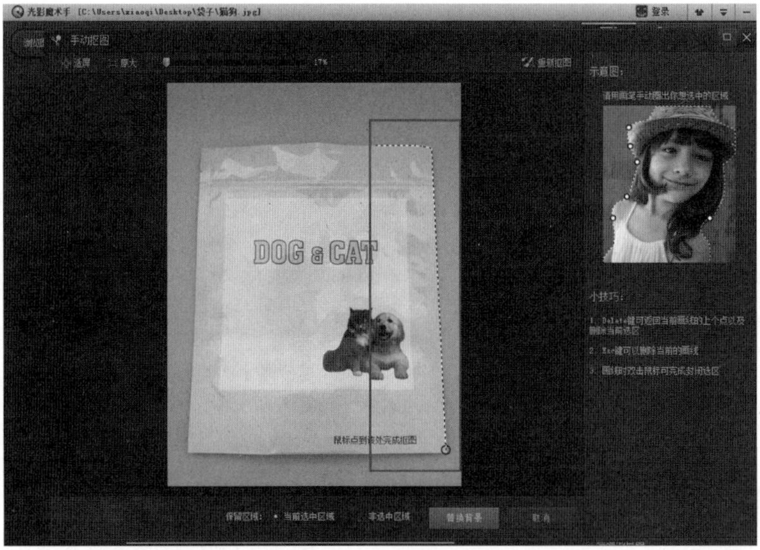

图 4-60 开始抠图

头尾相连，形成一个区域，图中显示的小圆圈部分，都是你在抠图过程中鼠标点击产生的点，按住鼠标选择小圆圈，可以进行调节，让抠图路径更加贴合产图像轮廓，调节完成之后，单击“确定选区”按钮，如图 4-61 所示。

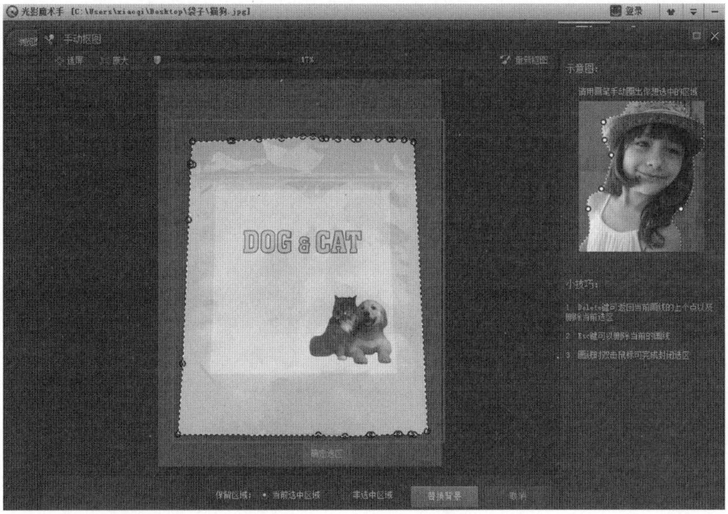

图 4-61　抠图选区形成

形成选区之后，保留区域中勾选“当前选中区域”，并且单击“替换背景”按钮，如图 4-62 所示。

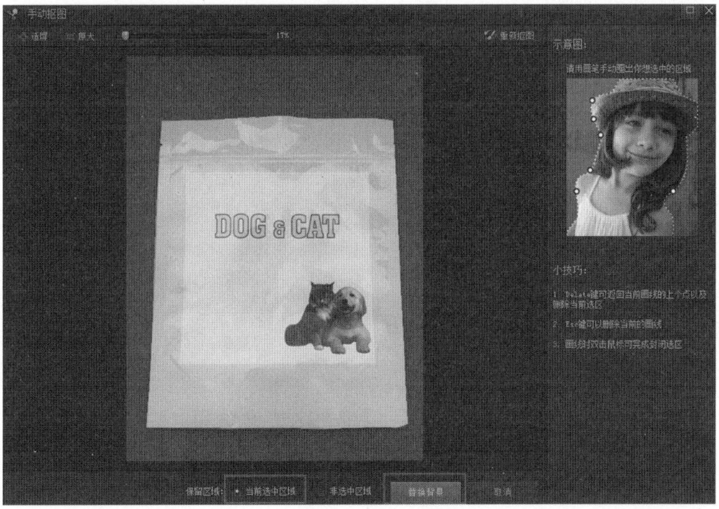

图 4-62　替换背景

对于抠图之后的背景，可以有多种选择，可以是透明的背景。如果选择透明背景，那保存的时候需要将图片存储成 png 格式才有意义。也可以选择将背景设置成纯色填充，一般会选择白色底。如果觉得边缘有些不光滑，则可以使用“边缘羽化”功能，可以让边缘更加圆润。考虑到图片可能会被二次利用，所以会将图片保存成透明底，如图 4-63 所示。

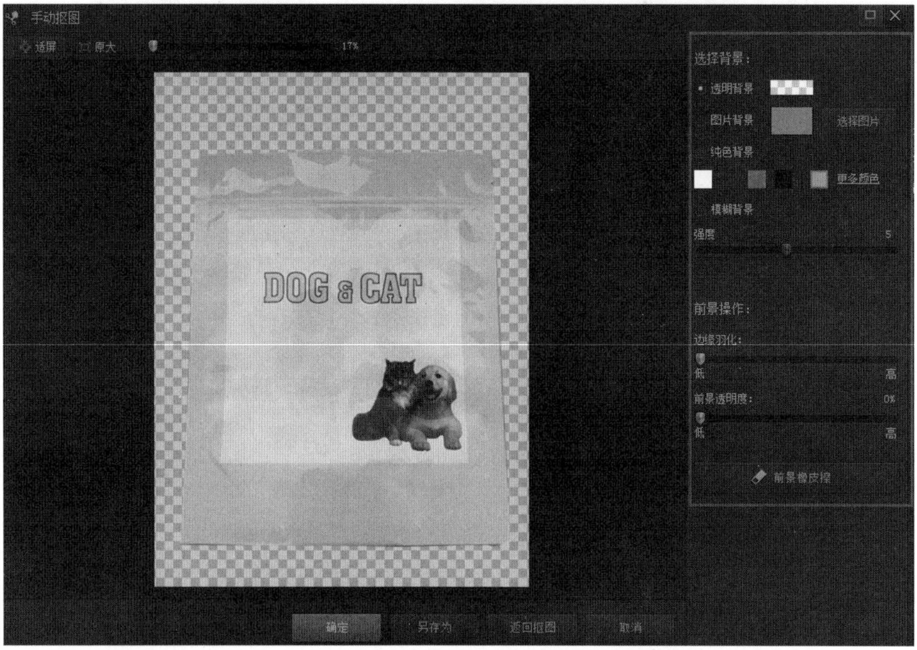

图 4-63　选择背景

如果把背景设置成透明背景，那么在保存图片的时候，单击“另存为”选项，一定要在“保存类型”这里选择“png”格式的。这样保存之后，图片周围就是镂空透明的，可以用作其他用途，如图 4-64 所示。

图 4-64　保存图片

图片保存之后，周边就会有透明的区域，但是会发现产品并没有符合我们正方形的原则（图 4-65），所以还是需要对产品图进行进一步处理。如果产品图片本身四周的留白充分，那就可以直接使用裁剪功能，按照 1:1 的比例进行裁剪。对于这种图片留白不充分的情况，可以进行如下操作。

图 4-65　保存之后的图片

打开“拼图”中的“自由拼图”功能，如图 4-66 所示。

图 4-66　自由拼图

选择纯白色底的画布，尺寸可以自定义成正方形的尺寸。一般尺寸可以选择：600×600 像素，700×700 像素，750×750 像素，800×800 像素，都是可以的，只要保证是正方形的比例就可以，如图 4-67 所示。

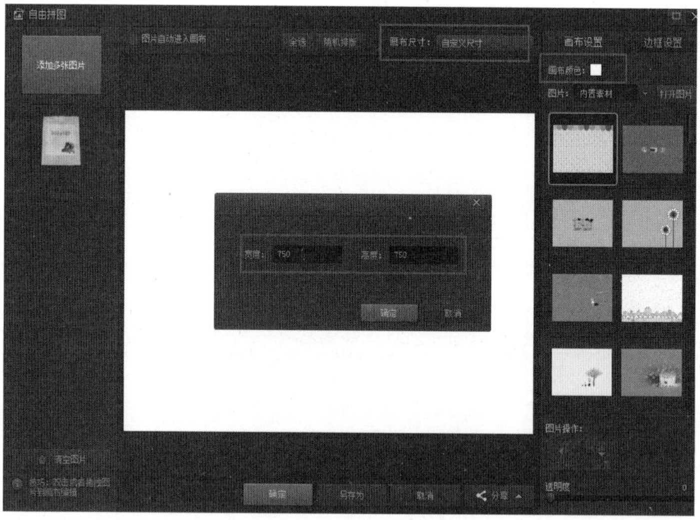

图 4-67　选择画布

打开之前保存过的透明图片，如图 4-68 所示。

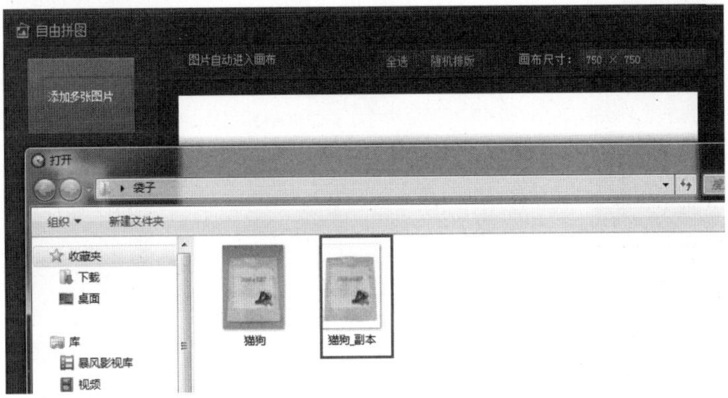

图 4-68　打开图片

从左边区域直接移动鼠标光标，即可将图片拖到右边画布中，选中图片后按鼠标滚轮可以随意调整图片大小，最后将调整好的图片进行保存就可以了，如图 4-69 所示。

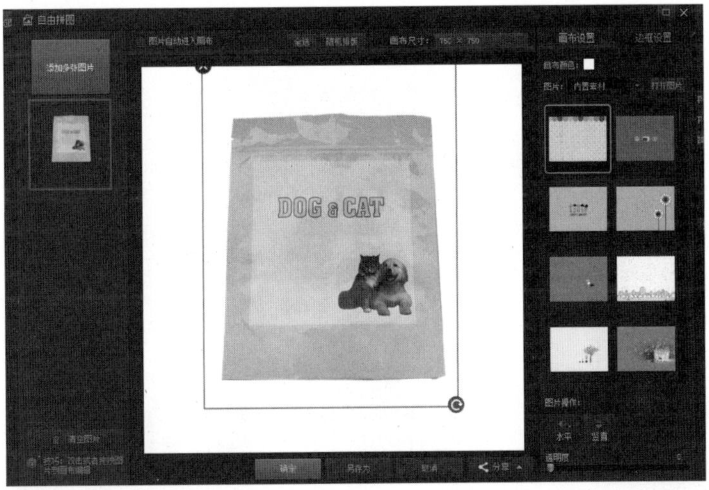

图 4-69　调整图片大小

最终，一张白底的正方形比例产品图就完成了，如图 4-70 所示。

图 4-70　完成抠图

如果想要给予产品一些装饰，可以选择画笔的功能。利用右侧的画笔工具对产品图进行更加丰富地处理，包括添加边框、添加水印等，如图 4-71 所示。

图 4-71　图片美化

4.4.3 行业案例

行业案例如图 4-72 至图 4-75 所示。

图 4-72 简单干净，结合细节，充分展示

图 4-73 白色底，简单干净，突出产品

图 4-74 设计边框，委以装饰

图 4-75 不同款式同时展示，资源最大化

4.5 旺铺设计

4.5.1 店铺页面构成与功能

全球旺铺是阿里巴巴平台提供给供应商的全球企业展示和营销的网站，助力供应商开启全球网上贸易。旺铺除了提供公司及产品的信息展示，更着重突出企业自身的营销能力，提供更灵活的页面结构及更多可自定义的内容（注：只有主账号和制作员可以进行旺铺装修）。

旺铺首页的主要板块分产品板块、公司板块、系统板块和营销板块四大类，不同页面总计有 11 种不同的板块，如图 4-76 所示。

图 4-76 旺铺首页基础模板

需要对旺铺板块进行增添，单击“添加板块”按钮，如图 4-77 所示。

图 4-77　旺铺添加板块

主要板块与功能总览

店铺招牌：展示企业 Logo、公司名等。

滚动 Banner：最多支持 4 张主题图片滚播，用于企业形象宣传、产品推广及活动推广，在有限的范围内，展示更多更加丰富的图片信息，有助于减少买家浏览页面产生的视觉疲劳，提高吸引力。

公司介绍：以图片、视频及企业简介文字的方式向买家直观地介绍企业，向买家展示公司实力。

主营类目：直接明了地向在首页浏览的买家展示主要经营的产品类型，便于买家匹配自己的需求。

多语言快链：在页面增添可供点击的多语言站的链接，便于小语言区域的买家进行更好地网上浏览。

橱窗产品：展示后台设置为橱窗产品的产品列表，一般主要是为了展示重点推广的产品类型、精美图片以及更详细地描述向买家推荐公司的核心产品，帮助买家快速地选择。

企业客服：在页面直接提供可供点击的在线旺旺联系方式，添加多个 TradeManager 账户，细分客服类型，让买家更快找到合适的服务人员，便于和买家进行直接沟通。

产品推荐：用于向买家推荐产品，可定义不同的产品营销模块，诸如“新品推荐”、“库存促销”、“圣诞专供”等。

4.5.2 店铺设计流程及操作实务

国际站首页设计分为两个阶段：第一个阶段是对预备使用的图片进行处理，文字资料的准备；第二个阶段，是把相关内容上传到国际站平台，设置到对应的板块进行排版。

实操补充说明，如图 4-78 所示，每个板块右上角四个功能键，从左到右依次排序，功能分别对应如下：

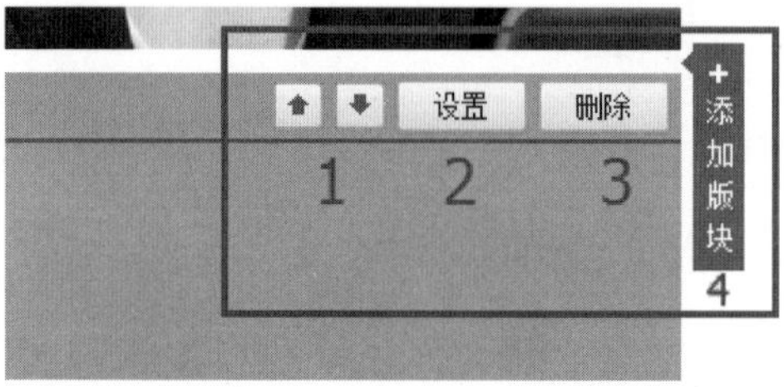

图 4-78 模板功能区设置

（1）向上或向下调整板块的排序位置；

（2）点击进入详细编辑页面；

（3）删除该板块；

（4）在该板块下方添加新板块。

另外所有页面进行编辑过后，必须单击“确定”按钮以保存编辑内容。

1．招牌设置

（1）选择“使用自定义招牌图”单选项，出现“上传图片”按钮，上传时，取消勾选“压缩图片至推荐画质”复选框，如图 4-79 所示。

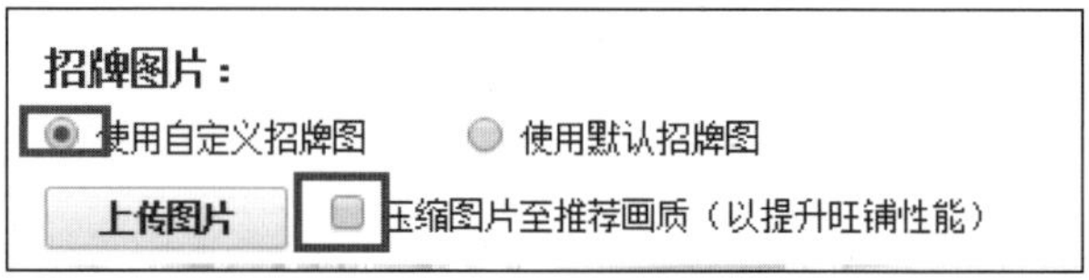

图 4-79 上传自定义招牌图

（2）使用默认招牌图。上传公司标志，公司名称字体、字号、效果根据自身需求进行选择，如图 4-80 所示。

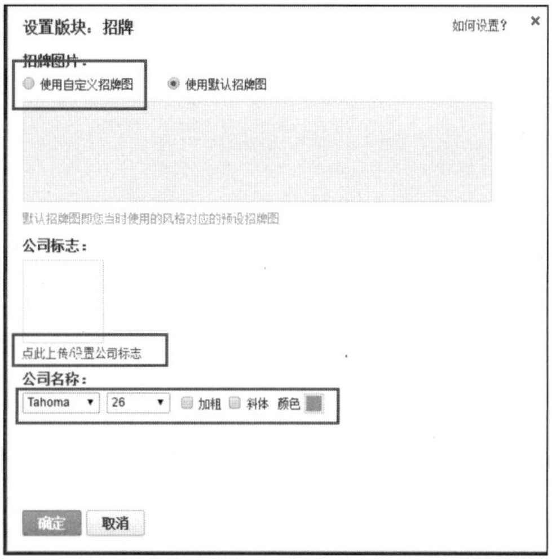

图 4-80　设置招牌板块

2. Banner 设置

Banner 是网站页面的横幅广告，表现商家广告内容的滚动图片板块。成功的 Banner 主题明确，减少过多的干扰元素，让用户一眼就能识别广告含义。

设置方法：

如果原本并没有 Banner 板块，可通过“添加板块”到“营销板块”，添加“滚播 Banner”。

如果已经添加，鼠标移至 Banner 板块右上角，单击“设置”按钮。

Banner 板块总计能够上传 4 张图片，相应的要求如图 4-81 所示：高度限制、板块边框勾选时间设置（图片轮播速率）、图片链接等。需要注意的是：最多上传 4 张图片；图片格式为 jpg、png；大小 2MB 之内；建议宽为 900 像素，高有 4 种选择，分别是 200、250、300、350、400 像素。

建议上传时，取消勾选“压缩图片至推荐画质”复选框。其余选项，可以按照您对于设计方面的需求进行选择。

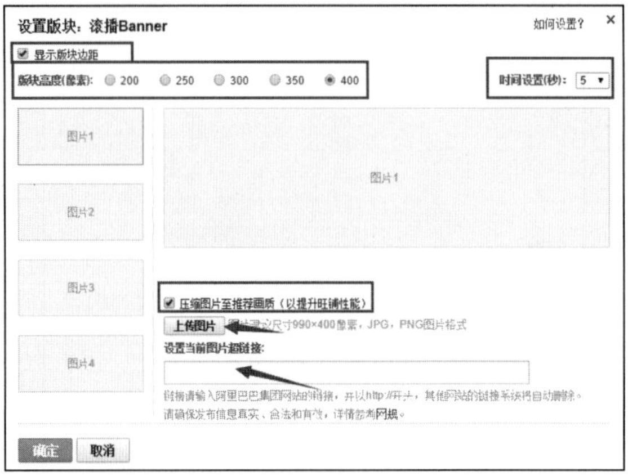

图 4-81　Banner 设置

3. 产品板块设置

产品板块包括三个：产品推荐、橱窗产品、主营类目。因为设置的细节类似，归总在一起进行演练。

（1）首先是添加橱窗产品流程，如图 4-82 所示，首页只能添加一个。

图 4-82　添加产品板块

选择添加橱窗产品会出现如图 4-83 所示的提示框。

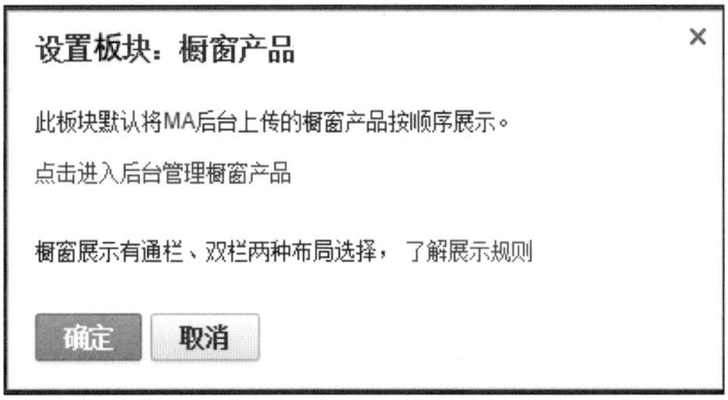

图 4-83 添加橱窗产品板块

添加橱窗展示板块，会自动根据后台选定的橱窗产品，生产展示列表。

（2）添加主营类目，首页只能添加一个。

通过“添加板块”到“产品板块”添加“主营类目”，如图 4-84 所示。

图 4-84 添加类目板块

可以通过产品分组或者关键词等多种方式进行产品筛选，每个分组下产品添加上限数量为 4。

（3）添加产品推荐，首页可以添加多个。

通过“添加板块”到“产品板块”添加“产品推荐”，如图 4-85 所示。

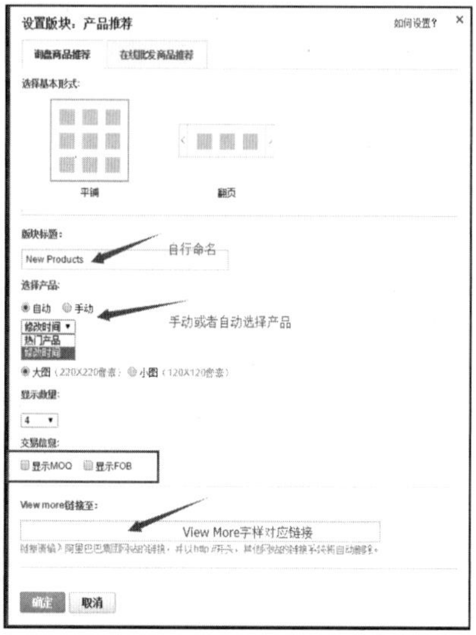

图 4-85　添加产品推荐板块

产品添加的类型有两种，一种为询盘商品，一种为在线批发商品。

板块标题可以自行进行编辑，产品展示则可以选择平铺或者左右翻页的展示方式。

平铺能够选择展示的图片大小是两种都可以，翻页模式下只能展示小图，对应不同图片大小展示的像素不同；大图能够显示的图片数量为 4/8/12 张，小图能够显示的图片数量为 6/12/18 张。在展示产品的时候可以选择同步展示产品更多的细节信息，例如 MOQ 和 FOB 价格。

选择产品可以通过自动选择，自动选择有两个筛选产品的条件，第一个是根据产品的修改时间，选择展示最新发布或者优化更新过的产品，第二个是根据热门产品的因素，展示网站上数据显示最为热门的 4 个产品。

同样可以通过手动选择，如图 4-85 所示，数量同样由图片大小决定，大图展示 4/8/12 个产品，小图展示 6/12/18 个产品。具体产品选择的细节与“主营类目”产品选择细节相同。

4．旺旺客服设置

通过“添加板块”到“系统板块”添加“企业客服”，进入编辑。首页只能添加一个。如图 4-86 所示。

展示方式分为两种，区别在于是否显示客服自定义头像；同时，客服的名称和 ID 属于必填项目，整个页面可添加的客服数量最多为 6 个。

图 4-86　添加企业客服板块

5．自定义板块设置

“自定义内容”板块目前最多可以添加两个自定义营销页面。适用于个性化的内容展示，提供 HTML 编辑、文字录入、上传图片等功能。比较热门的自定义运用有：展示公司宣传图、多个旺旺联系人、多语言旺铺页面等。

在 Home、Product Detail 或者自定义页面的通栏、双栏或者三栏位置都可以添加，以下以在 Home 页面通添加栏布局举例：单击“添加板块”后，从“营销板块”选择“自定义内容”，单击“添加”，进入如图 4-87 所示编辑页面。

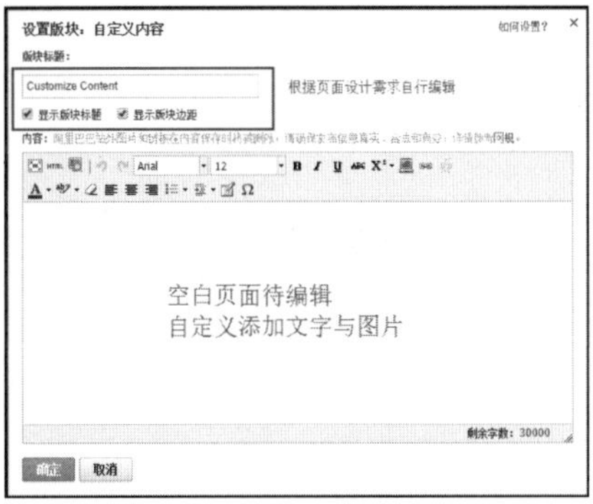

图 4-87　添加自定义内容板块

4.5.3 店铺设计范例

如图 4-88 所示为制作精良的店铺设计范例，平台主营产品为蕾丝布料产品，主打时尚风格。

图 4-88　店铺设计范例

4.6　数据分析

4.6.1　诊断中心功能介绍

诊断中心页面分为上下两部分。

第一部分：展示供应商整体评分和同行 TOP10 评分，分数以五角星样式来展示（图 4-89），避免客户过于纠结具体的分数（整体和同行 TOP10 都是取主营行业）。

第二部分：下方左侧展示 4 个菜单，分别为“基础建站”、“推广引流”、“买卖沟通”、“订单转化”，点击不同的菜单则右侧显示对应的内容。

1．基础建站

单击“基础建站”后，右侧上方展示相应的雷达图，雷达图中显示供应商自己和同行 TOP10 的对比，鼠标悬浮在雷达图上时可查看对应的数据，如图 4-89 所示。

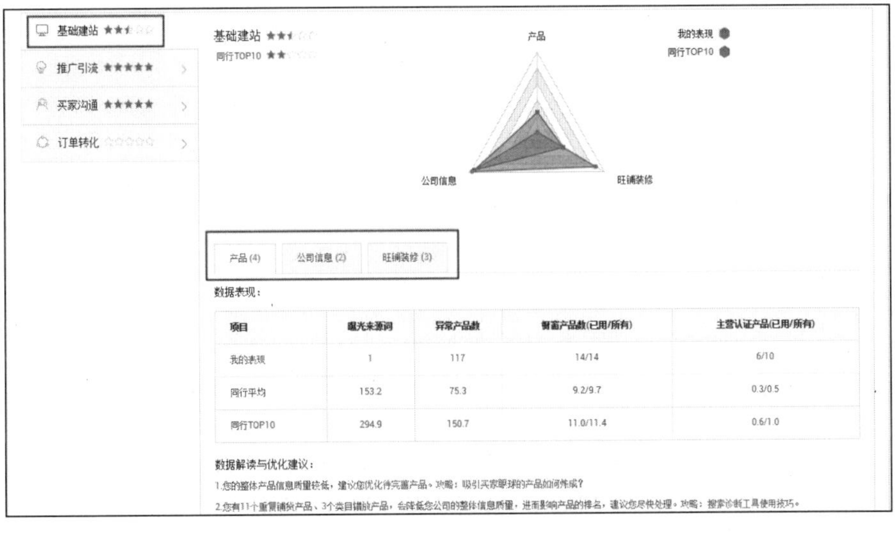

图 4-89　基础建站检测图

“基础建站”中包含三个模块，分别为：产品、公司信息、旺铺装修，如表 4-1 所示是“基础建站”各个项目诊断和逻辑。

表 4-1 “基础建站”诊断逻辑

板块	模块	指标 & 逻辑（灰底为项目，下面为该项目的逻辑）			
基础建站	产品	曝光来源词	异常产品数	橱窗产品数（已用/所有）	主营认证产品（已用/所有）
		在相应的时间段内，带来曝光量的词数量	在相应的时间段内，累计重复产品数、待完善产品数、类目错放产品数	在相应的时间段内，拥有的橱窗个数，以及已经使用的橱窗个数	在相应的时间段内，拥有的主营认证产品个数，以及已经设置的主营认证产品个数
	公司信息	信息完整度			
		在相应的时间段内，公司信息填写的信息完整度			
	旺铺装修	旺铺访客数	旺铺 TM 咨询访客数	旺铺反馈数	旺铺转化率
		到达全球旺铺任何页面的用户数	在全球旺铺页面,通过 TraDemanager 与卖家联系的用户数	访客在全球旺铺页面给卖家发送的反馈数量	（旺铺反馈数+旺铺 TM 咨询访客数）/旺铺访客数

2. 推广引流

单击“推广引流”后，右侧显示相应的优化建议，如图 4-90 所示（没有雷达图）。

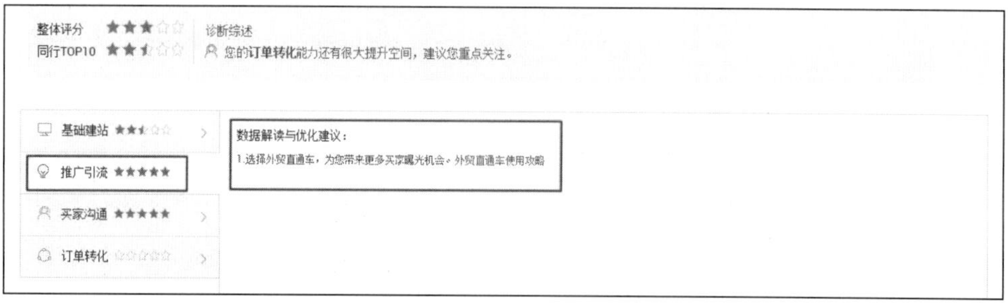

图 4-90 推广引流诊断图

3．买家沟通

（1）单击“买家沟通”后，右侧显示相应的优化建议，如图 4-91 所示（没有雷达图）。

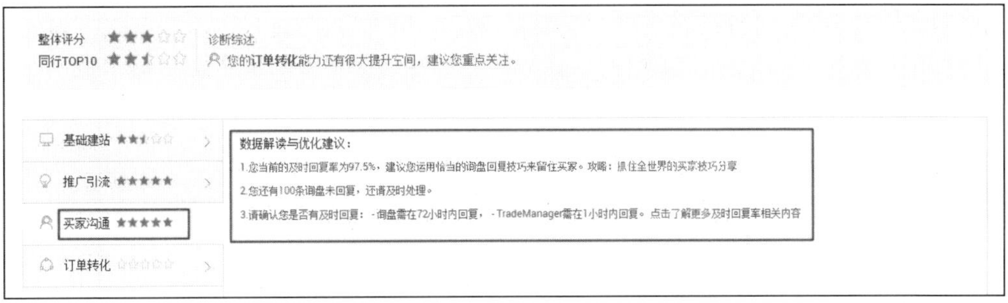

图 4-91　卖家沟通诊断图

（2）表 4-2 是“买家沟通”的逻辑。

表 4-2　“买家沟通”逻辑

板　　块	节　　点	指标 & 逻辑（灰底为指标，下面为逻辑）
买家沟通	总及时回复率	总及时回复率
		30 天内询盘及时回复率+TradeManager 及时回复率的整体比例，体现企业的服务态度和意愿； 及时回复率=（询盘 3 天内回复的买家数+TradeManager 在 1 小时内回复的买家数）/（收到的询盘的买家总数+收到的 TradeManager 的买家总数）

4．订单转化

（1）单击“订单转化”后，右侧上方展示相应的雷达图，雷达图中显示供应商自己和同行 TOP10 的对比，鼠标悬浮在雷达图上时可查看对应的数据，如图 4-92 所示。

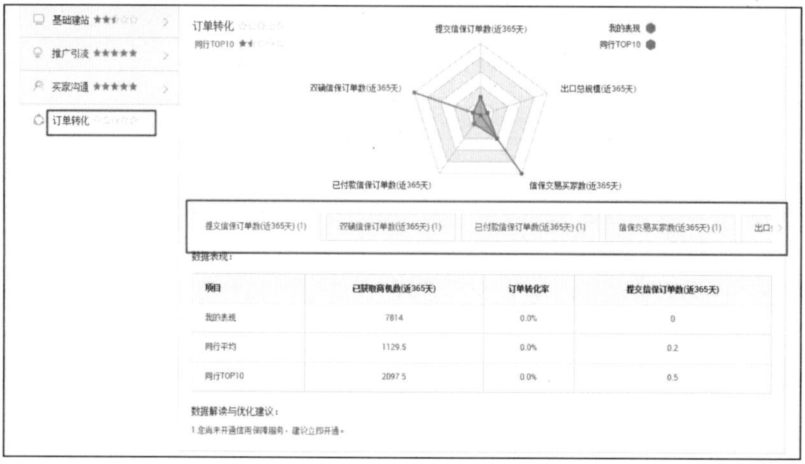

图 4-92　订单转化诊断图

（2）“订单转化”中包含五个模块，分别为：提交信保订单数（近 365 天）、双确信保订单数（近 365 天）、已付款信保订单数（近 365 天）、信保交易买家数（近 365 天）、出口总规模（近 365 天），表 4-3 是“订单转化”的逻辑。

表 4-3　“订单转化”逻辑表

板块	项　目	指标 & 逻辑			
订单转化	提交信保订单数（近 365 天）	已获取商机数（近 365 天）	订单转化率	提交信保订单数（近 365 天）	
		截至统计周期末，最近 365 天内累计询盘数、审核通过的报价量、已营销买家数 已获取商机数=询盘数+审核通过的报价量+已营销买家数	提交信保订单数/已获取商机数	截止统计周期末，最近 365 天内卖家成功提交的信保订单数，不含已取消订单	
	双确信保订单数（近 365 天）	提交信保订单数（近 365 天）	双方确认信保订单数（近 365 天）	双方确认订单转化率	
		截至统计周期末，最近 365 天内卖家成功提交的信保订单数，不含已取消订单	截至统计周期末，最近 365 天内卖家、买家双方已经确认的信保订单数，不含已取消订单	双确信保订单数/起草信保订单数	
	已付款信保订单数（近 365 天）	双方确认信保订单数（近 365 天）	信保订单付款率	已付款信保订单数（近 365 天）	

续表

板块	项　　目	指标 & 逻辑			
		截至统计周期末，最近 365 天内卖家、买家双方已经确认的信保订单数，不含已取消订单	a）定义：截至统计周期末，最近 365 天内所有买家已确认信保订单中（不含已取消订单），买家已付款的信保订单占比 b）计算公式：信保订单付款率 = 累计已付款信保订单数 / 累计双方确认信保订单数	a）定义：截至统计周期末，最近 365 天内买家完成确认并付款，且已经完成一达通挂账的信保订单数（不含已取消订单） b）要求已经完成一达通挂账	
	信保交易买家数（近 365 天）	双方确认信保订单数（近 365 天）	客均双方确认信保订单数（近 365 天）	信保交易买家数（近 365 天）	
订单转化		截至统计周期末，最近 365 天内卖家、买家双方已经确认的信保订单数，不含已取消订单	客均双确信保订单数=双确信保订单数/信保交易买家数 截至统计周期末，最近 365 天内平均与每个买家的双方已经确认的信保订单数，不含已取消订单	截至统计周期末，最近 365 天内双方已经确认的信保订单数大于 0 的买家数，不含已取消订单	
	出口总规模（近 365 天）	已发货信保订单数（近 365 天）	单均金额	已发货信保订单累计金额（近 365 天）	出口总规模（近 365 天）
		定义：截至统计周期末，最近 365 天内所有信保订单中，已经通过一达通完成发货的信保订单数（不含已取消订单）	已发货信保订单累计金 Q 额/已发货信保订单数	截至统计周期末，最近 365 天内已发货信保订单的累计订单金额	截至统计周期末，最近 365 天内通过一达通出口的累计金额

4.6.2 知己板块

1. 我的效果

2015 年 8 月 5 日下午开始，“数据管家→我的效果”页面逐步改版，旨在让供应商快速了解全局业务视图，各板块指标统计维度和周期的差异，更好地进行业务部署。7 个分析板块分为 4 个独立板块进行展现，目前“我的效果”由 7 个分析板块组成（从上至下）：信保订单百分比、流量询盘概览、外贸直通车概览、RFQ 概览、（信保）订单概览、营销概览、产品概览。

1）信保订单百分比板块

单击“数据管家→我的效果”，首先看到的内容为信保订单付款率以及完成率的板块，如图 4-93 所示。什么是信保订单付款率以及信保订单完成率呢？

图 4-93　信保订单付款率与完成率

供应商付款率=供应商近一年已付款的订单数/双方确认的信保订单数

（1）已付款订单数=已经收款（即成功挂账，包含已收款未收齐的订单）的信保订单数。付款到非信保订单指定的付款账号信保订单无法挂账，不会计算为已经收款的订单。

（2）通过一达通自助后台起草的已收全款的信保订单不计算在以上已支付和已双方确认的信保订单数。

供应商完单率=已发货的订单数/已付款的订单数（去除当前未到发货期的订单）

注意　已付款的订单数=已发货订单数+逾期未发货订单数+付款后发货前取消的订单数

2）流量询盘概览以及外贸直通车概览

此板块时间统计维度分别为天、周、月，统计的内容包括整个网站在此时间的曝光、点击、访客、反馈等数据的情况（注：曝光、点击、反馈、访客总量均包含来自中国大陆的，大陆地区也有买家）。

各个维度旁边有一个向下的图标，单击下拉箭头还能看到这段时间内，行业 TOP10 以及行业均值的情况。按月统计部分，展开数据指标后可以查看最近 6 个月的效果趋势；按周统计部分，展开数据指标可以查看最近 12 周（最近 3 个月）的数据；按天统计部分，展开数据指标可以查看最近 30 天的数据，如图 4-94 所示。

图 4-94　数据管家—我的效果

【名词解释】

曝光：该平台产品信息或公司信息在搜索结果列表页或类目浏览列表等页面被买家看到的次数。当搜索结果页面 1 页展示 38 个商品（供应商）时，若买家停留在该页面，则此页面上的 38 个产品（供应商）的曝光量计为 1 次。

点击：该平台产品信息或公司信息在搜索结果列表页或按照类目浏览列表等页面被买家点击的次数。买家进行搜索后，在搜索结果中点击浏览了该平台产品信息或公司信息，则该产品或公司的点击量计为 1 次。

点击率：点击率=点击量/曝光量。点击率可以反映出该平台产品或公司在搜索结果页面是否足够吸引买家。

访客：访问了该平台产品页面、公司页面的买家，或者通过其他页面给该平台发送询盘或 ATM 联系的买家。主要有两种类型用户：① 访问该平台全球旺铺/企业网站页面中任何一个页面的买家；② 通过该平台全球旺铺/企业网站以外的其他页面，给该平台发送询盘或用 ATM 与该平台沟通的买家。

反馈：买家针对产品信息和公司信息发送的有效询盘。包括买家搜索后，对产品或公司发送的有效询盘；或者买家收藏了该平台全球旺铺/企业网站，或者通过其他外部搜索等渠道找到该平台公司或产品，直接发送的有效询盘（这部分行为不纳入曝光、点击的统计）。

及时回复率：30 天内询盘及时回复率与 TradeManager 及时回复率的整体比例。

3）RFQ 概览以及（信保）订单概览

此板块考核内容有两个：① RFQ；② 信保订单。统计的内容分别包括以下内容，如图 4-95 所示。RFQ 概览和订单概览共用一个时间组件，按天更新，每天早上更新至 2 天前的数据，同时支持前一天和后一天的选项（最多支持近一个月的数据），默认展示最新一天的数据。

图 4-95　数据管家 RFQ 与订单情况概览

在这个板块最为直观地是让各个供应商了解到目前该行业下采购市场有多少的 RFQ 量，平台使用的条数、在这一块的转化率以及信保的一些相关信息。

4）营销概览、产品概览

此板块主要展示 15 天有效产品数量、零效果产品数量及这两个维度下各个排名前五的产品种类，通过这些产品的分析，结合该平台的实际情况，选择接下来产品种类的扩充方向，如图 4-96 所示。

图 4-96　数据管家—我的效果产品概览

2. 我的全球旺铺

“我的全球旺铺”显示的内容主要是和用户的旺铺有关的，数据是每周二更新。包括旺铺访客数、旺铺 TM 咨询访客数、旺铺反馈数等信息，如图 4-97 所示。我战胜了×%的金牌供应商即表示在统计的时段内，我的全球旺铺效果比×%的付费供应商的全球旺铺效果好。

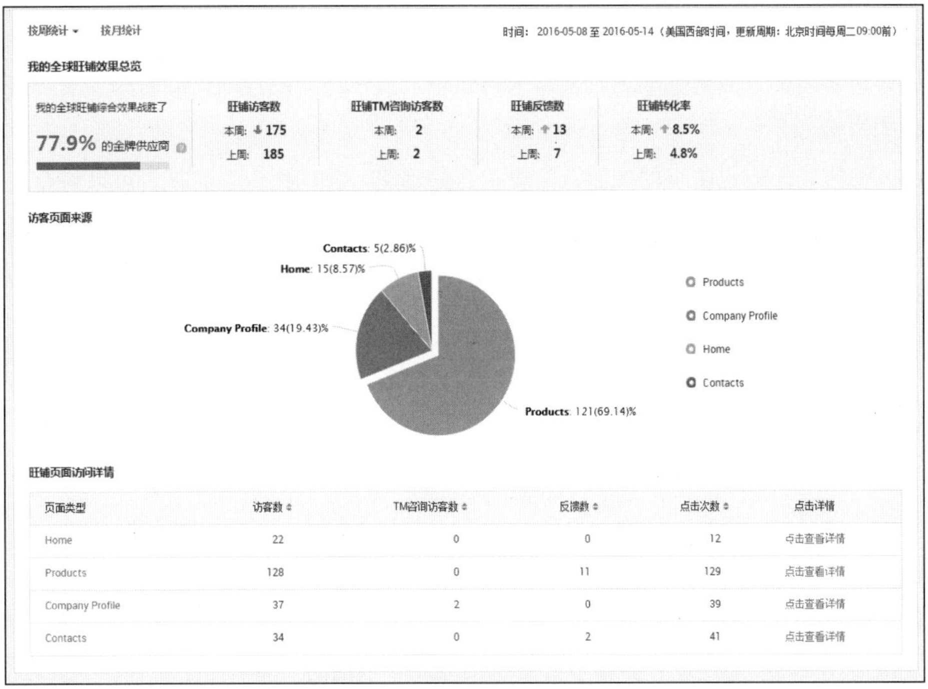

图 4-97　“我的全球旺铺”页面

实际收到的 TradeManager 咨询来自阿里巴巴网站的各个页面，如搜索结果列表页面等。“我的全球旺铺” TradeManager 咨询访客数只包含来自全球旺铺的，如图 4-98 所示。

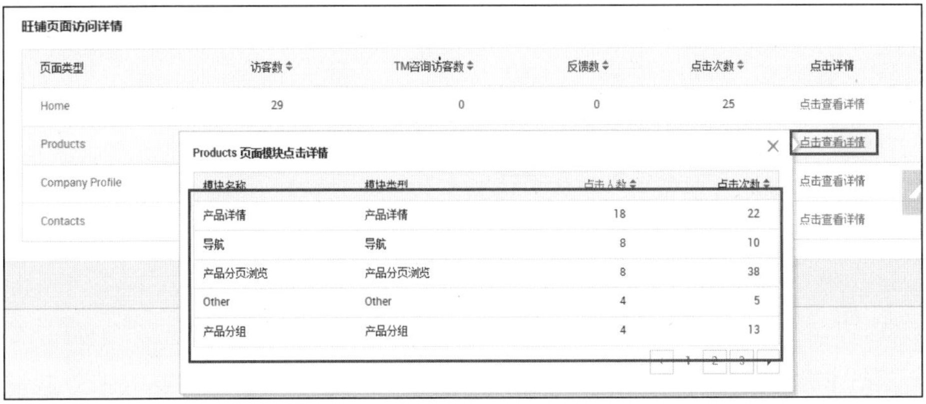

图 4-98　“我的全球旺铺”访客来源

如图4-98所示的明细中，产品页面访问者最多，同等的点击次数以及反馈数也最多。

（1）访客多的页面是主战场，买家来得最多，要在产品图片或产品的内容上，给予买家足够的诱惑。

（2）访客多，但点击少的页面，需要重点的优化，在优化上考虑是否可以将企业概况做得更完善。

3. 我的产品

该板块主要统计的是和平台上的产品有关。主要内容包括了网站中近一个月的有效果产品以及15天以上的零效果产品。

1）有效果产品

在统计周期内，曝光、点击、访客、反馈任一大于零的产品。如图4-99所示。产品的访客是访问了某个产品或者对某个产品发送询盘/TM 咨询的访客。“我的产品”中，一个访客若访问过多个产品，则分别记为这些产品的访客数。我的效果、访客详情中的访客是访问了该平台全球旺铺，或者给该平台发送询盘/TM咨询的访客。一个访客在一天时间内，如果访问多个产品，在我的效果、访客详情中只记为一个访客。

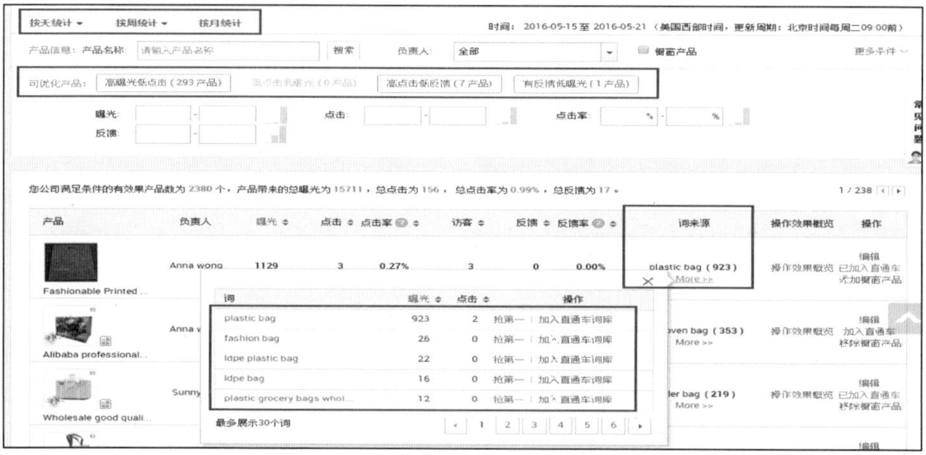

图4-99 数据管家—我的产品

“操作效果概览”主要提供两部分功能：

（1）替代原有的“查看趋势”功能，可查看产品的数据效果趋势。

（2）将记录该平台在指定数据周期内可能会影响产品效果的操作列表，同时，操作列表和周期内的效果数据进行对应展示，便于该平台进行关键操作行为的识别和记录。

在有效果产品下面，有一个可以优化产品的板块，这个板块有利于寻找出目前网站上比较有潜力的产品，可以通过不同的优化方式，提升潜在产品优势，优化内容包括：高曝光低点击、高点击低曝光、高点击低反馈、有反馈低曝光四个部分。这也是后期提升网站有效产品以及打造曝光等有效的参考数据之一，如图 4-100 所示。

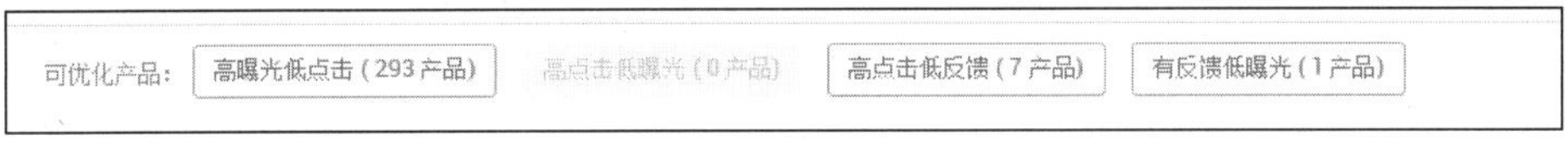

图 4-100　可优化产品

如何优化详见 4.6.5 **如何利用数据管家进行点评诊断和优化**。

2）零效果产品

零效果产品是指持续 15 天或 15 天以上，曝光、点击、反馈、访客均为零的产品，需要删除或者优化。单纯更新零效果产品作用不大，建议检查产品的标题、关键词是否包含有搜索热度的关键词，以及产品本身的市场行情，如是否处于淡季等（注意：如果针对零效果产品仅做下架处理，日后该产品重新上架，零效果的天数仍然会累计在内）。如图 4-101 所示。

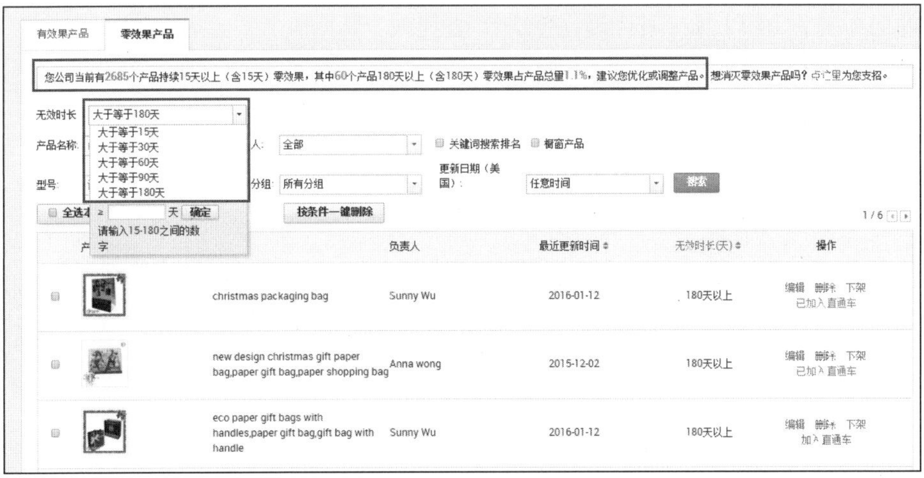

图 4-101　零效果产品

自 2014 年 10 月起，搜索排序系统将根据供应商的产品总量、零效果产品在公司产品总量中的占比两个维度来判定供应商信息质量中零效果占比因子得分，对网站维护和管理产品能力好的供应商加大流量资源分配的倾斜力度，即店铺内产品总量合理且店铺的零效产品占比低会获得相对更高的供应商信息得分。

所以，建议供应商关注相关变化，及时清理和优化店铺内相关产品信息。如供应商店铺内产品总量达到 2 万个及以上、长期零效果产品中 180 天以上零效果产品占产品总量比例超过 10%，需及时做出相应处理，否则可能对供应商产品排序效果产生影响，产品数量越多、零效果产品的占比越大，排名受影响的程度也会越大。

如何优化详见 **3.3 跨境 B2B 平台诊断实战**。

4. 我的词

“我的词”按周统计部分，北京时间每周二上午更新；按月统计部分，每月 3 号上午更新。“我的词”由两部分构成，一是设置的关键词或参加外贸直通车推广的词；二是买家找到“我的词”，如图 4-102 所示。包含：

（1）已设置的关键词；

（2）还没有设置，但买家通过这些词找到了该平台产品；

（3）若购买了外贸直通车产品，还包含参加外贸直通车推广的词。

我的词中会出现下面三种图标，分别表示：

表示相应时间段内，该平台关键词中已经设置了该词；

表示相应时间段内，买家通过搜索找到该平台词；

表示相应时间段内，该平台参加了该词的外贸直通车推广。

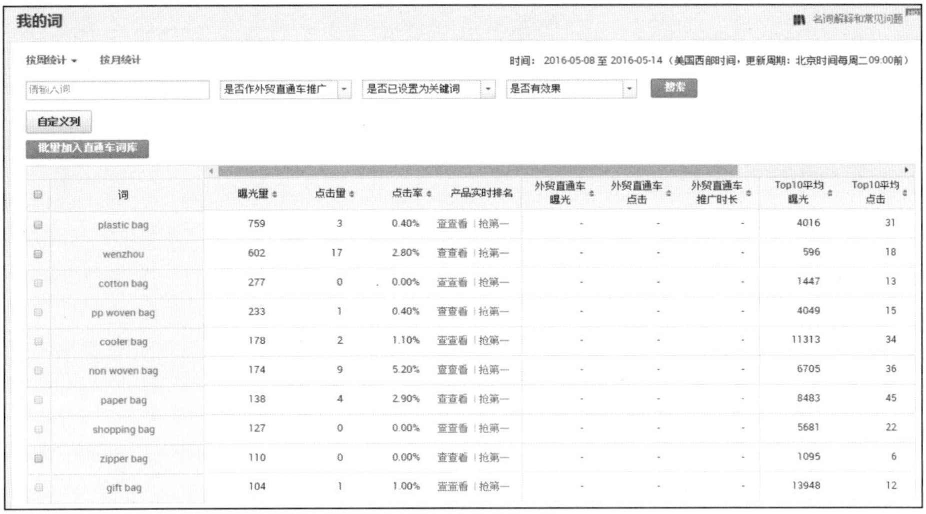

	词	曝光量	点击量	点击率	产品实时排名	外贸直通车曝光	外贸直通车点击	外贸直通车推广时长	Top10平均曝光	Top10平均点击
	plastic bag	759	3	0.40%	查查看 | 抢第一	-	-	-	4016	31
	wenzhou	602	17	2.80%	查查看 | 抢第一	-	-	-	596	18
	cotton bag	277	0	0.00%	查查看 | 抢第一	-	-	-	1447	13
	pp woven bag	233	1	0.40%	查查看 | 抢第一	-	-	-	4049	15
	cooler bag	178	2	1.10%	查查看 | 抢第一	-	-	-	11313	34
	non woven bag	174	9	5.20%	查查看 | 抢第一	-	-	-	6705	36
	paper bag	138	4	2.90%	查查看 | 抢第一	-	-	-	8483	45
	shopping bag	127	0	0.00%	查查看 | 抢第一	-	-	-	5681	22
	zipper bag	110	0	0.00%	查查看 | 抢第一	-	-	-	1095	6
	gift bag	104	1	1.00%	查查看 | 抢第一	-	-	-	13948	12

图 4-102 数据管家—我的词

为什么“我的词”中词的曝光、点击，和“我的产品”中词来源的曝光、点击不一样？

“我的词”统计同一个词给多个产品带来的曝光、点击；“我的产品”中的词来源统计给相应产品带来曝光、点击的词。

一般时间周期越长，数据越趋于稳定，这里呈现的词会比较多。这里有两种方法查看效果：

（1）直接输入该平台关注的词，单击“搜索”按钮，查看该词为该平台带来的效果，包括曝光量、点击量、外贸直通车的推广效果，如图 4-103 所示。

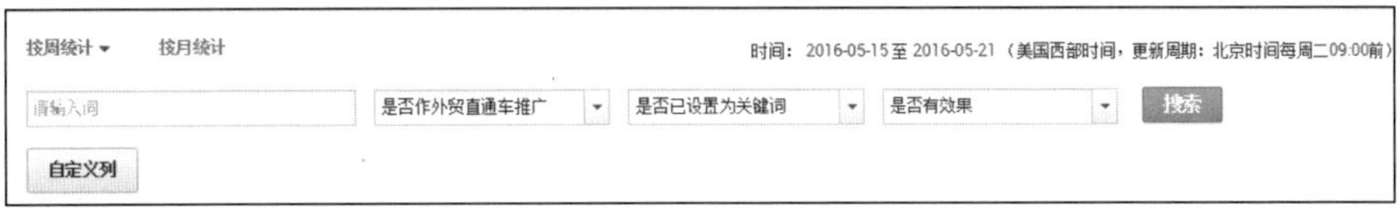

图 4-103 “我的词”查询

（2）按照点击率、曝光量、点击量进行排序，从为带来效果好的词开始，看是否还有提升空间，如图 4-104 所示。

	词	曝光量	点击量	点击率	产品实时排名
	shopping bag	1157	7	0.60%	查查看 | 抢第一
	plastic bag	935	2	0.20%	查查看 | 抢第一
	wenzhou	517	10	1.90%	查查看 | 抢第一

图 4-104 “我的词”效果统计

找到了需要关注的词，具体如何评估它们的效果，找到优化方向呢？

（1）看曝光量

首先看看曝光量大的词是否是该平台的主推产品。对于曝光量还不够的词，需要增加曝光机会，优化排名，可以先单击“查查看”，看看目前的排名情况，如果排名需要提升，主要手段有：设置为橱窗，参加外贸直通车，优化产品信息。

（2）看点击率

对于点击率不佳的词，重点优化词对应的产品信息，影响点击率的主要因素是产品信息，包括：产品图片、产品属性、产品关键词和交易条款、旺旺保持在线等。也可以在阿里巴巴网站首页，使用该词进行搜索，参考其他的供应商展示产品信息的方式，学习和借鉴好的样例。对于点击率已经不错的产品，可以再看看是否还需要提升这些词的曝光机会，以带来更多的点击。

（3）看市场热度和竞争度

对于效果不好但市场热度高的词，说明仍然有市场机会，可以考虑增加推广力度，这时可以通过排名提升来增加曝光量，也可以通过优化产品信息来提升点击率。对市场热度一般的词，说明市场机会已经有限，在这种情况下，要为该平台产品带来效果，尤其需要注意提升产品信息质量。

（4）看已设置的词和买家找到该平台词的一致性

通过点击每个词，可以看到该词是否已经设置为关键词，对于那些该关键词没有设置但买家找到该关键词，可以评估一下是否真正合适，再尝试设置。

5. 我的子账号

“我的子账号”主要是各账号阶段性情况的汇总，以周和月维度统计，为了便于业务员日常管理产品，产品负责人变化后 24 小时内信息会同步更新。虽然一个阶段内产品负责人会有变化，但统计必须有一个时间点，所以按周统计，根据美国时间每周六当天的产品负责人情况进行统计，按月统计则根据美国时间每月最后一天的产品负责人情况进行统计。如图 4-105 所示。

账号	My Alibaba 登录天数	TM在线时长（H）	数据管家访问天数	产品数	新发产品数	审核通过的报价量	曝光	点击	反馈
Sunny Wu	5	36.4	0	3066	0	1	7357	92	11
Anna wong	2	15.4	0	1657	0	1	7733	48	7
Daniel Lin	6	41.8	5	866	24	11	622	16	1
Lisa liu	0	0.0	0	0	0	0	0	0	0
bella li	0	0.0	0	0	0	0	0	0	0
Ida zhuang	0	0.0	0	0	0	0	0	0	0
全部	13	93.6	5	5589	24	13	15712	156	19

图 4-105　数据管家—我的子账号

“我的子账号”中的总数据与“我的效果”中的总数据不一致的原因：

（1）“我的子账号”的曝光、点击是根据各子账号负责的产品获得的曝光、点击汇总得到；“我的效果”中的曝光、点击是公司获得曝光、点击，除了产品曝光、点击，还有公司曝光、点击。

（2）“我的子账号”中数据统计多语言原发产品的效果，而“我的产品”中不包含原发产品的效果，所以数据会不一致。

4.6.3 知买家

1. 访客详情整体功能

访客详情页面如图 4-106 所示。

核心功能一：按天、按周展示该平台旺铺或产品页面的所有访客；展示访客的地域信息、浏览量、停留总时长、TOP3 来源搜索词、在旺铺或产品上发生的关键行为、在 alibaba.com 网站发生的关键行为；访客在所选择的时间段内，访问的详细页面地址，以及在该页面上是否有反馈或 TM 咨询。

核心功能二：可对访客及相似访客发起批量营销，以账号为维度，美国时间每天最多可以营销 20 个访客，每次最多 5 个（相似访客是指浏览行为、产品搜索词、偏好行业等跟当前的访客大概一致，每个访客的相似访客最多显示 10 个）。

图 4-106　数据管家—访客详情

1）我的访客

“我的访客”展示了所有访问了该平台产品页面、公司页面的买家，或者在其他页面给该平台发送过反馈或 TM 咨询的买家。

比如买家在网站搜索页面对该平台发送了反馈，或者买家在收到的订阅邮件中看到该平台的产品并对该平台发送了反馈，都统计为该平台的访客。

如图 4-107 所示，可以看到浏览量、停留总时长、TOP3 来源搜索词、旺铺行为、网站行为等数据维度。

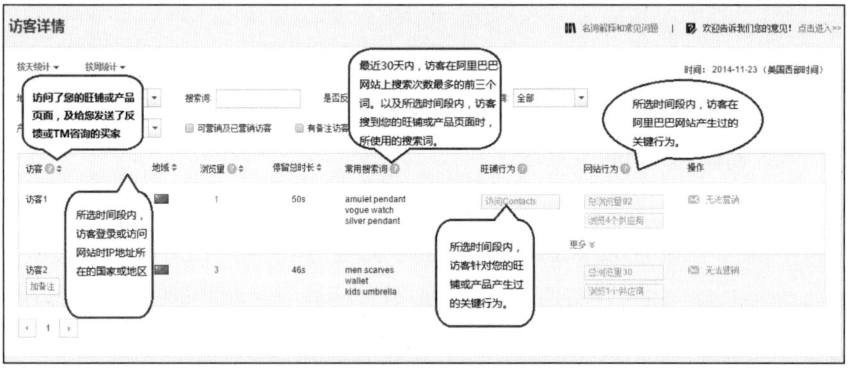

图 4-107　我的访客详情

有了这些行为，该平台可以比较方便地分析出，一个访客对该平台旺铺的哪些页面是最感兴趣的，并且根据他的网站行为，判断他是不是一个很活跃很高质量的买家。

如果一个访客在网站的行为很活跃，但在该平台的旺铺却没什么访问记录，那可能有几种情况：该平台的产品不符合他的需求；该平台的产品即便是他想要的，但该平台的描述和旺铺装修都不够吸引他；也可能是该平台的价格或资质等，跟同行业竞争者相比，还需要改进和完善。

“访客详情”提供了该平台按天、按周统计的访问数据（图 4-108），可以通过时间筛选出最近 30 天的访客，以及上个月所有的访客信息。如果需要更及时地了解访客动向，则需要每天来查看最新的按天数据，在地域筛选中，可以看到该平台的所有访客所在的国家及大洲，可以根据需要筛选对应地域的访客，有针对性地研究不同地域买家的需求和行为特征。

图 4-108　访客访问数据查询

- 反馈及 TM 咨询选择：

可以根据需要筛选出所有对该平台有过反馈或 TM 咨询的买家，对他们进行分析，看这些联系了该平台的买家都访问了该平台旺铺的哪些页面，如图 4-109 所示。

能够给该平台带来询盘的产品，说明做得不错，同时也可以继续完善，从价格、图片、描述等各方面来提高，进一步提高询盘后的转化和交易。

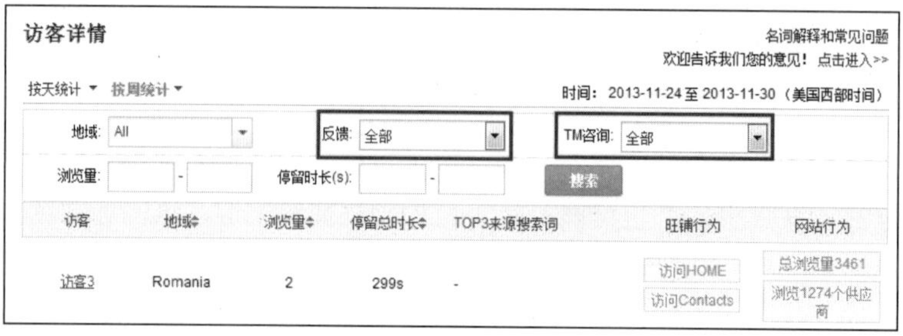

图 4-109　按照效果访客筛选

- 浏览量及停留总时长：

这里可以输入数值来选择一定范围内的浏览量和停留时长。下面用一个小示例来介绍数据分析的小技巧。

如图 4-110 所示，筛选了浏览量在 1~5 个页面的访客，但停留时长选择的是 200~300 秒之间。也就是说，我想关注这样一些访客，他们在旺铺内停留时间较长，但却没有访问几个页面。结合该访客的访问明细，该平台发现，这个访客主要访问了该平台的旺铺首页，推断访客可能浏览了旺铺首页的所有产品后，却没有找到其感兴趣的，于是访客流失了。针对这样的情况，可以完善该平台的产品图片、标题，做好旺铺内产品的分类。让访客在首页浏览产品时，一目了然地发现该访客所需要的产品，这样可以在一定程度上提供转化。

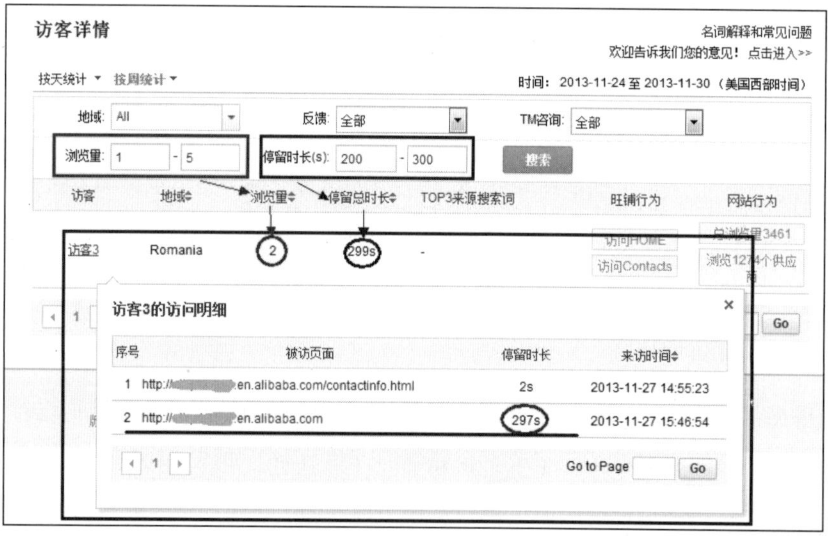

图 4-110　按照浏览量、停留时长筛选

- 如何提升访客营销的效果：

第一步：挑选适合该平台营销的访客，有针对性地向其推荐合适的产品。

① 判断访客的真实需求。

② 判断访客是否活跃。

③ 看他的访问明细、停留时间。

④ 访客选好了，产品选好了，是时候开始发起营销了。

第二步：提供有针对性的报价信息和公司信息。

① 推荐跟访客最匹配的 2 个产品，该平台叫主推产品。

② 推荐更多产品。

③ 至关重要的一步：公司信息及主营介绍，务必要重视起来！

注意　批量营销每次最多营销 5 个访客。

2）推荐买家

定义：系统每天推荐与您主营行业或产品相关的买家（每天最多推荐 5 个），如图 4-111 所示。

图 4-111　推荐买家

第一，推荐买家的逻辑是：算法会每天根据一定规则，给供应商匹配出一部分活跃买家，过滤后将数据推送给数据管家。

第二，若供应商提示没有数据，则有以下的几种情况：

① 算法没有为供应商找到非常合适的买家。

② 算法帮助供应商找到了一些买家，但是这些买家可能和其他的供应商匹配度更高（同一个买家最近 30 天最多只能被营销 5 次）。

③ 网站已经给供应商推荐了一批买家（最多 5 个），但是供应商没有及时进行营销，最近 60 天这部分买家网站不会再推荐给供应商，这段时间供应商可能没有其他更加适合的买家，所以可能会出现长期没有数据。

第三，对于目前限制的每天推荐 5 个买家，这里是每天最多会展示 5 个买家，当天不做营销，第二天会重新全部更新；原来的推荐买家里面会有已被抢的概念，但是现在只要推荐出来的，都是供应商自己可以营销的，不会受别人的影响。

3）营销管理

"数据管家→知买家"中的"营销管理"板块主要是方便追踪及查看该平台访客营销效果如图 4-112 所示。

功能介绍：

（1）可以更加直观地查看到该公司邮件营销的效果明细，如图 4-112 所示。

注意　主子账号都可以筛选不同账号或者所有账号进行查看（若不显示其他账号，是因为在所选时间段内暂时没有营销效果，可以调整时间段再查看下）

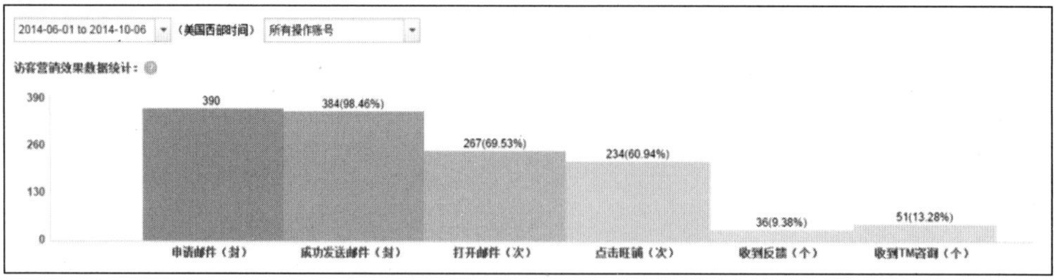

图 4-112　营销管理

【名词解释】

申请邮件（封）：所选时间段内，共申请发送的邮件数。

成功发送邮件（封）：成功发送给买家的邮件数。

打开邮件（次）：买家打开邮件的次数，同一封邮件被打开多次，累计统计。

点击旺铺（次）：买家通过邮件访问该平台的旺铺/产品后，点击的页面数。

收到反馈（个）：买家在邮件中或通过邮件访问该平台的旺铺/产品后，发起的有效反馈数。

收到 TM 咨询（个）：买家在邮件中或通过邮件访问该平台的旺铺/产品后，发起的有效 TM 咨询数。

（2）单击“营销访客名称”，可查看该访客的历史行为数据，方便该操作员更好地了解访客的喜好及采购需求，如图 4-113 所示。

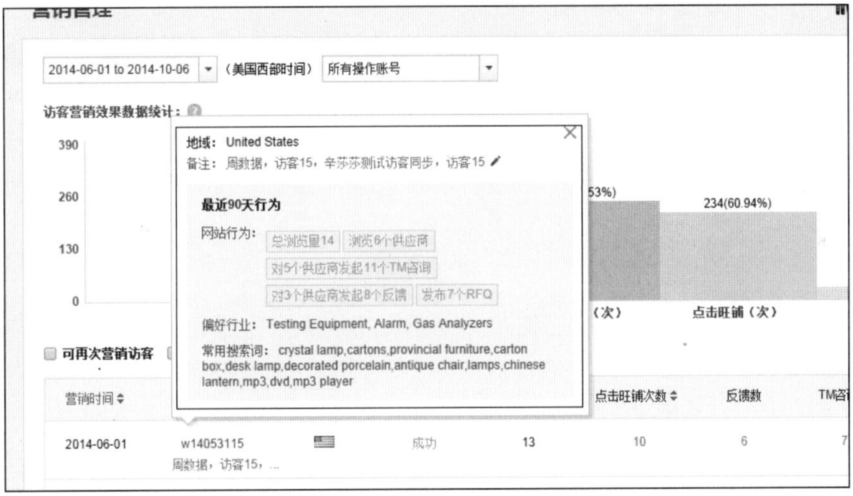

图 4-113　访客历史行为数据

（3）单击列表中具体数字（如单击旺铺数据），可看到访问详情，如图 4-114 所示。

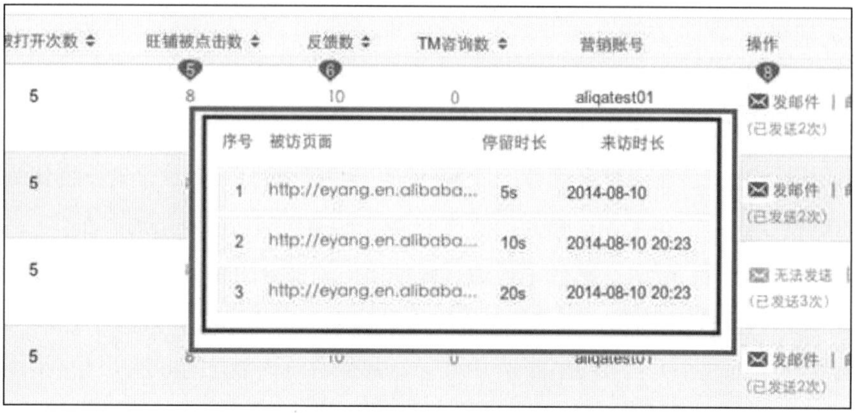

图 4-114 访客访问详情

（4）单击“营销内容”，可查看供应商针对该访客的历史营销内容，可向后翻页，提升营销的精准度，如图 4-115 所示。

图 4-115 营销内容

4.6.4 知行情

1. RFQ 商机

RFQ（Request For Quotation）是买家在线发布采购需求的英文缩写。

“RFQ 商机”下显示有“剩余报价席位”，为什么到采购直达开放市场却提示无法报价呢？

（1）“RFQ 商机”下的“剩余报价席位”每 2~3 小时更新一次，采购直达开放市场及时更新，所以最新 2~3 小时的报价未纳入统计，导致报价已满，无法报价。

（2）当天报价量已经达到上限。

（3）RFQ 量是在相应统计周期内，买家发布的该类产品的 RFQ 量（含所有审核已通过、且未过期未关闭的 RFQ）。数据每天上午更新一次。

（4）“RFQ 商机”中的 RFQ 量每天更新一次，采购直达开放市场的 RFQ 量及时更新，当天新发布的 RFQ 未纳入统计。所以“RFQ 商机”中的 RFQ 量和采购直达开放市场的 RFQ 量不一致。

（5）“RFQ 商机”中提供的所有内容包含中国大陆买家发布的 RFQ 信息。

（6）“RFQ 商机”的“剩余报价席位”每 2~3 小时更新一次，采购直达开放市场的“剩余报价席位”及时更新，所以最新 2~3 小时的报价未纳入统计。所以“RFQ 商机”的“剩余报价席位”和采购直达开放市场的“剩余报价席位”不一致。

（7）“RFQ 商机”列表中，默认按照“剩余报价席位”降序排列，如果“剩余报价席位”数据相同，则按照“RFQ 量”降序排列。

（8）“RFQ 商机”中，默认展示公司产品发布最多的一级行业，如需查看其他行业，可手动进行筛选。

（9）RFQ 商机一“词”是取自买家发布的 RFQ 标题，也就是核心词。

（10）剩余报价席位是在相应统计周期内，所有供应商针对该类 RFQ 当前可报价的席位。举例：MP3 分类下，总报价席位为 1000 个，其中已报价席位为 500 个，剩余报价席位则是 500 个。此数据每 2 个小时更新一次。

（11）总报价席位是在相应统计周期内，所有供应商对该类 RFQ 可提交的报价总量。举例：关于 MP3 共有 100 个审核通过，且为未过期未关闭的 RFQ，则总报价席位为 100×10=1000 个。此数据每天上午更新一次。

（12）“RFQ 商机”中的“词、RFQ 量、总报价席位”数据每天上午更新一次，“剩余报价席位”的数据每 2 个小时更新一次。

如图 4-116 所示，每天都可以登入后台查看当下符合的 RFQ，按照产品的实际情况可以选择通过日期筛选或者通过行业筛选，这样匹配出的 RFQ 可以更精准。

如图 4-117 所示是根据图 4-116 找到的匹配的 RFQ。如果过少，或者没有跟自身产品相符的 RFQ。那么可以选择关键词匹配。

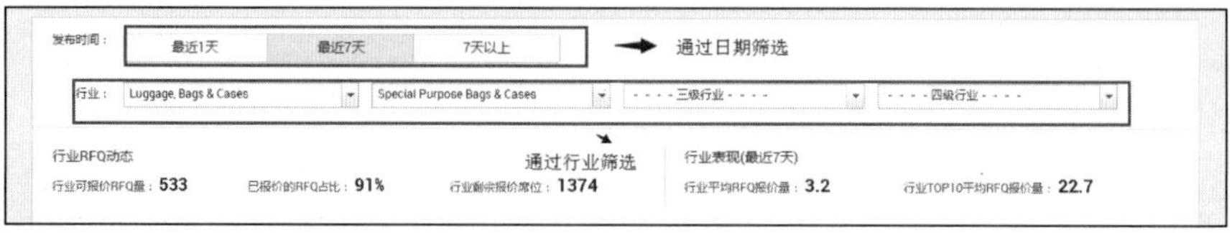

图 4-116　筛选 RFO

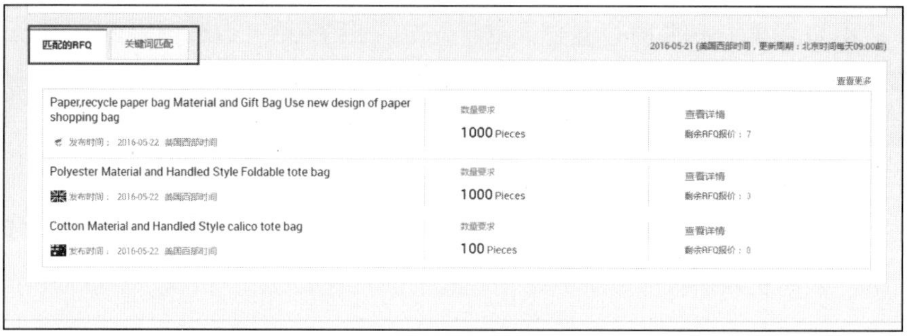

图 4-117　匹配 RFO 结果

如图 4-118 所示是通过选择与自身产品匹配的关键词，单击“去开放市场”，就会进入采购直达的界面，那么就可以根据关键词筛选符合的 RFQ 进行报价。

图 4-118　选择 RFO 进入开放市场

2. 热门搜索词

（1）热门搜索词更新时间：美国时间每月 3 日。

（2）连续 6 个月累计买家搜索热度大于或等于 120 的词才会显示（搜索热度太低不具参考意义）。

（3）热门搜索词一页最多显示 10 个关键词。

搜索热度的概念

如 shopping bag 的搜索热度包含 shopping bag，shopping bags 等同类词的搜索热度总和。热度越高，表示搜索次数越多，但搜索热度不等同于搜索次数。

如图 4-119 所示，shopping bag 的搜索热度为 13000，但 13000 不等于被搜索了 13000 次。

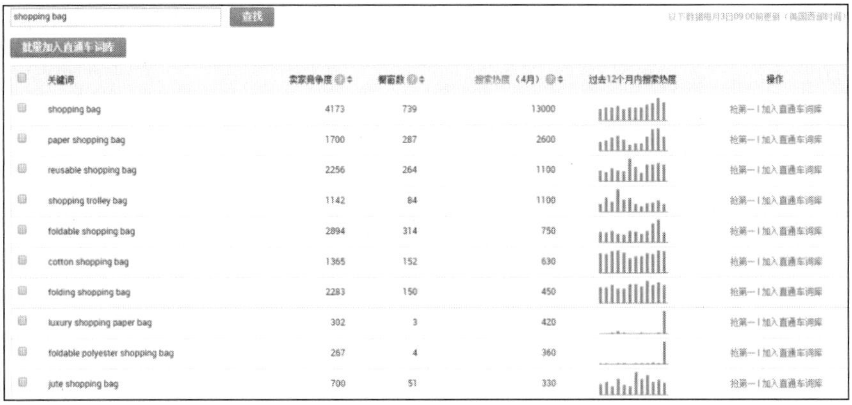

关键词	卖家竞争度	橱窗数	搜索热度（4月）	过去12个月内搜索热度	操作
shopping bag	4173	739	13000		抢第一丨加入直通车词库
paper shopping bag	1700	287	2600		抢第一丨加入直通车词库
reusable shopping bag	2256	264	1100		抢第一丨加入直通车词库
shopping trolley bag	1142	84	1100		抢第一丨加入直通车词库
foldable shopping bag	2894	314	750		抢第一丨加入直通车词库
cotton shopping bag	1365	152	630		抢第一丨加入直通车词库
folding shopping bag	2283	150	450		抢第一丨加入直通车词库
luxury shopping paper bag	302	3	420		抢第一丨加入直通车词库
foldable polyester shopping bag	267	4	360		抢第一丨加入直通车词库
jute shopping bag	700	51	330		抢第一丨加入直通车词库

图 4-119　热门搜索词

数据管家中的热搜词用户搜索数据的客观展示，不排除有品牌词信息。

2）如何可以找到更多的关键词

（1）在“My Alibaba→数据管家→行业视角” 中选择关注行业后查看不同国家买家热索词、搜索上升最快词及零少词等；

（2）进入“My Alibaba→数据管家→我的词”，这里会显示已经使用的关键词和买家通过搜索找到您的词，及该词的搜索热度和卖家竞争度；

（3）在“My Alibaba→我要销售”→发布产品”页面，输入产品名称后，单击“产品关键词”或“更多关键词”，会弹出关键词列表——出现“热门搜索词”和“蓝海词”，可在其中选择。如果没有出现，可能是“产品名称”没有输入，或是该名称比较生僻或复杂，系统没有对应推荐的关键词。

关键词在搜索排序中的作用主要是起到文本相关性的匹配作用，与产品能排在第几名无关。

3．行业视角

通过行业视角的观察研究，可以拓宽对产品的理解。

1）行业总览

行业总览包括：行业趋势、买家大洲分布、热门搜索国家或地区、竞争度分析、卖家全国分布 5 个模块，数据在北京时间每月 4 日更新。通过“行业总览”，可以全面了解阿里巴巴平台的最新外贸形势，预见行业动向，第一时间把握商机。

通过关键词找行业或直接选择相应的行业后，单击“确定”就可以查看相应的数据。如图 4-120 所示。

图 4-120　行业趋势

（1）行业趋势：展示最近 12 个月内该行业下搜索指数和买家指数，体现最近 1 年内行业的变化趋势。

（2）买家大洲分布：展示该行业下各个大洲买家数在整体买家数中所占的百分比。

（3）热门搜索国家或地区：展示该行业下最近一个月搜索量最高的 20 个国家。

（4）竞争度分析：展示该行业下买家数与供应商数的倍数。

（5）卖家全国分布：展示该行业下供应商数在全国各省所占的百分比。

2）海淘词

淘词包含热搜词、搜索上升最快词、零少词 3 个模块，数据每周一更新。展示行业下的最新最热的需求词，和各国家的热门需求词，方便及时把握最新商机。

通过关键词查找行业或直接选择相应的行业后，单击“确定”按钮就可以查看相应的数据，左边区域展示全球的搜索词排名，右边区域可以选择对应的国家或地区后查看行业下这个国家或地区的搜索词及排名，如图 4-121 所示。

图 4-121　搜索上升最快词

（1）热搜词：展示最近 1 周该行业下最热搜索词

（2）搜索上升最快词：展示最近 1 周该行业下搜索量增长较快的搜索词。

（3）零少词：指有一定的海外搜索量，但搜索结果数较少的词，也即竞争度较低的一些词。零少词代表了一种商机，供应商了解后可以更好用于发布/修改产品。

3）淘产品

淘产品包含各国或地区需求 1 个模块，数据每月 4 日更新。提供两个产品的各个国家需求量分析图，为产品决策提供参考。

（1）需求地域分布

单击淘产品中的“需求地域分布”模块，输入关注的两个产品后，可对比两个产品在各国或地区下的搜索占比 。如图 4-122 所示（注意：凡是系统里有对应的复数带 s 的都做了去复数的处理。如果用附属搜索则无结果。请用单数进行搜索）。

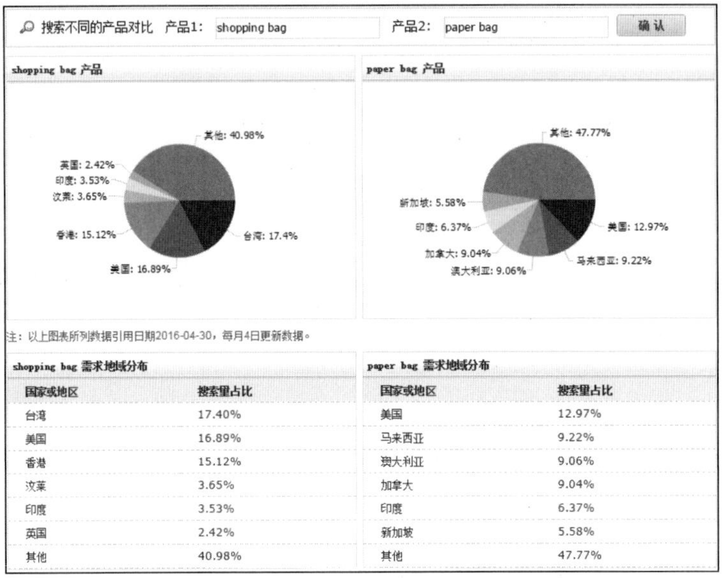

图 4-122　需求地域分布

（2）行业视角问题小结

行业视角中的行业是和国际站中产品类目的一级类目保持一致的。可以查看产品所在的类目来确认该选择的行业。

行业视角的行业可以修改，无法删除，修改一个行业需要 10 个积分。修改方法如下：

① 单击行业视角右上角的“用户中心”，打开“行业兑换”页面。

② 单击需要修改的行业后方的“修改”，选择新的行业按“确定”按钮即可。如图 4-123 所示。

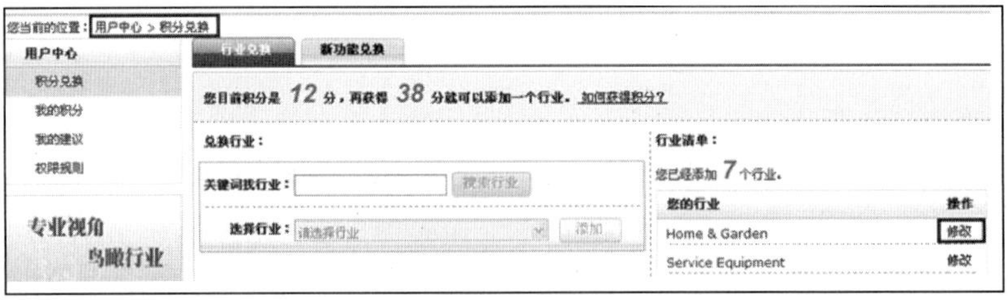

图 4-123　积分兑换

③ 阿里巴巴中国供应商用户默认可添加 5 个行业，其他用户（获取阿里通行证用户）

可添加 3 个行业。更多行业可以通过积分兑换方式换取。

④ 行业视角买家数指数为负是什么意思？

搜索量指数是指每月的买家的搜索量衡量指标；买家数指数是指每月的买家人数的衡量指标；行业趋势展示最近 12 个月内该行业下搜索指数和买家指数，体现最近 1 年内行业的变化趋势。

具体操作是：将行业年平均数值作为一个基数，然后让搜索量指数和买家数指数与这个行业年平均数做一个对比，查看是否出现搜索量在增长而买家量在减少的大形势。所以有时会出现这个相关指数在下降的情况。

⑤ 可以登录“My Alibaba”，在“数据管家→行业视角→热搜词”中查看全球或者指定国家的热搜词排名情况。

⑥ 什么是零少词：零少词指有一定的海外搜索量，但搜索结果数较少的词，也即竞争度较低的一些词。零少词代表了一种商机，供应商了解后可以更好地用于发布/修改产品。

⑦ 行业视角中的搜索排名是怎么统计的？

行业视角中显示的最近一周“搜索排名”是指在行业视角中选中的行业在同级行业中搜索量的排名。举例：选择了某个二级行业，则搜索排名指的是这个二级行业在所有网站二级行业中搜索量的排名。

⑧ 行业视角的积分：行业视角的积分可以用于增加或修改行业以及新功能的兑换。

可以通过“数据管家→行业视角”页面右上角的“用户中心→积分兑换/新功能兑换”处操作。积分一直有效，不会过期。

⑨ 主账号和子账号（除制作员账号）都可以登录行业视角，对行业视角功能的使用也是相互独立，不受彼此影响。

⑩ 查看各大洲对我们的产品需求度建议可以到“数据管家→行业视角→行业总览”中查看。

⑪ 阿里平台中的数据都是根据买家在阿里平台上的行为统计之后推送给到我们的供应商的（行业视角的数据可以客观地反映出买家在阿里巴巴平台上的活动行为，仅供参考）。

⑫ “数据管家→行业视角”下竞争度分析展示的是该行业下买家数与供应商数的倍数。

⑬ 国外买家常用搜索词：“数据管家→行业视角”下竞争度分析展示的是该行业下买家数与供应商数的倍数，可以在“数据管家→行业视角→热搜词”这里查看到各国或地区的热搜词。

4.6.5 如何利用数据管家进行店铺诊断和优化

1．通过诊断中心的全局诊断进行店铺诊断分析和优化

通过账号登录，单击“数据管家→诊断中心”，便会出现诊断报告，如图 4-124 所示。主要结合网站的实际情况，分为基础建站（指公司产品、公司信息、旺铺建设等信息展现的能力）、推广引流（指公司吸引买家来访或发询盘的能力）、买家沟通（指公司询盘处理等买家沟通能力）、订单转化（指公司信保订单等出口实力）这四个板块，通过与同行评价和同行 TOP10 的对比，每个板块中有数据解读与优化建议，针对网站需要改进的具体问题，得出网站当前可以提升的地方和具体操作的方法，建议逐条操作，因为网站都是按照重要程度依次排列，修改掉一条后，系统就会自动补足，直到网站没有可改进为止。每个板块还会通过星级来表达当前的网站能力和距离下一等级的差值。

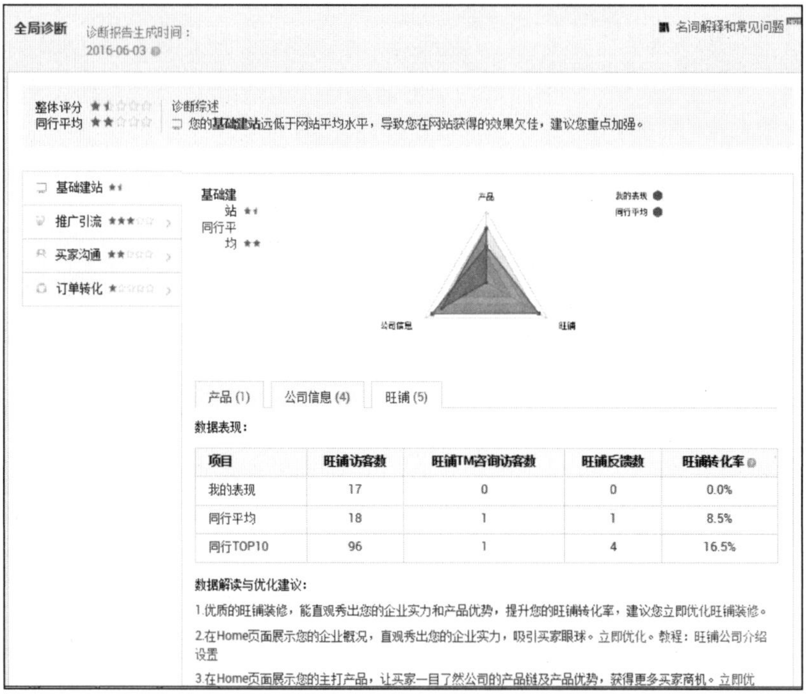

图 4-124　全局诊断

2. 通过数据管家中的“我的效果”进行店铺诊断分析和优化

“我的效果”数据维度由六个分析板块组成（按照展示顺序从上至下）：流量询盘概览、外贸直通车概览、RFQ 概览、（信保）订单概览、营销概览、产品概览；因各板块指标统计维度和周期的差异，6 个分析板块分为 3 个独立板块进行展现。如图 4-125、图 4-126、图 4-127 所示。

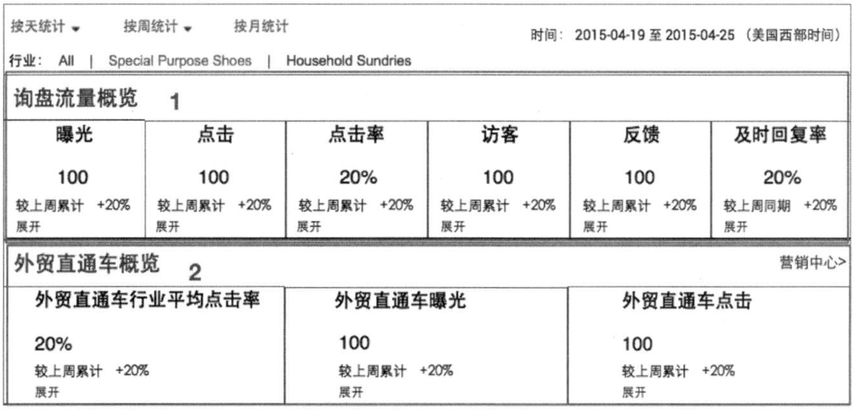

图 4-125 流量概览

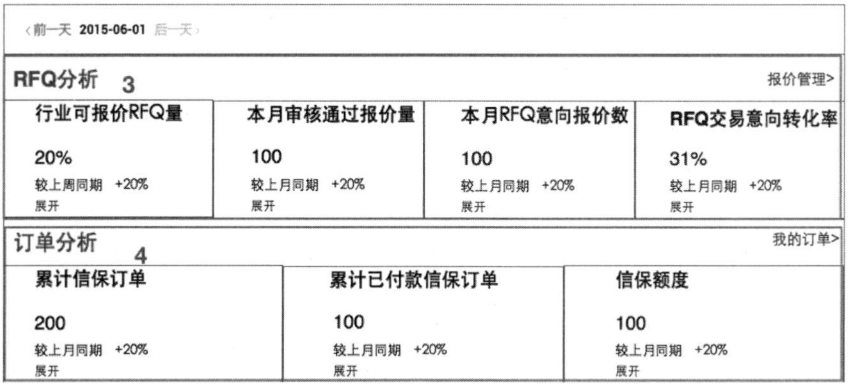

图 4-126 RFO 与订单分析

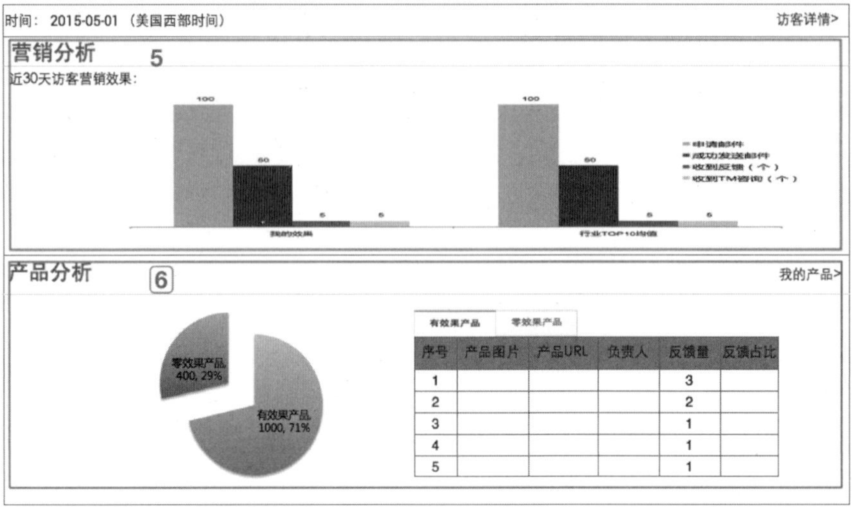

图 4-127　营销与产品分析

阿里巴巴国际站对数据的分析主要是通过曝光、点击和反馈这一条线。判断一个网站操作的标准是曝光到点击的转化率在 1%左右，即点击率（点击/曝光）在 1%，点击到反馈的转化率是在 10%左右，即反馈率（反馈/点击）在 10%。开通 P4P 的网站，曝光到点击的转化率低于 1%。在询盘流量概览板块，通过对曝光、点击、反馈的分析，与同行评价和行业 TOP10 的比较，可以得出网站目前的基本效果水平，从而进行对应的提升操作。

当出现曝光低的问题时，主要通过关键词排名和关键词覆盖率这两个方面来提升曝光量，在“数据管家→我的产品”中找到“排名查询工具”，首先对发布过的关键词进行检查，与产品有关的精准长尾词是否都已经发布？可结合热门搜索词、我的词、P4P 词、行业视角——热搜词，以及零少词等多种途径获取关键词，进行产品发布，从而提升曝光。关键词排名重点分析橱窗产品的排名情况，对于效果不好的橱窗产品进行及时地更换或者内容优化。橱窗有先天的排名优势，关注公司效果较好的产品，如果橱窗产品占比低或排名靠后，说明橱窗没有被充分利用，需要对橱窗产品进行优化。此外，网站开通 P4P 增值服务也会对曝光有很大的帮助。

当出现点击低的问题，一般是产品所展示的内容并未吸引买家关注，需要优化搜索结果页面或者类目浏览页面中产品所展示的信息，如图 4-128 所示。

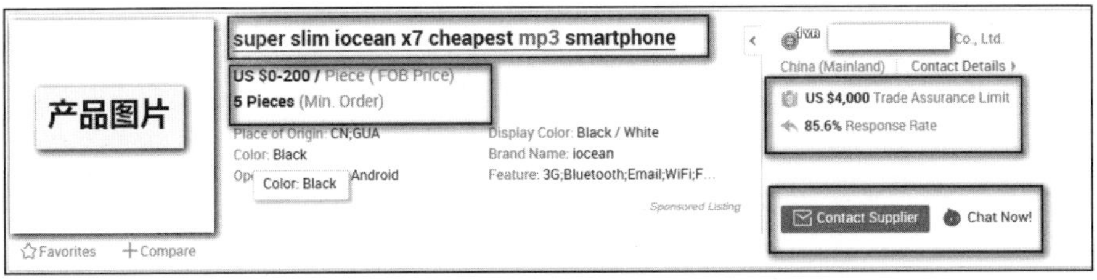

图 4-128　搜索结果产品信息展示

（1）产品图片：拍摄清晰美观的产品图片

（2）产品名称：尽可能体现产品的优势，比如通过×××证书，有何特殊材质、用途等。

（3）是否开通信用保障服务，询盘及时回复率等信息也是买家参考的因素。

（4）TradeManager 是否在线以及最小起订量等在搜索页面上买家第一眼就能看到的信息都是影响点击的因素，建议工作时间 TradeManager 尽可能在线，同时最小起订量可以设定比较适合大多数买家的需求 。

当出现反馈低的问题，影响反馈的因素比较多，一般买家在发送反馈之前都会浏览产品详情信息、公司旺铺等信息，以及是否能够及时联系到卖家等，很多买家也会货比三家。所以，若要提升反馈量，需要优化产品、旺铺页等信息，同时提升服务能力及公司整体竞争力。

（1）产品详情页信息：在产品详情中尽可能详细地展示该款产品信息，包括材质、颜色、用途……

（2）公司旺铺页信息：把公司的实力包括但不限于外贸经验、出口市场、客户群等展示在公司网站中。同时如果有一些证书比如 CE、ISO，可以添加在公司介绍模块下的栏目中。

（3）服务能力：买家非常关注后续的交易安全性，目前网站推出的信用保障服务也是一个非常好的选择。

（4）检查前期的曝光和点击这两个环节是否做到位。

3. 通过数据管家中的“我的产品”进行店铺诊断分析和优化

在数据管家“我的产品”中是对网站上的产品进行效果分析，首先通过图 4-129 了解曝光、点击、点击率、反馈指标不同的分层。其次，了解可优化产品中的每个标签的含义（注：高、中、低是针对公司自身网站数据的分层）。

指标	高	低	中
曝光	高曝光：同时满足如下条件的产品 1. 曝光量大于等于周期内有曝光的产品的平均曝光 2. 曝光量TOP 20%的产品	低曝光：满足如下条件的产品 有曝光且曝光量最低的 20%或者曝光等于0的产品	中曝光：不满足高、低曝光条件的产品
点击率	高点击率：同时满足如下条件的产品 1. 点击率大于等于周期内有点击产品的平均点击率 2. 点击率TOP 20%的产品	低点击率：满足如下条件的产品 有点击且点击率最低的 20%或者点击率等于0的产品	中点击率：不满足高、低点击率条件的产品
点击	高点击：同时满足如下条件的产品 1. 点击大于等于周期内有点击的产品的平均点击 2. 点击TOP 20%的产品	低点击：满足如下条件的产品 有点击且点击最低的 20%或者点击等于0的产品	中点击：不满足高、低点击条件的产品
反馈	高反馈：同时满足如下条件的产品 1. 反馈大于等于周期内有反馈产品的平均反馈 2. 反馈TOP 20%的产品	低反馈：满足如下条件的产品 有反馈且反馈最低的 20%或者反馈等于0的产品	中反馈：不满足高、低反馈条件的产品

图 4-129 曝光、点击、点击率、反馈指标不同层次

1）高曝光低点击

表示曝光量分层为高，点击分层为低的产品，其中：高曝光指有曝光且曝光量 TOP 20%的产品，低点击指有点击且点击量最低的 20%或者点击等于 0 的产品。

2）高点击低曝光

表示点击分层为高，曝光量分层为低的产品，其中：高点击指有点击且点击量 TOP 20%的产品，低曝光指有曝光且曝光量最低的 20%或者曝光等于 0 的产品。

3）高点击低反馈

表示反馈量分层为低，点击量分层为高的产品，其中：高点击指有点击且点击量 TOP 20%的产品，低反馈指有反馈且反馈量最低的 20%或者反馈等于 0 的产品。

4）有反馈低曝光

表示反馈大于 0，曝光量分层为低的产品，其中：有反馈指反馈大于 0 的产品，低曝光指有曝光且曝光量最低的 20%或者曝光等于 0 的产品。

对产品的数据情况进行分析后，便可以进行相对应的优化，先对高点击的产品进行优化，然后优化高曝光的产品。

影响点击到反馈的主要因素有（优化高点击的产品）：

（1）产品详情：尽可能丰富产品的信息，包括材质、颜色、用途、功率等参数信息。详情中最好有公司的信息，公司的信息包括：公司介绍、证书、FAQ、包装运输等内容。

（2）产品属性：尽量填写完整，最好把自定义属性里面的十个属性也补充上，自定义属性里面可以填写与产品有关的详细属性。

（3）交易信息：最小订货量、港口、发货期限、包装等，最好是填写好，填写的数据可以参考自然排名前十的几家。

小技巧：完善过的产品模板可以用来发布产品，这样的产品模板信息质量更好。

影响曝光到点击的主要因素有（优化高曝光的产品）：

（4）产品图片：选用的图片一定是清晰、干净、美观的产品图片。发布、修改产品时，产品图片这块最好是选用多图，多角度展示商品，提升买家满意度。

（5）产品标题、关键词：一般情况下，高反馈、高点击的产品是不会修改产品的关键词和标题的，但是也需要结合行业的实际情况去编写标题。

（6）交易信息和产品属性。最小起订量可以设定比较适合大多数买家的需求，再小的订单也是肉。

这 3 个内容都是在产品后台编辑可操作的。

（7）TradeManager 是否在线、信保额度和及时反馈率，这三个也有影响，但是这三个主要是和账号有关的。

4．通过数据管家中的“我的词”进行店铺诊断分析和优化

“我的词”是阿里巴巴对网站上所有的关键词进行数据分析，包括两部分词：① 已设置的产品关键词或参加外贸直通车推广的词，对这部分词可以重点关注效果；② 还没有设置，但是买家通过这些词找到了供应商，对这部分词可以关注下是否有市场机会。如图 4-130 所示。

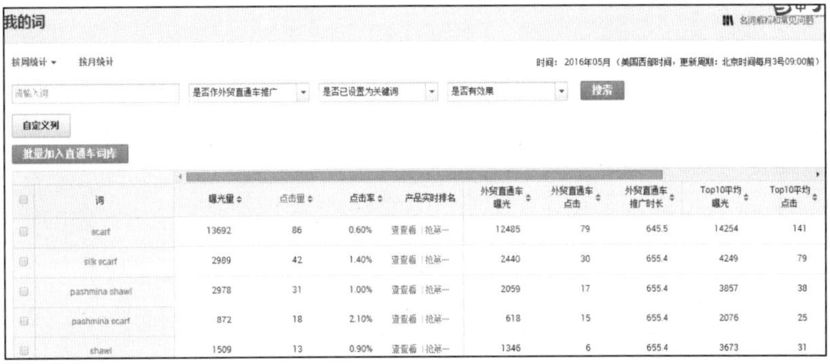

图 4-130 我的词展示

（1）直接输入关注的词，点击搜索，查看该词带来的效果，包括曝光量、点击量、外贸直通车的推广效果。

（2）按照点击率、曝光量、点击量进行排序，从带来效果好的词开始，看是否还有提升空间，如图 4-131 所示。

词	曝光量	点击量	点击率	产品实时排名	外贸直通车曝光	外贸直通车点击	外贸直通车推广时长	Top10平均曝光	Top10平均点击
scarf	13692	86	0.60%	查查看 | 抢第一	12485	79	645.5	14254	141
silk scarf	2989	42	1.40%	查查看 | 抢第一	2440	30	655.4	4249	79
pashmina shawl	2978	31	1.00%	查查看 | 抢第一	2059	17	655.4	3857	38
pashmina scarf	872	18	2.10%	查查看 | 抢第一	618	15	655.4	2076	25
shawl	1509	13	0.90%	查查看 | 抢第一	1346	6	655.4	3673	31
shawl pashmina	553	9	1.60%	查查看 | 抢第一	544	9	655.4	96	2

图 4-131　我的词按照曝光量、点击量降序

找到了需要关注的词，需要评估关键词的效果，确定优化方向。

具体方法参见 **4.6.2 知己板块 4．我的词**。

4.7　P4P（外贸直通车）

4.7.1　P4P 概念与优势

P4P 全称是外贸直通车（Pay For Performance）是阿里巴巴会员企业通过自助设置多维度关键词，免费展示产品信息，并通过大量曝光产品来吸引潜在买家，按照点击付费的全新网络推广方式。

1．外贸直通车（P4P）首页名词解释

1）首页相关

（1）账户冻结：当账户为冻结状态时，显示推广状态为“未推广，您的账户目前处于冻结状态，已停止所有推广。如有问题请与阿里巴巴国际站服务人员联系”。

（2）账户休眠：当外贸直通车账户长期欠费后账户就会进入休眠状态，看不到直通车的后台操作界面，页面显示“前去充值”的按钮；当外贸直通车账户长期未产生消耗，也

看不到直通车的后台操作界面，页面显示“前去激活”的按钮。

（3）无推广信息：当账户为正常状态、账户余额大于 0，且没有创建任何推广信息时，显示推广状态为“未推广，您还没有创建推广信息，现在就去创建推广信息”；点创建推广信息链接到创建推广信息页面。

（4）推广信息全部暂停：当账户为正常状态、账户余额大于 0，且有创建完成的推广信息但是全部设置为“暂停”状态时，即快捷推广和关键词推广均暂停，将显示推广状态为“未推广，目前您的推广信息全部处于暂停投放状态，现在就去激活推广信息”。

（5）账户欠费：当账户为正常状态且账户余额小于等于 0 时，显示推广状态为“未推广，您的账户欠费，已停止所有推广。请您及时充值”；点充值链接到充值页面进行支付宝在线充值。

达到每日预算限额：当账户为正常状态、账户余额大于 0，且今天的消耗总额已经达到设定的日广告预算时，所有推广信息都被拉下线，显示推广状态文案“未推广，您今天推广总消耗额已达预算限额。您可以提高每日预算以延长投放时间”。

阿里巴巴外贸直通车首页界面如图 4-132 所示。

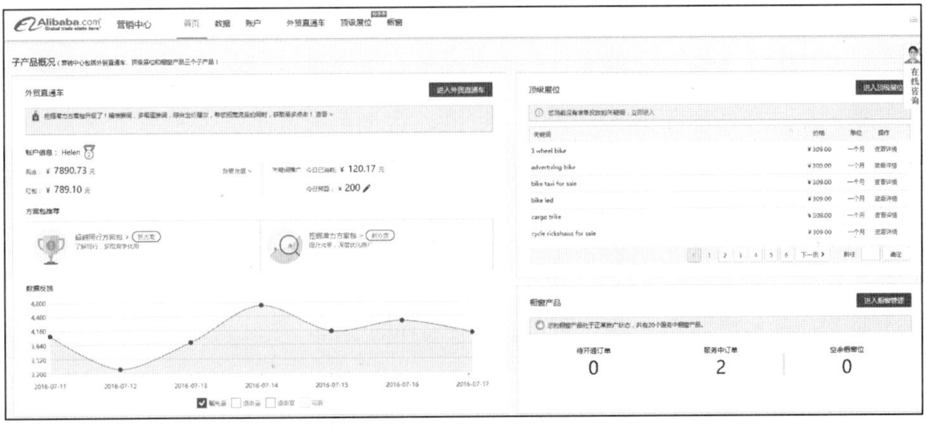

图 4-132　外贸直通车首页

2）推广相关

（1）账户可用余额：指阿里巴巴国际站用户的现金账户与红包账户的可用余额。如遇账户余额不足，点击推广服务的使用将自动终止。按账户的扣款规则扣费。

（2）今日已花费：实时显示账户今日已经产生的现金+红包扣费金额，系统会按照红包和现金账户的余额等比例扣除，例如：阿里巴巴国际站用户的现金账户有 8 000 元，红包账户有 2 000 元，每消耗 100 元系统会从现金账户扣除 80 元，红包账户扣除 20 元。

（3）每日投放预算上限：显示账户当前设定的日最高推广消费上限额。

（4）推广产品：表示已经选择进入外贸直通车推广的产品数量。

（5）在线推广关键词数：是指在账户在线时，处于启动状态的关键词数量。

（6）快捷推广：一种相对于关键词推广更加快捷的设置方式，仅需要设置统一出价和每日预算即可，系统根据已经加入直通车推广的产品自动推荐相关关键词进行推广。假设在关键词 A，B，C 下推广产品都曾经获得一定的曝光与点击，且这几个词未加入 P4P 关键词推广中推广，那么在快捷推广中，这三个关键词将会参与推广。

（7）通用账户：通用账户中的钱是可以自由支配的，可以用来购买阿里巴巴的各种服务。

阿里巴巴推广展示图如图 4-133 所示。

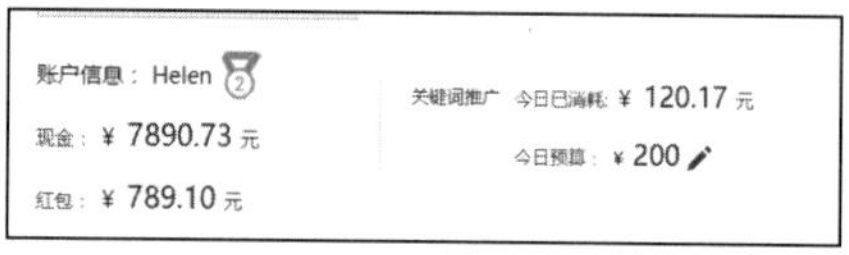

图 4-133 阿里巴巴推广展示图

3）效果相关

（1）曝光量：显示最近 7 日在搜索结果页面通过外贸直通车推广获得的买家浏览量的情况。

（2）点击量：显示最近 7 日整个账户由外贸直通车推广获得的点击量的情况。

（3）花费：显示最近 7 日整个账户的财务消耗的情况，精确到小数点后两位，单位是元。

（4）推广时长：显示最近 7 日整个账户的在线推广时间。

注意

外贸直通车后台的所有数据都不包含中国大陆，所有统计都是按照美国西部时间进行结算。

外贸直通车效果展示图如 4-134 所示。

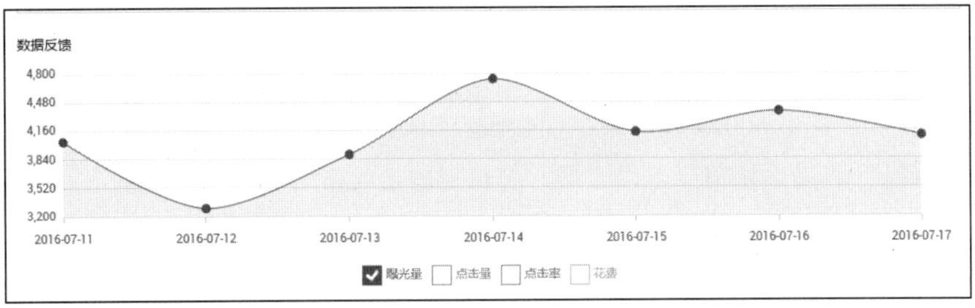

图 4-134　外贸直通车效果展示

（5）如何调整 P4P 每日预算

在“营销中心→外贸直通车→直通车账户→外贸直通车账户”中设置，分别设置每日投放预算和快捷推广上限，单击“对号”保存即可。

预算是当天最多会花费的点击扣费（每日投放预算+快捷推广上限），而不是每天必扣的费用，每天扣费没有下限，只有买家在 P4P 展示位上点击到才会产生扣费。

如何调整 P4P 每日预算如图 4-135 所示。

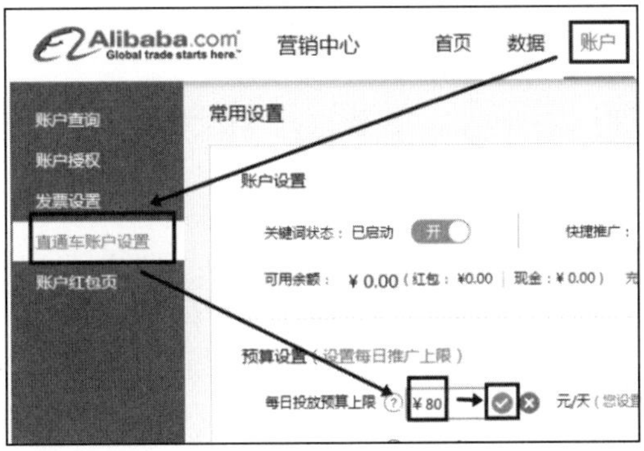

图 4-135　直通车账号设置

（6）如何查询账户历史明细

在“营销中心→外贸直通车→直通车账户”中的账户查询页面最下方“账户历史明细”，通过筛选时间点可查看外贸直通车收入和支出明细。

注意

如果有红包，现金和红包是等比例扣费。即账户余额中的现金金额：红包金额=扣费中的现金金额：扣费中的红包金额；

例如：目前账户余额中显示有 12000 元，其中 10000 元是充值的现金金额，2000 元是红包金额，若今天花了 600 块钱，其中现金账户扣掉 500 元，红包账户扣掉 100 元。

单击“最近 30 天”按钮，可以查看产品每日花费情况，如图 4-136 所示。

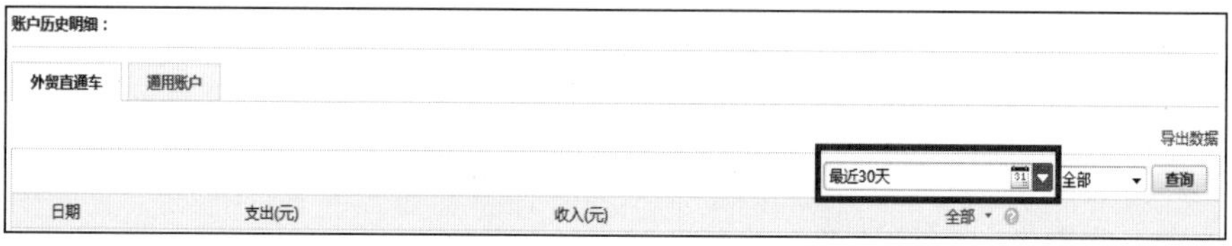

图 4-136　账户历史明细

2. 直通车推广管理名词解释

（1）关键词组

为关键词添加的属性，一个关键词可以放置在多个关键词组，但关键词的启动 / 暂停、出价都是统一的。

（2）高级筛选

系统定义的筛选条件。其中包括：花费、点击量、曝光量、推广评分、平均点击花费几个纬度。

（3）花费：划分为高花费、低花费、0 三个维度。“高花费”为当前账户层级内非零花费前 20%关键词；“低花费”为当前账户层级内非零花费后 20%关键词；“为 0”为当前账户层级内花费为零关键词。查询结果为当前账户层级符合该查询条件的关键词。

（4）点击量：划分为高点击量、低点击量、0 三个维度。“高点击量”为当前账户层级内非零点击前 20%关键词；“低点击量”为当前账户层级内非零点击后 20%关键词；“为 0”为当前账户层级内点击量为零关键词。查询结果为当前账户层级符合该查询条件的关键词。

（5）曝光量：划分为高曝光量、低曝光量、0 三个维度。“高曝光量”为当前账户层级内非零曝光前 20%关键词；“低曝光量”为当前账户层级内非零曝光后 20%关键词；“为 0”为当前账户层级内曝光量为零关键词。查询结果为当前账户层级符合该查询条件的关键词。

（6）推广评分：划分 0 星、一星、二星、三星、四星、五星六个维度。星级越高标识关键词和产品的相关度越好。所有星星全部是灰色为当前账户层级内推广评分为 0 星的关键词；只有一个星星是黄色为当前账户层级内推广评分为一星的关键词。以此类推，查询结果为当前账户层级符合该查询条件的关键词。

（7）平均点击花费：划分为高花费、低花费、0 三个维度。“高花费”为账户内平均点击花费前 20%关键词；“低花费”为账户内平均点击花费后 20%关键词；“为 0”为当前账户层级内平均点击花费为零关键词。查询结果为本账户层级符合该查询条件关键词。

（8）我的出价

指对关键词设置的每点击最高扣费价格。这个价格将直接影响关键词排名，但不一定等同于实际每次点击花费。大多数情况下，实际点击花费会低于这个出价。每次发生扣费时，系统会根据实时监控到面临的竞争情况、自动计算出保持关键词排名所需的最低价格，从而保证实际每次点击扣费金额小于或等于出价。关键词的出价和推广产品的推广评分两个因素，共同影响、决定了关键词排名。

（9）预估排名

指根据出价，在当前这一时刻买家搜索这个关键词时，推广产品将会展示的排名位置。如果当前排名显示为第 1 到 5 名之间的一个名次，则表示此刻这个关键词下，将会有推广产品能够展现在搜索列表前五名以内的对应名次上；如果当前排名显示为“其他位置”，则表示产品将有机会展示在搜索结果每一页下方横排的 4 个智能推荐位置和每一页右边的 10 个智能推荐位，不会展示在搜索列表页面中。

3. P4P 的优势

1）流量大

Aleax 是网站流量查询平台，站点 alibaba.com 的下属子站点的流量占比如下，其中 offer.alibaba.com 占了 61.54%的流量，也就是 P4P 所占的流量，超过阿里主站的一半，可见流量之大。站点 alibaba.com 的下属子站点的流量占比如图 4-137 所示。

站点alibaba.com的下属子站点的访问比例、页面访问比例、人均页面浏览量			
被访问网址	近月网站访问比例	近月页面访问比例	人均页面浏览量
offer.alibaba.com	61.54%	25.07%	1.32
alibaba.com	19.07%	22.28%	3.80
en.alibaba.com	5.44%	10.71%	6.39
message.alibaba.com	4.71%	5.91%	4.07
exporter.alibaba.com	1.20%	2.66%	7.2
sourcing.alibaba.com	1.20%	2.59%	7.0

图 4-137　P4P 流量占比情况

2）排名靠前

阿里主站首页产品位置分布如图 4-138 所示，可以看到 P4P 所在的位子都比较靠前，主搜区除了顶级展位和固定排名就是 P4P 产品，如果没有顶级展位和固定排名，排在前五的就是 P4P 产品；右侧边栏和排名第一的产品并列，位置十分抢眼。

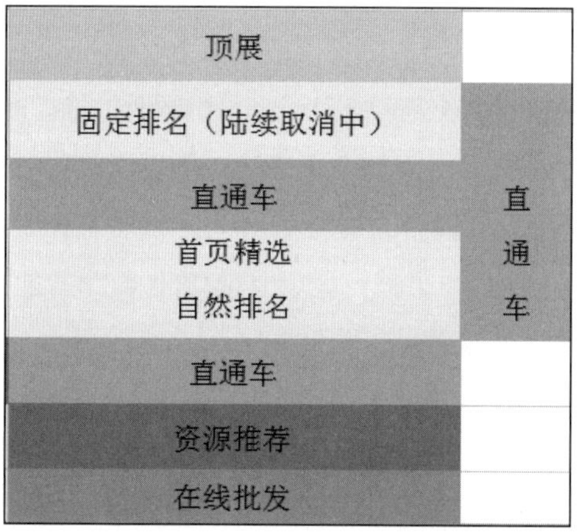

图 4-138　直通车产品搜索首页排列位置

3）展示免费

通过 P4P 的定义可以知道 P4P 产品的特点是免费展示，点击扣费。阿里巴巴平台的流量逻辑是曝光—点击—反馈”，当产品获得大量曝光后，点击一般情况成正比，进而才会有反馈，这一系列就会形成数据积累，单个产品数据积累好了，久而久之整个平台权重就提升了，权重提升后对 P4P 出价产生影响，价格的变动又会对流量有新的作用。一轮又一轮的数据积累之后，最终得到的结果是整个平台效果的提升。所以免费展示可以让用户获得大量的数据积累。外贸直通车流量逻辑如图 4-139 所示。

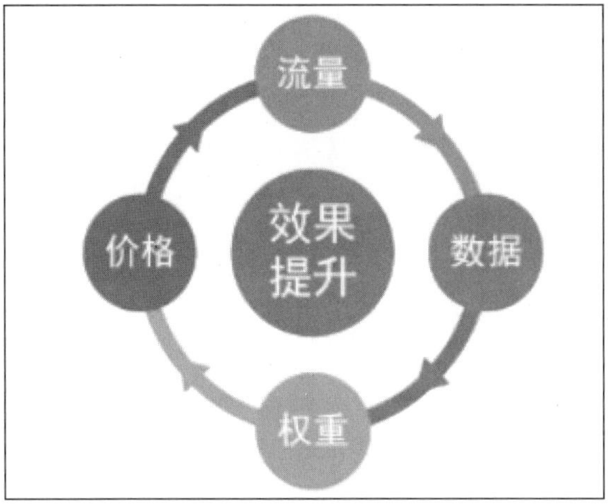

图 4-139　外贸直通车流量逻辑

4）全面覆盖流量

根据 P4P 的定义，可以知道，P4P 是通过添加多维度关键词来进行全面推广的。也就是无论买家搜索热度高的关键词还是热度低的关键词，只要有人搜索，就会有用户的产品展现在买家面前，这种推广方式称之为“撒网模式”。

如图 4-140 展示了外贸直通车的撒网模式。

自然　　　　P4P

图 4-140　外贸直通车撒网模式

5）精准推广

（1）可以通过产品推广设置灵活变动用户想推广的产品，比如不是当季的产品，可以先取消推广，相应关键词也暂停推广。

（2）可以根据客户市场的时段手动开启、关闭 P4P 推广服务来精准把控 P4P 推广的时间段。

4.7.2 操作说明

1. 如何建立一个新的推广计划——P4P 推广流程

如何快速高效的建立一个新的推广计划，往往是外贸新手的疑问，没有计划就像无头苍蝇一样，到处碰壁。因此在操作前应该先建立一个计划。

1）流程说明

P4P 推广流程如图 4-141 所示。

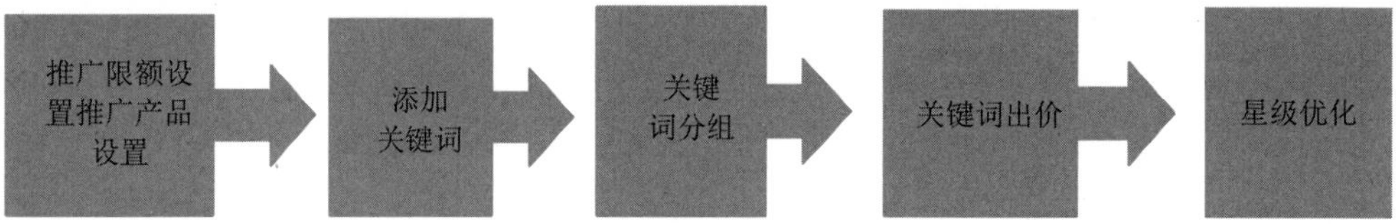

图 1-141　P4P 推广流程

2）操作过程详解

（1）推广限额设置、推广产品设置

首先，进入推广限额设置界面：“业务管理→营销中心→外贸直通车→账户→直通车账户”设置。

每日最低限额是 80；快捷推广最低限额是 50。

（2）外贸直通车——推广产品设置

推广产品设置中用户可以自主设置想要推广的产品，或者取消某个产品的推广，方便快捷灵活。

如图 4-142 所示，展示了阿里巴巴国际站外贸直通车推广产品设置。

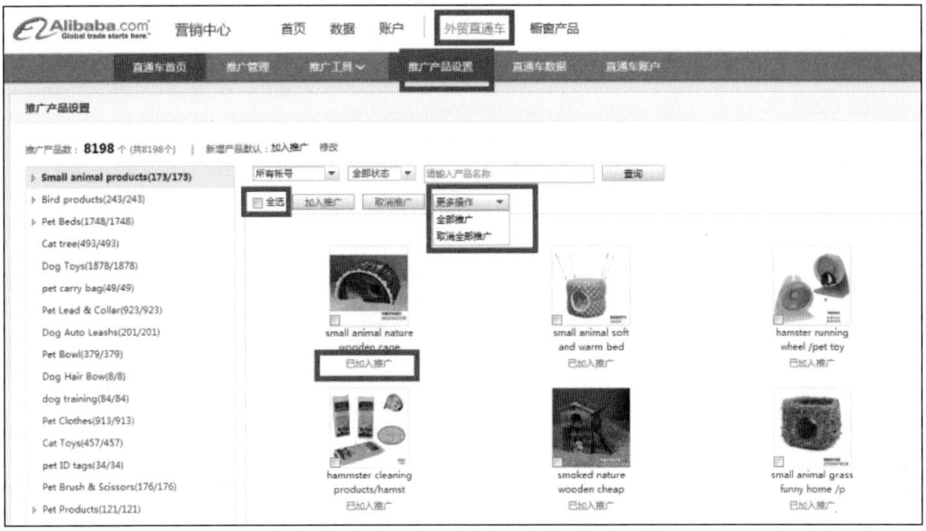

图 4-142　推广产品设置

（3）添加关键词

在推广初期，要尽量多的添加关键词。关键词的覆盖面越广，产品被展示的机会也就越大，所能吸引的潜在买家也就越多。

P4P 里如何添加关键词？

① 系统推荐

P4P 推广工具——关键词工具

系统会根据推广的关键词为我们推荐相关各维度的关键词，主要有综合推荐、网站热门、高转化词、低成本词、同行推词、我的效果词、新增商机、行业词表。

如图 4-143 所示，展示里阿里巴巴国际站外贸直通车的系统推荐添加关键词工具。

② 相关搜索

还是在同一个界面，用户可以用主打关键词来搜索，搜索出来的关键词就是 P4P 板块的关键词，用户可以根据需求来添加。

阿里巴巴国际站外贸直通车的相关搜索添加关键词步骤如图 4-144 所示。

图 4-143 账户工具

图 4-144 关键词工具

③ 批量加词

直接在左侧的方框中输入用户想要添加的关键词（每次最多添加 500 个），接着单击下一步，出价即可。

a．把关键词复制粘贴到空白处，一行写一个关键词

b．单击“下一步”出价，最后完成即可

注意　每次最多加 500 个关键词。

阿里巴巴国际站外贸直通车的关键词工具批量加词步骤如图 4-145 所示。

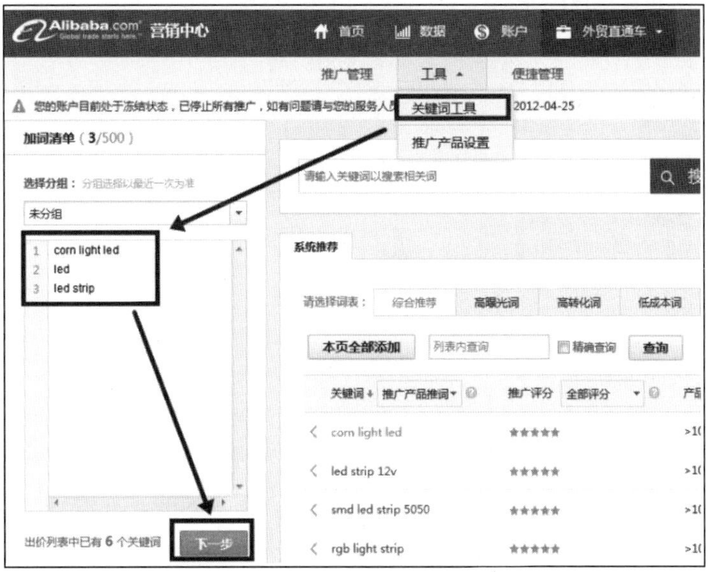

图 4-145　批量加词

（4）关键词分组

在“营销中心→外贸直通车”的“推广管理”界面，在未分组中选定要放进去的关键词打钩，上方单击“修改所属组”（注：一个关键词可以出现在多个分组当中）。

阿里巴巴国际站外贸直通车的关键词分组步骤如图 4-146 所示。

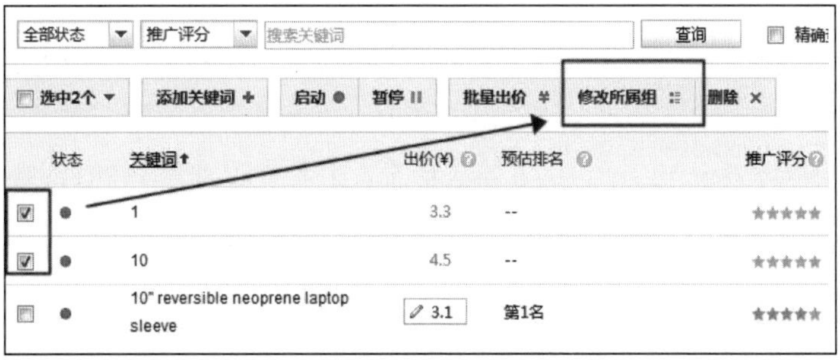

图 4-146　修改关键词组

在跳出的框中用户也可以新增关键词组，或者选择希望移动到的关键词组中单击“确定”按钮。阿里巴巴国际站外贸直通车的新增关键词分组步骤如图 4-147 所示。

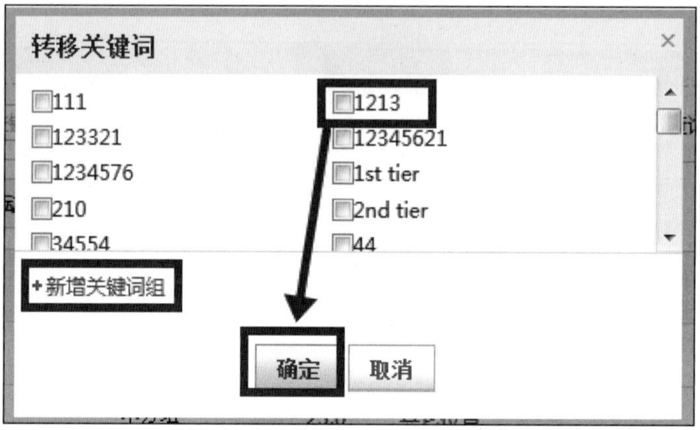

图 4-147　添加关键词组

注意

P4P 管理分组尽量控制在 10 组以内；每个分组内词量 200~300 左右；分组维度参考：星级、效果、花费、产品；暂时无效关键词，打包管理。

好的分组会让用户的操作效率更高，以下是几个参考维度。

- 0 星词——把这些关键词归到一个组，后期可以用这些关键词发布匹配的产品，将 0 星词转变成 3~5 星词；
- 1~2 星词——这组关键词后期可以进行优化工作；
- 核心关键词组——与产品相关度高，能够带来转化的关键词，需要经常关注的，保证排名；
- 价格不变词组——价格不变或者不常变动的关键词比较稳定，因此在出好价格以后可以较少关注排名，放在一个分组，节省时间成本；
- 点击词——花费所在，所以需要每周把有点击的关键词进行排查，避免造成浪费。

（5）关键词出价

阿里巴巴国际站外贸直通车的推广管理如图 4-148 所示。

图 4-148 关键词出价

出价小技巧

A. 每天两次，北京时间早上 9~10 点，下午 6~7 点。下午的 3~4 点是美国新一天的开始（夏令时 3 点，冬令时 4 点），所以这段时间所有供应商账户当日余额充足，因此价格竞争很激烈，这段时间可以适当降低价格，右侧边栏或者底部智能区展示积累数据；早上调整是因为，经过一晚上激烈竞争后，很多供应商已经没有余额了，所以这个时候竞争相对小，价格低，因此可以提高出价。

B. 中低价高相关的关键词尽量保证排名；高价大词右侧边栏或智能区挑时段展示，积累数据。

C. 批量出价可以参考平均点击花费，出价为平均点击花费左右即可。

D. 合理利用花费，尽量 24 小时推广。

（6）星级优化

影响关键词推广评分的四大要素以及对应优化方法

- 关键词与产品相关度
- 对应产品信息质量

- 买家喜好度
- 供应商诊断

优化主要可以从以下几方面着手：

- 产品类目是否准确，尽量避免放在“others”类目下，尽量使用发布产品时候的推荐类目
- 产品名称及产品描述是围绕着该关键词进行的，与关键词紧密相关且产品信息质量尽可能好
- 是否符合买家喜好度，点击率是否高等

推广评分的优化主要有两块：关键词与产品的匹配、产品信息质量的完善。

先看关键词和产品的匹配。

匹配其实跟关键词是否完整包含在标题中有关，如图 4-149 所示。

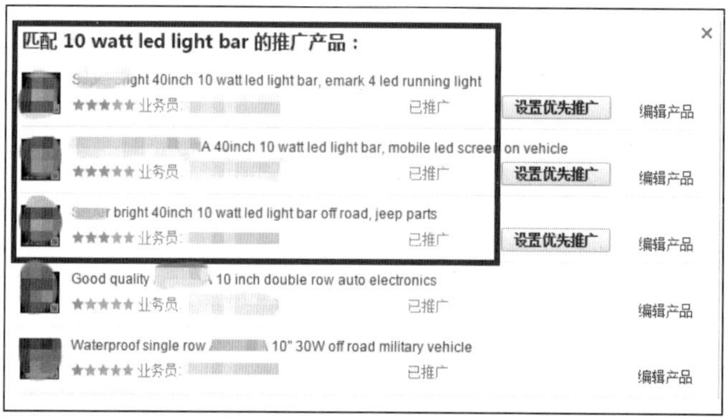

图 4-149　推广产品

关键词：10 watt led light bar

前三个产品都是三星以上的，也就是可以通过出价的方式排到前五名，标题完整包含该词（几个单词不是分拆包含在标题中的），但是后面两个只有一星级，标题仅仅包含部分关键词，甚至找不到这个词。所以请注意：传统讲关键词，很多人都会直接在产品关键词中输入需要推广的词，但是忘了标题，即产品名称上包含这个词，到时候还是不能到四星以上。

错误版本如图 4-150 所示。

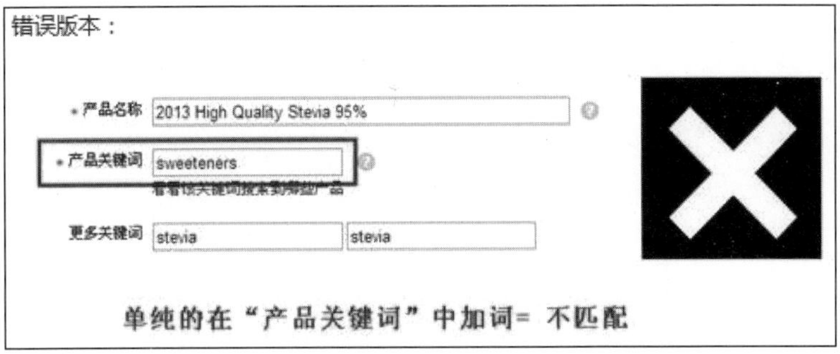

图 4-150　错误关键词设置

正确版本如图 4-151 所示。

图 4-151　正确产品标题

尽量标题末尾包含关键词；标题要符合因为逻辑，不要堆砌，合理的展现产品属性。

4.7.3 P4P 基本规则

1. 直通车展示规则

阿里巴巴国际站外贸直通车的展示规则如图 4-152 所示。

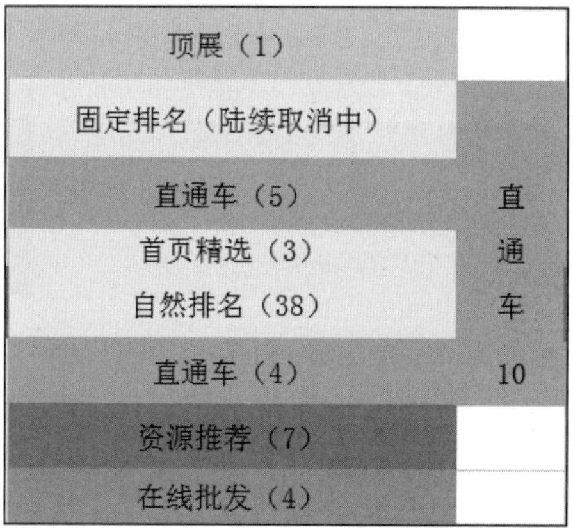

图 4-152　直通车展示规则

关键词出价后，在阿里巴巴的首页，产品会被展示在哪些位置？

目前直通车的展示位置，主要在首页的三个地方：

（1）搜索结果第一页主搜区前 5 个位置

（2）搜索结果每一页右侧区 10 个位置

（3）搜索结果每一页底部智能区 4 个位置

注意　第二页及以后主搜区没有，右侧仍旧是 10 个，底部 4 个。

首页共计 19 个展示位，其他页面每页 14 个展示位。

具体分布情况如下。

1）无固定排名情况下

如图 4-153 所示是阿里巴巴国际站外贸直通车无固定排名情况下主搜区和右侧展示规则。

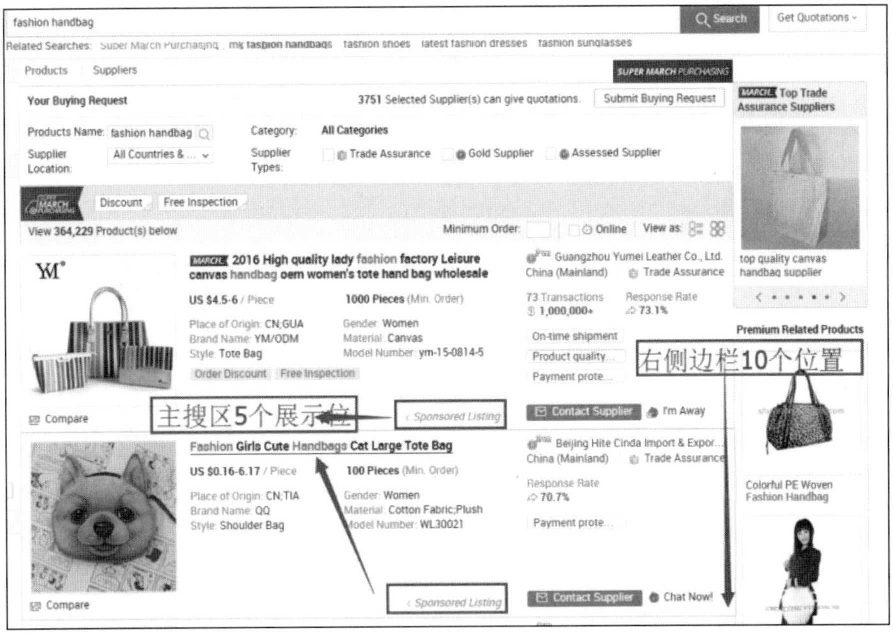

图 4-153　无固定排名首页 P4P 产品排序情况

如图 4-154 所示是阿里巴巴国际站外贸直通车无固定排名情况下底部展示规则。

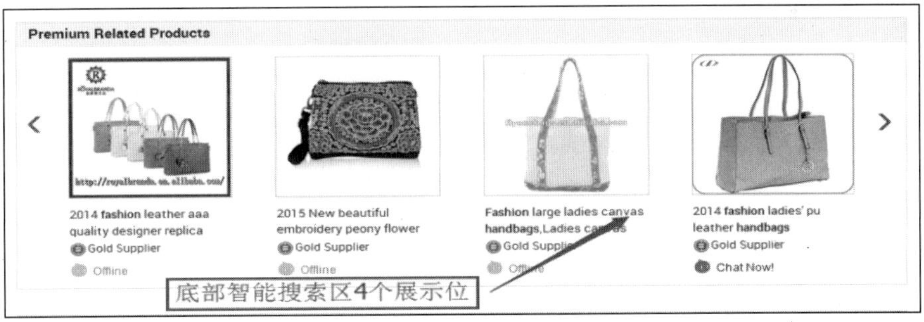

图 4-154　搜索首页底部 P4P 产品

首页共计 19 个展示位，其他页面每页 14 个展示位。

2）有固定排名情况下

如图 4-155 所示是阿里巴巴国际站外贸直通车有固定排名情况下主搜区和右侧展示规则。

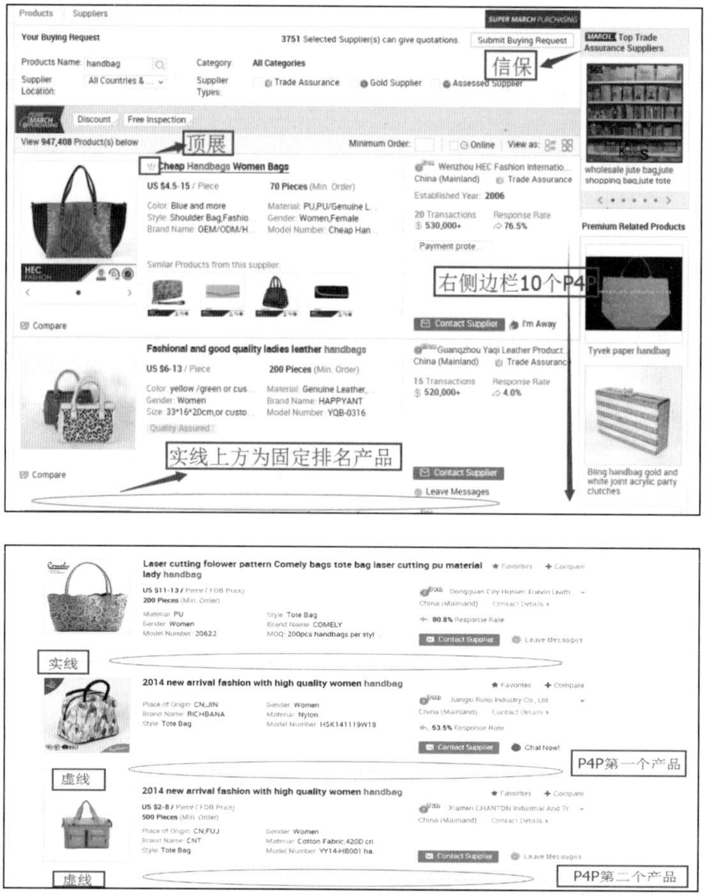

图 4-155　有固定排名主搜区 P4P 产品

如图 4-156 所示是阿里巴巴国际站外贸直通车有固定排名情况下底部展示规则。

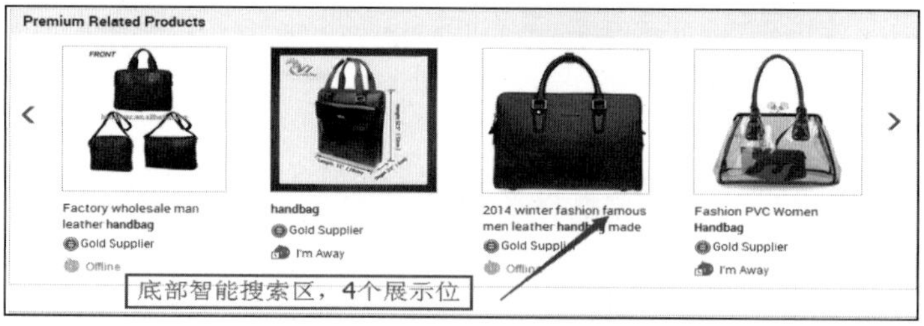

图 4-156　搜索首页底部 P4P 产品首页

首页：固定排名优先，虚线显示为 P4P 排名，依次往下五个位置。

如图 4-157 所示是阿里巴巴国际站外贸直通车排名点击率曲线。

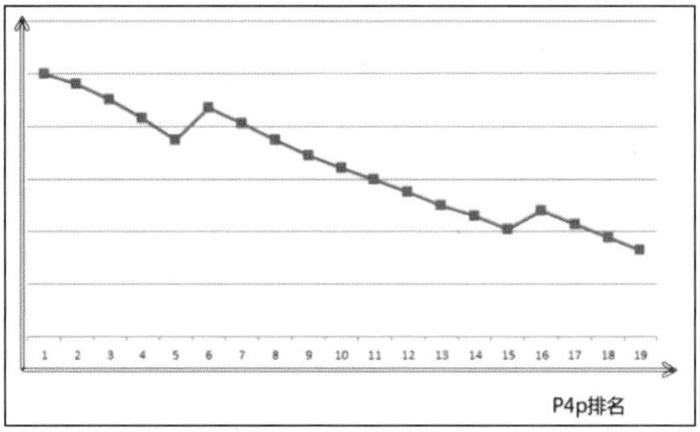

图 4-157　外贸直通车排名点击率曲线

横向是直通车的排名位置，纵向是直通车获得的点击。

2. 直通车排名规则

P4P 产品的排名到底是由哪些因素决定的？

直通车的排名是按照“关键词的出价×推广评分”来进行排序的。

什么是推广评分呢？

产品星级，即推广评分，是指关键词和产品的相关程度以及产品的信息质量，是影响产品展现区域以及排名的重要因素之一，单单一个产品拿出来是没有评分可言的，只有与不同的关键词去匹配之后才会有评分的概念。点开关键词对应的推广产品数的数字，会看到关键词对应不同的产品会有不同的推广评分，这里的产品是按照跟这个关键词关联之后的推广评分由高到低进行排列的。

其中，推广评分五星，为很好，建议维持，表示能通过比较有竞争力的竞价就排到前五名；

推广评分为四星，表示点击率较好，建议维持，也是能通过竞价排到前五名的关键词；

推广评分为三星，表示相关性较好，建议进一步优化点击率，也能通过对关键词的出价排到前五名；

推广评分为二星，表示相关性较差，无法进入主搜，不管出再高的价格也无法在前五名展示出来，只能在右边和每一页下方的智能推荐位上被展示出来；

推广评分为一星，表示相关性较差，无法进入主搜，需要针对产品信息进行优化；没有推广评分，表示产品与关键词不相关，无法进行推广。

如表 4-4 所示为星级与关键词和买家喜好度的关系。

表 4-4 星级与关键词和买家喜好度的关系

星 级	产品与关键词的相关度	产品的买家喜好度
★	低	低
★★	低	较高
★★★	高	低
★★★★	高	较高
★★★★★	高	高

注意

产品和关键词进行关联后才会有星级（推广评分）的概念；和不同的关键词进行关联，星级也是不同的，因此单个产品不会有星级的概念。由于算法在不断优化更新，所以关键词的推广评分也是跟随算法实时更新。

如果关键词没有对应的推广产品，即对应的推广产品数是 0，就不会有对应的预估排名，这时候出价就会显示为灰色，无法出价。

举个例子，下面 4 家供应商，出价，推广评分，总分，排名分别如图 4-158 所示。

供应商	出价	产品推广评分	总分	排名
A	16	20	320	2
B	14	20	280	3
C	12	30	360	1
D	10	25	250	4

图 4-158 供应商情况

从以上例子可以看出，推广评分的高低，出价金额的高低，会影响 P4P 的排名。

为何 P4P 实际和预估排名不一致？

（1）检查推广状态是否为推广中，如果为暂停推广，则需要启动推广才会显示排名。

（2）检查今日可用余额和该词出价的关系，如果该词出价大于今日可用余额，则不能出现在预估排名的位置。当然如果今日已扣费已经大于预算，那当然整个账户都是未推广中的，需要上调预算或者等到美国时间的第二天。

（3）检查该关键词是否为固定排名关键词，外贸直通车后台预估排名显示为固定排名后的前五名。

3. 直通车扣费规则

P4P 产品被点击后，到底按照什么标准来扣费？

$$\text{P4P 扣费}=\frac{\text{下一名出价}\times\text{下一名产品推广评分}}{\text{该客户产品的推广评分}}+0.1$$

注意　底价≤扣费≤出价；每天美国西部时间的 0 点都会重新计算当天累积扣费。

如果一个 IP 在一段时间内重复点击多次，扣费算一次；免费曝光，只有在直通车的推广位上被点击了才会产生费用。

即：扣费不一定等于出价　扣费≤出价

当产品排在竞争该关键词客户的最后一名时，或者是这个关键词下曝光的唯一一个推广产品时，则所需要支付的点击价格为该关键词的底价，即最后一名扣费=出价

举个例子，4 家供应商的出价、产品推广评分、总分、排名以及扣费如图 4-159 所示。

供应商	出价	产品推广评分	总分	排名	扣费
A	16	20	320	2	14.1
B	14	20	280	3	12.6
C	12	30	360	1	10.8
D	10	25	250	4	10.0

图 4-159　供应商扣费情况

从上述例子，可以看到，推广评分的高低，影响扣费金额，所以提高推广评分，是降低 P4P 花费的关键要素。

例如，目前当日扣费上限为 120 元，已消耗 115 元，现在被点击的关键词按照扣费规则应该扣费 8 元，但实际最后结算的扣费是不会超出当日消耗上限的，所以最终扣费 5 元。

4.8 本章总结

本章介绍了如何开通阿里巴巴国际站以及账号信息设置的流程，包括认证信息、公司信息等需要提交的信息操作步骤。

本章还介绍了产品发布、简单数据分析、简单图片处理、P4P 操作与维护，通过掌握以上内容，可以基本满足阿里巴巴国际站日常操作需要。读者应注意结合本章内容进行实际操作，以便更好地消化吸收本章内容。

4.9 巩固练习

4.9.1 巩固练习一

（1）阿里巴巴国际站后台的图片，以下哪一个尺寸的图片是可以的（　　）

A．650×630 像素　　B．300×300 像素

C．730×730 像素　　D．200×210 像素

（2）阿里巴巴上传产品的时候，一共可以上传几张主图（　　）

A．4　　B．5　　C．7　　D．6

（3）光影魔术手中，哪一个功能可以对图片进行细节描述（　　）

A．画笔　　B．批处理　　C．抠图　　D．工具

（4）产品主图影响最直接的部分是（　　）

A．曝光　　B．点击到询盘的转化率

C．询盘　　D．曝光到点击的转化率

（5）下面不属于产品图片处理原则的是（　　）

A．不能加水印，否则会遮挡图片　　B．图片上可以放多款产品在一起展示

C．图片需要正方形展示　　D．产品图片上可以放细节图

（6）请选择一张没有经过处理的产品图片，进行抠图处理，保存成白底正方形的。

请利用画笔工具，给已经处理好的图片，设计一个产品边框，并且在图片上添加关于产品特征的描述。

（7）旺铺首页的主要板块分_____、_____、_____和_____四大类。

（8）Banner 最多能设置_____张图片。

（9）产品板块能添加的 3 种基础板块是_____、_____和_____。

（10）判断题：产品添加的类型有两种，一种为询盘商品，一种为在线批发商品。（　）

（11）判断题：添加橱窗产品，首页只能添加一个这样的板块。（　）

（12）判断题：网站首页客服板块最多能手动添加总计 5 个客服。（　）

（13）简答题：简答 Banner 板块从添加开始的操作顺序与需要注意的细节点。

（14）简答题：简述添加“产品推荐”基础板块的操作与进行产品选择时需要注意的要点。

4.9.2 巩固练习二

（1）知己板块的五大板块分别是_____、_____、_____、_____和_____。

（2）当搜索结果页面 1 页展示 38 个商品时，若买家停留在该页面，则此页面上的 38 个产品的曝光量计为_____次。

（3）“我的效果”可提供的历史数据最长是_____。

（4）零效果产品是指持续 15 天或 15 天以上，_____、_____、_____、_____均为零的产品。

（5）碰到 180 天以上的零效果产品要如何处理，在阿里国际站上该怎么操作？请操作一遍。

（6）在我的产品中，看到代优化的产品的四种状态，要分别如何处理

（7）访客详情有___时间节点展示访客信息？分别是____和____？

（8）访客详情给出了 6 种维度客户信息供我们筛选客户进行营销，这 6 种维度分别是____，_____，______，______，______，______。

（9）以账号为维度，每天最多营销____个访客。

（10）批量营销一次能营销______个访客。

4.9.3 巩固练习三

（1）“剩余报价席位”的数据_____更新一次。

（2）RFQ 商机一词取自_____，也就是核心词。

（3）主账号和子账号可以分别使用行业视角吗？

（4）操作题如果目前你的产品为 shopping bag，请通过 RFQ 商机中的两种方法选择合适的 RFQ 进行报价。

（5）数据分析的 3 个维度，分别是_____、_____和_____。

（6）点击量是_____。

（7）通常在没有 P4P 的情况下，标准的网站一般点击率是_____，反馈率是_____。

（8）目前网站整体曝光偏低，该如何提升？

（9）如何优化高点击的产品？

4.9.4 巩固练习四

（1）首页 P4P 共计____个展示位，其他页面每页____个展示位。

（2）直通车的排名是按照___________________来排序的。

（3）产品星级又叫___________。

（4）P4P 扣费规则__________________________。

（5）_____≤扣费≤______。

（6）如何做一个新的推广计划？

（7）优化可以从哪几个方面去做？

（8）P4P 如何添加关键词？分别如何添加？

（9）详细描述一下如何出价？（从出价方法、出价技巧入手）

（10）影响关键词推广评分的四大要素？

（11）流量—数据—权重—价格—流量→效果提升，用 P4P 的知识解释这其中的含义。

（12）P4P 的优势有哪些？

第5章

商机获取及订单处理

本章学习目标

- 掌握外贸邮的设置和询盘回复
- 了解 RFQ 的报价权益和获取方法
- 掌握 RFQ 的报价和管理
- 了解多语言市场的排名规则和产品发布流程
- 掌握小语种的翻译技巧和询盘处理技巧
- 熟悉阿里巴巴商机管理中心的操作
- 了解商务沟通和商务谈判的技巧
- 了解阿里巴巴一达通平台
- 掌握一达通平台开通和下单流程
- 了解一达通的服务项目及其价值
- 了解一达通的金融产品及其价值

知识重点

- 询盘回复技巧
- RFQ 的获取与分析
- RFQ 的报价与跟进
- 多语言平台产品发布
- 小语种的翻译
- 小语种的询盘处理
- 采购直达操作流程
- 有效沟通的 7C 原则
- 阿里巴巴商机管理中心的操作
- 跨境电商各阶段的技巧
- 一达通服务内容
- 开通一达通服务
- 一达通平台委托单操作

通过店铺的建设与营销，阿里巴巴店铺得以接触到国外的买家，然而要成功地把握商机、获取订单、履行订单，仍然有许多工作要完成，这就需要通过学习本章的内容掌握。

5.1　外贸邮及询盘回复

5.1.1 外贸邮

1. 外贸邮介绍

外贸邮是以阿里巴巴为中小外贸企业量身打造的企业邮箱，即用自有域名申请的阿里巴巴的企业邮箱，具备专业、安全、免费和外贸专属的特点，如图 5-1 所示。

专业：外贸邮统一企业邮箱后缀。

安全：一年内被删邮件可以一键找回。

免费：申请开通外贸邮不会产生费用。

外贸专属：轻松掌控买家的采购动向。

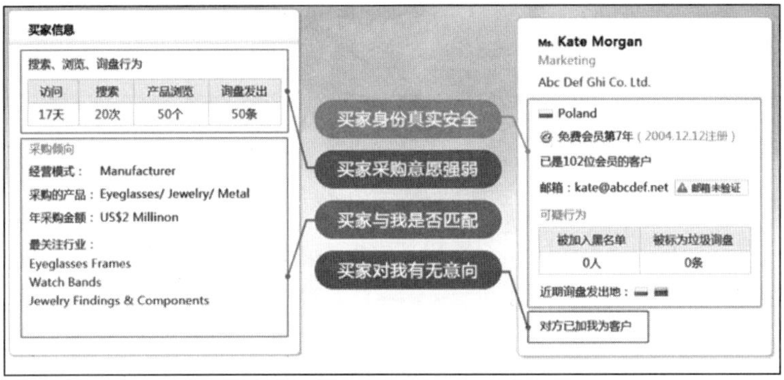

图 5-1　外贸邮专属特征

小提示

具备什么条件才能开通外贸邮？

第一，是阿里巴巴中国供应商会员。

第二，拥有独立的企业域名。

2. 开通外贸邮

第一步，从 My Alibaba 首页左侧导航进入：商机管理中心（询盘）→邮箱模块，直达开通页面，填写已有域名，如图 5-2 所示。

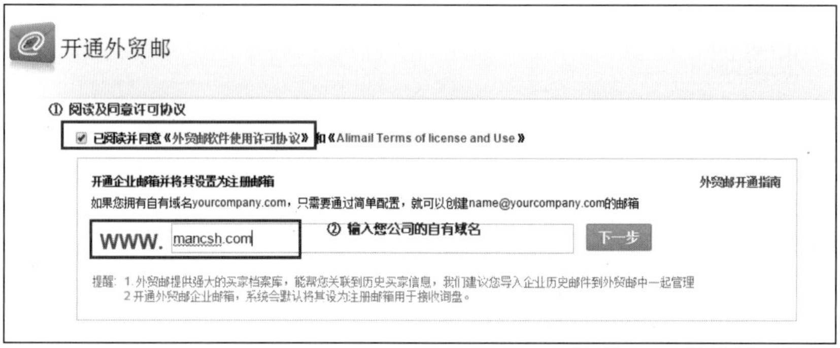

图 5-2　开通外贸邮第一步：填写域名

第二步，修改邮件交换记录（Mail Exchange，简称 MX）指向，将 MX 记录修改为外贸邮的两条 MX 记录地址，分别指向“mx01.mail.alibaba.com”和“mx02.mail.alibaba.com”，优先级分别设为 5 和 10，如图 5-3 所示。

图 5-3　开通外贸邮第二步：修改 MX 指向

第三步，设置邮箱前缀的名称，如图 5-4 所示。

图 5-4　开通外贸邮第三步：设置邮箱前缀

第四步，将外贸邮企业邮箱设置为注册邮箱，如图 5-5 所示。

图 5-5　开通外贸邮第四步：设置注册邮箱

小提示

外贸邮和询盘的区别

询盘是阿里巴巴平台接收询盘的系统，位于商机管理中心（询盘）页面中，可以理解为站内信。

外贸邮开通之后，功能和普通的邮箱相同，邮件可以从商机管理中心查收，也可以通过网址 alimail.alibaba.com 登录查收。

3. 外贸邮功能

1）添加域名邮箱

外贸邮开通之后，每个账号最多可添加 5 个域名邮箱（即同一域名下，不同前缀的邮箱），同时可以导入 10 个外部邮箱（如 Gmail、Yahoo、Hotmail 等），方便进行邮件的集中处理。

路径：邮箱→设置→其他邮箱→添加其他邮箱。

2）设置邮件签名

每个账号可以有 1 个系统签名和 4 个自定义签名，发送邮件时可以针对不同的客户，如国内工厂或者进口商，选择使用不同的签名，如图 5-6 所示。

路径：设置→签名设置→新建签名。

图 5-6　设置个性签名

3）多种发送方式

外贸邮提供了抄送、密送和单独发送三种发送方式，在不同情况下，使用不同的发送方式，可以有效控制信息的公开与保密。

抄送（Carbon Copy，简称 CC）是指将邮件发送给多个收件人，每一个收件人都可以看到所有被抄送的地址。如抄送邮件给甲、乙、丙，则三者都可以知悉其他人也收到了该邮件。

密送（Blind Carbon Copy，简称 BCC）又称暗送，通过密送方式，其他收件人看不到被密送的地址。如抄送邮件给甲、乙的同时密送给丙，则丙可以知悉甲、乙收到了邮件，但甲、乙不会知悉丙收到了邮件。

分别发送是指对多个人一对一发送，每一个收件人都看不到其他收件人的地址。如分别发送邮件给甲、乙、丙，则三者彼此都看不到其他人的信息。

4）定时发送邮件

外贸邮发送邮件时，可以设定好邮件发送时间，系统到时就会自动发送邮件，这样一是可以解决外贸业务中的时差问题，从而避免无谓的争议；二是可以选择合适的时区和时间让对方接收到邮件，如刚上班的时候，或者工作相对闲时。

5）SMTP、POP3 和 IMAP 设置

可以通过电子邮件客户端，包括 Foxmail、Outlook 等邮件管理软件，以及 iPhone、Android 的手机邮件管理 APP 实现对外贸邮的管理。首先要启用 IMAP 功能，这样从浏览器登录和从客户端登录外贸邮，邮件的状态都是一模一样的。

路径：设置→邮箱账号设置→启用 IMAP 功能。

然后在客户端添加账户，输入外贸邮的账号和密码，如表 5-1 所示，设置客户端的 SMTP、POP3、IMAP 服务器和端口。

表 5-1 邮箱端口设置表

服务器	名　称	端　口
POP3	pop.alibaba.com	110
SMTP	smtp.alibaba.com	25
IMAP	imap.alibaba.com	143

5.1.2 询盘管理

1. 询盘管理概述

询盘（Enquiry，Inquiry）也称询价，通俗讲，是指买家（进口商）主动和卖家联系，询问出口商品的交易条件。一般来说，买家会询问价格、规格、数量、支付条件、包装、运输等内容，索取价目表（Price List）、目录（Catalogue）、样品（Sample）等材料。

询盘主要分为**一般询盘**（General Inquiry）和**具体询盘**（Specific Inquiry）。一般询盘只是对商品做一个整体的了解，通常会索取价目表和目录等材料，并表明下订单的可能性；而具体询盘则是打算购买特定的产品，通常会要求卖家报价，并询问有关支付方式、折扣、交货时间等方面的信息。

询盘回复也就是针对询盘的回复。在国际贸易中，询盘往往是一次交易的开端，我们必须及时、准确、礼貌、完整地回复买家的询盘。通俗地讲，如果询盘回复得好，不一定能得到客户的订单，但是询盘回复得不好，基本上没有希望得到订单。

针对询盘的回复一般包括以下内容。

- 简短地重复询盘的日期并表示感谢
- 回答买家提出的问题，适当提供买家索取的材料
- 鼓励和暗示买家尽快下订单
- 表明积极促成业务的态度

那么，阿里巴巴国际站**询盘管理的优势**何在？

在传统的询盘活动中，买卖家之间常常以电话、传真甚至信件的方式建立联系、洽谈合约。在最终达成合约前，还会有样品和试单环节需要反复沟通。传统的询盘耗时费力，难以实时答复，也很难同时承接、答复和管理多个询盘。在阿里巴巴国际站后台，询盘借助了各类询盘工具的辅助，如表单、邮箱、即时通信等，也具备强大的后台管理功能（如可排序和搜索的询盘回复列表）。

更为重要的是，在线下环境中，传统的商品/商家展示和询盘很难连贯发生。在阿里巴巴国际站后台，从信息展示到询盘是连贯自然的场景（买家看到好的商品，商家就会填写询盘内容），良好的信息展示能够转化为更多询盘。

在阿里巴巴国际站，**询盘位置**在 My Alibaba→商机管理中心（询盘）→询盘。我们也可以在阿里旺旺国际版（TradeManager）中单击“未读询盘”快捷键直接进入商机管理中心，如图 5-7 所示。

图 5-7　询盘进入路径图

询盘卖家商机管理中心的中英文版内容是一致的，我们可以对照理解英文的含义。新版的商机管理中心分为以下 6 个模块，对应位置如图 5-8 所示。

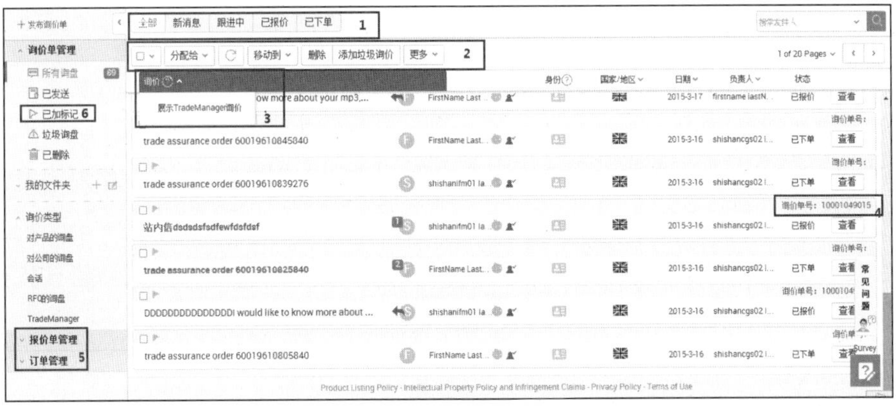

图 5-8　商机管理中心 6 个模块

模块 1：所有询价单状态更新为新询价、待确认、待对方确认、已下单，且通过顶部导航进行筛选，快速定位到同类状态的询价单。

模块 2：询价单的操作栏，包含分配、删除、移动、添加垃圾询价、设置已读/未读和翻译。

模块 3：筛选是否展示阿里旺旺国际版的询盘。

模块 4：新增询价单编号，该编号目前为快速定位某个询价提供了便捷。

模块 5：左侧菜单栏新增“报价单管理”和“订单管理”选项。

模块 6：新增“已标记”的筛选项，直接筛选出已经添加标记的询价单。

小提示

Spam 和 Trash 的区别

在中文里，Spam 和 Trash 都翻译成垃圾邮件，但 Trash 是指使用者主动删除（无论是否阅读过）的邮件，而 Spam 是指系统认定为骚扰或者无效询价，并自动转入的邮件。

2．询盘管理功能

1）实现客户管理

通过询盘模块和阿里旺旺国际版方式添加客户，并对客户按照分组、类型、来源、星级自行添加标记，如图 5-9 所示。

路径： 商机管理中心（询盘）→所有询价单→更多→添加客户。

商机管理中心（询盘）→客户→添加一个新客户→从 TradeManager 导入。

2）掌控买家动向

接收到买家的邮件，即可在邮件详情页右侧看到客户档案，也可以在客户列表中通过标记和名称查找客户。可查看买家档案，包括基本信息、行为记录、关注行业、活跃程度等。

可以通过访问天数、搜索次数、浏览产品数和发询盘数这 4 个维度，综合计算买家近 90 天的活跃程度，从而判断买家的采购意向是否强烈，如图 5-10 所示。

图 5-9　添加客户

图 5-10　查看买家动向

3）管理员询盘分配

主账号默认为管理员，子账号则为业务员。使用主账号登录，单击“打开企业邮件共享”选项，就可以查看子账号的邮件来往记录，从而掌握公司所有业务的进行状态，并指导和监督业务员。

同时，管理员可以进行询盘分配，将同一买家的询盘自动分配给同一业务员处理，使买家与业务员建立良好的关系。

管理员也可以按照区域或产品分配询盘给相应的业务员，使业务员能够熟悉所负责的区域或者产品，设置如图 5-11 所示。

路径：设置→询盘分配设置。

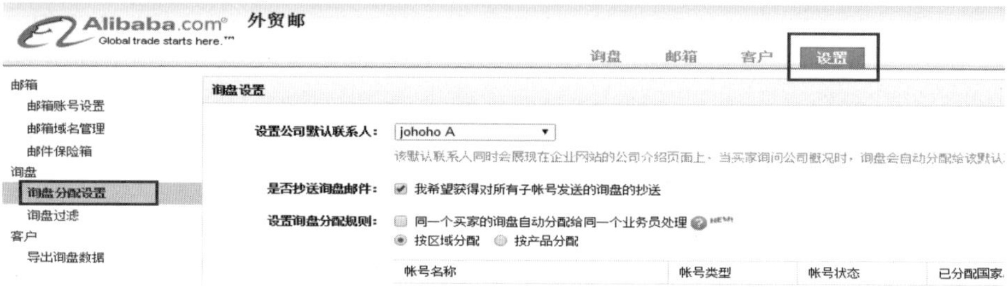

图 5-11　询盘分配设置

5.1.3 询盘回复的沟通模板

1．在没有收到询盘时，可以主动发信推广自己的产品

注意：要告知对方你的信息源，进行自我介绍，表达合作的意愿。

Dear Sirs,

We learned from your store on Alibaba.com that you are in the market for arts and crafts.

We are ABC company, specialized in the export of arts and crafts. We attach a list of products we are regularly exporting, you can also visit our store on Alibaba.com. Should you be interested in any of our products, please let us know and we shall be glad to give you our best quotation.

We look forward to receiving your inquiry soon.

Yours sincerely,

(Your name)

2．推广促销活动

Dear X,

Right now Christmas is coming, and there is a heavy demand for Christmas gifts. Here is our Christmas gifts link, please click to check them. All the products are now available from stock. Thank you for your consideration.

Regards,

(Your name)

3．回复一般询盘

Dear X,

Thank you for your inquiry of May 5.

We have these items in stock, our products are both excellent in quality and reasonable in price. Right now, we offer a 5% discount for bulk purchase.

Thank you again for your interest in our products. If you would like to have more information, please let us know. We look forward to your early reply.

Best regards,

(Your name)

4．回复具体询盘

Dear X,

Thank you for your inquiry of May 5 and we are pleased to send you our quotation for the goods you required as follows:

Commodity: Men's T-Shirt in assorted colors. Item No. AC-101

Quantity: 100 dozens

Size: Large(L), Medium(M), Small(S)

Price: at US$ 60 per dozen CIF Kobe

Shipment: in June, 2016

Payment: by irrevocable L/C at sight

This offer is subject to our final confirmation. If you find it acceptable, please let us have your reply as soon as possible.

Yours faithfully,

(Your name)

5. 报价

注意：回复询盘和报价，可以适当谈及市场和供应条件，催促对方下单。

Dear X,

Thank you for your inquiry of May 5, at your request, we are making you, subject to your acceptance reaching us not late than May 10, the following offer:

"1,000 sets of Color TV Sets, at USD500 per set CIF Hamburg. Other terms and conditions are same as usual."

As we have been receiving a rush of orders now, we would advise you to place your order as soon as possible.

Yours sincerely,

(Your name)

小提示

报价分为实盘（Firm Offer）和虚盘（Non-firm Offer）

实盘对报盘人具有约束力，在实盘规定的有效期限内，实盘一经接受，就可以达成交易，报盘人不得随意撤回或修改实盘的内容。实盘常用的表达方法如下。

The offer is subject to your acceptance reaching us not later than May 10;

The offer remains firm(valid) until May 10;

Our offer will remain valid for ten days…

虚盘是报盘人有保留的愿意按一定条件达成交易的表示，虚盘对报盘人没有约束力，报盘人可以随时撤回或者修改虚盘的内容。虚盘常用的表达方法如下。

The offer is subject to our final confirmation;

The offer is subject to change without notice;

We offer, subject to goods being unsold.

6. 回应买家砍价

Dear X,

Thank you for your letter of May 17. As regards your counter-offer, we regret we can't accept it because we feel that the price listed is reasonable and leaves us limited profit already.

However, in order to meet you on this occasion, we are prepared to grant you a special discount of 5% on condition that your order is not less than 1,000 pieces.

We hope to receive your order at an early date.

Best regards,

(Your name)

7. 提供形式发票

Dear Sirs,

Thank you for you letter of May 25, we are sending you herewith the required Proforma Invoice in triplicate. Please note that our offer remains valid until November 15.

Please place your order as soon as possible, because we are running out of our stock.

Yours sincerely,

(Your name)

小提示

形式发票（PI）的作用

形式发票列明了商品名称、规格、产地、价格、数量、付款条件、交货期、包装等内容，买家可以使用 PI 申请进口许可和外汇，卖家可以使用 PI 进行报价，代替报价单。

5.1.4 询盘回复的注意事项

1. 及时性

询盘回复一定要及时，如果不能及时回复，会给买家留下怠慢和不专业的印象。通常，买家都会同时向多个卖家询盘，先回复的卖家有更多机会赢得订单。

原则上询盘要在 24 小时之内回复，最好是在对方当天下班之前，如果是比较复杂的具体询盘，需要时间去联系工厂或审核费用，也应在 24 小时之内给予对方回应，告诉对方正在准备报价。

2. 专业性

回复询盘，要准确地回答买家的问题，如产品的参数、功能、认证等。如果给客户留下不专业的印象，基本上没有希望再获得订单。

如果买家询问技术指标，可以向技术人员或工厂咨询之后再回答；如果买家定制新规格的产品，应该仔细核实和计算之后再回答；如果买家询问交货期、支付条件、包装和运输方式、通关与关税等具体问题，应该准确了解之后再回答。

3. 针对性

对于不同的询盘，根据买家信息的不同、询购数量的大小、所处行业的差别，有针对性地做出回复。

比如面对新客户需要更多地体现企业的实力，面对老客户则需要集中关注产品；对于没有明确目标的客户，可以使用模板回复，潜在客户则更多是加以引导；对于一般询盘不要急于报价，具体询盘则要参考行业和竞争对手给予合理报价；欧美国家对产品质量要求更高，而亚非拉则更重视优惠的价格……当然以上只是一些大体的原则。

5.2　RFQ 采购直达

5.2.1 什么是 RFQ

除了询盘外，采购直达（RFQ=Request For Quotation）也是供应商在阿里巴巴上获取客户需求信息的重要方式。采购直达是指买家在阿里巴巴平台发布采购信息，以寻找合适的卖家；供应商查看到客户的采购需求后，根据买家要求及时报价以建立联系。

RFQ 相当于阿里巴巴建立了一个公开的需求信息大市场，买家按照既定的表单，主动发布需求信息，卖家根据自身的供应能力选择合适的买家，并填写报价表单。这种模式能够大幅提升买家的采购效率，也让供应商面向更广阔的市场，赢取更多高质量的买家。

采购直达界面如图 5-12 所示。

图 5-12　采购直达界面

采购直达为买卖双方贸易关系的建立构建了新的渠道，它的优势如下。

1. 供应商可以主动出击寻找客户

通过采购直达，卖家可以直接掌握客户的需求，然后经过分析发送报价，主动开发客户。

2. 买家可以更快捷地找到适合自己的供应商

买家把自己的采购需求展示出来，获得了更多供应商的报价，能高效地找到优质供应商。

3. 方便报价管理与订单管理

RFQ 中有既定的报价表单，为供应商报价信息的整合提供了便利；订单管理可清晰进行交易跟踪和管理客户。

5.2.2 RFQ 报价权益

供应商利用 RFQ 可以查找很多买家的采购信息，是不是就可以无限量的报价呢？不同等级的旺铺是否具有相同的报价权限呢？

如表 5-2 所示，不同的供应商类型所能进行的报价条数是有限制的，所拥有的权益也是不同的，业务员需要根据自己公司阿里巴巴国际站的类型和现有权限，合理地进行 RFQ 的选择和报价。

表 5-2　RFQ基础报价权限

<table>
<tr><td>出口通会员【注 1】</td><td>出口通服务正常履行中，且报价前规定时间内无违规及/或投诉记录【注 5】</td><td rowspan="2">1. 报价对象：有效 RFQ。
2. 基础报价权限：20 条/月。
3. 报价修改：每条报价有一次修改机会，被判定为“主营不符”的报价除外</td><td rowspan="4">根据用户在采购直达 RFQ 市场的表现有额外报价权益等的奖励（具体规则详见“激励规则”）</td><td rowspan="4">当月累计差评【注 8】≥3 条，则次月 3 日开始冻结报价权限 7 天</td></tr>
<tr><td>金品诚企会员【注 2】</td><td>金品诚企服务正常履行中，且报价前规定的时间内无违规及/或投诉记录</td></tr>
<tr><td>阿里通行证会员【注 3】</td><td>报价前规定的时间内无违规及/或投诉记录，且已完成建站并已发布 10 个以上商品</td><td>1. 报价对象：有效 RFQ。
2. 基础报价权限：10 条/月。
3. 报价修改：每条报价有一次修改机会，被判定为“主营不符”的报价除外</td></tr>
<tr><td>中国大陆免费会员（“采购直达体验客户”【注 9】）</td><td>在规定时间【注 6】内一达通新准入或信用保障新授信通过</td><td>1. 报价对象：有效 RFQ。
2. 基础报价权限：10 条/90 天。
3. 报价修改：每条报价有一次修改机会，被判定为“主营不符”的报价除外。
4. 每家供应商仅有一次体验机会</td></tr>
</table>

注释

注 1：即签署《中国供应商服务合同》，订购“出口通”版的中国供应商服务，其合同生效并在正常服务中的用户。

注 2：即签署《服务合同》订购“金品诚企服务”，其合同生效并在正常服务中的用户。

注 3：即签署《实地认证服务合同》，付费并通过实地认证的用户。

注 4：“服务前提”为用户享有服务权益的前提条件，不满足条件的用户将不能使用采购直达服务。

注 5：违规行为/投诉记录以阿里巴巴国际站的系统记录为准。

注 6：规定时间是本规则生效之日。

注 7：“报价权限”之统一供应商（包括主账号和子账号）在一个自然月（美国西部时间）内可报价的总计条数。基础报价权限每月 1 日（美国西部时间）发放，档期最后一日清零（即当期有效，过期作废）。

注 8：“差评”指买家对报价评价为 1 星或 2 星（因价格原因除外且该报价时间在 6 个月内，以阿里巴巴记录为准）。

注 9：“采购直达体验客户”指在规定时间内一达通新准入或信用保障新授信通过的客户。

（备注：该 RFQ 基础报价权限只执行到 2016 年 8 月 30 日，9 月后有新规则出台。）

那是不是我们所拥有的 RFQ 报价条数就这样固定不变了呢？有没有办法增加自己的基础报价条数呢？

如图 5-13 所示，除了基础报价权限之外，还可以通过增加访问采购直达市场的天数、RFQ 报价天数、有效信用保障订单数、买家对 RFQ 报价的好评来获取奖励权益。RFQ 奖励报价权益如图 5-14 所示。

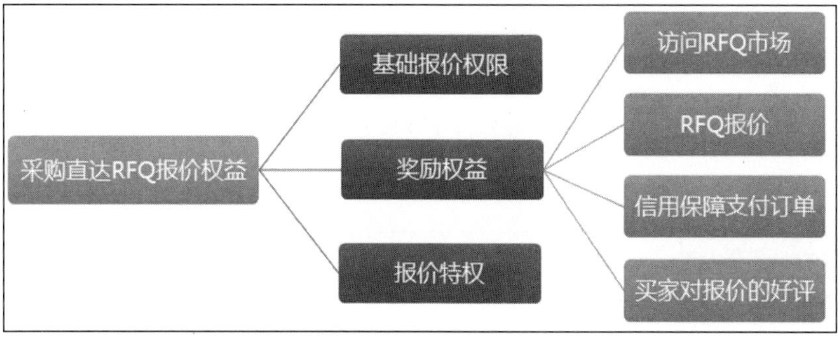

图 5-13　RFQ 市场报价权益组成

另外，只要在上一月有一条审核通过的 RFQ 报价，且在同月有 1 单以上的有效信用保障订单，就能够获得以下额外的报价特权。

（1）“Popular Supplier”的标示。

（2）在买家阿里巴巴后台的报价列表中优先排序。

（3）优质 RFQ 优先报价。

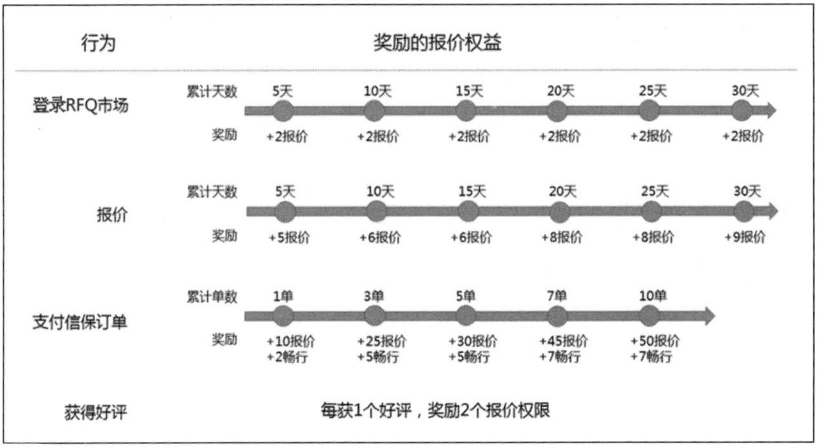

图 5-14 RFQ 奖励报价权益

RFQ 市场为我们开发客户获取订单提供了更便利的条件和更精准的信息，让我们利用好这一资源，努力提升平台的报价权限，开启外贸丰收之旅吧！

5.2.3 RFQ 的获取

打开阿里巴巴后台，可以从今日待办事项或左侧采购直达导航进入 RFQ 市场，如图 5-15 所示。

图 5-15 RFQ 的后台入口

获取 RFQ 主要有以下三种途径。

途径一：系统推荐 RFQ

系统推荐的 RFQ 是阿里巴巴根据供应商在平台上展示的主营产品、主营类目，以及报价行为等信息，为供应商匹配最新的、与其产品和地区相符的 RFQ。供应商可以在采购直达频道首页直接获取推荐的优质商机，同时能收到邮件通知服务，提醒供应商前来报价。

途径二：RFQ 市场搜索查看

进入采购直达频道（sourcing.alibaba.com）后可直接在搜索栏中输入关键词，查找与该关键词相关的采购信息。主动搜索可以根据供应能力的变化查找 RFQ，不受经营类目和主营产品的限制。

主动搜索还可以精确查找，通过对时间、类目、语言、买家所在地、采购量、大中买家、有剩余席位、图片、附件等条件进行筛选，获得符合我们要求的精准 RFQ，如图 5-16 所示。

图 5-16　RFQ 的筛选设置

途径三：自我定制 RFQ

进入采购直达界面后，如图 5-17 所示在搜索栏中搜索产品关键词，即可通过“+加入我定制的搜索”按钮把该关键词添加到“我定制的搜索”中。

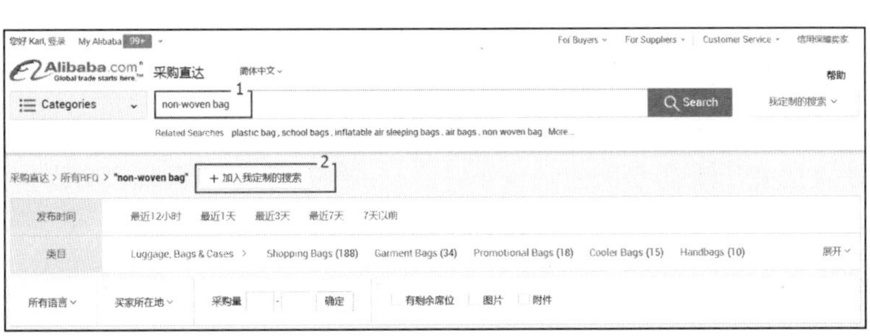

图 5-17　RFQ 的定制

完成定制后，与该关键词相关的 RFQ 就能够通过邮件及旺旺通知的方式发送到我们关联的邮箱和阿里旺旺国际版上。我们也可以在“我定制的搜索”中快速选择该关键词，主动查看 RFQ 市场中的相关采购信息。如图 5-18 所示，更换关键词可以单击“Delete”按钮。

图 5-18　我定制的搜索

完成定制设置后，我们坐等符合条件的采购信息主动上门，但是如果定制好了还是收不到信息，就要考虑以下原因。

1. 如果是刚订阅的，要次日生效。

2. 如果是非刚订阅的关键词，可判断是否存在以下问题。

（1）是否关键词太笼统或生僻。

（2）订阅的关键词和类目本身是否匹配。

（3）海外会员发布 RFQ 时是否使用该关键词。

（4）开放频道上该关键词下是否有有效的 RFQ 可进行匹配（国内会员不做匹配）。

5.2.4 RFQ 的更新

系统推荐的 RFQ 在 14 天以内，未超过发布者规定的有效期，且有剩余报价席位即可报价。然而，每个 RFQ 的报价席位仅有 10 个，优质的 RFQ 往往一发布很快被抢报光，怎么才能及时知晓有新的 RFQ 更新了呢？理论上讲，若买家发布 RFQ，则审核通过后就会同步更新到采购直达公开频道（不超过 24 小时），系统推荐 RFQ 同样没有固定的推送时间，出现匹配即时推送。

但是在实际操作中，我们发现不同类目产品的 RFQ，还是会在不同的时间段出现集中涌现的情况，这就需要我们在日常工作中多摸索和总结，掌握这个规律。绑定平台的邮箱，可以在手机或计算机上设置新邮件提醒，提示我们及时查看 RFQ 信息。

5.2.5 RFQ 的分析

打开采购直达首页，在搜索栏中输入产品关键词，一下子会有几十至上百页 RFQ 呈现出来，时间精力和报价权限的限制都使我们没有办法通揽，只能快速做出分析判断，做到有针对性地回复客户。根据 RFQ 排序规则，标题是第一匹配要素，其次是 RFQ 的发布时间，展示界面把与检索关键词最相符且最新鲜的 RFQ 排在前面，便于我们查看。

1. 搜索展示

搜索展示是快速判断 RFQ 的第一关，如图 5-19 所示。

① 所示为买家样品图。② 所示为标题，可以从这里判断客户的需求是否和我们的供应相匹配。③ 所示是该 RFQ 带有附件的标记。④ 所示是 Quality RFQ 标识，表示该信息达到一定的采购金额，综合质量比较好；如果有手机标示，则说明客户是通过无线端发布的求购；如果有“Premier”标示，说明买家是通过认证的，更具备真实性。⑤ 表示买家意向采购数量。⑥ 表示买家国别。⑦ 表示是剩余的报价席位，当它为 0 时，代表已经有 10 个供应商完成了报价，除非使用畅行权限，否则没有机会报价。如果采购产品、采购量和采购国家符合我们的要求，就可以双击标题做进一步的分析。

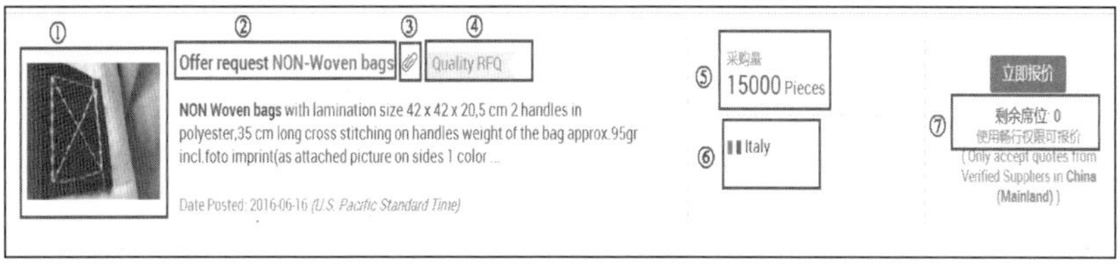

图 5-19　RFQ 的搜索页展示

2. 详情校对

进入该产品的求购页面后，就可以查看到更多详细的信息，如图 5-20 所示。

① 所示为贸易方式。显示客户指定的术语和付款方式，如果客户没有填写，则不显示。

② 所示为 IP 地址。可以用 ip38.com 查询客户 IP 和位置是否一致，以规避套取报价的

非正常竞争行为。

③ 所示为公司名字。用谷歌搜索客户的公司名，可以初步判断客户公司是否真实存在，同时也了解一下客户的具体情况，为报价做好准备。

图 5-20　RFQ 基础信息

④ 所示为 RFQ 的细节部分，是客户自主编写的信息，一般会写清楚需求产品的描述、报价要求等，以及以附件形式附上产品图片或文档。通常，该部分内容越详细，RFQ 的质量就越高，如图 5-21 所示。

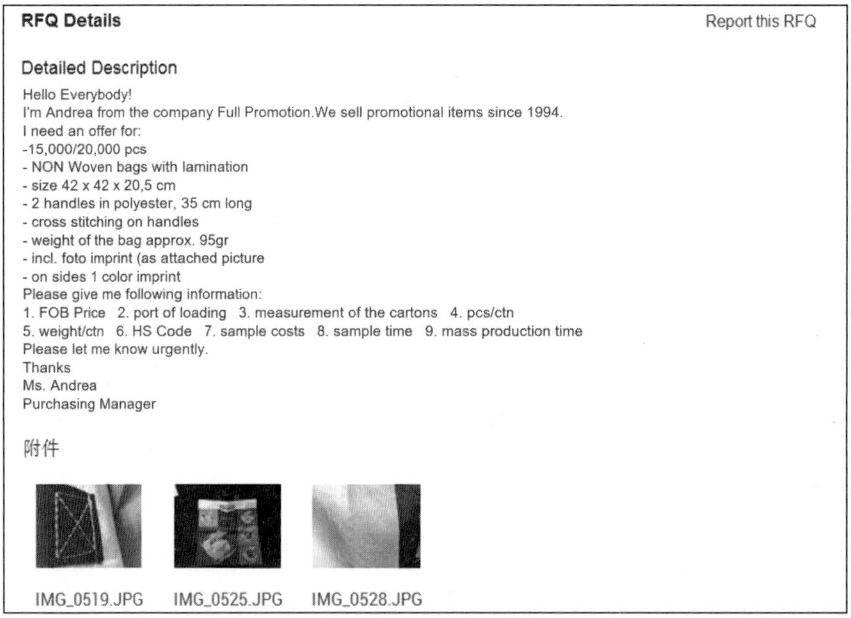

图 5-21　RFQ 的细节部分

3. 买家信息

如果能获取更多的买家信息，根据买家采购的偏好、频率、品种等信息准确判断其此次采购的可行性，供应商就能够有的放矢地进行产品推荐和报价。阿里巴巴通过对买家的数据沉淀，已为供应商提供了相应的客户行为数据，可单击“View Buyer Profile”查看“买家信息”和“买家行为信息”，如图 5-20 所示。

（1）买家信息。如图 5-22 所示，买家信息包含采购 RFQ 发布者的“个人信息”、“采购信息”和“公司信息”。个人信息让我们明确是在和谁打交道；采购信息渗透了对方所在行业和采购习惯；公司信息可以帮助我们了解买家公司的具体情况。有了这些信息，报价时就能根据对方的性别、职位、采购惯例和公司情况等特征，应其所需，投其所好。

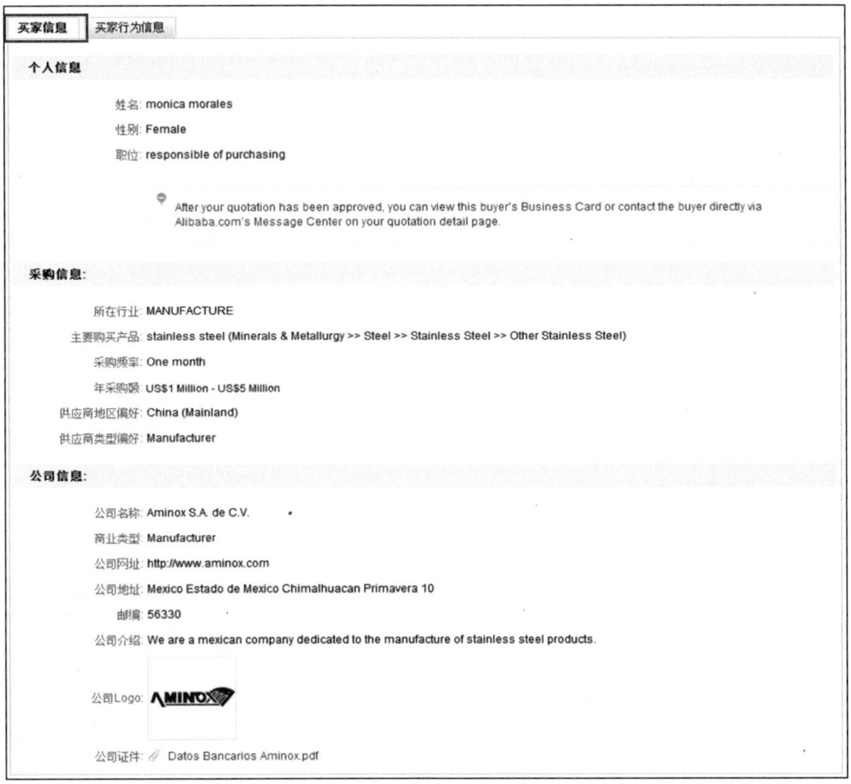

图 5-22　买家信息

（2）买家行为信息。如图 5-23 所示，“最近 48 小时买家偏好”和“最近 90 天买家偏好”是指在这些时间段内，该买家用哪些产品关键词在平台上检索过，我们可用买家短期检索信息判断其近期的需求及可能联系过的供应商，用长期检索信息判断其偏好类型。“最近 90 天 RFQ 信息”和“最近 90 天买家网站行为信息”可检测买家求购活跃度和市场竞争力，例如，90 天内发出 35 个 RFQ 询盘，说明该买家经常发布求购信息；90 天内登录网站 48 天，平均不到两天登录一次，说明该买家非常热衷于在阿里巴巴上找供应商。

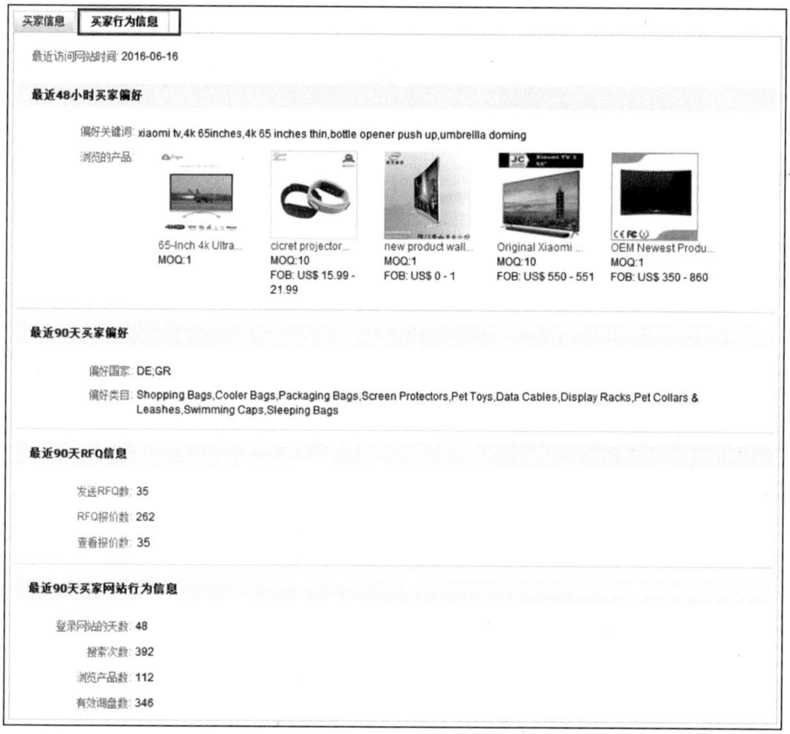

图 5-23　买家行为信息

5.2.6 RFQ 的报价

分析完 RFQ 和买家信息，筛选掉质量不高和不能满足的信息后，对于产品匹配度高、采购需求明确的 RFQ 就可以报价了，我们虽然能看到买家的基本信息，但却没有联系方式。单击“立即报价（Quote now）”按钮，填写报价表单，就能回复了。

报价表单和我们常说的报价单不同，它是平台提供的回复 RFQ 的固定格式，其中标注

“*”号的为必填项，如图 5-24 所示。

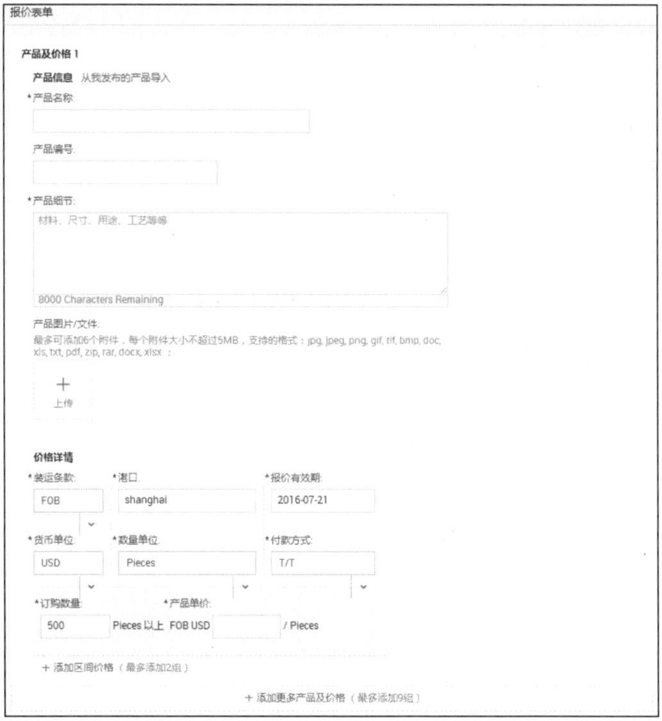

图 5-24 报价表单

1．产品名称

名称需与买家的 RFQ 名称高度匹配，但最好不要完全一样。标题一定要提炼精华，太长会让人失去耐心，最好不超过 50 个字符。买家是否点开我们的报价，取决于我们 RFQ 报价的主标题，标题一定要吸引买家，可以注明自己是工厂、出货快、工厂价格等信息。

注意 突显买家关注点，吸引买家查看。例如：

ECO NON-Woven Bags with Lamination Factory Direct Sales.

2．产品编号

产品编号是产品的公司内部编号，可根据编号规则编制，非必填项。

3. 产品细节

好的产品细节需要包含完整的产品描述说明、产品的卖点和优势，并为顾客特别提出的问题予以答复，以及清晰明了的排版。具体内容可包含参数、型号、产品特征、产品用途、出口市场、相关认证等。虽然这一空间可输入 8000 个字符，但过多的纯文字会让查看者难以抓住重点而失去耐心，最好控制在 2000 个字符。

注意：请勿完全复制产品详情描述，结合买家需求提炼精华即可。

案例：

ECO NON-Woven Bags with Lamination Factory Direct Sales

- Material: Non woven fabric + OPP Lamination.
- Color: Pantone color as choice.
- Size: 42*42*20.5cm/ any size you want.
- Printing: We accepted Any Custom Logo Printing from you.We can achieve Max 12 color and 100% ink coverage printing Tech.
- FOB Port: Shanghai or Ningbo Port.
- Payment Terms: T/T,L/C,Western Union or PayPal.
- Quality control: SGS test standard.
- MOQ: 1000 pieces.
- HS code: 63079000.90.
- Container : 89410 pieces/20"FCL， 8.5t/20"FCL; We can provide you with LCL.
- Delivery Time: 15 days after samples approved.
- Sample Charge: Stock sample free of charge, But plate proof will be charged samples making cost .Postage paid by buyer.

4. 产品图片

产品图片虽然不是必选项，但为了增加对客户的吸引力，我们尽可能地上传清晰、符合顾客要求的图片。图片以正方形（1000 像素×1000 像素）为宜，否则图片在显示时会留对称白边，影响美观度。可依次放置产品正面、侧面、细节、材质等图片。

5. 价格详情

根据客户提出的术语和付款方式填写报价，如果客人没有说明，则根据产品出口惯例填写。

报价有效期必须填写，但不要时间过长，一方面在行业价格或者汇率波动较大时，时间越长风险越大；另一方面，也暗示了顾客早下单，避免价格上涨。

需要注意的是，买家发布 RFQ 后，有十家以上的供应商可提供报价，价格无疑是第一竞争要素。报价不可虚高，避免在明显的对比下直接被筛选掉，但价格也不能过低，让对方产生低质量的印象。此时，合理地设置阶梯式价格，既给买家一个讨价还价的标准，也能激励客人追加采购量从而获得优惠。

6. 添加更多产品价格

如果客人的求购不仅一种，或我们为客人推荐多种适合的产品，可单击“添加更多产品价格”选项，依次填写，如图 5-25 所示。

图 5-25　报价表单

7. 提供样品

样品信息适用于某些可以提供样品的行业，一般来讲轻小物品（纺织品、电子产品、化工品等）都能够提供样品，大型机械类产品则无样品。如果能提供，当然要写，这也是RFQ报价的一个优势体现。选择“是”选项后就可以填写样品费用、运费和寄样日期。

> 注意：需包含费用划分、打样时间、寄样时间等。
>
> **案例**
>
> According to our company's rule, sample is freely provided, but freight cost need to be paid by your esteemed company.And we will return the cost to you when you place the first order with us.

样品费用除系统规定的字段外，其他补充字段可在“给买家的消息”中说明。

8. 给买家的消息

给买家的消息可采用还盘的格式书写，可从以下几个方面着手。

（1）基于买家RFQ本身的提问：针对买家需求信息（如无纺布袋的成分、布料密度、网格、印花等）做细节补充。

（2）针对买家RFQ中不清楚或者不一致的信息进行提问：如付款方式意见不统一，样品费用划分等。

（3）RFQ以外的提问：试着向客户询问第一单货量或货值是多少？如果价格合适，确认下单时间，同时尽量体现公司优势，如产品供应能力、免费提供设计等。

> 注意：错落有致，条理清晰，避免过度客套，避免信息过长。
>
> **案例：**
>
> Dear Monica,
>
> This is Jessie from XXX Co.,Ltd. Very honored to quote for you. In order to quote accurate price, please inform us the detail specification such us color, thickness, and so on.
>
> Our factory offers responsible and practical packaging solutions to retailers and

wholesalers.We have a range of bag products, such as cooler bag,drawstring bag, tote bag, canvas bag, paper bags, non woven bag and others all. Our facilities covering 20000 square meters and over 500 employees. More than 10 years' experienced technicians and advanced equipment allow us to ensure superior quality and high efficiency.

I look forward to see your reply!

Jessie (marketing manager)

9．文件上传

若平台规定字段依然不能把我们的优势表达完全，则可以选择上传附件。通常，附件包含以下内容。

（1）公司相关产品目录（相关产品推介）。

（2）买家关注的信息（产品的证书、重点合作的工厂、生产线能力、参展信、知名品牌合作案例）。

（3）公司实力展示（如厂区、流水线、工人工作状态、大型设备、检测仪器样、仓库、样品间）。

附件最多可上传 6 个，最大不能超过 5MB/个，可支持所有文件格式，我们常用 Word、Excel、PDF、Rar、Zip、.jpg、.jpeg、.gif、.png 格式，.exe、.bat、.msi、.scr、.cmd、.com 这些附件类型属于不安全的附件类型，不建议使用。

注意

1. 把 Word、Excel、PPT 等文件转化为 PDF 发送，避免因版本问题导致不能查看。
2. 尽量减少顾客下载文件查看的程序，减少使用压缩文件。
3. 文件命名简洁清晰、一目了然，名称中包含公司名称，便于客户区分。
4. 发送的文档和图片中，需要包含公司的名称、Logo、联系方式，便于客人随时联系。

例如，上传一份公司产品目录

Zhejiang packing Co.,Ltd

Tel: +86-0571-1234567 Fax: +86-0086-0571-1234567 Contact:Jessie E-mail : 123@packing.com

Catalogue

commodity:non woven bag

Material	Weight	Logo	Color	Unit Price	MOQ	PICTURE
non woven	110gsm	Customized	Pantone	$1.5	350	
commodity:pp woven lamination bag						
pp	90gsm	Customized	Pantone	$0.6	350	

文件名称：Non woven bag's catalogue(Zhejiang packing).xls

5.2.7 RFQ 的报价跟进

很多时候，RFQ 报价发送出去后犹如石沉大海，杳无音讯，这是什么原因呢？我们看一下该 RFQ 下的报价信息，如图 5-26 所示。

Quotations Record

Company Name	Business Type	Location	Time Quoted	Buyer's Reaction
C********************************	Manufacturer	China (Mainland), Zhejiang	21/06/2016 18:17	
G**	Manufacturer, Trading Company	China (Mainland), Guangdong	20/06/2016 04:26	
L*********************	Manufacturer, Trading Company	China (Mainland), Guangdong	19/06/2016 22:16	
S***	Manufacturer	China (Mainland), Guangdong	19/06/2016 21:27	
B************************************	Trading Company	China (Mainland), Beijing	19/06/2016 20:49	
G******************************	Manufacturer	China (Mainland), Guangdong	19/06/2016 20:47	
F*******************************	Trading Company	China (Mainland), Guangdong	19/06/2016 20:47	
Q*********************	Manufacturer	China (Mainland), Shandong	19/06/2016 20:44	
X********************************	Trading Company	China (Mainland), Fujian	19/06/2016 20:44	
W**************************	Manufacturer, Trading Company	China (Mainland), Zhejiang	19/06/2016 20:43	
H*****************************	Manufacturer, Trading Company	China (Mainland), Zhejiang	19/06/2016 20:42	
W**	Trading Company	China (Mainland), Zhejiang	19/06/2016 20:35	
W**************************************	Manufacturer, Trading Company	China (Mainland), Zhejiang	19/06/2016 17:58	
C***************************r	Manufacturer	China (Mainland), Zhejiang	19/06/2016 16:30	

图 5-26 报价记录

优质的 RFQ，往往能迅速收到十几条报价（包含畅行特权），很可能我们的报价就淹没在这些报价中，买家并未打开查看。

为了避免客户因为没有及时查看阿里巴巴系统而漏掉我们的信息，RFQ 报过价格后，通常需要稍后再用公司邮箱追发一封邮件（如对方开放买家隐私，报价审核通过后就可以查看到联系方式；如未开放，则仅能通过站内信模式联系）。

如果客人一直没有回复，也会再次发一封邮件，询问客户的意见。

这期间，我们需要持续关注该买家在 RFQ 市场的动向，及时捕捉其发布的新 RFQ。

跟进 1：一直未回复，询问缘由。

英文方案示例如下。

Glad to contact you again!

It is regret that I haven't receive any information from you. May I have your idea about our offer? We will try to satisfy you upon receipt of your reply.

If there is anything we can do for you, we shall be more than pleased to do so. Hope we can build good cooperation with you.

跟进 2：询问产品是否合适，说明还有其他产品，吸引客户索要报价。

英文方案示例如下。

Good Day!

My quotation of Non-woven bags you might have received and considerate. Could you kindly advise your comments at your earlier convenience?

If the products are not your expecting, please advise me your details requirement, I will re-offer as soon as possible.

I am of service at any time!

5.2.8 RFQ 的管理

所有报价了的 RFQ 都在阿里巴巴的管理后台有所记录，我们可以看到客户是否查看了我们的报价，如图 5-27 所示。如果报价很久后跟进也没有任何回复，那么就基本没有什么价值了，可以在“操作”这一按钮下单击“删除”选项；也可以单击“立即联系”选项，进入如图 5-28 所示的报价跟踪界面。

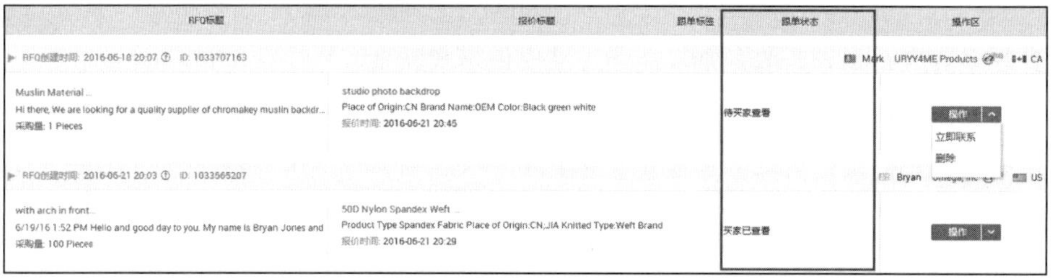

图 5-27　报价管理

从报价跟踪界面能清晰地看到买家近期的行为，共计收到多少个报价，是否查看其他人的报价，是否查看我方的报价，以及帮助我们管理和回顾 RFQ 的过程。

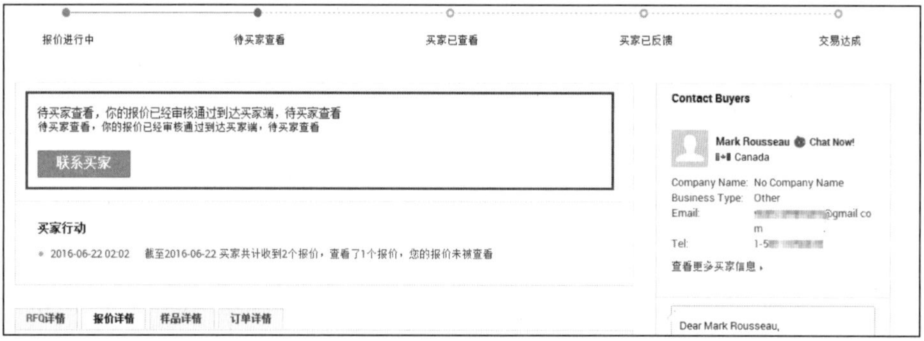

图 5-28　报价跟踪

5.3　多语言平台与在线批发

5.3.1　多语言市场

1. 多语言市场简介

世界贸易虽然以英语为主要通用语言，但是仍然有许多国家的采购商不使用英语，作为供应商，适应客户的搜索习惯，让客户通过尽可能多的途径了解自己，为客户提供便利的查看环境，就会获得比别人更多的成交机会。

多语言平台是阿里巴巴为了帮助供应商开拓非英语市场而建立的跨境电商平台，于2013 年 7 月 17 日正式向供应商开放。经过不断地完善和发展，目前已有 11 个可供独立发布产品的市场：西班牙语、日语、葡萄牙语、法语、俄语、阿拉伯语、德语、意大利语、越南语、土耳其语、韩语；4 个暂未完全开放，仅基于英文站自动翻译的市场：泰语、荷兰语，希伯来语、印尼语。

多语言平台独立于阿里巴巴国际站（英文），在其语言使用国家，通过 Google 或其国家本土搜索引擎检索平台名称即可查到。

阿里巴巴国际站平台网址：www.alibaba.com。

阿里巴巴多语言平台网址：[L].alibaba.com（spanish.alibaba.com 西班牙语平台，如图 5-29 所示）。

图 5-29　阿里巴巴西班牙语平台

因为语言的便利性，多语言市场的优势迅速突显出来，开放不到 30 天，即有 2400 万海外买家涌入平台。同时，为了让买卖双方客户体验一致，多语言市场从前台展示到后台操作，都沿用了国际站的整体风格，降低了平台使用者的学习成本。

2. 排名规则与产品发布

为了丰富多语言市场上的产品，阿里巴巴自动把国际站上的企业和产品映射到多语言市场的各个站点，我们打开一款产品的页面后，在页面右上方选择语言，就能看到该产品在其对应的语言市场的展示，这种模式即系统自动翻译，如图 5-30 所示。

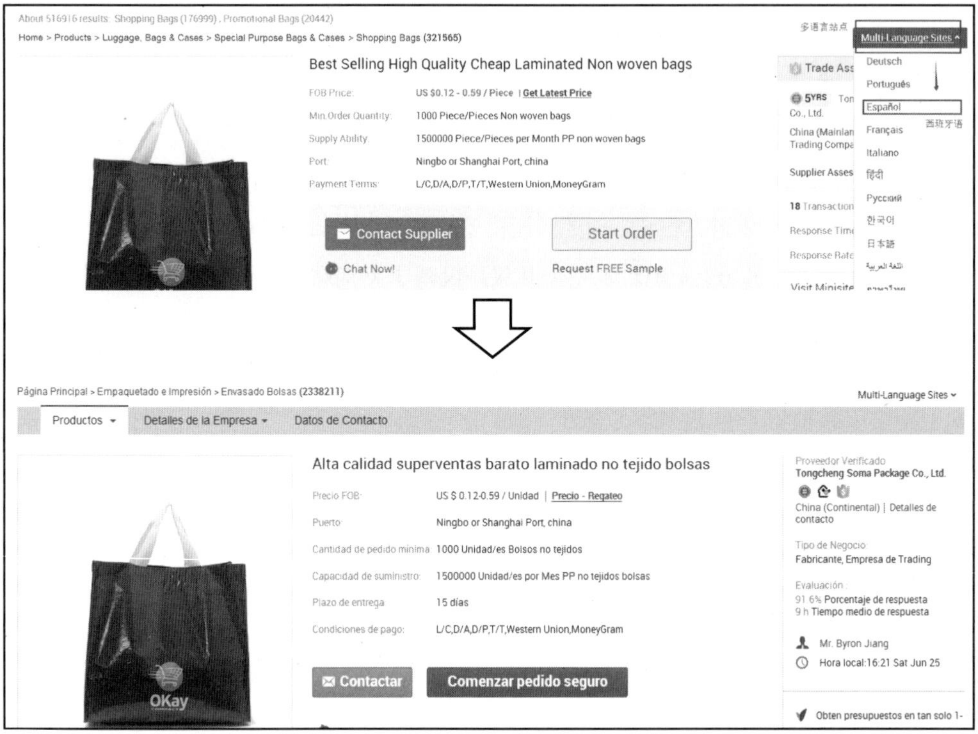

图 5-30 系统自动翻译

多语言市场产品的另一个来源，就是供应商主动在其选择的站点上独立发布产品。可是，系统既然已经把产品全部转化好了，还有什么必要多此一举呢？让我们研究一下多语言市场的产品排名规则。

（1）产品排名规则的考察点与国际站基本一致，主要包含诚信因素、文本相关性和信息质量。

（2）供应商自主发布的产品在排名上有一定的加权。

（3）取消了橱窗、关键词等付费排名因素。

因此，我们知道即便算法一样，多语言市场产品的排序与国际站也不一致，一方面是增加原发产品，在确保质量的前提下，排名一定是靠前的；另一方面，机器翻译不一定能够完全符合买家的语法语序习惯，在与买家输入的关键词进行匹配的过程中，极可能出现误差，造成相关性的变化，如图 5-31 所示，同一时间在英文站和西班牙语站分别检索无纺布袋，曝光的产品和位置完全不同。

为了最有效地把握住目标市场，增加曝光率，我们需要把精力向多语言平台倾斜，掌握用其他语言自主发布产品的技巧。

图 5-31 同一时间在国际站平台和西班牙语平台检索无纺布袋后显示的前四名产品

了解了原发产品的排序优势后，我们来看多语言市场产品的发布流程，如图 5-32 所示。

图 5-32 多语言产品发布流程

在“My Alibaba”操作平台左侧的导航栏选择“业务管理”→“多语言市场”选项，进即进入多语言后台管理首页，如图 5-33 所示。

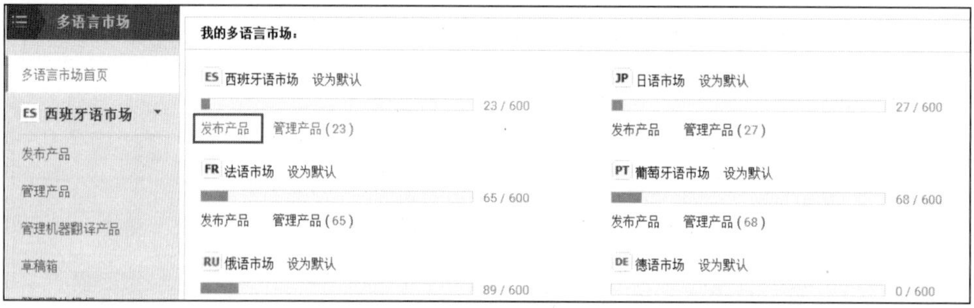

图 5-33　多语言市场管理后台

选择目标市场，单击“发布产品”选项即进入类目选择。如图 5-34 所示，在下拉框中按照层级依次选择产品归属；或用目标语言输入产品关键词，单击“搜索”选项，即出现可能符合条件的类目划分，正确选择后，单击“我已阅读如下规则，现在发布产品”按钮。

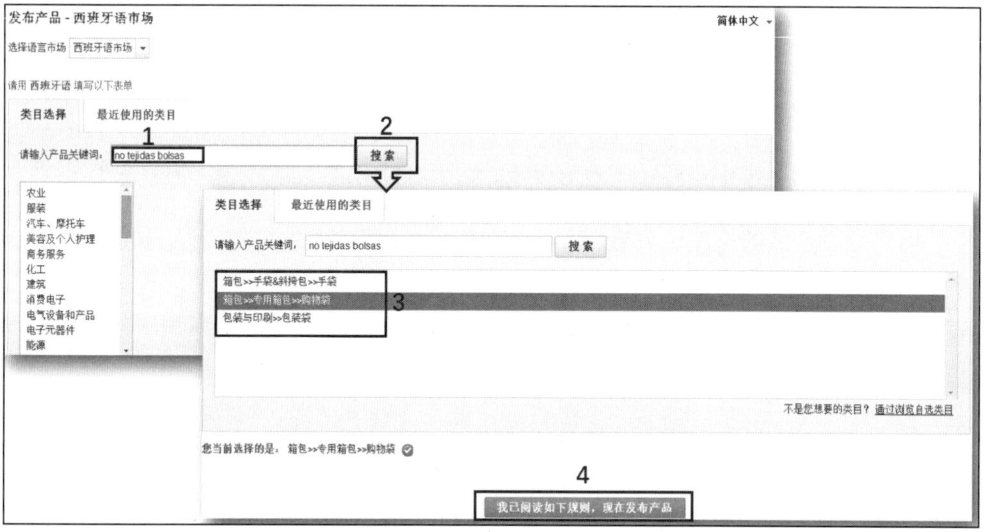

图 5-34　选择产品类目

产品发布与国际站平台相比基本是一致的，仅在一些微小之处略有不同。

（1）国际站平台和多语言平台的表单顺序不同。如图 5-35 所示，国际站更加完善，增加了特色服务、产品分组、产品详情的职能编辑功能。多语言平台把在线批发设置在交易信息模块中。

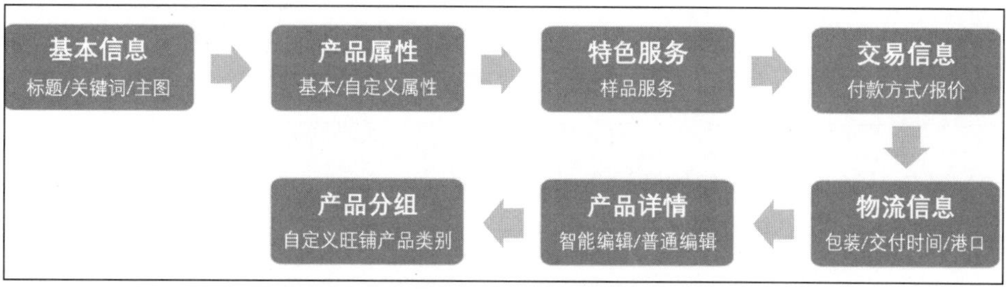

图 5-35（1）　国际站平台产品发布表单填写顺序

图 5-35（2）　多语言平台产品发布表单填写顺序

（2）多语言平台的关键词只能设置一个，不能设置旺铺内产品分组。

（3）多语言产品发布可直接设置在线批发活。

3．小语种的翻译方法

既然产品质量考核和产品发布操作都与英文平台相同，那么最大的障碍就是语言。掌握好翻译工具的使用技巧，运营各种小语种平台都不是难事。

1）避免用中文对小语种的直接翻译

有时，我们将中文直接翻译成小语种，其过程可能是生硬的直译，或是“中文→英文→其他”的二次翻译，偏差较大不说，有时完全背离了原意。所以，要尽量使用英语作为翻译的源语种。

案例

描述：性价比高的无纺布袋。

使用谷歌工具（http://translate.google.cn/）直接译成西班牙语，错误严重，变成了“高成本的无纺布袋”。

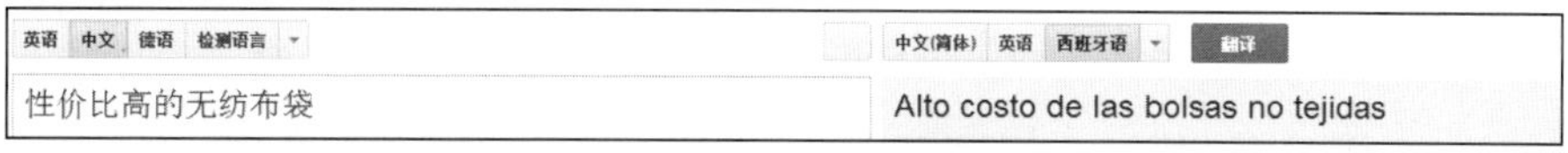

用英文译成西班牙语：

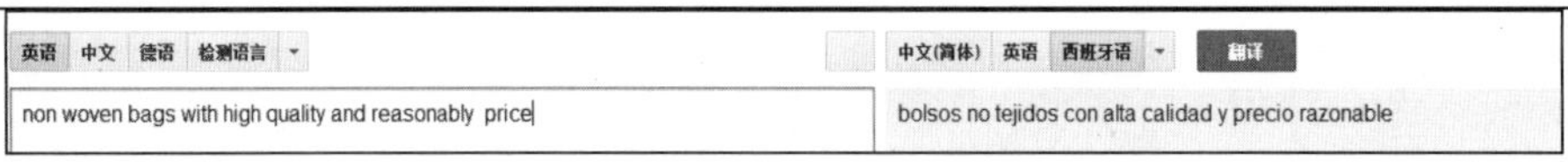

2）避免对复杂句式/长句的翻译

碰到长复句尽可能拆分成几个短句来表达，啰唆比表达错误好得多。

案例

复合句式：

We offer a wide variety of non-woven bag products, which are sold to the US and Europe, reaching $12 million revenue in 2015.

改写成三个短句：

1．We offer a wide variety of non-woven bag products.

2．They are sold to the US and Europe.

3．We reached $12 million revenue in 2015.

再利用翻译工具翻译：

3）避免英文缩写的翻译

我们在英文中经常会使用约定俗成的缩写，比如 pls、ASPS，但是句子中包含这些缩写就会造成无法翻译或错误翻译。

4）确定原词/句的准确性

翻译前一定要再三确定源语句的完整性和准确性，有时单词少个字母或略有偏差，在一定的语境下不会影响阅读。经过翻译工具简单粗暴地转换后，就变得谬之千里。

案例

5）多重检验确保正确

重要的词句，比如标题、关键词、属性这些在检索匹配中权重较大的因素，要确保翻译正确。使用一种工具完成翻译后，我们可以用其他翻译工具进行校对，确保二者差异不大再粘贴到产品发布表单中。另外，产品关键词或标题翻译完成后，要复制到浏览器中进行检索，只有搜索到的产品信息与我们供应的产品基本一致，才能放心使用。

再在产品描述的过程中辅以适当的图片，客户阅读就更加没有障碍了。但是，如果产品、还盘、合同等特别重要，我们也不可掉以轻心，最好通过平台提供的“人工翻译服务”获取更精准的翻译（非免费）。

4. 多语言商机管理

多语言后台模块并未单独设置订单管理，如果客人通过多语言平台发送了询盘，与其他询盘一样到商机管理中心（询盘）中查看。点开询盘查看详情，如图 5-36 所示，标注 1 为询盘标题，标注 2 是客户信息，标注 3 说明了该询盘来自哪个多语言站点，标注 4 是询盘内容，标注 5 中有客人发来的附件。

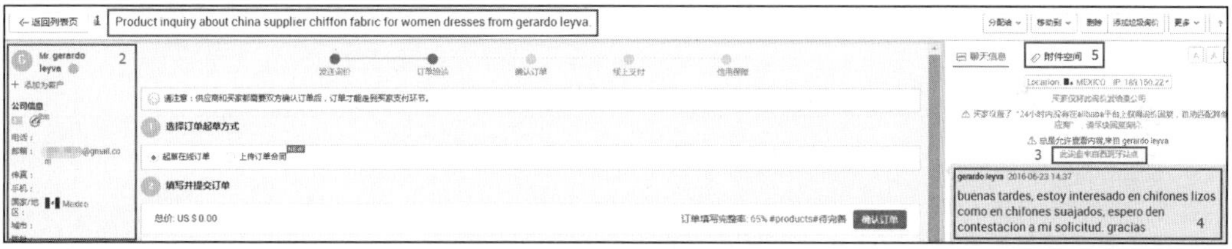

图 5-36 来自西班牙站点的询盘

多语言 RFQ 已经开通了日语、西语、葡语、俄语、法语等市场，如我们之前所讲，把我们的关键词翻译成目标语言，粘贴到采购直达频道首页，就能够检索来自多语言平台上发布的求购信息。把它添加到“+加入我的定制搜索”中，系统就会不定时地把相关 RFQ 发送到“My Alibaba”和绑定的邮箱中，如图 5-37 所示。

图 5-37 用关键词（西语）检索多语言平台 RFQ

5. 多语言的询盘处理

多语言平台竞争力小，询盘质量也不错，需要我们耐心地回复和跟进，引导客户下单。

步骤一：读懂客户需求

如果客户的询盘直接用机器翻译后难以理解，可拆分成句子再操作，译成英文阅读更精确。

客户询盘案例

vorrei sapere qual’ è il prezzo delle ruote 10023p310, qual’ è la quantitá minima ordinabile e le ulterriori spese da affrontare.grazie saluti Barbara natale.

用 Google 翻译检测为意大利语，直译后有点乱：

一句一句翻译成英文再来看看：

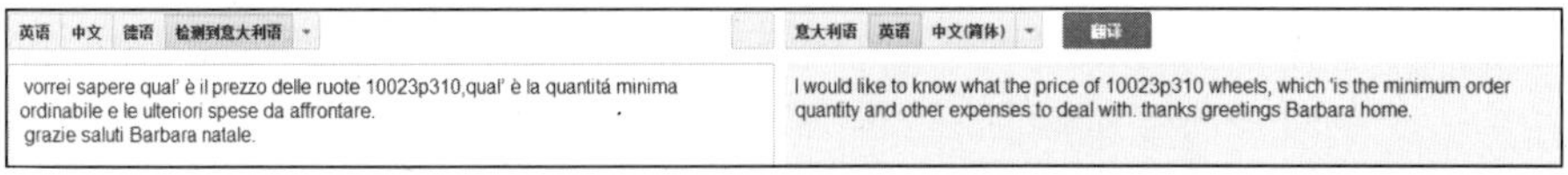

这时再读这封询盘，就非常清晰了：我想知道 10023p310 轮子的价格、最小起定量和其他费用。谢谢……

步骤二：回复与报价

回复客户最好使用对方的语言，注意标题要精确，内容简明扼要，并用适当的图片弥补言语交流的不足。如果想做得更周到，可以用双语回复（目标语言+英语）。

客户询盘案例】

标题：Indagación de producto sobre tela de gasa para las mujeres vestidos de Gerardo Leyva.

内容：buenas tardes, estoy interesado en chifones lizos como en chifones suajados, espero den contestacion a mi solicitud. Gracias

✧ 按照所学方法，翻译询盘：

标题：Product inquiry about chiffon fabric for women dresses from gerardo leyva.

内容：good afternoon,I am interested in smooth chiffons and swaged chiffons,I hope to give reply to my application.Thank you

✘ 错误的回复：

Thank you for enquiry about chiffon fabric.

Pls inform me in English how many meters do you want, and the yarn count, grammage you require?

Look forward to hear from you.

✓ 可参考的回复：

标题：ú ltima lista de precios para el tejido de gasa desde el proveedor de China（latest price list for chiffon fabric from China supplier）

内容：

Estimado señor,
Dear sir,

Somos profesionales fábrica de tejidos de fibras químicas. Gracias por su consulta.
We are professional chemical fiber fabric manufacture. Thanks for your inquiry.

Con el fin de precisión Precio, por favor díganos los detalles de tela de gasa:

especificaciones, cantidad,Muestras, cuadros.

In order to accurately Price,would you please tell us specifications and quantity of the chiffon fabric you want? And do you have some samples or pictures?

por favor, encontrar el archivo adjunto: el catálogo de telas de gasa.

Enclosed please find a catalogue of chiffon fabric.

Esperando su respuesta.¡ Atentamente!

Waiting your reply. Best regards!

5.3.2 在线批发

在线批发市场是阿里巴巴为构建中国产品在世界上最大的全球购在线批发中心，满足供应商轻松消化国际贸易小额批发订单的需求，免费为中国供应商打造的一站式批发和在线交易平台。它在国际站平台上有单独的显示界面：http://wholesaler.alibaba.com/，当供应商发布的在线批发商品超过 8 小时，其旺铺就会出现在在线批发专区。每个国际站平台，在线批发产品数不超过 6000 个，多语言平台在线批发产品不超过 500 个。

与普通商品相比，在线批发需要设置更详尽的信息，以达到让顾客简单、快捷、全面地通过商品页面了解信息，并能够自助下单的目的。这种模式减少了买卖双方的交流成本，让采购和销售过程变得规范化和流程化。另外，在线批发订单需要通过 Secure Payment 进行担保交易，极大地降低了双方的风险，使跨境交易过程更可靠。

与跨境零售相比，在线批发仍然以生产/贸易型供应商为卖方主体，以国外贸易/采购型进口商为买方主体，属于 B2B 模式。

1. 在线批发产品发布

在线批发产品与普通产品的发布流程是一样的，选择好产品类目后，在产品发布表单上选择支持在线批发即可，如图 5-38 所示。

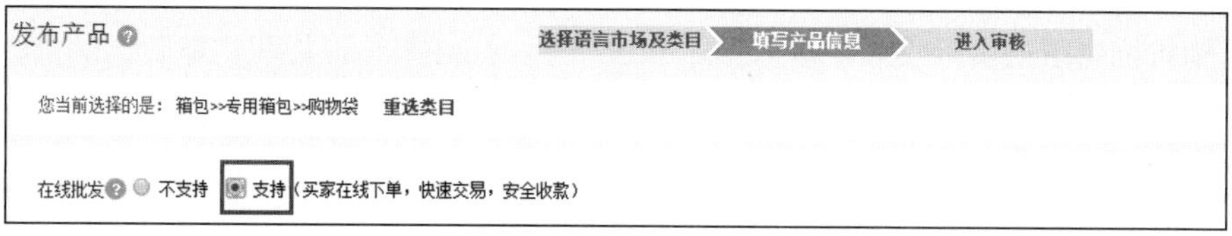

图 5-38　在线批发设置

选择“支持”后的产品发布表单，其“交易信息”和“物流包装”模块会变得更详尽，适合买家根据自己的要求填写，完成自助下单。

1）交易信息

交易信息涉及商品的具体类型、价格和付款方式，如图 5-39 所示。

最小计量单位：根据商品的具体情况如实填写，例如“Piece”“Ton”“Case”等。

销售方式：如选择“按件卖”，即买家可选择最小计量单位的整数倍购买，如选择“按批卖”，则需要设置好数量，买家只能选择这一数量的整数倍购买。

图 5-39　在线批发交易信息设置

阶梯价格：按照采购数量越大，价格越优惠的原则，我们需要合理设置阶梯价格。

- 单击“新增价格区间”选项可添加阶梯层数，但最多不能超过 4 阶。
- 第一个阶梯的数量也代表着 MOQ，考虑到国际运输的成本和产品发货的流程，这里不宜填得太小。

- 销售价格后的实际收入，是指扣除 Secure Payment 手续费后我们能收到的货款。
- 注意，即使选择“按批售卖”选项，填写的也是最小单位的价格。

SKU 价格：为一个商品可选择的每一种属性设置一个对应价格，即 SKU 价格，这种设置在零售店铺中很常见，国际站目前已经对 Apparel、Automobiles & Motorcycles、Consumer Electronics、Timepieces Jewelry Eyewear、Beauty & Personal Care、Shoes & Accessories 这六大行业开放了 SKU 价格。如图 5-40 所示，如果不同属性的价格存在差异，选择“根据规格设置价格”选项，就可以分别对这种商品的不同属性报价，但是 SKU 报价和阶梯报价不能同时设置。

*价格 根据数量设置价格 根据规格设置价格
*最小起订量 100 计量单位

颜色	尺码	价格（单位 计量单位）批量设置 0.00	实际收入（单位 计量单位）	商品编码	不可销售
White	8.5	US $ 50	US $47.50	S056W85	
	9.5	US $ 51	US $48.45	S056W95	
Black	8.5	US $ 56	US $53.20	S056W85	
	9.5	US $ 57	US $54.15	S056W95	

图 5-40　SKU 报价设置

交易方式：客户可以选择信用卡、西联、TT 银行汇款等多种方式支付到卖家的 Secure Payment 账号，投妥确认或确认超时后，即会放款给卖家。Secure Payment 按照交易总金额收取 5%的手续费，人民币账户提现免费，但美金账户提现需要 15 美元/次的手续费，我们可以积累多了再提，以降低交易成本。

2）物流包装

在线批发商品的物流包含海运、空运等多种方式，其运输费用由买家随货款一并支付。根据表单设计，此处需要填写产品体积和重量、包装方式、运费模板和发货期。

产品体积和重量：商品的运费是体积运费与重量运费的最大值，如实填写体积和重量，才能计算出正确的运费，如图 5-41 所示。体积可按照最小销售单位包装后的长×宽×高填写，也可直接填写立方数；重量填写包装好后的千克数，可精确到小数点后三位，如 1.953kg。

图 5-41　体积和重量设置

包装方式：根据实际可以提供的包装进行描述，可包含包装材质、规格、特点等，同时上传清晰的包装图，以避免顾客产生歧义，如图 5-42 所示。

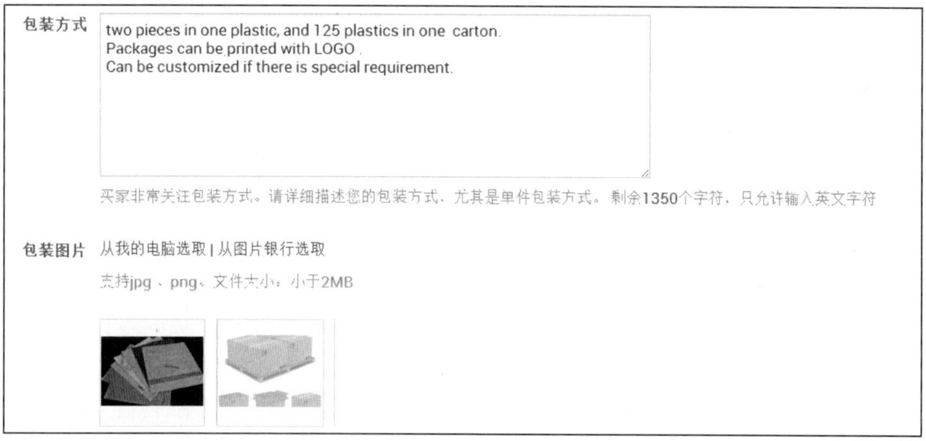

图 5-42　包装方式设置

运费模板：在线批发的运费信息直接展示在海外买家面前，运费模板的合理性对顾客采购下单的决定影响重大。在设置之前，我们要根据产品特征和销售地区选择合理的物流公司，协议优惠的比例，接下来就可以设计模板了。

新手模板和快捷模板是系统自带的基于市场普遍价格的运费模板，可以直接使用。如果我们有更优惠的快递方案，则可以单击“管理运费模板”选项，设置自己的运费模板，如图 5-43 所示。

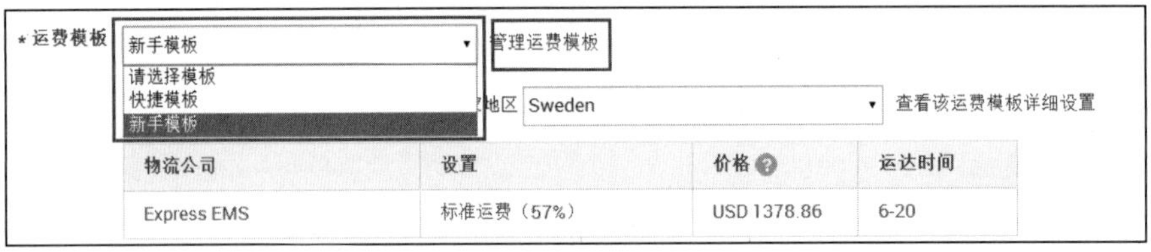

图 5-43　运费模板的设置

发货期： 指从买家下单到交付国际运输的时间。发货期≤2 天，产品即加入“48 小时发货”服务保障，获得突出标示和排名优化，但供应商需要在买家付款并审核通过之后的 48 小时内（除不可抗力因素影响及双休节假日外）将支持该服务的商品发出（必须在订单详情页里填写正确的运单号，并且运单号 48 小时内须追踪到物流信息）。供应商需要根据自己的实际能力填写，否则一旦逾期，交易就会被关闭，还会受到警告乃至 90 天功能关闭的处罚。

2．在线批发订单管理

客户下单后，我们可以在“My Alibaba”上的“订单管理”→“在线批发订单管理”中进行订单的操作，如图 5-44 所示。

图 5-44　在线批发订单管理

供应商需要在约定期内把货物发出，并单击“Ship Goods”按钮及时填写运单信息，如图 5-45 所示，便于买家追踪物流。如果逾期未能填写，订单关闭，货款也会自动退还给买家。

图 5-45　运单信息填写

买家收到货后对订单进行确认，供应商 Secure Payment 账号上冻结的货款就可以提现了。如果买家迟迟未能确认，我们也可以主动联系对方，问一问到货情况，顺便催促。当然，如果买家一直不确认也能自动放款，不过时间有点长，4 大商业快递（UPS、TNT、FedEx 和 DHL）要等待 23 天，EMS、顺丰要等 27 天，航空包要等 60 天，其他快递一般要等 40 天。在此期间，如果系统检测到物流妥投记录，倒计时会缩短为 5 天。

最后，别忘了请买家对我们的商品和服务进行评价，并给对方一个好评。

5.4　商务谈判及沟通

正如前文所述，买卖双方通过询盘、报价请求等流程，经由多语言市场发布后，往往会获得一些交易机会，然而买卖双方极少出现一方报价，另一方立刻接受的情况，此时他们就进入了订单洽谈的状态，通常买卖方需要经过几轮讨价与还价才能达成交易，因此熟练掌握商务谈判及沟通技巧有助于提高交易的成功率。

在阿里巴巴国际站里，商务谈判及沟通的通道多样，前文的外贸邮、阿里巴巴站内信、阿里旺旺国际版均可实现，这些通道的具体使用方法就不再赘述了，本节仅介绍平台的操作。

5.4.1 商务谈判及沟通的平台操作

在阿里巴巴国际站中，商务谈判及沟通的流程主要在商机管理中心完成。

1. 阿里巴巴商机管理中心的主要功能

功能一：商机管理中心的订单详情页通过贸易节点实时定位每个订单的贸易进度。从订单流入、订单沟通、订单支付、物流进度到最终订单完成，在这里实现全程操纵和在线管理。

功能二：买卖双方可以对当前订单进行磋商和更新，以免产生因信息不对称而产生的贸易损失。随时生成最新订单的功能也提高了双方贸易的效率，促进贸易快速成交。一次次更新，也显示了商务谈判的过程，如图5-46所示。

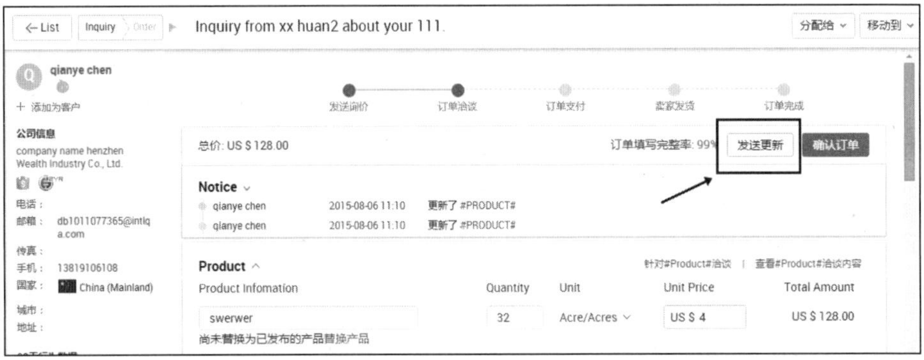

图5-46 阿里巴巴国际站商机管理中心的更新

2. 阿里巴巴商机管理中心的主要操作

在阿里巴巴国际站订单的全流程内，商务谈判主要集中在第 2~4 步，即回复询盘、单方确认订单和双方确认订单阶段，如图 5-47 所示。

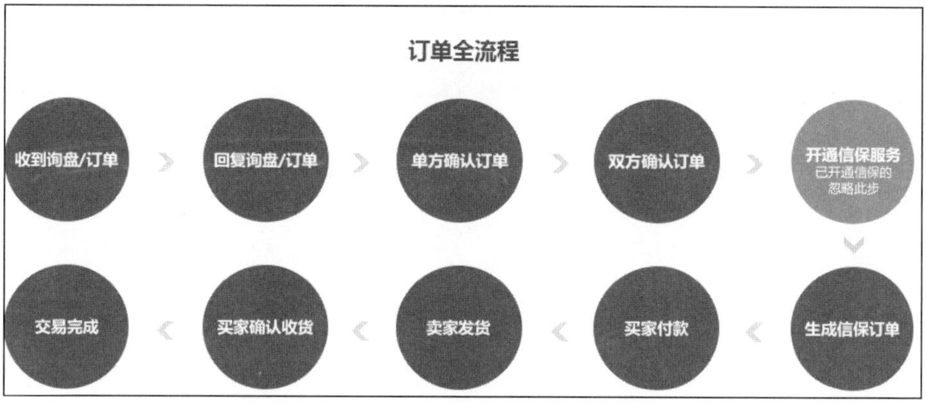

图 5-47 阿里巴巴国际站订单全流程

阿里巴巴国际站订单的前 4 步的主要工作内容如下。

第 1 步：收到询盘/订单

在阿里巴巴国际站卖家后台，我们可能收到两种买家端产生的商机，一种是买家通过单击“Contact Supplier”按钮产生的普通询盘，一种是买家通过在产品详情页面单击“Start Order”按钮产生的“买家单方确认的订单”。相对来说，“Start Order”的信息完整性和订单真实性较好，其买家端订单填写率为 100%。

第 2 步：回复询盘/订单

当我们收到询盘后，可以先对该买家做一定的了解，具体参见商机管理中心页面左侧的买家基本信息，如图 5-48 所示。

在粗略地了解买家基本信息后，确认是个可谈的项目，就可以进入第 2 步回复询盘/订单。在实际操作中可以将第 2 步“回复询盘/订单”和第 3 步“单方确认订单”合并。

先单击“起草意向合同”选项，按合作意向填写订单模块下的 Product、Shipping、Payment、Contacts 等信息。这些信息在双方确认之前，都可以反复修改。

图 5-48 买家信息

在填写合同具体条款时，有不明确之处可通过页面右侧的聊天窗口和买家沟通逐一确认，如图 5-49 所示。例如，可以针对产品单价、包装、物流方式、发货时间等和买家磋商。

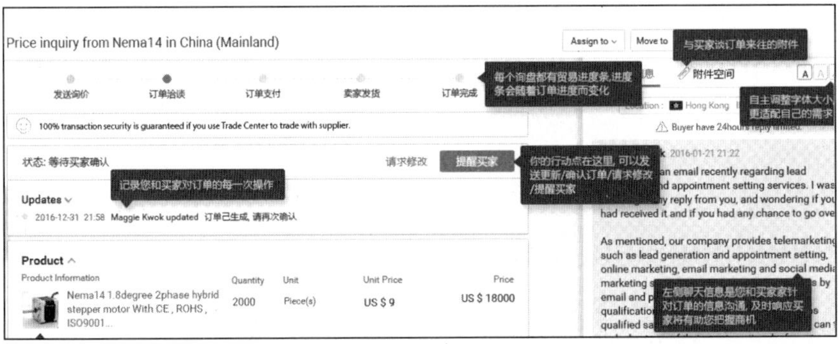

图 5-49 阿里巴巴国际站商机管理中心的订单沟通页面

第 3 步：单方确认订单

当你全部按顺序填写完毕，查看订单填写完整率，如果没有达到 100%，可以单击“确认订单”按钮旁的百分数按钮，页面会告诉你哪个模块需要补充，直至补充到 100%，如图 5-50 所示。

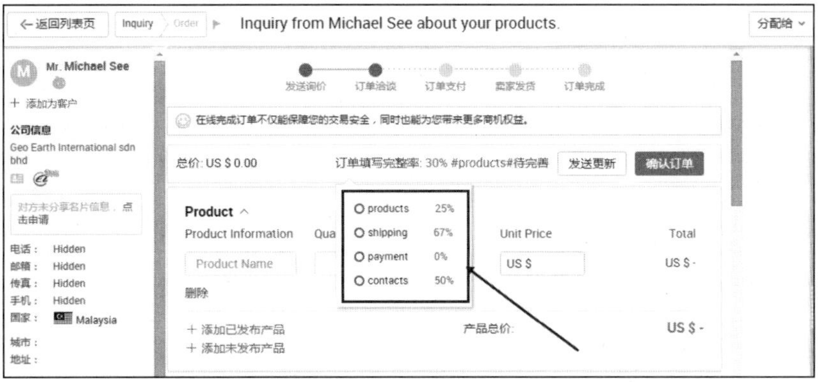

图 5-50　阿里巴巴国际站商机管理中心的订单填写完整率页面

当所有的信息都确认无误，订单填写率也已经到 100%了，直接单击“确认订单”按钮，如图 5-51 所示。这一步骤其实可以和上一步合并，当我们不再“发送更新”，就可以确认订单。

一般而言，为了减轻操作成本，我们直接核实卖家端的信息，填完整表单后单击“确认订单”按钮，就完成了单方确认订单。

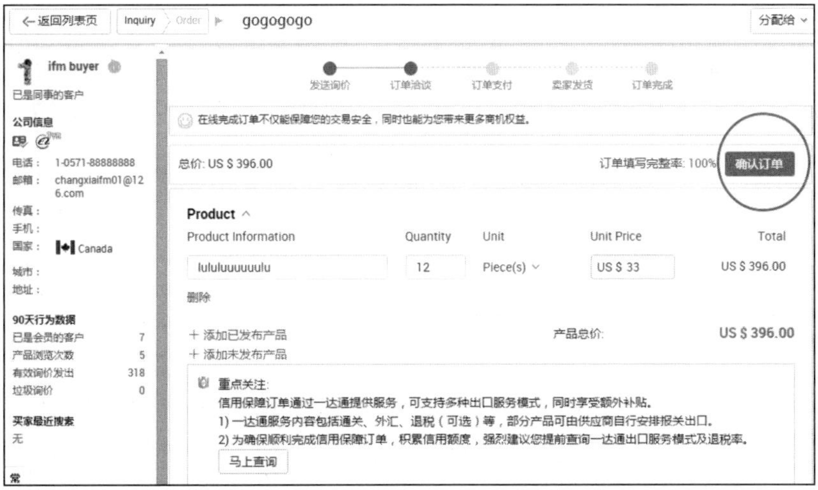

图 5-51　阿里巴巴国际站商机管理中心的订单确认页面

当你单方确认完订单，就会看到类似图 5-52 所示的页面，告知你已经单方面确认订单，需要买家确认。

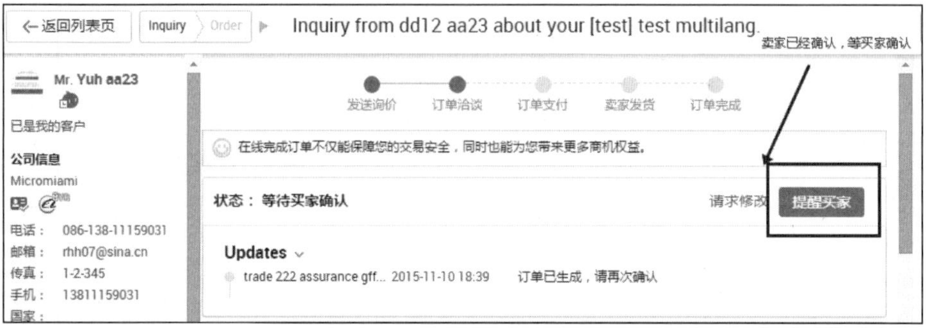

图 5-52　阿里巴巴国际站商机管理中心的提醒买家页面

小提示

买家端是什么样的页面呢？

买家把所有信息填写完整，订单填写完整率达到 100%后，买家这边会看到如图 5-53 所示的页面，此时买家也可以单方确认订单。

图 5-53　阿里巴巴国际站商机管理中心的买家确认订单页面

如果买家已经确认订单，就等待卖家确认，页面大致如图 5-54 所示。

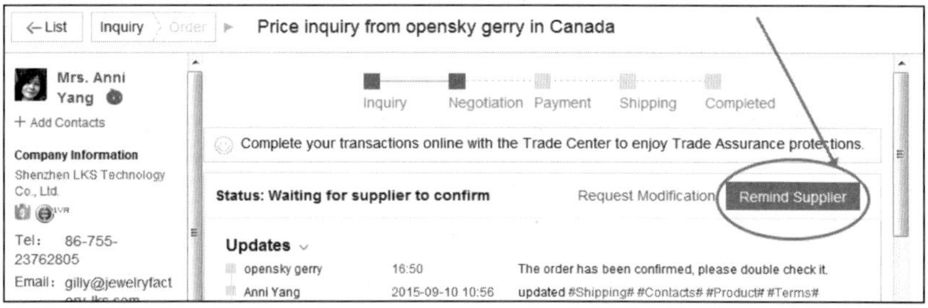

图 5-54　阿里巴巴国际站商机管理中心的提醒卖家确认订单页面

第 4 步：双方确认订单

当本方单方面确认了订单，对方收到后若进行修改，则又变成了对方的单方确认订单，本方修改后再返回，对方再修改，直到双方都确认。

当买卖双方都确认了订单，该订单就会流入下一个环节——买家支付，此时卖家端可以看到“查看订单”按钮，如图 5-55 所示，你也可以提醒你的买家去付款。一般而言，为了让买家快速付款，卖家应该快速确认订单，这也是为什么我们常把第 2 步和第 3 步合并操作的原因。

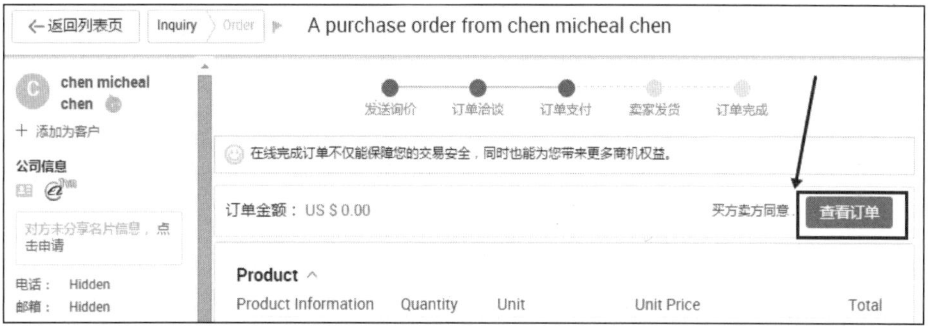

图 5-55　阿里巴巴国际站商机管理中心的查看订单页面

买家端看到的则是“Go To Pay”按钮，如图 5-56 所示（前提是卖方已经开通信保，如未开通详见本章 5.5 节内容）。

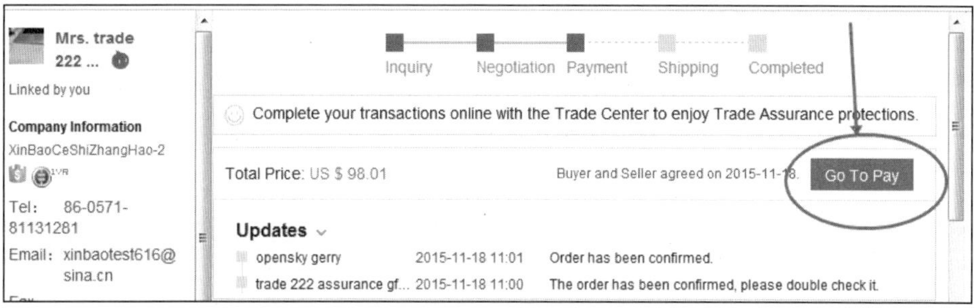

图 5-56　阿里巴巴国际站商机管理中心的前往支付页面

至此，阿里巴巴国际站内的沟通与谈判平台操作基本告一段落，剩下的主要是执行流程。这样的沟通与谈判可能耗时几分钟，也可能耗时半年以上，取决于双方的合作关系及买方购买契机等多种元素，其时长并不能确定。因此，为了获得更好的谈判效率，我们应该掌握必要的商务谈判及沟通技巧。

5.4.2 商务沟通

1．沟通概述

1）沟通的概念

沟通源于英文的“Communication”，是指人与人、人与群体、人与社会之间双向的信息传递、接收、交流、分享的活动过程。因此，一切人类信息交流的关系和活动皆可称为沟通。

沟通是一个闭环的活动过程，即信息源把自己脑海中的想法或思想进行编码，转化为信息，经由一定的通道传递给接收者，接收者将收到的信息按照自己的理解进行解码，产生一定的想法或思想后编成信息反馈给信息源。信息源再编码传递，如此循环往复就形成了双向沟通。由于这一过程中容易出现编码不认真、信息内容混淆、通道选择不当、噪声过高或者信息源和接收者个人有偏见、知识水平高低不一、解码不认真、注意力不集中等状况而造成失真，所以信息源心里的想法和思想与接受者解码所还原到的想法和思想很难完全一样，完美沟通难以实现，使得我们在实践中只能寻求达到有效的沟通。

2）有效沟通的 7C 原则

有效沟通的 7C 原则是美国著名的公共关系专家特立普、森特在他们合著的《有效的公共关系》中提出的，它们是由 7 个 C 开头的英文单词构成。

- Credibility：可信赖性，即建立对信息源的信赖，树立信息源的权威。
- Context：一致性（又为情境架构），指沟通应与物质的、社会的、心理的、时间的环境相协调。
- Content：可接受性，指沟通内容应与接收者有关，才更能引起他们的兴趣，满足他们的需要。
- Clarity：明确性，指信息的表达形式应该简洁明了，才更易被接受。
- Channels：通道多样性，指应该有针对性地运用多样化的沟通通道向接收者传播信息。
- Continuity and consistency：持续性与连贯性，沟通是一个闭环，为加强沟通效果，可以对信息进行不断地重复，并适时补充新的内容，如此连贯持续下去。
- Capability of audience：接受者能力的差异性，指沟通时应考虑接收者的差异（包括注意能力、理解能力、接受能力和行为能力等），采用差异化的沟通方法。

2. 跨境电商沟通概述

1）跨境电商沟通的特性

跨境电商沟通就是在跨境电商这个特定的业务领域进行沟通，其具有三个特性：一是沟通主体分属于不同的关境，可能在语言、地域、气候、价值观点、思维方式、行为方式、风俗习惯、文化、消费习惯、宗教乃至国家政策、行业环境等方面存在差异，这些差异是沟通的主要障碍；二是在整个业务流程中将主要采取电子商务手段，必须充分考虑电子商务手段的特性与特点；三是沟通贯穿跨境电商全流程中，从调研、展示、洽谈、成交到履行等各个环节。

2）跨境电商与传统国际贸易在沟通上的异同

（1）两者在沟通上最相同的两点就是均追求时效性和完整性。

- 所谓时效性是指回复的及时性，即无论是传统国际贸易中的商业谈判还是阿里旺旺国际版、国际站站内信、外贸邮里的沟通，均应在第一时间给予回复，配合客户的节奏和时间进行紧密沟通并做出反应，避免因为回复不及时而丧失商机。

举个例子：

me

2016.06.19 21:12	Hi friend, would you please tell me more details?
2016.06.29 20:20	Hi, need a good deal for this hair

这是一个站内信的询盘，这段对话的内容没有问题，但问题在时间上，客户是 20:20 发出的询盘，并且订单量较大，而回复在 21:12，前后相差近一个小时。虽然回复时间符合平台规定和规则，但是结果可能为：一是客户在线等了几分钟后，没有回复后转而询问了他人，结果他们成交了；二是客户没等到你的及时回复，而是在过了段时间后，才看到你的回复，他再回复，这样沟通的时间被人为拉长很多倍，而多次无效率的沟通最后可能直接导致订单的流失。

再举一个例子：

Me 2016.06.29 12:12:46	Would please tell me ……
Peter 2016.06.29 12:11:45	All the colors are the right colors for me. We need about 3000. How about the price?
Me 2016.06.29 12:11:00	Hi friend, May I know the quantity you require? Would you please tell us which colour do you want? We have six colors of hair: golden, black, brown, red, blue and green.
Peter 2016.06.29 12:09:43	Hi, need a good deal for this hair.

在这个例子中，买卖双方的沟通节奏较快，顺畅的沟通使得双方能够较快地进入主题。

- 所谓完整性是指在沟通时不仅回复了客户的表面提问，而且将附带信息尽可能完整地呈现，这样才算真正的完整沟通。比如上面案例中的客户只是说了一句需要大量假发，回复中不但询问了需求量，而且将客户可能关心的颜色提供给对方选择。也就是说，在接到相关询价时，应将产品价格、质量、用户回馈、关联产品、售后服务等在内的信息都准备好，随时根据对方的兴趣抛出。实践证明信息的完整性可以提升沟通的价值。

（2）跨境电商与传统国际贸易沟通上的不同主要在于竞争状况、沟通对象、服务个性化程度不同。

- 竞争状况：跨境电商比传统国贸竞争状况更激烈和复杂，其信息量更多更难捕捉。
- 沟通对象：跨境电商既可能遇到传统国贸的主要沟通对象（专业的批发商），也可能遇到小型的批发商或终端用户，其对产品的质量、价格的要求和传统国际贸易有所差异。
- 服务个性化程度：跨境电商相对于传统国贸而言，小单化、高频次、重复购买的特点更为明显，其对个性化的服务程度要求更高。

3．跨境电子商务的沟通技巧

跨境电商沟通中存在较多的信息失真和损耗，根据沟通的 7C 原则，借助必要的沟通技巧可以获得较好的沟通效果。

1）树立信息源的权威性、客观性和接收者的亲密性

在沟通时，对于产品的品质，可以展示本方产品通过的国际认证，提供其产品品质的

权威性证明；通过统计数据、独立第三方的评价、技术参数的描述提高其客观性。与客户建立私交，比如交谈时多用“我们……”这样的亲近词，而不是“你……、我……”这样立场分明的词，提供解决方案时多为对方设想，能够站在对方的立场上寻求解决方案。当问题出现时，多说“我们一起看看如何解决”，双方定位应该是问题的共同解决者，而不是“这是你的事，跟我没关系”的漠然关系，这要求沟通者有一定的移情能力和换位思考习惯，以提高彼此的亲密性。

2）基于共同经验范围制作信息

在沟通中挖掘对方的经历，找到与之相同或类似的经验，选择能够引起对方共鸣的话题或者从对方容易认同的观点入手，不要超越其认知范围，这样沟通效果会较好。例如，对有财务背景的客户持续说明产品的性价比一般会优于对其说明产品技术的领先性。

3）选择合适的时间和社会环境

环境选择得当与否会影响沟通效果，比如沟通越及时，效果越明显，若不能及时沟通，建议算好时差，在对方处于正常工作时，其沟通效果相对较好，但一般应避开心理不适区，比如周一上午（最忙）和周五下午（最不想工作），沟通正式内容前可适当调整情绪，让双方都进入比较正面积极愉快的情绪中；选择合适的社会环境是指调整双方的社会关系，以及个人所属的团队、社会规范及文化风俗等，最好能够找到对方习惯的圈子，触到客户愿意到达的一切网络触点，一方面可以建立亲密性，双方的共同话题容易展开，另一方面借助相应的论坛、协会和活动进行专项的推广往往会取得较好的沟通效果。

4）完善沟通技巧

跨境电商中沟通者应善于因人因情况进行沟通，运用图文结合的方式，形成有效的沟通。

小提示

常见的沟通技巧包括哪些？

1. 认真地“听”。

这里的倾听是指一种态度、技巧和习惯。对于对方的留言，最重要的不是立刻回复，而是充分了解对方的立场和观点（在显形的文字下对方隐形的需求和期望是什么），读懂读透后再进行有针对性的回复。在采取即时软件进行沟通时，应选择一个相对安静舒适的环境，降低噪音的干扰，沟通时采取较好的坐姿，保持身体的警觉，注意避免分心的举动或者手势，不时借助网络软件内表情包贴上表情，表示在倾听，鼓励对方继续留言，必要时进行复述和提问以检查自己倾听的效果，注意尽量不要中途打断对方，等对方全部讲完了再留言做出反应和回复。

2. 恰当地“说”。

说可以分为多种形式，比如在表达礼貌、温和、中性的态度时可采取礼节性的交际语言；在涉及技术、价格条件、付款、包装、保险、运输、法律等方面，就采取措辞规范、逻辑严谨、内容明确的专业性交易语言；对于一些暂时吃不准的、不方便当面拒绝或者接受的事宜可以用留有余地的弹性语言，如“您的要求我们会充分考虑，但具体价格我需要进一步核算后才能给您答复”，呈现一种允而不定，否而不决的态度；对于需要强化自己的态度，软化对方的态度时，可以采取威胁劝诱性语言；对于需要制造轻松愉快的氛围，在欢笑中拉近距离时可以采用幽默诙谐的语言。此外，用语清晰易懂、注重逻辑性、言简意赅、礼貌用词这些都是最基本的要求。

3. 有效地“问”。

为了达到获取需要的信息、透露自己的意图、引起对方的注意等目的，可以多提问，并可在信息掌握较全时采取闭合式提问（让对方在限定答案范围内进行选择），在不太了解对方想法时用开放式提问（答案不可控，如问答题）的方式，一般应预先准备好问题，注意采用先易后难的提问次序，问题应该简明扼要，可以持续追问和迂回提问。在回答时，在没弄明白哪些该说哪些不该说之前，不要确切地回答问题，不要彻底地回答问题。可以预先充分准备，有足够的思考时间后再回答，比如当客户询问能否 Drop Shipping 时，可以先问对方“您大概准备定多少货”，根据对方的回答决定是否代为进行这个麻烦的操作，避免错失抓住大客户的机会。

总之，商务沟通遵循一定的沟通原则将更为有效，技巧的掌握将有助于商务谈判的顺利进行。

5.4.3 商务谈判

1．商务谈判的概念及特点

商务谈判是指组织与组织之间，更准确地说是企业与企业之间，在经济活动中，以经济利益为目的，就双方的商务往来关系进行的谈判。这一商务领域的特质决定了它的特点。

（1）以经济利益为目的。

（2）讲求谈判的经济效益。经济效益是评价一场商务谈判是否成功的主要指标，因此其讲求谈判的成本、时间和效率。

（3）以价格作为谈判的核心。虽然价格并不是谈判双方利益的唯一表现，但在几乎所有的商务谈判中价格都是谈判的核心内容，因为价格最直接地表明了谈判双方的利益。

跨境电子商务谈判从严格意义上讲，可以视为涉外商务谈判，其比一般的商务谈判更复杂，难度更大，涉及的商务问题也更广泛。

2．跨境电子商务谈判的技巧

跨境电子商务谈判贯穿整个交易始终，谈判的技巧在客户开发—报价—讨价还价—追单—成交等各阶段均有所使用，本节仅截取其中最为重要的几个部分进行说明。

1）开发信的写作技巧

开发信作为开发客户的敲门砖，其写作其实是一门艺术，若采用千篇一律的模板会大幅降低开发信的成功率，而模板加个性化修改的方法往往更为有效和富有针对性。

在阿里巴巴国际站，经由 RFQ，卖家可以发现有意向的客户，当回复 RFQ 并获取对方的联系方式后，有时没有得到对方回复，此时发一封开发信跟进项目，可以较好地提高回复率。

一封较好的开发信需要注意以下三个核心元素。

（1）标题。

良好的标题是成功的一半，只有客户愿意查看的邮件才是好邮件。在诸多邮件列表中能够让你的邮件脱颖而出的只能是标题，一个不明确的标题，会让客户根本没兴趣打开，此时即便你的开发信内容写得再好，也没有被阅读的机会，由此可见标题的重要性。标题既可以是邮件内容的高度概括，也可以是发件人有意的设置，以引导收件人往有利于发件人的方向处理邮件。

取一个好的标题首先内容要言简意赅，直接吸引客人查看邮件，过长的标题会影响顾客的阅读；其次，标题应该有一定的个性化处理，要尽量避开类似这样的主题："we are the manufacturer of lights"，又或者"need cooperation"，或者"Zhejiang×××trading company ltd"，或者"price list for lights-Zhejiang×××trading company ltd"这样千篇一律的表述方式，一看就知道是推销信。这样的主题一般两个结果，一种可能因为回复比较及时，偶尔赢得了打开的机会，一种可能被淹没在海量的类似邮件中根本不被打开，甚至被直接删掉。根据上面的沟通技巧，可以从对方的共同经验范围入手写标题，假设我方是顶级手机品牌的代工厂，可能也就是极小的某个部件的代工，但当你要开发一个新的手机公司 XYZ 公司，主题可以这样写，"Re: XYZ inc/***（业内最有名的公司）foundry/自己公司名称"，这种写法，第一部分在主题上加上对方公司名称，表示对他们公司的尊重，也易引起对方共鸣；第二部分标明你是世界顶级手机品牌的代工厂，既表明了实力，也会引起对方公司的好奇心；最后一部分代表自己公司。我们反向思维一下，假如你是这家公司的经理，突然某一天收到这么一个主题的邮件，一般会怎么想？他的思维可能是太棒了，那么牛的公司的代工厂找上门来了，可以跟他们聊聊，看看是不是有合作机会，是不是比原有供应商更好，至少可以知道顶级公司和供应商是怎么合作的？他打开邮件的概率会大幅提高，至少他认为打开来看看或者跟你聊聊是没有坏处的事情！即便客户当时不回你的邮件，但一旦他想让你报个价，凭借印象中的关键词就可以快速地搜索到你，而不需要在海量的相同类似邮件中一个一个打开邮件才能确认你大概是哪家公司，所以起一个略带独特性又言简意赅的标题很重要。

小提示

好的标题有哪些类型呢？

（1）新颖型：标题中注明自己的产品，加一点新意。

Your air, we care——** air conditioner

Stay cool with us——** air conditioner

（2）疑问型：标题中抛出有力度的问题，抓住对方痛点；或者直接问出自己想要的。

Are you really satisfy with your present supplier?

XYZ INS: How could we be your possible vendor?

（3）回复型：标题中用多个 RE，表示这是一封往返多次回复型邮件。但这个慎用，若前期没有接触，你的开发信写的内容吸引力不足的话，可能适得其反。

（4）熟知型：利用沟通原理的可接受性和一致性，标题中出现对方的熟知信息，或与接受者密切相关，吸引对方注意力。

写一封信给一家做 Safety Vests 的公司，他们公司网站上有 Secure Your Daily Work 的宣传口号，那么我们的标题就可以写成“Secure Your Daily Work，can we involved?”

（5）利他型：以客户利益为切入点，越详尽越易被查看。可以对比一下，“我们的价格比别人便宜 20%”与“您的利润能够提高 20%”，虽然实质相差不大，但对方更愿意接受第二种表述方法。

如：Attn: XYZ INC–Economy safety products get Revenue 20% up–ABC company.

（6）信息型：以市场信息为标题，带有一定咨询性质的标题吸引查看。

如：ABC company: Nonwoven material rise in July.

（2）签名。

签名的作用是将你公司的主要信息以别人喜欢阅读的方式表达出来，加深客户印象并方便查找。

通常签名部分最好带有你企业的 Logo，方便识别；签名内容应当简洁明了，但公司的名称、地址、邮箱、部门、职位、电话传真、网址、软件账号、电子邮箱等都应该包含在内；签名后可以写些类似保密之类的承诺和要求，此点不少大公司比较在意。

（3）正文。

在开始写正文前，应该对目标企业进行必要的调研，通过客户公司网站的研究、搜索引擎的技巧、海关数据的研究还有一些专业网站了解对方公司的基础状况，做到有的放矢。

正文的写作应该遵循“先适应对方的需要，再达到本方的目的”的写作原则。比如，我方的目的是通过强调便宜促使对方购买我方产品，而购买方更关注性能，那么在写正文时，只强调“我们的价格比别人便宜 10%”这句话并不足以打动对方，而应该说“我们的产品性能卓越，质量稳定，关键是跟别家相比，同等性能下，你可以节约 10%的支出”，所以站在对方的立场上去修改自己的内容，看看本方写的内容是仅我们认为有用，还是确实是对方所需。

正文的内容基本上三段论式居多，先问候或者告知对方我们是做什么产品或服务的，然后告知对方我们的特殊价值在哪里？为什么建议选择我们，我们能给对方带来什么利益和好处？比如公司的背景和研发实力；公司品牌、设备和技术；公司的管理系统和样板客户；业务人员从事这个行业多长时间，有多年生产或外贸经验，产品都销售至哪些国家和区域；成功案例，有跟知名品牌或企业合作的经验，适度举例说明；发货期快，价格有绝对的优势；有参加买家当地的展会，或业内知名展会；有认证证书，品质有保证，可提供 OEM，个性化定制服务等，最后提示对方可以采取电话、看厂、要免费样品等行动。

正文一般建议以短句为主，适当口语化，简洁明了，适当辅以小幽默往往会有意外收获。总字数建议控制在 150 字内，不要通篇大写字母，正文中最好不要带网址，否则很容易被外国服务器拦截，行文少用主动语态，多用被动语态，不用奇奇怪怪的字体，欧美人常用的字体是 Arial、Verdana、Calibri 和 Times New Roman，礼貌用词等这些细节也应注意。

范文 1

Dear ××（最好查到具体称谓） Glad to learn you’re on the market of ××.（产品名） 210 workers, 15000M2 non-dust workshop, ×years experience, × years’ vendor of ××（证书） certificated, one hour reach Huangpu port, this is how we keep superior quality and competitive offers for global valued customers. Our main products cover ×××. Quality and service is our culture. （强调我们的能力和价值） The attach is our×× catalogue for reference. If any product need your demand, please contact us for further information.（提示未来）

We're sure your any inquiry or requirement will get prompt attention.

Best Regard
(Your name)

范文 2

Hi Mary

Glad to know that you are in the market of safety products.

This is ××× from Chinese Manufacture. Under this situation, we have enough skills and experience to support you with all kinds of safety work wear, helmet, safety shoes and so on!

How about giving me a try?

If so, call me at ××××, let's talk more!

Best Regards,
Jocelyn

此外，正文内容的设计与前文好的标题常见类型的写法是一致的，邮件发送的频率与开发信的定位也相关，比如若为信息型可以定期发送。一方面传递市场信息、关联产品信息、竞争对手信息等；另一方面信中推荐本方最富竞争力的主打产品一两项，持续提醒对方自己的存在，以期获得机会。

注意　开发信写好后，有些人习惯附上产品价格表，对附件特别要注意三点。

（1）价格表建议用 PDF 格式，因为很多国家并不是人人都用 Office 软件，而 PDF 可用 Adobe 软件打开，Adobe 软件的全球通用度比 Office 高很多。

（2）价格表用 PDF 格式，其作为附件可以直接在线查看，而不需要下载再查看，使用起来更为便利，也避免客户因为担心文件带病毒而不愿意下载。

（3）PDF 格式不能修改，避免了 Word 或 Excel 软件这方面的问题，免除了后面买卖双方就原始价格是否被修改发生争执的隐患。

2）报价技巧

价格永远是谈判的核心问题，价格高低直接关系到谈判各方的切身利益，而报价则确定了价格谈判的起点，其高低往往决定了是否能够有效吸引客户和自身利益实现，所以应掌握必要的报价技巧。跨境电子商务平台的谈判不同于传统国贸，在看厂前几乎没有面对面的交流，也没有过往交情的铺垫，只有单纯的文字表达，那么如何在电子商务平台上更有效的报价？这需要解决好以下几个问题。

（1）分析价格的影响因素。

影响价格的直接因素是商品本身的价值、货币的价值和市场供求情况；间接因素包括主顾的评价、需求的急切程度、产品的复杂程度、交易的性质、销售时机、产品或者企业的声誉、购买方得到的安全感、货款支付方式、竞争者价格等。

（2）掌握报价的时机。

虽然我们前文讲过，对方的询盘我们及时回复更有利于成交，但贸然报价显然也会丧失先机。在报价之前，首先要弄清楚买家的真实性，确定对方不是来打听市场行情的竞争对手，尽量避免价格被泄露给那些不打算真正和我们做生意的人。其次，了解买家对这个产品的专业程度，这决定了在说明产品时我们需要扮演介绍者还是引导者的角色；接着，评价这个买家的购买力，以此确定报价的高低，以及对相对应的产品介绍说辞；最后，确定买家的采购计划的时效，以此把握报价的可执行度及长期培养的必要性。

当明确卖家是真实的，并不需要急于报价。当本方对市场行情及对方的意图没有充分了解，交易细节没有充分核实时，贸然报价，可能会限制我们本身的期望值，或者陷自己于被动之境，过早暴露自己手上的牌，很容易被对方牵着鼻子走，并容易沦入单纯比价的尴尬状态。在对方没有得到本方的报价之前，本方的各种介绍和看法都或多或少影响到对方对本方的判断；一旦明确了价格，就基本明确了与本方合作的可能性，即便这中间因为贸然报价对方其实是有所误解的，但此时再施影响已经来不及了，所以只有对市场和对方有充分的了解和评估时，根据自己的谈判策略，再掌握报价的时机。

（3）确定报价的起点。

常见的报价方法有两种，一种是西欧式报价，一种是日本式报价。西欧式报价偏向于按较高配置报相对较高的合理价格，日本式报价偏向于按最低配置报相对较低的竞争价格，两者各有其适用状况。

小提示

什么状况适合西欧式报价？

1. 独特性：你的产品拥有独特竞争优势，比如在技术、质量、认证、设计、专利、渠道等方面有自己的独特性，市场可替代产品少。

2. 采购量：当买家的采购数量较小，远低于一个正常生产批次的量时，其运输和操作成本占比相对较高，单价自然就上去了。

3. 急切程度：买家要求的采购时限比较紧，工人需要加班加点才能满足其对供货的要求。

4. 对方实力：买家是业内知名品牌或大公司，购买力较强，希望获得性价比更优的产品。

5. 市场潜力：买家市场潜力一般，身处小而偏的市场，有意向的供货商不多。

反之，当市场竞争激烈，采购量较大，市场供货方充足，买家并不急于采购，市场潜力巨大时，为了从竞争者中脱颖而出，往往需要采用日本式报价方法。

电子商务的特性决定了信息不对称的状况将日渐弱化，市场透明度越来越高，当下比较稳妥的报价方法是仔细核算成本，报出一个合理而稳妥的价格，进入对方考虑的范围内，而后再谋求长期合作和修正利润。

（4）运用必要的报价策略。

初期报价时首先应该粗细适度。粗到能够说明问题，细到无孔可钻。比如对于一些技术条件，只要粗略说明购买者最关心的几个指标即可，为后面谈判留下操作和让步空间。细到对方希望了解的信息全部覆盖。

其次，可以采用明暗相间的手法。报价中明示的条件竞争力十足，令人喜爱不已，但暗含的条件使己不亏，当对方需要明晰这些暗含条件时，可以进一步讨价还价。

最后可以预留伏笔，比如在未来的技术深度或设备配件价格上做文章，或者通过独特规格配件的生产将客户锁定，排除其他竞争者。比较典型的如买计算机送打印机，预留的伏笔是打印机墨盒的后期购置费用等。

（5）传递正确的报价态度。

报价时的态度也会影响买家的决定，当对本方的报价信心不足，仅为买家参考之用时，本方的报价目标就是为了维系关系以备后续合作，此时报价态度应该温和，传递出较好的可谈性；当对本方的报价没有完全的把握，但觉得还有竞争力时，那么本方的报价目标就是争取更多的实质谈判机会，此时报价态度应该认真和严肃，但同时也传递出可协商的态度，比如告知对方产品数量的变化、付款方式的变化都会影响最终价格；当对本方的报价有很强的信心时，本方的报价目的就是争取订单，此时报价态度应该权威和精准，通过报价先施加影响，在气势上处于上风，让买家感受到本方的专业度和行业经验，一方面坚定和本方合作的信心，另一方面也降低自身砍价的意愿。

所有的报价技巧的运用其实都是因时因人因势而发生变化的，具体使用仍需相机决策。

3）讨价与还价技巧

讨价与还价作为买卖双方洽谈的一个关键阶段，是买卖双方力量、意志和智慧的集中较量。需要指出的是，讨价和还价并非是同一个概念，两者动用的技巧并不相同。

所谓“讨价”是指一方在另一方报价后，要求对方给出价格解释，在倾听对方价格解释后进行评论，提出请对方主动性修正价格并重新报价的要求。讨价的好处在于讨价方几乎不需要付出什么代价就能够获得对方的让步，缩短自身的期望价格和对方价格之间的差异，所以往往被富有经验的洽谈人员所使用。

所谓“还价”是指买方听了卖方的报价后，直接以数字或者文字表达自己希望成交的价格，或者卖方在买方讨价后修改了报价，或者没有修改报价，而直接询问买方希望成交的价格，而买方以数字或者文字报出了相应的价格，皆可称为还价，也可以称之为“还盘”。一旦还价，往往就确定了双方成交价格的区域。因为在谈判过程中有时会有多次的讨价与还价，久而久之，人们就概称为讨价还价，但作为专业的洽谈人员切不可将之混淆。

（1）应对讨价的技巧。

在阿里巴巴国际站内，作为卖方，遇到对方降价要求时可能产生如下几种对话。

对话 1

Seller: Dear ××, we have calculated the CIF New York price is dollar 15,000 for 100 dozens of skirts. Buyer: Well, the price sounds much higher than those we received from others.

> Seller: But you must take quality into consideration. Our shirts are of superior quality.
>
> Buyer: We've taken this into consideration, but the price is still too high. You know the number we set is not small, you must give us a discount.
>
> Seller: Let me see. How about 135 per dozen?

对话 2

> Seller: Dear ××, we have calculated the CIF New York price is dollar 15,000 for 100 dozens of skirts.
>
> Buyer: The price is too high, and out of the scope we can receive. Would you give us a discount of 10 % off?

对话 3

> Seller: Dear ××, we have calculated the CIF New York price is dollar 15,000 for 100 dozens of skirts.
>
> Buyer: The price is too high, and out of the scope we can receive.
>
> Seller: But you must take quality into consideration. Our shirts are of superior quality.
>
> Buyer: We've taken, but the price is still too high. You must give us a discount.
>
> Seller: Can you tell me what price you want?
>
> Buyer: 10% discount.

对话 1、对话 2 和对话 3 分别展示了纯讨价、纯还价、讨价未果后还价的过程，在对话 1 中，买方几乎没有付出任何代价，就获得了对方 10%的折扣。从对话 2 和对话 3 可以看出，过早的还价可能会限制买方的收益，或者即便没有限制，但会增加后面谈判的难度，毕竟经过讨价后的起点为 90%，而直接还价的起点是 100%。

所以，讨价的技巧就是：对于买方而言，不可省略讨价这一环节，用多方面评述逼迫卖方主动降价，对于卖方而言，应对讨价的技巧就是尽可能跳过这一环节，直接询问买方的底价，加快谈判进程。

（2）应对还价的技巧。

在谈判过程中，买方还价是常见状况，我们应把握好几个技巧。

首先是知己知彼。

通过对比前文的价格影响因素对双方进行分析，比如认真分析本方产品的成本、利润和供求关系，价格最新的波动情况。本方的价格与竞争者的价格相比处于什么位置，本次报价的水份大不大？本方产品与众不同的卖点究竟是什么，这些卖点在谈判中能够占有多少分量？如坚持不改价格，这个卖点是否依然能够锁定客户？本方能接受的价格的上下波动幅度、最优、最低价格分别是多少？再比如对方所处的位置，是终端消费者还是大型批发商还是外贸公司，位置越接近终端消费者，其最终可接受价格越高；对方对产品质量的标准，同等质量下你的价格更优，或同等价格下你的品质更优，这两点都足以促成交易，当品质远超竞争对手时，可以通过计算单次使用成本来说明价格优势。通过知己知彼做到胸有成竹，应对还价可事半功倍。

其次是准确判断对方还价的动机。

事实上，在阿里平台上采购的很多国外买家最喜欢的是在合适的价格区间内挑选质量可靠的产品。他们并不太在乎你的产品是不是名牌，因为其可能的利润空间小；他们也不在乎你的产品价格是否够低，因为价格太低的产品，产品质量多半不可靠，其后续反而没有利润；所以要坚信只要产品质量可靠，产品价格适中而且合理的产品就是畅销的产品。当我们拥有这样的产品，对方又主动找你还价时，多半你的价格已经接近或进入对方合适的价格区间了。配以合适的让步策略是可以促成成交的。

举个例子：当对方抛出类似“We are sourcing other companies' ××× to see price differences and to see how competitively priced your prices are ?”或者“Hi, dear Your ××× is too expensive.”的问题时，我们可以回复“If we set price aside for a moment, would you please tell us if we have the products that you want to buy?”然后根据对方的回复进行判断，若对方回复“Yes”，那么价格就不是主要问题，我们就要寻找对方的产品关注点在哪里，而后将此点尽可能地重点渲染，强调产品给对方带来的效益和价值，必要时在价格上仅作象征性让步即可促成交易；若对方回复“No”，那就需要分析对方的需求，并检查对方的需求是否在本方能够满足的范围内，若能提供，则做出对方需求产品的报价；若不能提供，则明确表示遗憾，如有相关信息，可以推荐给对方；若对方拒绝将价格放一边不谈，那么价格确实是其关注点，则我们需要考虑我们的价格相对竞争对手过高还是相对于客户的预算过高。若为前者，应将阐述的重点放在产品优势及比较优势上；若为后者，可诱导客户增加预算，或者提出一些创新性的财务方案满足彼此之需。

最后是采用必要的策略。

其一“感情投资策略”。在谈判过程中可将自己作为对方观点的赞成者，比如说：“I completely understand. Price is extremely important to you, and you are looking to choose the vendor that will provide the best value for your company.”。然后阐述自己产品在卓越性能、性价比、单次使用成本最低、客户评价、与低价产品比较优势、专业展览或专家评判意见等方面与竞争对手相比的优势，强调与你合作的价值，而非价格，或者将双方的关系定位为面对双方问题的“共同解决者”，比如说“Let's put that objection on the table and see if, between the two of us, we can figure out a creative way to get you what you want to buy. ”。

其二“权力限制策略”。在对方还价时我们表示理解，但出于权力限制无法满足对方的需求，必要时给以象征性的优惠。比如说“Dear sir, I think your demand is reasonable. But the price we give is almost reach our bottom line, I tried to get a 2% discount from my boss, hope this will satisfy you. Please note I have tried my best.”或者“According to our company’s policy, only annual purchasing amount reached××, we can only give a 2% discount. I reported your case to our top management and tried to get this discount for you due to our long team relationship.”。表明你已经做了非常克己的价格，现价格已属特例，已经超越你的权限范围做了最大的争取，且接受起来有点勉强和委屈。

其三“声东击西策略”。当对方发出恶意还价时，比如“Hi，you give a crazy price, I know ××× company give me 30% price as you for the similar product. ”，你没必要争执，可以顺势推荐别的特价产品给他们，比如“Yes, Sir. I do know they give you low price for the similar product, but actually they are different. Our products have advantages in …… That is a pity that our price could not match your demand, but we have some products might interest you. They are……”（公司的特价和库存产品给对方）而后看他们的反应。

其四“积极让步策略”。面对还价，完全不让步很容易陷入僵局，此时可以有条件、有限度地选择时机做出一些积极让步。

绝不做无谓的让步，每次让步都应该以对方的让步为前提，即本方的让步都应该是为了换取对方在某些方面的相应让步或优惠。比如说“If you purchase 200 pcs or more, we can give you 5% discount.”，这是以己方的价格换对方的数量。

根据问题的重要性决定让步的先后。比如当生产能力过剩时，就可以在你认为的次要问题交货期上进行让步，不收取对方的加急费用，而在你认为比较重要的产品价格上不让步。

选择好让步的时机，只有在最必要和最有利的情况下才做出让步，比如如果再不让步双方就陷入谈判僵局，此时让步很有必要；或者如果本方做出让步了，双方就能够立刻成交，此时让步有利于谈判。

讲求让步的步幅，一般建议以中等幅度或小幅递减的方式让步，比如同样分四步让 60 元，比较好的做法是 28、18、12、2 或者 22、16、14、8 这样的步幅，忌讳一次让步过大，比如 50、10、0、0 这样的让步，或者最后再让步，比如 0、0、0、60 这样的让步，当然不要承诺做同等幅度的让步，如 15、15、15、15，尤其不可以做递增幅度的让步，这只会引起对方更强烈的还价欲望。

其五“最后通牒策略”。限定给予好处的时间，对于某些特惠产品的价格要给定结束时间，当对方要求还价时，告知对方此乃优惠价格，且这个价格到某天就截止，让对方注意力转至是否成交上，而非压价。

其六“不开先例策略”。告知对方本方的价格对其他客户也是同样的。比如“We've sold to other customers in USA also at this price.”或者“We offer you our best prices, at which we have done a lot business with other customers.”。

4）成交技巧

经过讨价还价，谈判双方渐渐趋于一致，此时要学会判断成交的信号，并通过最后一次让步进入成交阶段。

（1）判断成交信号。

信号一：当双方就所有议题均已展开讨论，一方已提出完整的建议，没有疏漏，此时该建议若不被接受，该方明确表示谈判难以继续下去，或者宣称这是他们最后的条件。

信号二：在谈判中任何一方提出提问时，当对方直接用最简短的言辞表明自己的立场和承诺，比如用“是”“否”“可以”“不可以”这样的词，而不再解释和分析同意或拒绝的理由时，往往就进入了成交阶段，因为在他们看来，该说的理由前面已经说过了，该让步的前面已经让步了，解释和分析在此时已经毫无必要，这些解释和分析也不会影响最后的谈判结果。

信号三：一方不断向对方保证现在就是最好的条件，结束最有利，并简要说明。

（2）最后一次让步。

对前面所有的洽谈问题做梳理后，双方对仅余的未决问题做最后一次让步。该让步需注意：掌握好时机，太晚不会对局面有所作用，太早会让对方认为还不是最后的出价；让步与要求同步，谈判双方最后一次报价应该是本场谈判中最后一次利益互换；控制让步的速度与幅度，让步太快太多只能使对方受鼓舞，而非最后的甜头，因此不宜过快过多，适可而止。

在实践中，商务谈判及沟通的技巧远不止本节所述的这几个环节和技巧，但其底层的基础原理大抵相同。经过艰苦的谈判过程后，谈判双方均确认了订单，买方进入了支付环节，卖方则开始组织备货生产，双方开始了在阿里巴巴一达通平台上的操作。

5.5 一达通服务介绍

5.5.1 一达通简介

一达通是阿里巴巴旗下一站式外贸综合服务平台，为中小企业提供专业、低成本的通关、外汇、退税及配套的物流和金融服务。这“一揽子”外贸服务解决方案即为“一达通外贸综合服务”。

一达通成立于 2001 年，截至 2015 年年底出口额排名全国第二，已经有超过 50000 家中国中小企业正在使用阿里巴巴一达通的外贸综合服务，是全中国服务企业最多、服务地域最广的外贸综合服务企业。

目前，阿里巴巴客户使用的一达通的服务，可以通过阿里巴巴“一拍档”配合完成。每个企业账户，可以绑定一个一拍档帮助该企业实施一达通的各项服务。

5.5.2 一达通提供的服务

目前，一达通可以提供通关服务、外汇服务、退税服务、金融服务和物流服务。

一达通的基础服务（通关/外汇/退税）有两种模式，即 3+*N* 和 2+*N*。

1. 出口综合服务（3+*N*）

出口综合服务提供一站式通关、外汇和退税服务，如图 5-57 所示。

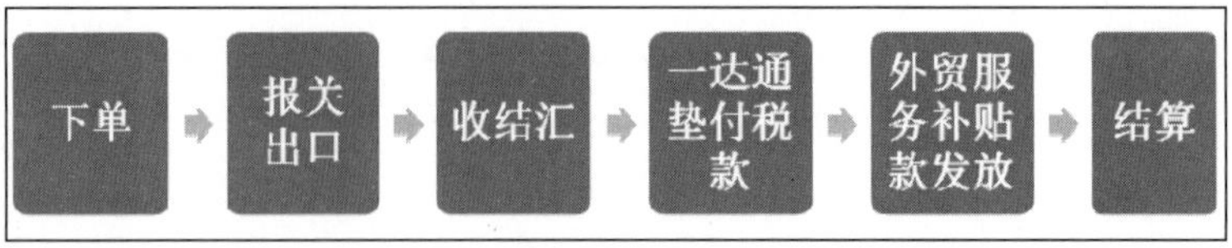

图 5-57　出口综合服务（3+N）服务流程图

1）准入条件

（1）可与一达通签约合作的企业类型：非境外（中国香港、中国台湾除外）、个人或非出口综合服务尚未覆盖地区企业（如福建莆田等）。

（2）出口的产品在一达通可以出口的产品范围内。

（3）开票人资质符合以下要求。

① 与一达通签约的企业注册地在浙江省，开票人要求如下。

- 生产型工厂，具有一般纳税人资格且一般纳税人认定时间大于等于 6 个月。
- 委外加工型企业，需具有一般纳税人工厂资格、具备出口产品的生产线、具备最后加工的环节。

② 与一达通签约企业注册地在福建省的，开票人要求如下。

生产型工厂，具有一般纳税人资格，一般纳税人认定时间大于等于一年。

③ 与一达通签约企业注册地在河南省的，开票人要求如下。

生产型工厂，具有一般纳税人资格，一般纳税人认定时间大于等于两年。

④ 与一达通签约企业注册地在其他省份的，开票人要求如下。

生产型工厂，具有一般纳税人资格，一般纳税人认定时间大于等于两年，且开票人注册地非内蒙古赤峰巴林右旗、福建莆田、天津武清区（武清区的自行车及其零配件、电动车及其零配件企业除外）；HS 编码是以 61 开头的产品开票人，需满足一般纳税人认定时间满两年。

2）服务费用

（1）免收基础业务服务费。

（2）出口环节（通关、物流）费用按照实际操作过程中发生的费用收取。

（3）垫付退税服务费为退税款的 4%。

例如：价税合计总金额为 10000 元，退税率为 17%，则垫付退税服务费为 $(10000/1.17) \times 17\% \times 4\% = 58.12$ 元。

注意　以上免收通关、外汇服务费、服务补贴等政策，后续若有调整将提前 60 天在一达通页面公示。

2．出口代理服务（2+*N*）

出口代理服务提供一站式通关、外汇、退税服务，如图 5-58 所示。

图 5-58　出口代理服务（2+*N*）服务流程图

2+*N* 服务是 3+*N* 服务的补充，可操作范围更广。

1）准入条件

（1）非境外（中国香港、中国台湾除外）或个人企业、非福建莆田地区企业。

（2）客户须具有《出口退（免）税资格认定》。

（3）出口产品非一达通出口代理服务禁止操作产品。

2）服务费用

（1）免收基础业务服务费。

（2）外贸服务补贴：自助下单 1 美元补贴 1 分；人工下单无补贴。

（3）出口环节（通关、物流）费用按照实际操作过程中发生的费用收取。

注意　以上免收通关、外汇服务费、服务补贴等政策，后续若有调整将提前 60 天在一达通页面告知，敬请关注！

3．一达通金融服务

一达通可以提供的金融产品有一达通流水贷、信用证融资产品、赊销保、锁汇保、退税融资、信用保障融资和结算保。

1）一达通流水贷

一达通流水贷是面向使用阿里巴巴一达通出口基础服务的客户，以出口额度积累授信额度的无抵押、免担保、纯信用贷款服务，该服务由阿里巴巴联合多家银行共同推出。

一达通流水贷的价值如下。

免费资金备用渠道：申请授信额度全程免费，一年有效期内有资金需求随时支用，不支用永不收费。

成本低：无抵押、免担保的纯信用贷款，年化综合成本 10%起。

额度高：最高 1000 万元。

还款活：按月付息、到期还本。

一达通流水贷的准入条件如下。

① 企业工商注册年限在一年以上，信用良好。

② 企业已签约为阿里巴巴一达通合作会员。

③ 未被列入阿里巴巴集团、蚂蚁金服的重要违规、违约客户黑名单中。

④ 企业主营业务不属于钢贸、煤炭、建材、印刷、纸张、木材行业。

⑤ 当前没有未完结的法院执行，且过往没有大额法院执行记录。

⑥ 当前企业或企业实际控制人信用良好。

⑦ 实际控制人愿意签署连带担保合同。

备注：企业的实际控制人认定为是最大个人股东。

2）信用证融资产品

针对通过一达通操作信用证的客户，推出了三款信用证融资产品，即信用证打包贷款、信用证融资买断和信用证融资不买断。

信用证打包贷款：提供针对信用证订单的备货融资，按照信用证金额的 70%，单笔最高 60 万元（一达通 VIP 单笔最高 100 万元），累计放款额度 300 万元释放备货资金，融资利息低至 0.04%/天（一达通 VIP 8.8 折），收到信用证正本审核无误后即可放款。

信用证融资买断：交单出货后可进行融资，买断所有收汇风险，即由阿里巴巴承担收汇风险。最高支付 100%信用证款项，最快 1 个工作日放款。最高可达 1000 万元，涵盖即期和远期信用证。

信用证融资不买断：交单出货后，可申请最高 100%的融资，解决资金周转问题，分担企业资金压力。最快 1 个工作日放款。最高可达 1000 万元，融资利率低至 0.03%/天（VIP 8.8 折）。

使用信用证融资产品的准入条件如下。

满足以下条件，原则上可以通过一达通操作信用证的基础业务。

客户满足一达通业务合作要求（即完成通关产品预审和开票人预审）。

备注：如需信用证备货融资或融资买断服务，须开立受益人是一达通的信用证。

满足以下条件，可操作一达通信用证打包贷款。

生产型：满足一达通基础准入条件即可申请授信。

贸易型：满足一达通基础准入条件，成立半年以上，近 6 个月有一笔自营信用证收汇记录。

3）赊销保

供应商与海外买家进行外贸赊销业务合作时，阿里巴巴一达通通过对其提供的海外买家资信调查、代买保险和贸易融资等一揽子金融服务，赊销保使用流程如图 5-59 所示。

图 5-59　赊销保使用流程

4）锁汇保

锁汇保是指与银行签订锁汇协议，约定将来办理结汇或售汇的外汇币种、金额、汇率及交割日期，到约定交割日当天，根据协议约定的汇率向银行办理结汇或售汇，锁汇保使用流程如图 5-60 所示。换言之，就是锁定汇价在前、实际交割在后的结售汇业务。

购买锁汇保的方法如下。

客户需使用阿里巴巴一达通的通关、外汇及退税服务。

客户需根据币种、金额、交割汇率及到期日等情况缴纳一定比例的保证金，部分客户可根据实际情况申请减免保证金。

每天外汇 9:30 开盘，至 16:30 收盘之间，都可向外汇专员询问报价进行交易。

图 5-60　锁汇保使用流程

5）退税融资

一达通作为外贸综合服务企业，联合银行对中小企业提供了一种针对出口退税的创新融资方式。客户通过一达通报关出口，基于真实的贸易符合国家出口退税标准背景，在相关单证齐全后 3 个工作日，一达通即可向客户提前垫付出口退税款，无担保、无抵押、快速到账，大大提高客户利润和资金流转的效率。

6）信用保障融资

信用保障融资产品是一款面向在 alibaba.com 上使用信用保障（Trade Assurance）服务创建订单的客户提供的贸易融资产品，是一达通依托真实的信用保障订单，为客户提供的用以解决该笔订单备货时资金短缺问题的服务。目的是帮助客户在预付款无法覆盖订单生产成本的情况下提供风险可控的融资服务，提高客户的业务周转率，并提升信用保障服务的附加价值及用户黏性，信用保障服务使用流程如图 5-61 所示。

信用保障服务的贷款额度和服务费率如下。

在可用额度足够的情况下，账户下的每一笔信用保障订单所能贷到的款项为不超过该笔订单尾款的 60%，20 万元封顶。服务费率范围 0.3‰起，贷款周期为 90 天（可提前还款）。

注意 可用额度指的是在阿里巴巴账户的授信总额度（即信保额度）减去当前已使用的贷款额度。

图 5-61 信用保障服务使用流程

7）结算宝

结算宝是专为一达通客户的账户资金打造的每日增值服务。系统会自动对用户在一达通自助结算系统中的部分资金计算收益，不影响用户对账户中资金的随时操作。无须购买，自动开通。

结算宝计算收益对象：在一达通自助结算系统中的三类资金，包括可用账户余额中的自有资金余额，定向使用资金及暂不可用资金中的人民币冻结金额。

4. 一达通物流服务

一达通可以提供国际海运、国际空运、国际快递和陆运的物流服务。

1）一达通国际海运服务

阿里巴巴海运联合各大物流服务商，为客户提供海运整柜和拼箱服务。在线查询船期、订舱、操作，费用透明、真实有效。同时，提供拖车、报关，散货还有目的港送货到门等增值服务，海运服务流程如图 5-62 所示。

图 5-62　一达通国际海运服务使用流程

2）一达通国际空运服务

阿里巴巴与全球优质空运服务商合作，提供在线查看空运运费、在线比价、在线下单的服务，北京、上海、杭州、广州、深圳多城市起运，航线覆盖 170 个目的国和区域；更有拖车、报关等服务，国际空运服务使用流程如图 5-63 所示。

图 5-63　一达通国际空运服务使用流程

3）一达通国际快递服务

阿里巴巴与国际知名快递品牌合作，在客户完成线上下单支付后，提供快递公司上门取件服务。运费低至 1.1 折，北美平均 3 个工作日投递，支持全国 36 个城市上门取件的服务，航线覆盖 200 多个目的国，国际快递服务使用流程如图 5-64 所示。

图 5-64　一达通国际快递服务使用流程

4）一达通国际陆运服务

一达通国际陆运服务目前有三种，中港运输、集港拖车，以及中俄欧服务，国际陆运使用流程如图 5-65 所示。

图 5-65　一达通国际陆运物流使用流程

中港运输：提供珠三角出口至香港的送货到门服务并可承接各地送货至深圳仓库，集中发货到香港。在线查询、下单和支付并及时监控货物流转状态。价格、时效真实有效，拼车低至 0.5 元/公斤，当天入仓当天派送。状态在线实时更新，货物 0 风险（赠送最高 10 万元货运一切险，零免赔额）。

集港拖车：依托阿里巴巴一达通外贸出口的综合服务优势，提供有运力保障的集装箱拖车服务。

中俄欧服务：可实现全国至俄罗斯的门到门服务，节省时间，通关安全，运价透明。

5.5.3 一达通开通流程及操作

1. 一达通服务开通流程

首先登录一达通官方网站：http://onetouch.alibaba.com/，如图 5-66 所示。

图 5-66　一达通官网首页图

单击“申请一达通服务”按钮，跳转到一达通服务申请页面，如图 5-67 所示。

图 5-67　一达通服务申请页

在线提交资料后，联系阿里巴巴客户经理，然后签署《外贸代理出口协议书》，如图 5-68 所示。

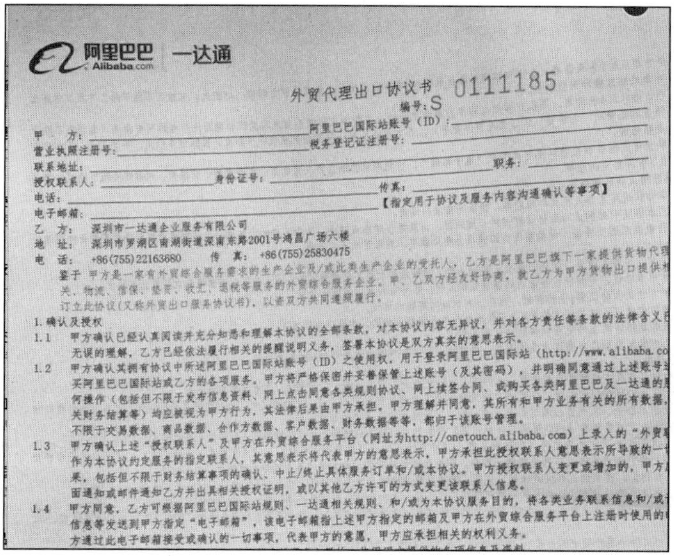
阿里巴巴 Alibaba.com | 一达通

外贸代理出口协议书

编号：S 0111185

甲　方：＿＿＿＿ 阿里巴巴国际站账号（ID）：＿＿＿＿
营业执照注册号：＿＿＿＿ 税务登记证注册号：＿＿＿＿
联系地址：＿＿＿＿ 职务：＿＿＿＿
授权联系人：＿＿＿＿ 身份证号：＿＿＿＿
电话：＿＿＿＿ 传真：＿＿＿＿
电子邮箱：＿＿＿＿【指定用于协议及服务内容沟通确认等事项】
乙　方：　深圳市一达通企业服务有限公司
地　址：　深圳市罗湖区南湖街道深南东路2001号鸿昌广场六楼
电　话：　+86(755)22163680　　传　真：　+86(755)25830475

鉴于 甲方是一家有外贸综合服务需求的生产企业及/或此类生产企业的受托人，乙方是阿里巴巴旗下一家提供货物代理
关、物流、信保、垫资、收汇、退税等服务的外贸综合服务企业。甲、乙双方经友好协商，就乙方为甲方货物出口提供
订立此协议(又称外贸出口服务协议书)，以资双方共同遵照履行。

1. 确认及授权
1.1　甲方确认已经认真阅读并充分知悉和理解本协议的全部条款，对本协议内容无异议，并对各方责任等条款的法律含义
甲方确认已经认真阅读并充分知悉和理解本协议的全部条款，签署本协议是双方真实的意思表示。
无误的理解，乙方已经依法履行相关的提醒说明义务，签署本协议是双方真实的意思表示。
1.2　甲方确认其拥有协议中所述阿里巴巴国际站账号（ID）之使用权，用于登录阿里巴巴国际站（http://www.alibaba.co
甲方确认其拥有协议中所述阿里巴巴国际站账号（ID）之使用权。甲方将严格保密并妥善保管上述账号（及其密码），并明确同意通过上述账号
买阿里巴巴国际站或乙方的各项服务。甲方将严格保密并妥善保管上述账号（及其密码），或购买各类阿里巴巴及一达通的
何操作（包括但不限于发布信息资料、网上点击同意各类规则协议、网上续签合同、或购买各类阿里巴巴及一达通的
关财务结算等）均应被视为甲方行为，其法律后果由甲方承担。甲方理解并同意，其所有和甲方业务有关的所有数据，
不限于交易数据、商品数据、合作方数据、客户数据、财务数据等等，都归于该账号管理。
1.3　甲方确认上述“授权联系人”及甲方在外贸综合服务平台（网址为http://onetouch.alibaba.com）上录入的“外贸
作为本协议约定服务的指定联系人，其意思表示将代表甲方的意思表示，甲方承担此授权联系人意思表示所导致的一
果，包括但不限于财务结算事项的确认、中止/终止具体服务订单和/或本协议。甲方授权联系人变更或增加的，甲方
面通知或邮件通知乙方并出具相关授权证明，或以其他乙方许可的方式变更该联系人信息。
1.4　甲方同意，乙方可根据阿里巴巴国际站规则、一达通相关规则、和/或为本协议服务目的，将各类业务联系信息和/或
信息等发送到甲方指定“电子邮箱”，该电子邮箱指上述甲方指定的邮箱及甲方在外贸综合服务平台上注册时使用的
方通过此电子邮箱接受或确认的一切事项，代表甲方的意愿，甲方应承担相关的权利义务。

图 5-68　《外贸代理出口协议书》

联系阿里巴巴客户经理提交协议之后，就需要准备一达通出货产品的预审和工厂的预审（这部分客户经理会协助完成），审核通过后，就可以开始使用一达通服务。

目前，单独使用一达通服务的要求是阿里巴巴注册会员用户，首次通关金额大于等于 1000 美元。

2．一达通产品提交预审

首先，登录阿里巴巴一达通平台，然后单击“进入操作平台”按钮，如图 5-69 所示。

图 5-69　一达通网站首页图

进入操作平台后，就会进入一达通操作后台账户，如图 5-70 所示。然后单击“添加产品”选项，进入“添加产品”页面，输入产品的名称，可以是中文名称，如图 5-71 所示。

图 5-70　添加产品

输入产品名称后，单击“搜索”按钮，就会查找出产品相关的 HSCode（海关编码），根据实际情况，选择相应的 HSCode。如图 5-72 所示，如果没有合适的 HSCode，也可以输入产品相应的海关编码。

图 5-71 输入产品名称

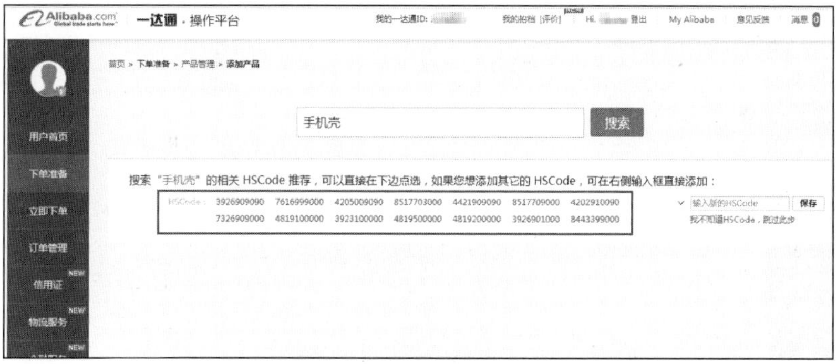

图 5-72 一达通操作平台添加产品图

确定了相应的 HSCode 后，就进入了产品参数填写页面，如图 5-73 所示。

填写相关的产品属性参数，如果默认的项目没有所上传产品的相关属性参数，可以选择页面右侧的自定义添加然后保存。待所有的产品属性填写好之后保存，然后选择产品的相关联系人，以便在产品有问题时，一达通相关人员或者一拍档可以联系到相应人员。最后提交预审。

图 5-73 进入产品参数填写页面

在产品管理页面可以看到产品审核的状态，如图 5-74 所示。只有审核通过的产品，才可以通过一达通发货。这个过程叫做产品的预审。

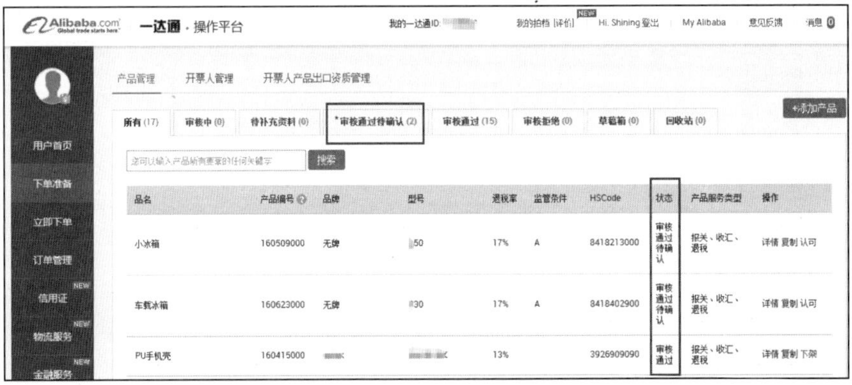

图 5-74 产品审核状态

3. 一达通开票人预审提交

开票人是在通过一达通做 3+N 服务的必备条件。目前，一达通可以代理出口退税的开票人性质为一般纳税人满两年以上，工厂性质。

在一达通的用户首页里选择“添加开票人”选项，如图 5-75 所示，增加开票人。

图 5-75　增加开票人

进入页面后，填写开票人信息，如图 5-76 所示。

图 5-76　填写开票人信息

同时也需要上传开票人的税务登记证副本，如图 5-77 所示。如果是三证和一的企业，需要上传营业执照副本。

然后选择“添加产品”选项。产品可以在预审通过的产品里面选择，最后提交审核。

图 5-77 一达通后台产品预审界面图

开票人审核的进度，可以在开票人管理里面查看。审核通过之后，可以使用一达通的 3+*N* 服务，通过一达通做出口退税业务。

4．一达通委托单操作方法

如果企业有产品需要通过一达通的服务出口，可以选择在一达通后台提交委托单。

进入一达通（http://onetouch.alibaba.com/）后台，单击“立即下单”选项，如图 5-78 所示。

图 5-78 一达通后台提交委托单界面图

此处以 2+*N* 模式为例，通过使用一达通的报关单据，客户自行报关退税。选择“代理出口订单”选项后，单击“确认”按钮，进入如图 5-79 所示的界面。

图 5-79　起草委托单界面

填写报关相关数据后，单击“下一步”按钮，进入填写产品和开票人信息页面，如图 5-80 所示。

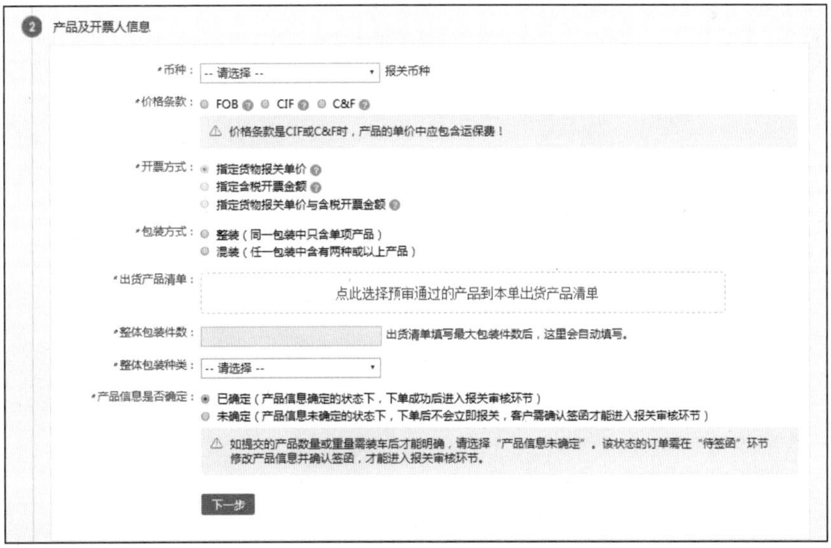

图 5-80　填写产品和开票人信息页面

在填写完产品及开票人信息后，单击“下一步”按钮，填写报关信息，如图5-81所示。

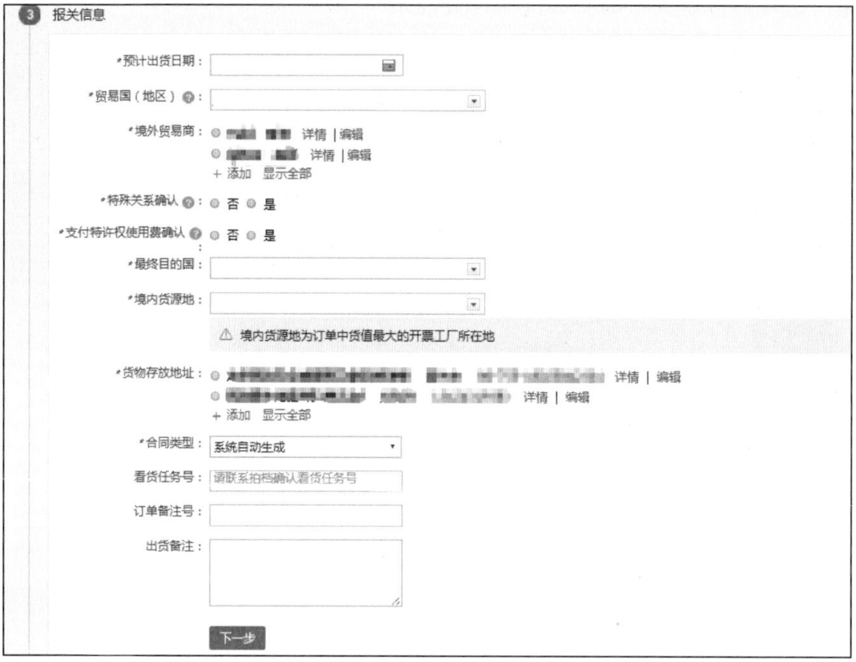

图5-81　填写报关信息

如果还有其他交易中约定的附件，或者报关需要的文件，可以选择“上传附件”选项，然后单击“下一步”按钮，如图5-82所示。

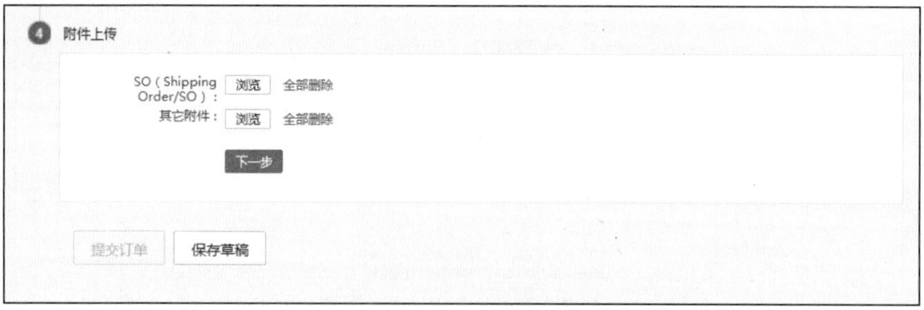

图5-82　上传附件

在提交附件后，可以选择此单是否需要使用信用保障服务（本书后面内容将介绍信用保障服务），如图 5-83 所示，如果需要使用可以勾选“使用”选项。以上信息都确认无误以后就可以提交订单。等待审核委托单，提交以后，可以在“订单管理”界面里查看所有委托单的进程，如图 5-84 所示。同时也可以下载报关单据。

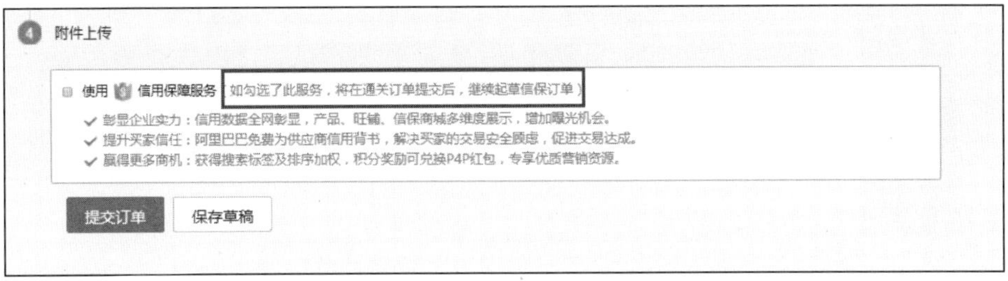

图 5-83 确认是否需要使用信用保障服务

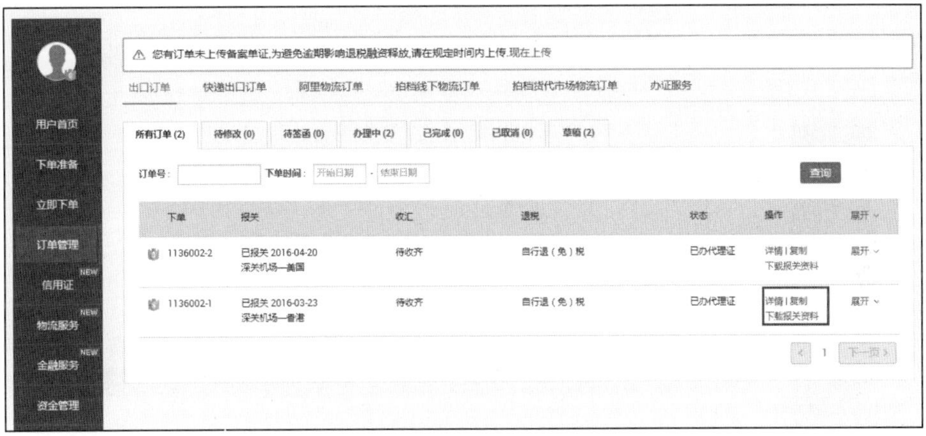

图 5-84 查看所有委托单进程

5. 物流服务操作方法

进入一达通服务用户首页，选择物流服务，如图 5-85 所示。选择需要的服务，这里以国际快递为例。

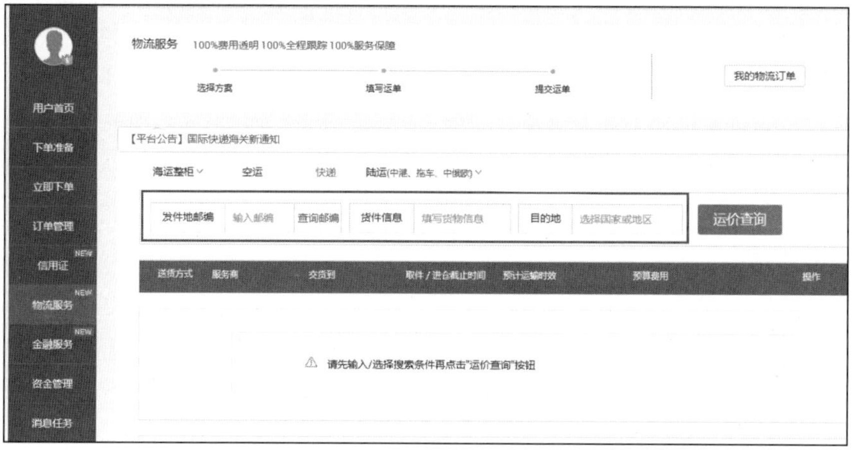

图 5-85 选择物流服务

填写发货地的相关信息，例如重量、尺寸，以及收货地址，有些区域需要有目的国地区邮编。填写后单击“运价查询”按钮，即得到如图 5-86 所示的物流价格和承运商。

图 5-86 物流价格和承运商

6. 一达通资金提现操作方法

进入一达通用户管理页面，选择“资金管理”选项，如图 5-87 所示。可以看到目前账户的可用金额和可以转款的金额，单击“去转款”按钮。

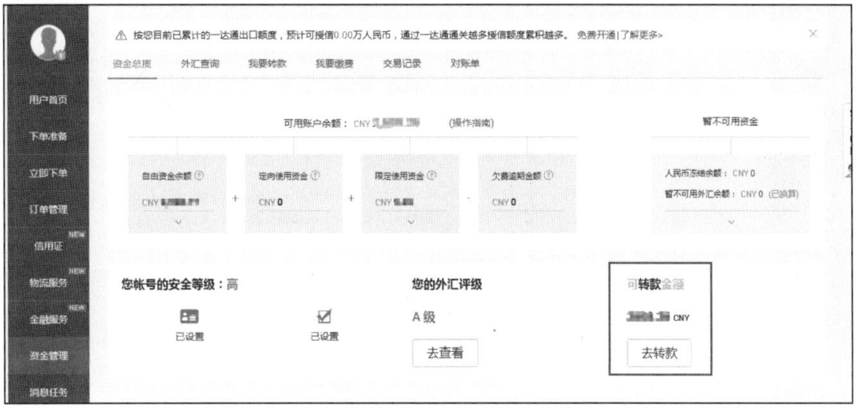

图 5-87　选择“资金管理”选项

进入如图 5-88 所示的页面，选择需要转款的类型，并填写相应信息，确定后提交即可。

图 5-88　资金管理页面

7. 一达通增加子账号的操作方法

当一个公司有多人同时操作一达通时，可以选择添加子账号，并设置相应权限。进入一达通用户首页，选择“设置管理”→“账号管理”选项，如图 5-89 所示。

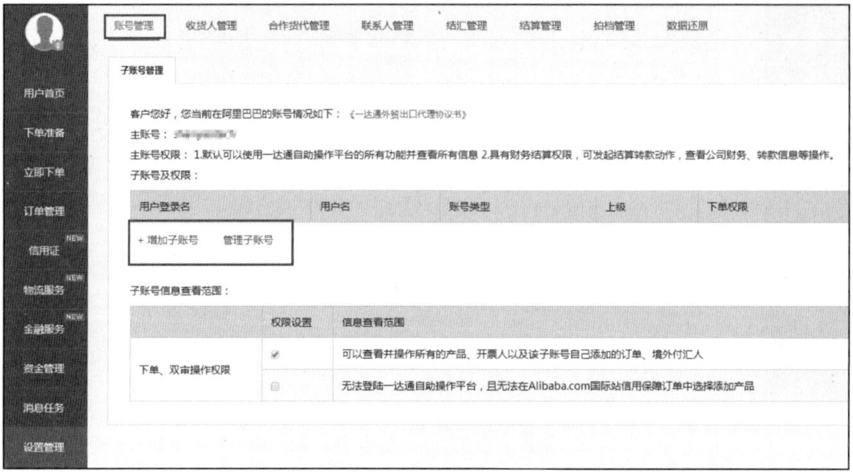

图 5-89　增加子账号

在“设置管理”→“结汇管理”页面可以看到一达通收款的美元账号（和信保订单账号不同）。可以用于一达通订单的外汇收取，如图 5-90 所示。

图 5-90　一达通后台结汇管理图

在“设置管理”→“拍档管理”页面可以看到绑定的一拍档和相应的负责人、服务专员及联系方式，如图 5-91 所示。

图 5-91　一拍档管理页面图

在一达通用户登录后的首页找到“常见问题”选项，可以查询相关产品的使用视频，供学习使用，如图 5-92 所示。

图 5-92　一达通后台学习视频图

5.5.4 常见问题

（1）在一达通自助操作平台上下单前需要准备什么？

需要报名并与一达通签约，一达通准入后，申请虚拟子账户。经产品和开票人双审后即可下单。

（2）什么是产品预审和开票人预审？

“产品预审”和“开票人预审”是阿里巴巴一达通为了确保外贸进出口服务操作的合法合规而设定的服务使用准入检测流程。通过该流程，可以通过阿里巴巴一达通更深入地理解国家对客户的产品的监管条件及退税相关政策，确保货物更顺畅地出口，同时保障退税金额安全及时到达。

（3）出口退税款多长时间会付给客户？

出口报关完结，收齐外汇，收到增值税发票并认证通过，3 个工作日释放。

（4）一达通的费用怎么算？

一达通 0 服务费，按退税款 0.04 收取退税融资费。

（5）贸易型公司，如何享受出口退税？

找到一家一般纳税人认定两年以上的工厂，能开 17%的增票，向它采购，即可享受 6%左右的直接退税利润（假设开票成本 10 个点，17%的产品退税率）。

（6）客户指定货代，或我自己有货代，能做一达通吗？

能做，不影响。只要一达通出一达通抬头的报关资料给货代报关，就可以。

（7）开票工厂一般纳税人认定未满两年，或工厂无法开票，想要数据走一达通怎么办？

操作出口代理 2*N* 模式，由客户自行退免税；或者（开票工厂如果满一年以上）找到一家代报税拍档公司，操作 3*N* 模式。

（8）用一达通收汇结汇时间是多久？结汇汇率是多少？

到汇后，按中国银行现汇买入价，上午 10 点半和下午 3 点半，两个时间点牌价结汇，中午 12 点前到的外汇按上午 10 点半，12 点后到的外汇按下午 3 点半。

（9）阿里巴巴国际站平台子账号与主账号相比，少了哪些操作权限？

子账号没有与收汇、转款、缴费相关的资金管理和操作的权限。

5.6　信用保障服务

5.6.1 信保的概念

阿里信保产品是阿里巴巴推出的跨境 B2B 信用保障交易产品的简称。2015 年，Alibaba.com 携手买卖家由信息平台向信用和交易平台全面转型，这是第一个跨境网上 B2B 交易解决方案和标准。它通过外贸大数据为中国外贸企业向全球买家做信用背书，帮助供应商向买家提供贸易安全保障，解决国外买家对国内卖家的信用质疑，促成交易快速达成，使外贸交易数据化、透明化，形成网上交易信息流、货物流和资金流的完整闭环。

调研显示，64.1%的供应商在订单达成环节遇到买家对交易安全的担忧。信用保障服务的推出，将供应商在国际站上的行为及真实贸易数据等信息不断沉淀，并作为其在信用保障额度的累积依据。

5.6.2 信保开通方式

信用保障服务可以在线申请，进入阿里巴巴网站 www.alibaba.com，单击右上角的“信用保障卖家”按钮，如图 5-93 所示。

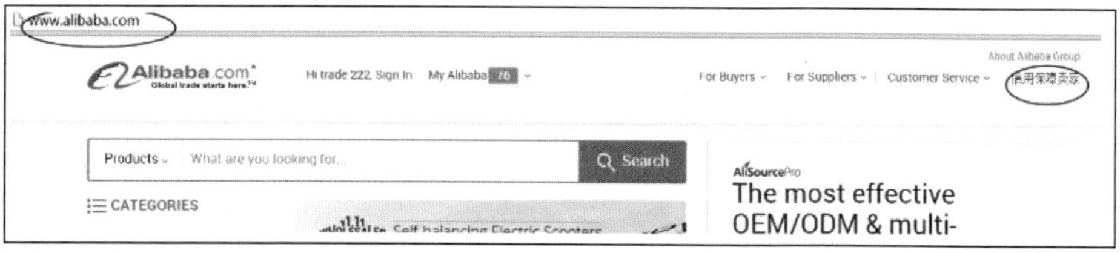

图 5-93　在线申请信用保障服务

单击“免费开通”按钮，如图 5-94 所示。

图 5-94　免费开通信用保障服务

如果是阿里巴巴国际站付费会员，通过以上两步可以开通信保服务。如果是免费会员，则需要填写如图 5-95 所示的企业认证信息，提交完成后实时反馈开通结果。

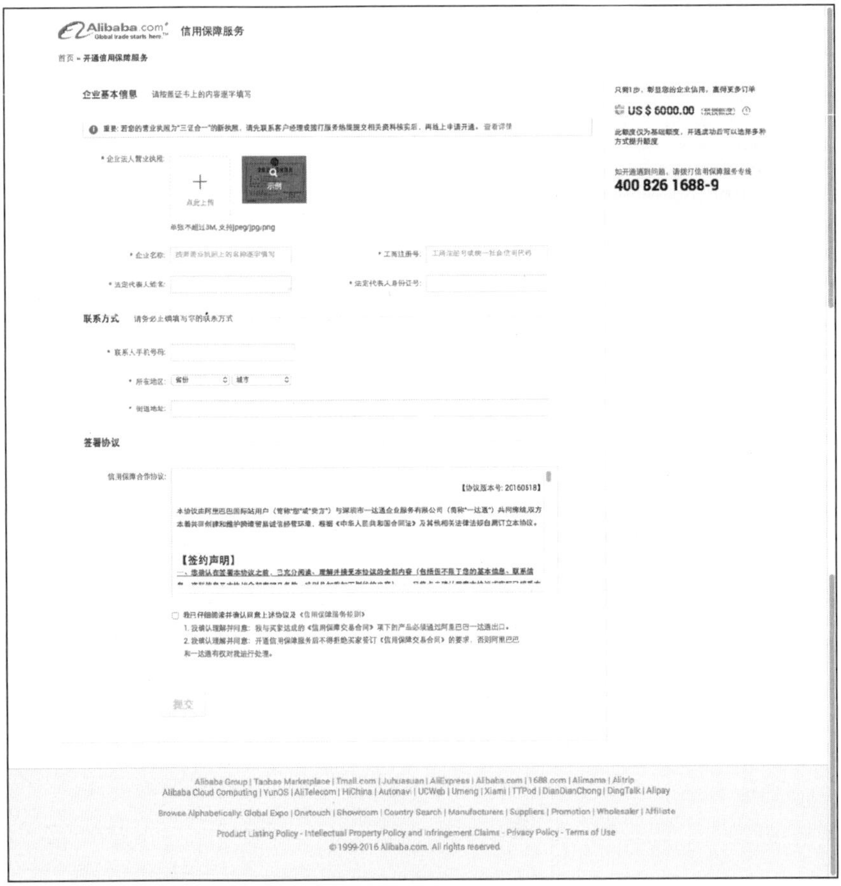

图 5-95　填写企业认证信息

5.6.3 信保买卖家操作流程

1. 信保订单流程图

简单用公式表达：信保订单=在线双方确认 + 信保支付 + 一达通出口。

信保订单可以由卖家发起起草，买家确认，也可以由买家发起，卖家确认。需要双方确认无误后才可。

确认后的订单，买家在后台选择合适的付款方式付款，包括 TT（电汇）、信用卡和 e-Checking。然后信保订单需要通过一达通的单据，报关出口。最后把信保订单和一达通的相关单据进行关联，如图 5-96 所示。

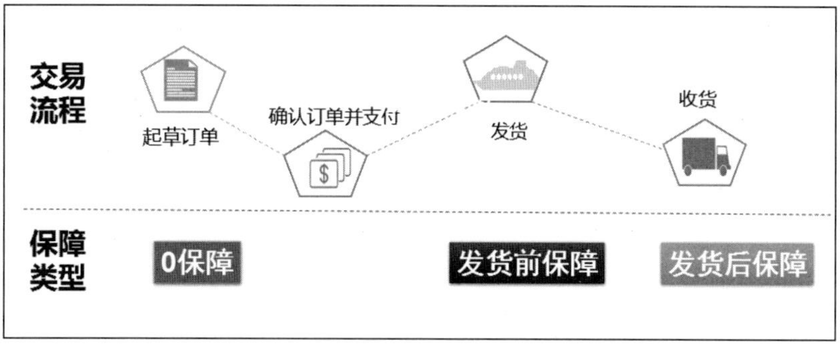

图 5-96　关联信保订单和一达通的相关单据

2. 信保订单流程实操

步骤一：起草订单

卖家起草订单支持在线起草和上传附件两种模式（以下为“上传合同”）。

进入阿里巴巴后台→信用保障服务页面，如图 5-97 所示。

图 5-97 信用保障服务页面

注意买家邮箱（注册及非注册都可以）填完必须单击“匹配买家信息”按钮。买卖家都可直接“上传线下合同”。线下合同中不要写收款账号，信保订单提交后会生成新的收款账号。每次订单的账号不一样。

然后填写价格信息，如图 5-98 所示，需要填写订单的总金额，即收款的总金额。

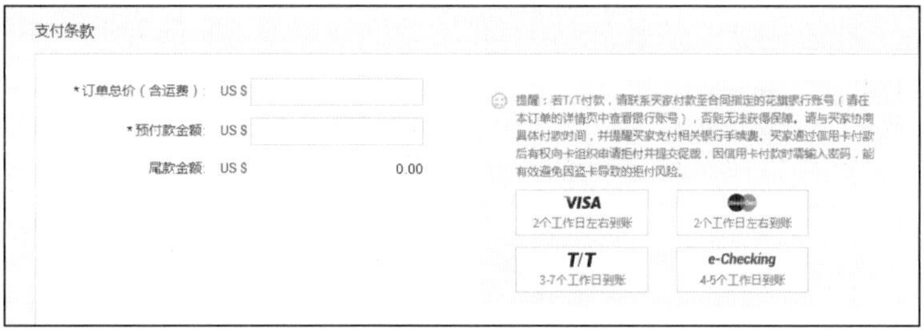

图 5-98 填写价格信息

填写收款总金额之后，选择保障方式，如图 5-99 所示。

图 5-99 选择保障方式

如果选择 0 保障：无须勾选“信用保证条款”。不占用信保额度、订单不提供保障，但信保订单权益不变。选择保障到发货前，则发货后释放信保额度；选择保障到收货后，则在买家确认收货后释放保障额度，信保订单保障结束。如果买家未及时确认收货，则 N 天后系统自动确认收货。N=15 天（空运）/30 天（陆运）/45 天（海运）。

待信息都确认无误以后，选择提交订单，如图 5-100 所示，此时需要手动勾选相关选项。

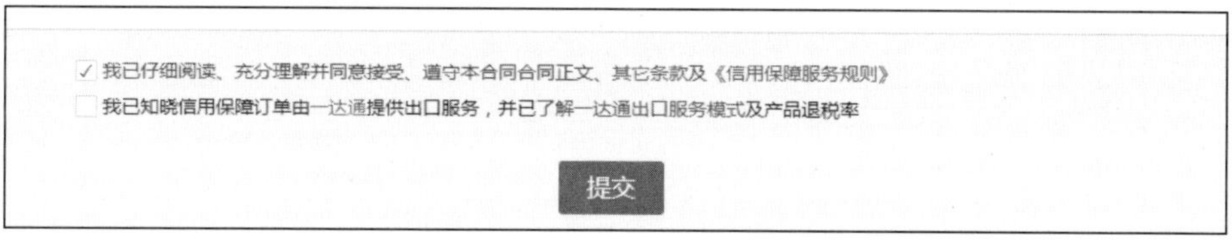

图 5-100　信保订单起草确定界面图

提交之后，提醒客户端确认订单，即完成了信保订单的起草。

起草信保订单，除了卖家可以在线拟定起草外，买家也可以在线提交订单（买家提交订单）：进入阿里巴巴后台→商机管理中心查找并完善订单。

进入商机管理中心，找到买家订单，单击“新询价”按钮，如图 5-101 所示。

图 5-101　信保订单买家起草后卖家端反馈图

核对订单的相应信息，查看是否需要修改，如果需要修改，请在信保订单内页，确认订单的旁边选择提出修改，如果不需要修改，则单击“确认”按钮，如图 5-102 所示。

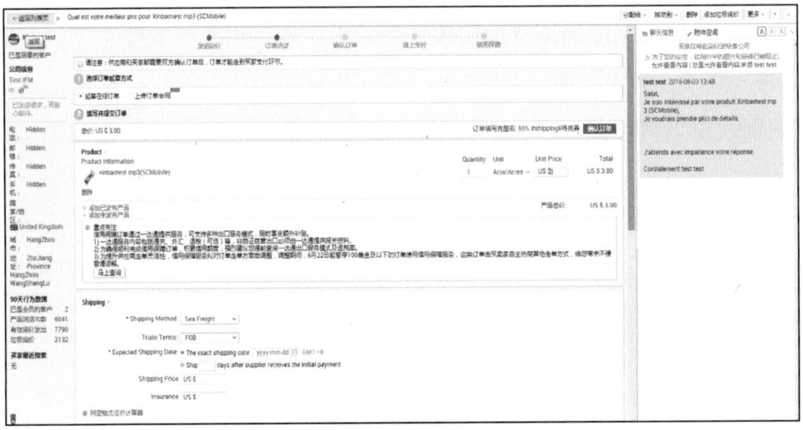

图 5-102　买家起草信保订单卖家端修改详情页面图

所以起草信保订单的流程归纳如下。

（1）填写产品信息，同时单价和数量均可修改。

（2）填写物流信息，选择物流方式及发货时间。

（3）填写预付款金额。

（4）填写买家名称。

（5）起草订单之后确认订单，提交给买家确认。

步骤二：订单成功提交，待买家确认

订单提交成功后，供应商可以复制订单链接发送给买家，买家登录（需要与合同对应的买家账号）后即可直接确认订单，如图 5-103 所示。

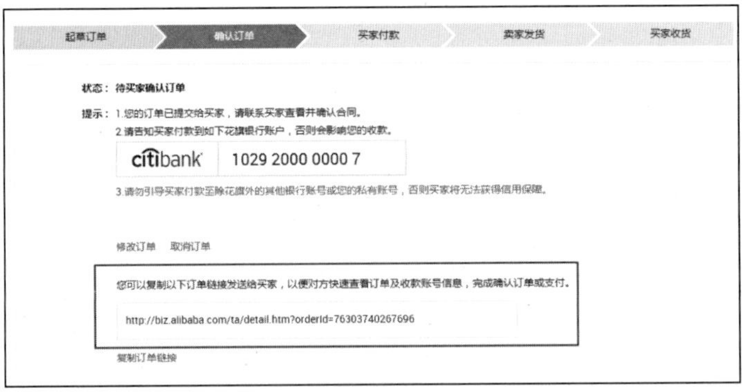

图 5-103　信保订单收款账号图

步骤三：确认合同，完成支付

目前，信保订单的付款方式有三种，如图 5-104 所示，e-Checking（仅对美国银行开放）、信用卡和 TT。

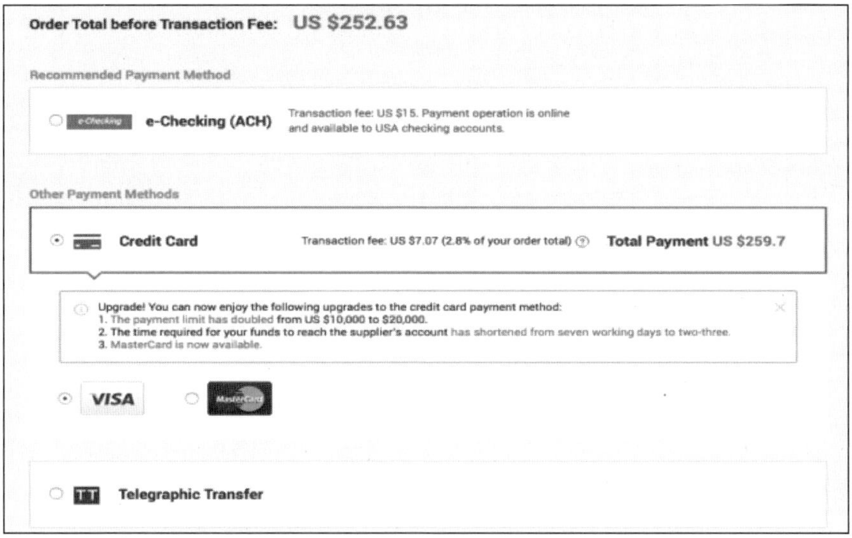

图 5-104　三种付款方式

注意事项

（1）信用卡支持 Visa 和 Master Card 支付。

（2）信用卡单笔支付最高限额是 2 万美元。

（3）付款手续费是付款金额的 2.8%，由买家承担。

e-Checking 支付

e-Checking 仅针对美国银行开放，首次支付需要完成认证，后续一键即可完成支付。使用 e-Checking 每笔支付手续费仅 15 美元。

TT 支付

选择 TT 付款会出现该订单固定的收款账号，买家需要使用网银或者到柜台安排转款到该 1029 开头的固定收款账号，如图 5-105 所示。

图 5-105 信保订单买家 TT 付款账号图

注意事项

（1）TT 支付，买家只有付款到该订单指定的 1029 花旗银行账号才能被保障。

（2）不同买家该收款账号不同，该账号跟一达通的账号不同，请勿混淆。

不同付款方式的到账时间和手续费比较如表 5-3 所示。

表 5-3 不同付款方式的到账时间和手续费

付款方式	手续费	到账时间	买家付款后提醒状态	手续费
信用卡（线上支付）	2.8%	2 个工作日	待卖家发货	买家；例如 1000 美元订单，需要支付 1028 美元。
e-Checking（线上支付，目前仅限美国）	15 美元/笔	4~5 个工作日	未到账前，卖家后台显示“支付处理中”	买家；例如 1000 美元订单，需要支付 1015 美元
TT（网银或柜台转账）	中转行影响手续费不固定，100 美元以内属正常	3~7 个工作日	待买家付款	国外部分买家承担，国内卖家承担

步骤四：卖家发货

信保订单收款后，按照约定的时间发货。信保订单需要通过一达通发货报关出口。通过一达通起草委托单，然后和信保订单进行关联即可，如图 5-106 所示。

图 5-106 信保订单确认后的示意图

值得注意的是，信保订单必须通过一达通出口，1 个信保订单必须至少关联 1 个委托单，多个信保订单不能关联 1 个委托单。关联的出口订单通关放行时间不得早于信保订单的起草时间。

步骤五：买家确认收货

收到货物，买家觉得没有任何问题，确认收货，也可以提交评价，如图 5-107 所示。

图 5-107 信保订单完成后买家评价图

如果买家一直未确认，将根据不同运输方式自动完结订单。

根据以上保障内容，整理如表 5-4 所示。

表 5-4　不同保障内容对比

保障范围	保障截止到发货日期	保障截止到收货后
保障内容	保障按合同约定的发货日期按时发货（以一达通出口服务订单通关办理完毕的时间作为发货时间）。 保障发货前货物质量如合同约定	保障按合同约定的发货日期发货即按时发货（以一达通出口服务订单通关办理完毕时间作为发货时间）。 保障买家收货后（清关后 7 天内）货物质量如合同约定
保障金额	订单预付款金额	订单全款
纠纷赔付金额	合同指定的花旗银行账号实际收到的预付款金额	合同指定的花旗银行账号实际收到的订单全款金额
保证金额释放时间	如果没有逾期发货，则发货当天额度释放。 如果逾期发货，则发货后 15 天额度自动释放	买家确认收货当天释放。 如果买家一直未确认，则额度将在发货 N 天后自动释放。根据运输方式不同，自动释放时间不同（海运 45 天、陆运 30 天、空运和快递都是 15 天）

3．信保订单结束后买家评价

当信用保障订单状态为“交易完成”时，60 天内，买家可对该信保订单进行评价或修改评价，同时卖家也可邀请买家对尚未评价的订单进行评价；买家评价产生后的 30 天内，买家可以且仅可对评价进行一次修改；修改成功后，新评价将覆盖原有评价在前端进行展示。如图 5-108 所示，当交易记录和产品关联后，就可以在产品的详情页看到买家的评价。

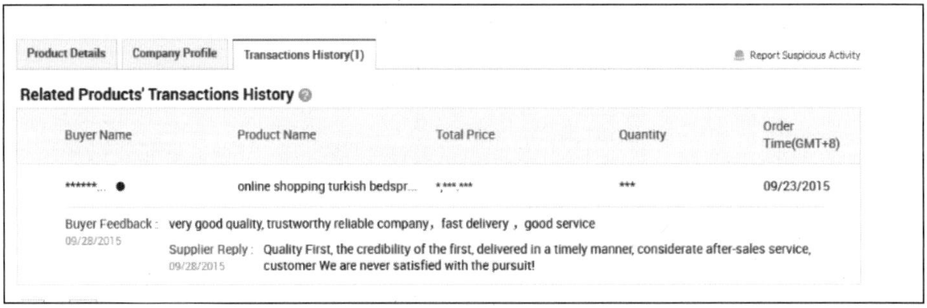

图 5-108　买家评价

买家评价产生 30 天内，卖家只可以回评一次；同时回评最多修改一次，并且只有当买家修改评价后才有修改的机会。一旦做出评价，就不可删除，而且目前没有开通默认好评的功能，所以建议大家鼓励买家多留评价。

评价的内容主要包括：买家对该笔订单环节中的货物、物流、服务等信息进行的主观评价；卖家针对买家评价做出的感谢及解释等信息；网站对信用保障服务在该笔订单中所保障的“如期发货”和“货描一致”两点进行客观评价。

当买家做完评价后，信保订单才算真正意义上的完结。

5.6.4 信保订单纠纷处理

很多同学会问，信保平台发货，如果发货后买家（客户）不满意，提起投诉怎么办？阿里巴巴会如何处理？收到买家投诉后，你需要积极配合买家处理纠纷。如果在 5 个自然日内没有线上响应买家的纠纷，买家可以在后台申请由阿里巴巴纠纷团队介入协助处理。另外，如果 15 个自然日内没有自行协商确认退款方案，则阿里巴巴纠纷团队也介入协助处理，处理原则参考如下。

1. 针对未如期发货问题：根据信用保障服务规则及合同约定的发货期判定买卖家责任。

2. 针对产品质量问题：

（1）选择“保障到发货日期”，买家在卖家发货前对货物质量有疑义。

（2）选择“保障到买家收货后”，买家在清关后 7 天内对货物质量有疑义。

可以向阿里巴巴验货平台提起验货查验请求，根据信用保障服务规则、合同约定的产品质量标准及第三方验货公司（BV、TUV、SGS）出具的验货报告判定买卖家责任。如果发生质量纠纷，仲裁时验货费用先由买家垫付，最后由责任方承担。选择了保障发货前货物质量，则信用保障订单质量保障到发货日当天。买家收货后如发现质量问题，需要与卖方协商解决，或通过阿里巴巴线下贸易纠纷仲裁处理。建议卖家与买家充分沟通货物质量，避免后期产生纠纷，影响买家翻单。

如果收到了买家提起的纠纷，需要进入订单详情页面响应买家的纠纷。

（1）可以进入纠纷页面，选择同意或拒绝买家的纠纷方案并提出新方案。

（2）可以在留言板和买家进行沟通。

5.6.5 信保常见问题

1．信用保障额度与哪些因素相关？

答：1）供应商公司的基本面情况（如工商认证信息、阿里巴巴合作年限、平台操作表现等）。

2）供应商的经营能力，目前主要参考贸易流水来评估：

a. 通过信用保障订单产生的流水，权重最高。

b. 仅通过一达通完成出口的，权重次之。

c. 平台通过可信途径获得的企业自营出口数据也会设置较少上限和权重。

3）供应商的资信状况，目前主要参考阿里巴巴国际站违规处罚累计扣分（扣分会导致信用保障额度降低，超过一定分值或其他重大违规行为则无法使用该服务）。

4）其他风险因素（如企业和法人代表征信情况、纠纷处理等）；信用保障额度的提升是一个循序渐进的过程，无法通过单个行为或事件迅速提升，需要长期的积累。

5）如果你的国际站会员服务期小于 90 天，额度也会下调至 2000 美元，续费（全款到账）后会重新计算额度。

2．信用卡付款有风险，买家不想支持使用信用卡怎么办？

答：阿里巴巴的信用卡支付，会在买家信用卡付款时要求买家多次输入密码验证，避免盗刷卡的风险，从而大大降低买家信用卡拒付的风险。如果仍然不愿意接受信用卡支付，可以跟买家协商使用 TT 支付。

3．信用卡支付 2.8%的手续费是如何扣除的？

答：手续费直接在买家付款账户里扣除，不会从货款里扣，所以买家实付货款金额就是卖家实收金额。

4．有的花旗银行账号 15 位，但是银行最多可以输入 13 位账号，该怎么办？

答：剩余 2 位银行账号可以填写到附言栏，可以正常到账。新生成的花旗银行账户只有 13 位，不再会存在这类问题。

5．打款手续费如何收？

答：TT 支付手续费根据不同国家不同汇款行有不同，具体可以询问打款行，欧美国家汇款到中国香港大约是 40～50 美元，亚洲各国是 20～30 美元。信用卡支付手续费为支付金额的 2.8%。

6．信用卡买家拒付时平台的处理流程是什么样的？

答：买家发起拒付时，付款行会第一时间通知收款人要求举证，供应商举证后银行判定确实是供应商责任才会赔付，否则不会同意买家的拒付申请。

7．卖家在谈合同的时候就要告诉买家支付账号，但是花旗只有在提交订单之后才能看到，怎么解决？

答：建议卖家在洽谈过程中就尽快下一个信用保障订单，订单提交之后买家的花旗银行账户就生成了。

8．买家可以通过花旗银行支付除美元以外的币种吗？

答：可以，现在花旗银行可以支持收取：RMB/USD/HKD/GBP/EUR/SGD/AUD/CAD/JPY，由于存在汇差风险，建议买家按照合同约定币种付汇。

9．使用信用卡有什么限制吗？

答：目前使用信用卡支付的最高限额为 20000 美元，若金额超过 20000 美元则无法使用信用卡支付。

10．起草信用保障订单是否一定要关联一达通的产品？

答：不需要，起草信用保障订单可直接选择网站上已发布的产品，或者添加未发布的产品，无须关联一达通预审产品便可提交订单，实际出口时再去一达通做产品预审（强烈建议在起草信保订单时在信保订单产品信息中单击“马上查询”按钮，提前查询发货产品的一达通出口服务模式及退税率，方便后期出货）。此外，自定义产品（非网站发布产品）也可以起草信用保障订单。

11．分批发货如何关联委托单？

答：当前一个信保订单可以对应多个委托单，客户可以在信保订单详情页单击“关联出口服务订单”进行关联。

12．信保订单外汇已收，但是没有通过一达通出货线下出口，要如何操作？

答：信保订单需要基于一达通出货沉淀完整的数据。已收款信保订单不通过一达通出口会影响供应商信保订单的完单率，会影响排序。如果需要结束该订单，需要由买家申请取消订单，取消订单会影响供应商信用累积，请谨慎操作。

13．如何取消信保订单？

答：外汇收齐前，卖家可以在信保订单中单击“请求取消订单”按钮，待买家确认之后订单便可取消；买家可以单击“cancel order”按钮直接取消；外汇收齐处于“待卖家发货”以后的订单，需要买家在信保订单中单击“open a dispute”按钮进入发起纠纷页面，选择原因、选择关闭订单、输入退款金额（支持退款金额为 0，即取消订单不退款）及详细描述进行提交；提交后会邮件通知供应商，供应商单击进入查看详情页面，单击“同意买家要求”按钮。若退款金额为 0，则订单立即关闭；若退款金额不为 0，则会进入退款执行中（供应商端提示如下），退款的订单会流到 bops 后台由纠纷运营人员跟进；付款后轻易取消订单影响供应商信用累积，需谨慎操作。

14. 为什么询盘商机管理中心已经确认订单，但是在信保的订单管理里面没出现？

答：可能是因为客户没有开通信用保障服务，或者没有完成一达通准入，所以无法生成信保订单，不会出现在信保订单列表。

15. 我的额度不够用了怎么办？

答：（1）及时释放使用中的保障额度：若已经发货需要尽快关联一达通出口委托单，提醒买家尽快确认收货，取消作废订单。

（2）在信用保障服务页面上传自营出口数据申请临时提升额度。

（3）可以自交保证金提升额度，具体操作可以联系客户经理处理。后续如果额度不够不影响买家给供应商继续下信保订单，订单保障金额等于实付预付款金额，款项到账后，可用保障额度不足部分会临时冻结资金进行保障。

16. 如何确认自己的行业是否可以走信用保障订单？不能开票、不退税的公司是否可以走信保等？例如，汽摩配行业。

答：信用保障服务开通之后请尽快联系客户经理提交一达通产品和开票人预审，一达通审核结果会告诉你能否走信用保障订单。一达通出口服务包括通关、收汇、退税（可选），不能开票的企业办理出口免税资格认证后可以不退税。

17. 快递订单一定需要通过一达通报关吗？

答：信用保障服务需通过一达通提供出口服务，快递订单可以走 9610 分送集报的形式，分批出货，次月 10 日之前集中报关退税即可，省时省力省钱。

18. 双审后置，有买家给供应商下订单了，但是供应商因为开票人预审不通过，不能走一达通，怎么办？

答：开票人预审通不过，可以办理出口退（免）税资格认证，走一达通的出口代理服务，通过一达通出货但可以自行办理退（免税）。强烈建议供应商开通信用保障服务之后尽快联系客户经理做一达通双审，确定出口退税模式，避免确认订单但无法通过一达通走货，引起买家投诉。

5.7　本章总结

1．了解和熟悉外贸邮。

2．掌握询盘回复的表述方式和技巧。

3．清晰 RFQ 的来源、流程、检索和定制。

4．掌握 RFQ 的分析和筛选。

5．掌握 RFQ 的报价、跟进和后台 RFQ 的管理，RFQ 的流程图如图 5-109 所示。

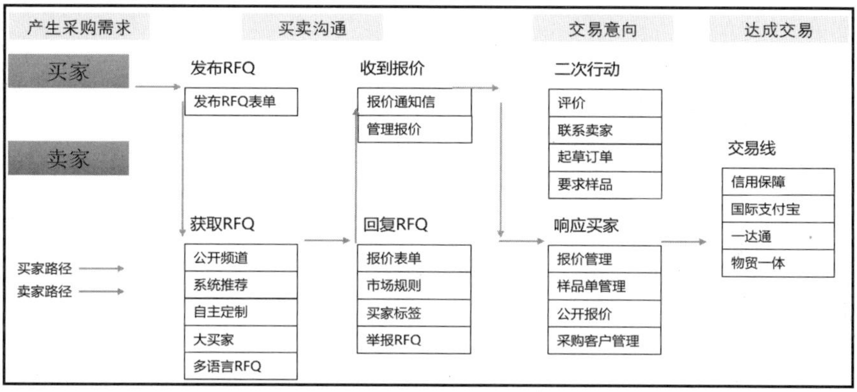

图 5-109　RFQ 流程图

6．掌握在线批发产品交易信息和物流信息的设置。

7．掌握在线批发产品管理。

5.8　巩固练习

一．练习题

1．在 Foxmail 中设置外贸邮。

2．以下询盘属于一般询盘还是具体询盘？请撰写回复。

> Dear×,
>
> We are interested in your sweater, Item no. SW-321, would you please quote the best price CIF London, stating the earliest date of shipment and terms of payment? Meanwhile, we shall be pleased if you could send us, by airmail, samples of different colors.
>
> Should your price be found competitive and delivery date acceptable, we intend to place a large order with you.
>
> Your early reply will be appreciated.
>
> Yours faithfully,
>
> John Smith
>
> Business Manager

二．选择题

1．具备什么条件才能开通外贸邮？

A．缴费完成　　B．具有独立域名

C．成为阿里巴巴供应商会员　　D．成为阿里巴巴会员

参考答案：B、C

2．以下关于发送方式的说法错误的是？

A．抄送时，每一位收件人都可以看到所有被抄送的地址

B．密送时，密送收件人能够看到其他收件人的地址

C．密送时，密送收件人看不到其他收件人的地址

D．分别发送时，每一位收件人都看不到其他收件人的地址

参考答案：C

3．以下关于询价的说法正确的是？

A．虚盘必须在有效期内接受，方可达成交易

B．实盘必须在有效期内接受，方可达成交易

C．“subject to our final confirmation”表示报实盘

D．形式发票只能用来报实盘

参考答案：B

三．问答题

1．什么是 RFQ？如何积累 RFQ 报价奖励？如何获得畅行权限？

2．RFQ 报价的流程是什么？

3．请根据如图 5-110 所示的 RFQ 信息，进行报价。

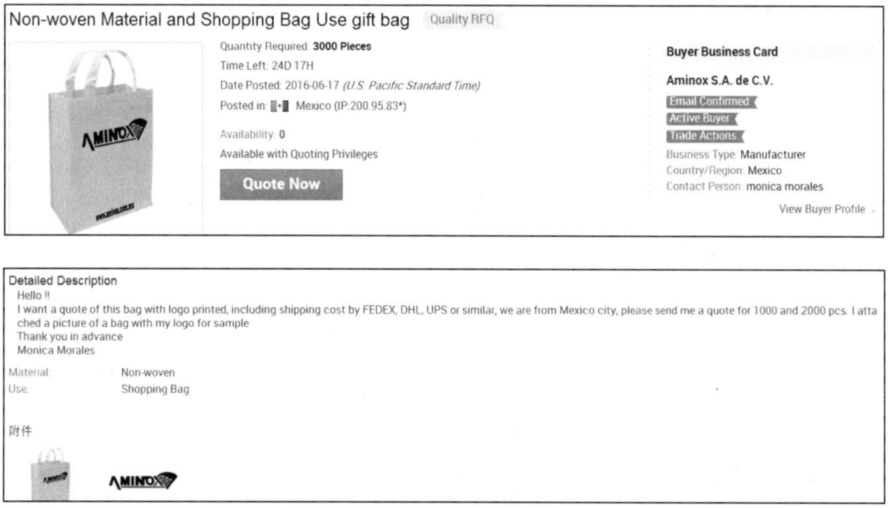

图 5-110　RFQ 报价练习

4．请说明在线批发产品和普通产品的区别？在线批发和速卖通的区别？

5．一达通和信保是什么关系？

6．一达通走货一定要是信保订单吗？

7．一达通都可以提供哪些服务？

8．起草信保订单有几种方式？

9．非阿里巴巴买家，是否可以享受信保服务？

10．阿里信用保障服务，主要是服务什么？

11．模拟起草一份信保订单试试看。

12．起草一份一达通的委托单。

四．填空题

1．每个用户最多可发布在线批发产品数为（　　）个，多语言平台可发布在线批发产品数为（　　）个。

2．当在线批发产品大于等于（　　）个时旺铺中会出现在线批发专区。

3．在线批发承运商，系统支持以下物流（　　）。

4．一个产品最多可以设置（　　）个阶梯价格，MOQ 在（　　）位置提现？

五．自测题

你对各国商人的谈判风格和特点了解吗？试做以下测试，每题只可一个答案。

1．你认为在与外商接触过程中，中间人的作用是：

A．引荐介绍　　B．建立良好关系的最好形式

C．有利于开拓更多的业务渠道　　D．调节矛盾纠纷

2．俄罗斯人对你说，他同时也在和你的竞争对手谈，对方价格比你低，并要求你降价，你会：

A．同意降价　　B．报更低的价挤走对手

C．拒绝降价　　D．在其他方面做出让步令其满意

3．如果外商在闲聊时，主动请你谈谈对时局的看法，你会：

A．岔开话题　　B．如实反映情况，但不表明自身的观点

C．明确阐述自己的观点　　D．认为这是发表精彩演讲的最佳时机

4．你认为同欧洲国家的商人进行贸易的决定因素是：

A．双方良好的关系　　B．公司、产品的信誉和实力

C．中间人的作用　　D．高额的利润

5．你正在和英国制造商就购买一套设备进行谈判，你认为最会影响协议达成的因素是：

A．价格　　B．信贷　　C．交货　　D．质量

6．与日本人谈判，你最需要具备的是：

A．耐心　　B．中间人　　C．信誉　　D．礼貌

7. 在阿拉伯人的宴会上，你的讲话内容将主要涉及：

A. 抨击阿拉伯人的对立面　　B. 感谢主人的盛情

C. 表明你与他们合作的愿望　　D. 幽默地指出双方习俗上的不同

8. 如果你到日本后，谈判对手送你礼物，你该怎么做：

A. 表示感谢，收下礼物　　B. 表示感谢，当面打开礼品盒

C. 表示感谢，婉拒对方　　D. 表示感谢，并回赠对方礼品

9. 如果阿拉伯商人和你在社交场合一起喝咖啡时，绝口不谈生意，你会：

A. 找时间主动提起　　B. 等待对方提出

C. 想法引导对方提出　　D. 干脆也不提

10. 你发现谈判对手把你的产品价格翻了几倍卖出，可他居然还要你降价，你会：

A. 说出你的发现，并趁机提价　　B. 把这一信息保留到下一轮谈判

C. 询问他当地的价格政策　　D. 只要有利可图，就选择沉默

11. 同美国人讨价还价时，可以：

A. 高报价、低出价　　B. 给出合理的价格

C. 开出实价，然后寸步不让　　D. 让对方先报价

12. 如果你去拜见阿拉伯商人，刚开始洽谈，他却被别的事缠住了，你会：

A. 立刻告辞，问他什么时间再回来拜见

B. 立刻告辞，留下你的产品资料

C. 立刻告辞，请他定出下次会谈时间

D. 立刻告辞，请他到你处来访

13. 你和俄罗斯商人关于进口设备进行谈判，在谈判初期，你们的主要谈判内容将是：

A. 价格　　B. 技术规格

C. 出口许可证　　D. 支付方式

14. 你与日本人进行重要谈判的过程中，对方迟迟不给予答复，这可能是因为：

A. 他们不愿仓促行事　　B. 他们要反复磋商

C. 他们对具体细节不清楚　　D. 他们不满意某些条件

15. 如果你打算到阿拉伯国家推销产品，你计划去的天数是：

A. 一个星期　　B. 两个星期

C. 二十天　　D. 一个月

请按照下面的计分表，把你选择的每一个问题的答案得到的正分或负分累计相加，例如你第一题选择 B，那么你将得到+5 分，然后根据你的分值，确定你的能力。

计分表：

1、+2+5+3+2	2、–5+5+3+0	3、+5+3–3-5	4、+3+5+2+2	5、+3+2+5+2
6、+5+3+2+2	7、–5+2+5+0	8、+2+3–5+5	9、–5+3+5+2	10、–5+0+5+3
11、–5+5+3+2	12、+5+3+0–5	13、+5+2+3+5	14、+3+5+0+2	15、–5–3+0+5

假如你的成绩在 65~75 之间，那么你对各国的谈判风格非常了解，是个优秀的谈判人员；假如你的成绩在 50~65 之间，那么你对各国的谈判风格只是一般了解；假如你的成绩在 50 分以下，那么你对各国的谈判风格的知识比较缺乏，应该努力自学以加强。

第6章 阿里巴巴平台规则

本章学习目标

- 了解知识产权的分类和形态
- 了解阿里巴巴平台禁限售规则
- 了解阿里巴巴平台知识产权规则

6.1 知识产权

6.1.1 知识产权的概念与特点

知识产权（Intellectual Property），指权利人对其所创作的智力劳动成果所享有的专有权利，一般只在有限时期内有效。各种智力创造比如发明、文学和艺术作品，以及在商业中使用的标志、名称、图像及外观设计，都可被认为是某一个人或组织所拥有的知识产权。

知识产权是一种无形财产，大部分知识产权的获得需要法定的程序，例如，商标权的获得需要经过登记注册。知识产权具有专有性、地域性和时间性的特点。

1. 专有性

专有性即独占性或垄断性。除权利人同意或法律规定外，权利人以外的任何人不得享有或使用该项权利。这表明权利人独占或垄断的专有权利受严格保护，不受他人侵犯。只有通过“强制许可”、“征用”等法律程序，才能变更权利人的专有权。

2. 地域性

地域性即只在所确认和保护的地域内有效。除签有国际公约或双边互惠协定外，经一国法律所保护的某项权利只在该国范围内发生法律效力。所以，知识产权既具有地域性，在一定条件下又具有国际性。

3. 时间性

时间性即只在规定期限内保护。法律对各项权利的保护都规定有一定的有效期，各国法律对保护期限的长短可能一致，也可能不完全相同，只有参加国际协定或进行国际申请时，才对某项权利有统一的保护期限。

6.1.2 知识产权的分类及形态

知识产权主要可分为专利权、著作权（版权）和商标权。

1．专利权

专利权是指发明人从政府有关部门获得的在一定期限内生产、销售或以其他方式使用发明的排他权利。专利分为发明、实用新型和外观设计三种。

专利权人对其发明创造享有独占性的制造、使用、销售和进口的权利。也就是说，其他任何单位或个人未经专利权人许可不得进行以生产、经营为目的的制造、使用、销售和进口其专利产品，使用其专利方法，或者未经专利权人许可，以生产经营为目的制造、使用、销售和进口依照其方法直接获得的产品。否则，就是侵犯专利权。

一个国家依照其本国专利法授予的专利权，仅在该国法律管辖的范围内有效，对其他国家没有任何约束力，外国对其专利权不承担保护的义务。专利权人对其发明创造所拥有的专有权只在法律规定的时间内有效，期限届满后，专利权人对其发明创造就不再享有制造、使用、销售和进口的专有权。

专利侵权行为，也称侵犯专利权的行为，是指在专利权的有效期限内，任何他人在未经专利权人许可，也没有其他法定事由的情况下，擅自以营利为目的实施专利的行为。

2．著作权

著作权包括著作人身权和著作财产权。著作人身权包括发表权，即决定作品是否公布于众的权利；署名权，即表明作者身份，在作品上署名的权利；修改权，即修改或者授权他人修改作品的权利；保护作品完整权，即保护作品不受歪曲、篡改的权利。著作财产权是作者对其作品的自行使用和被他人使用而享有的以物质利益为内容的权利。通过以下方式获得经济效益：复制、翻译、改编、表演、广播、展览、拍制电影、电视或录音等。

各国法律对著作权的取得条件有不同要求，主要分为自动取得和注册取得两大类。自动取得是指著作权自作品创作完成时自动产生，不需要履行任何批准或登记手续。世界上大多数国家采取这种自动取得制度，我国也采取这种制度。注册取得是指以登记注册为取得著作权的条件，作品只有登记注册或批准后才能产生著作权，而不是自动产生。少数国家采取这种制度。

3. 商标权

商标可能是一个单词、字母、图形或是它们的组合，包括图画、符号等平面现象。商标权是指商标使用人依法对所使用的商标享有的专用权利。商标可以转让，转让注册商标时转让人和受让人应当签订转让协议，并共同向商标局提出申请。商标权具有专有性、地域性和时效性等特点。

目前，品牌商标侵权是阿里巴巴知识产权中侵权违规最多的情况。

（1）未经授权使用他人商标品牌信息，如产品名称、描述、属性、关键词等。公司信息中涉及品牌信息，如公司介绍、主营产品等产品图片中涉及品牌信息。

（2）获得品牌授权，但信息中还涉及他人品牌。授权范围与发布信息用途不一致，如获得授权生产证明，但用于销售该产品；如授权采购配件生产自有品牌产品却使用原品牌信息；销售发布的信息与获得授权的品牌不一致，例如获得授权的是 AFS JEEP，但信息中却出现的是 JEEP。

（3）信息其他地方涉及他人品牌，例如信息超链接了他人品牌信息。

（4）涂抹、遮盖商标，故意使用变形词或变形 Logo 等。该情况属于恶意违规，有销售假货的嫌疑，阿里巴巴将予以严重处罚。此类情况被投诉成立 3 或 4 次，侵权商家将被关闭账号。

商标侵权案例

案例 1

权利人：Flawless Vape Wholesale &Distribution Inc。

知识产权编号：4811256。

知识产权类型：商标权。

知识产权内容：TUGBOAT。

涉及行业：医药保健（Health &Medical）。

品牌介绍：TUGBOAT 是位于美国加州的权利人公司 Flawless Vape Wholesale &Distribution Inc。

旗下的品牌，该权利人公司主要设计生产电子烟及其周边产品。

涉诉典型：该商标在阿里巴巴平台主要投诉的是电子烟侵权，侵权信息主要出现在产品标题与产品属性中，该商标在阿里巴巴国际站平台投诉成功率较高，如图 6-1 所示。

产品名称	High quality bore delrin drip tip tugboat v2.5 clone with two post build deck
产品属性	Model name:tugboat v2.5 clone Airflow:Adjustable Airflow Warranty::6 months Material: stainless ste
简要描述	

图 6-1 产品标题与产品属性中存在侵权信息

案例 2

权利人：SGS GROUP MANAGEMENT SA。

知识产权编号：3422169。

知识产权类型：商标权。

知识产权内容：SGS。

涉及行业：五金（Hardware）。

品牌介绍：SGS 是全球领先的检验、鉴定、测试和认证机构，是全球公认的质量和诚信基准。SGS 通标标准技术服务有限公司是瑞士 SGS 集团和隶属于原国家质量技术监督局的中国标准技术开发公司共同建成于 1991 年的合资公司。

涉诉典型：该商标在阿里巴巴平台主要投诉的是五金螺栓和铆钉侵权，侵权信息主要出现在产品图片中，该商标在阿里巴巴国际站平台投诉成功率较高，如图 6-2 所示。

图 6-2 产品图片侵权

案例 3

知识产权编号：615458 [WIPO]。

知识产权类型：商标权。

知识产权内容：NXP B.V.。

涉及行业：安全防护（Security&Protection）和橡塑原料及制品（Rubber&Plastics）。

品牌介绍：Mifare 是恩智浦半导体（NXP）拥有的商标之一。NXP 完善的产品系列还广泛应用于包括客户忠诚计划、道路收费、门禁管理、游戏等领域。例如，非接触式 IC 卡“一卡通”系统就是采用 Mifare 卡读写技术研制开发而成，集计算机技术、自动控制技术、网络通信技术、智能卡技术、传感技术、模式识别技术和机电一体化技术于一体，是应用于智能楼宇、智能小区和现代企业、学校的智能化管理。

涉诉典型：该商标在阿里巴巴平台主要投诉的是芯片类、IC 卡等产品侵权，侵权信息主要出现在产品属性中，如图 6-3 所示。

产品属性	Standard:14443A NFC chips:NTAG203, Mifare 1k, Mifare ultalight, etc. Antenna:PET+Alu

图 6-3　产品属性侵权

案例 4

权利人：GOPRO, Inc。

知识产权编号：ZL201330068054.8 [中国]。

知识产权类型：外观设计。

知识产权内容：GoPro-Camera Housing。

GoPro 照相机外观如图 6-4 所示。

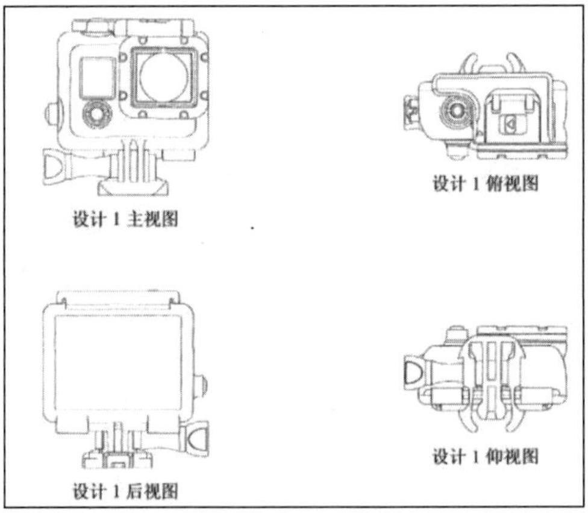

图 6-4　照相机外观图

案例 5

涉及行业：消费电子。

品牌介绍：GoPro 相机是一款小型可携带固定式防水防震相机。GoPro 相机现已被冲浪、滑雪、极限自行车及跳伞等极限运动团体广泛运用，因而“GoPro”也几乎成为“极限运动专用相机”的代名词，如图 6-5 所示。

涉诉典型：该品牌在阿里巴巴平台主要投诉的是与其设计外观相同/近似的相机壳侵权。

图 6-5　GoPro 相机

案例 6

权利人：Samsung Electronics Co.,Ltd。

知识产权编号：300743111 [韩国]。

知识产权类型：外观设计。

知识产权内容：Galaxy Gear 2。

涉及行业：消费电子。

涉诉典型：该品牌在阿里巴巴平台主要投诉的是与其设计外观相同/近似的智能手表侵权，如图 6-6 所示。

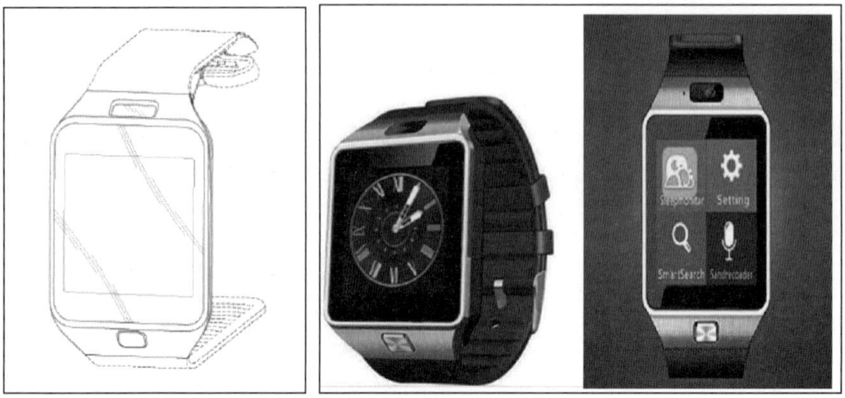

图 6-6　设计外观侵权

案例 7

权利人：Inter IKEA Systems B.V.。

知识产权编号：000109652（欧盟）。

知识产权类型：商标权。

知识产权内容：IKEA。

涉及行业：家具（Furniture）。

品牌介绍：宜家家居是来自瑞典的全球知名家具和家居零售商，现为全球最大的家具家居用品商。

涉诉典型：侵权信息主要出现在标题和属性中，侵权类型多为不当使用商标权，如图 6-7 所示。

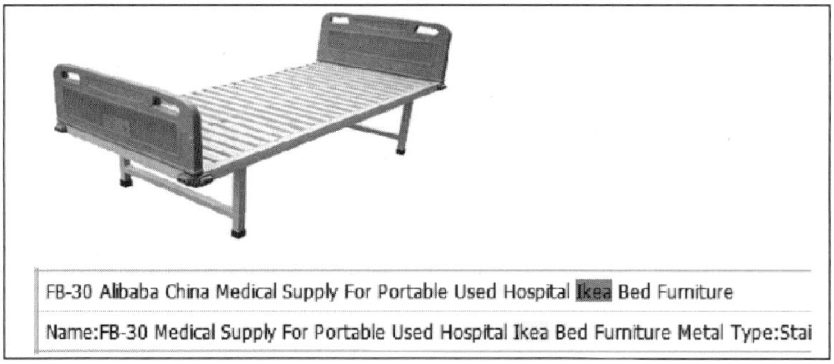

图 6-7　不当使用商标权

6.1.3 如何预防知识产权侵权

从电子商务知识产权纠纷案件来看，以侵犯商标权和著作权的知识产权案件为最。目前，跨境电子商务侵权主要表现在以下方面。

首先是现行网络假货横行，侵犯商标权的现象大量发生，很多中小商家打着品牌授权口号公然销售假冒伪劣产品。

其次是在网络产品传播方面，擅自使用其他网站的 Logo、图片、视频、原创内容等，或者以其他网站为模板，采用相似域名等行为，对消费者造成了严重误导，同时也给被侵权的品牌带来了负面影响。

此外是网络诈骗，主要表现在恶意钓鱼或者欺诈网站，其主要通过技术手段制作钓鱼网站，通过低价、广告等形式诱导消费者进行消费。

那么，怎样防范知识产权侵权呢？

1．了解阿里巴巴国际站平台对知识产权侵权行为的认定

防范知识产权侵权，首先要了解哪些行为属于知识产权侵权行为。阿里巴巴国际站平台严禁用户未经授权发布、销售涉及第三方知识产权的商品。

2．商家应积极做好产品来源管理

相比欧美日等发达国家，我国的知识产权保护制度还不够完善，知识产权保护强度和执法强度还较弱，因此，对于山寨产品、侵权产品的管理效果还不够明显，这也纵容了我国很多电商平台上充满了山寨产品和侵权产品。但是，这种国内侵权的行为，到知识产权保护强度较高的发达国家后，将会面临较高数额的赔偿，支付较高侵权成本，甚至会被限制进入市场。因此，从长远发展来看，在产品的选择上，应该遵从知识产权保护原则，选择不侵权产品进行销售。

3．跨境电子商务平台对相关知识产权内容有事前审查的义务

首先，电商平台应加强对用户身份的审查。如某个网络用户声称其为某知名品牌的网络代理商或授权商，跨境电商平台应要求其提供相关证明文件并对该文件的真实性向权利

人进行核实，如果资料确为伪造，电商平台应禁止该用户入驻该电商平台。

其次，跨境电商平台还应加强对于特定情形下商品信息的审查。对于知识产权知名度极高、被控侵权产品事实极为明显的情形，例如侵权信息处于网站首页，其他主要页面或其他可为电商平台明显所见的位置，电商平台对侵权信息进行了特别的推荐或编排等，电商平台应主动对商品信息进行审查，不必等接到权利人的投诉通知再处理。如电商平台未履行事前审查义务，应与侵权者对权利人承担连带责任。

4. 建立企业跨境电子商务风险审查机制

1）加强对通知删除规则的研究和灵活应用

通知删除规则可以帮助权利人有效、快速地制止侵权。对于被投诉的网络卖家而言，如果一被投诉就立刻遭受删除链接的制裁，会有失平台商的信誉和平台的做大。从删除链接给卖家造成的损失来看，商品信息一旦被删除，卖家不仅无法销售该商品，更可能在瞬息万变的竞争中丧失交易机会、降低用户评价和信用度，进而给其带来致命打击。

跨境电子商务平台可以在接到权利人发来的投诉通知后，对通知中提及的侵权事实发生的可能性进行审查和判断，对于侵权可能性较大的，应在一定期间内采取相应措施，并将该通知转发给所涉及的网络卖家。网络卖家在接到该通知后，可以在一定期间内向电子商务平台发出反通知，由电子商务平台对通知与反通知进行综合审查判断，对于构成侵权可能性较大的，电子商务平台应继续采取删除、断链措施。对于构成侵权可能性不大的，应立即采取恢复链接等措施。无论如何应在接到通知或反通知的第一时间向对方转发。经过一轮通知与反通知，电子商务平台势必按照一方的意见采取相应措施。对此，如果另一方提出异议并对跨境电子商务平台提起诉讼，平台商可以以其接收到的通知及反通知材料等证明做到了普通经营者应尽的审查义务。

2）用大数据思维监控海量商品信息的知识产权合法性

跨境电子商务经营者，尤其是大型综合平台服务商，可以自己开发系统软件，用大数据的思维筛选、抓取涉嫌侵权知识产权的商品或者卖家信息，或引入知识产权服务商对其网络平台上的海量商品知识产权信息进行自我审查，并适时向相关权利发出侵权可能的提示信息、改进措施和扣分制度。对于确认侵权并拒不改正的卖家给予断链处罚，以警示和维护平台产品的正品信息形象。同时，建立宽严适度的商品信息准入制度。

6.2　阿里巴巴国际站知识产权规则

6.2.1 知识产权侵权行为

1. 一般侵权行为

（1）在所发布的商品信息或店铺、域名中不当使用他人商标权、著作权等权利。

（2）发布、销售的商品涉嫌不当使用他人商标权、著作权、专利权等权利。

（3）所发布的商品信息或所使用的其他信息造成其他用户的混淆或误认。

2. 严重侵权行为

（1）发布、销售未经著作权人许可复制其作品的图书、音像制品和软件。

（2）发布、销售非商品来源国的注册商标权利人或其被许可人生产的商品。

6.2.2 知识产权侵权行为的处理

1. 一般侵权行为的处理

一般侵权行为的处理如表 6-1 所示。

表 6-1　一般侵权行为的处理

	触发原因	处　理
一般侵权行为	图片盗用投诉	6 分/次 首次投诉 5 天内算一次（不扣分），从第 6 天开始，每次投诉成立扣 6 分，一天内若有多次投诉扣一次分。时间以投诉结案时间为准
	权利人投诉	6 分/次 首次投诉 5 天内算一次（不扣分），从第 6 天开始，每次被同一知识产权投诉成立扣 6 分，一天内若被同一知识产权多次投诉成立扣一次分。时间以投诉受理时间为准
	平台抽样检查	每退回或删除 1 次扣 0.2 分，一天内扣分不超过 6 分；有如下情形之一的，每退回或删除 1 次扣 2 分，一天内扣分不超过 12 分。① 发布涉嫌侵权的品牌衍生词；② 发布涉嫌侵权信息且类目错放

2. 对应的账号处理标准（除特别说明外，阿里巴巴国际站全站的罚分累加计算）

对应的账号处理标准如表6-2所示。

表6-2　对应的账号处理标准

扣分累计	处理方式	备　注
6分	严重警告	邮件通知
12分	搜索屏蔽7天且旺铺屏蔽7天	邮件通知和系统处罚
24分	搜索屏蔽14天且旺铺屏蔽14天	
36分	搜索屏蔽21天且旺铺屏蔽21天	
48分	关闭账号	——

注意：（1）分数按行为年累计计算，行为年是指每项违规行为的扣分都会被记365天。已被关闭账号处罚的除外。

（2）用户累计罚分达到24分或以上的，阿里巴巴有权拒绝或限制用户参加阿里巴巴国际站的各类推广、营销活动或产品/服务的使用。

（3）下架商品在投诉举报及平台抽样检查范围之内，如有违规会按照相关规则处罚。

（4）如用户违规情节特别严重，阿里巴巴有权立即单方解除合同、关闭账号且不退还剩余服务费用；并有权做出在阿里巴巴国际站及/或其他媒介进行公示、给予关联处罚及/或永久不予合作等处理。

3. 严重侵权行为的处理

严重侵权行为的处理如表6-3所示。

表6-3　严重侵权行为的处理

	被投诉情况	累计被投诉次数	处理方式
严重侵权行为	首次被投诉，5天内算1次	1次	严重警告
	第2次被投诉	2次	搜索屏蔽7天且旺铺屏蔽7天
	第3次被投诉	3次	搜索屏蔽14天且旺铺屏蔽14天或关闭账号
	第4次被投诉	4次	关闭账号

注意：若被投诉方被同一权利人的同一知识产权累计投诉3次，账号会直接被关闭。

备注：1. 此处所指的“投诉”，均为“投诉成立”之意，即被投诉方被某一知识产权投诉，在规定期限内未发起反通知；或虽发起反通知，但反通知不成立。

2. 每次违规后，均需要进行知识产权学习。

3. 一天内若被同一知识产权多次投诉且投诉成立，记1次严重违规，时间以投诉受理时间为准。

4. 严重违规次数按行为年累计计算，行为年是指每项违规行为的处罚会被记录365天。

5. 下架商品在投诉举报及平台抽样检查范围之内，如有违规会按照相关规则处罚。

6. 如侵权情节特别严重，阿里巴巴保留对于会员解除合同、直接关闭账户等处罚的权利。

6.2.3 收到知识产权投诉该如何处理

当用户被权利人主张的知识产权发起投诉之后，平台会第一时间告知，用户须进行知识产权学习。用户在接到每一次投诉通知时，都应立即进行处理，即如认为未侵权，则请在投诉系统中发起反通知；如确认侵权，则请自查侵权信息，并对发布的其他涉嫌侵犯他人知识产权的产品信息及时进行删除处理。

第 1 步：查看了解投诉方详情和被投诉产品，具体操作参考如下。

1. 查看投诉方知识产权详情

用主账号及密码登录阿里巴巴知识产权保护系统，登录入口如图 6-8 所示。

图 6-8　阿里巴巴知识产权保护系统登录入口

登录后在“被投诉管理”模块下可以看到待回应的投诉及历史被投诉记录，如图 6-9 所示。

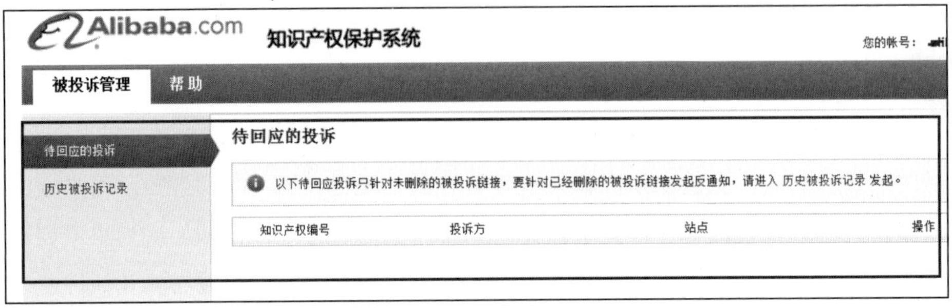

图 6-9 待回应的投诉

找到对应投诉，单击知识产权编号查看知识产权详情，单击投诉方下的投诉方名称可以查看投诉方联系方式等信息，如图 6-10 所示。

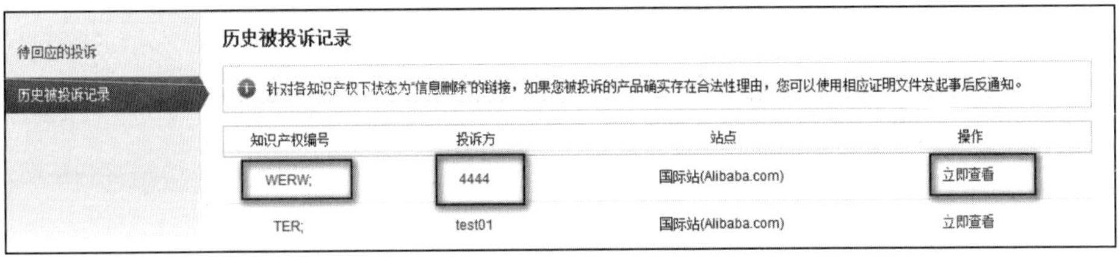

图 6-10 历史被投诉记录

若想进一步了解对方的知识产权详细内容，也可以通过知识产权编号，在知识产权相应网站查看更详细的知识产权信息。

2. 查看被投诉产品详情

用主账号及密码登录阿里巴巴知识产权保护系统，登录后在“被投诉管理”模块下可以看到“待回应的投诉”和“历史被投诉记录”，单击“立即处理”或者“立即查看”选项，即可查看被投诉的产品信息，如图 6-11 所示。

在“历史被投诉记录”中单击“立即查看”选项，然后再单击“查看快照”选项即可查看详情，如图 6-12 和图 6-13 所示。

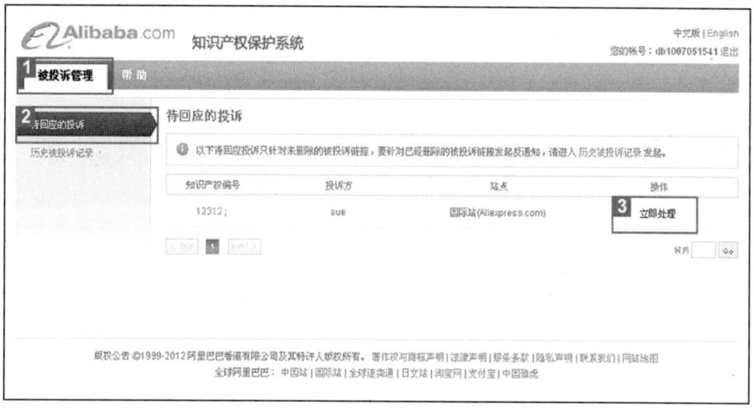

图 6-11　待回应的投诉：立即处理

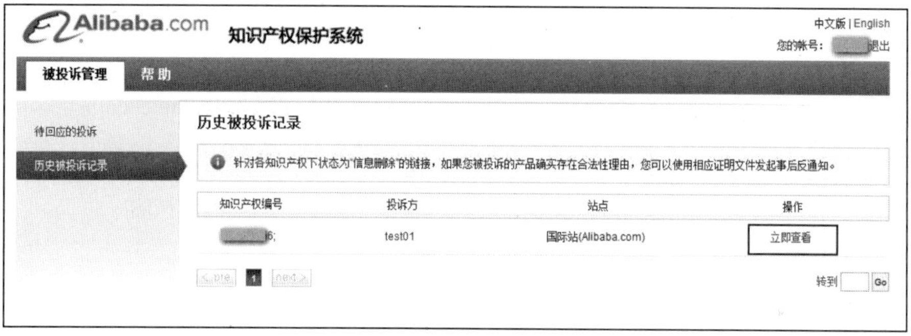

图 6-12　历史被投诉记录：立即查看

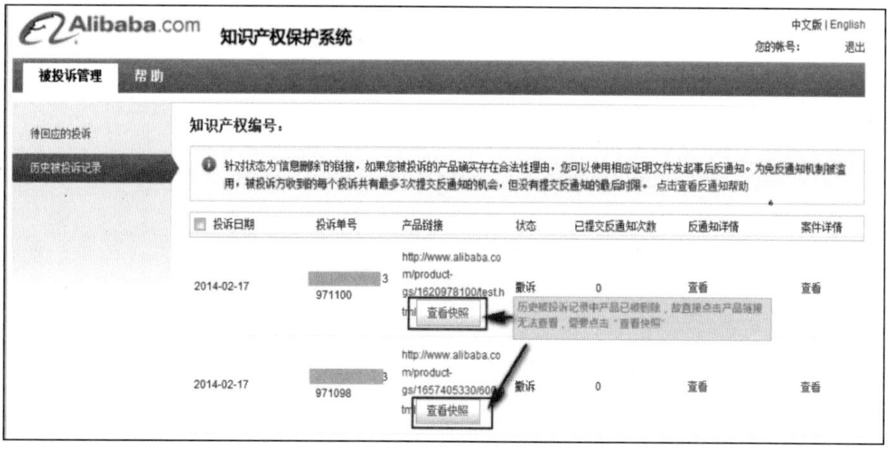

图 6-13　历史被投诉记录详情

3. 查看权利人知识产权商标详情

以下是一些商标查询网址

中国（大陆）：http://sbcx.saic.gov.cn:9080/tmois/wscxsy_getIndex.xhtml。

中国香港：http://ipsearch.ipd.gov.hk/trademark/jsp/main.jsp。

美国：http://tsdr.uspto.gov/。

法国：http://www.inpi.fr/fr/accueil.html。

韩国：http://www.kipo.go.kr/kpo/user.tdf?a=user.eng.main.BoardApp。

墨西哥：http://marcanet.impi.gob.mx/marcanet/controler/home。

日本：http://www.ipdl.inpit.go.jp/homepg_e.ipdl。

印度：http://ipindia.nic.in/。

欧盟：https://oami.europa.eu/ohimportal/en/。

加拿大：http://www.ic.gc.ca/app/opic-cipo/trdmrks/srch/tmSrch.do?lang=eng。

澳大利亚：http://pericles.ipaustralia.gov.au/atmoss/falcon.application_start。

世界知识产权组织（WIPO）：http://www.wipo.int/branddb/en/index.jsp。

以下是专利查询网址

中国国家知识产权局：http://www.sipo.gov.cn/。

美国：http://patft.uspto.gov/。

欧盟发明专利查询：http://ep.espacenet.com/numberSearch?locale=en_EP。

欧盟外观专利查询：http://oami.europa.eu/RCDOnline/RequestManager#。

世界知识产权组织：http://www.wipo.int/wipogold/en。

中国香港发明专利：http://ipsearch.ipd.gov.hk/patent/main.jsp。

中国香港外观专利：http://ipsearch.ipd.gov.hk/design/main.jsp。

韩国发明和实用新型专利查询：

http://patent2.kipris.or.kr/pateng/searchLogina.do?next=GeneralSearch。

韩国外观设计专利查询：

http://detseng.kipris.or.kr/ndetsen/loin1000a.do?method=loginDG&searchType=S。

德国、法国、日本等国家的专利查询：可以通过以下链接查询 http://worldwide.espacenet.com/numberSearch?locale=en_EP。

注意

（1）由此链接查询到的专利信息系相关国家专利信息的英文翻译版本。

（2）专利编号前需要添加相关国家的国家代码（Country Code），如德国为 DE、美国为 US、法国为 FR、日本为 JP 等。

（3）查看阿里巴巴平台品牌参考列表。

第 2 步：积极响应投诉，如认为不构成侵权或具备品牌合理授权，可以进行反通知申诉，具体操作参考如下。

1．在系统中发起反通知操作

登录阿里巴巴知识产权保护系统，单击“被投诉管理”中的“待回应的投诉”选项，对链接还未被移除的投诉发起反通知，如图 6-14 和图 6-15 所示。

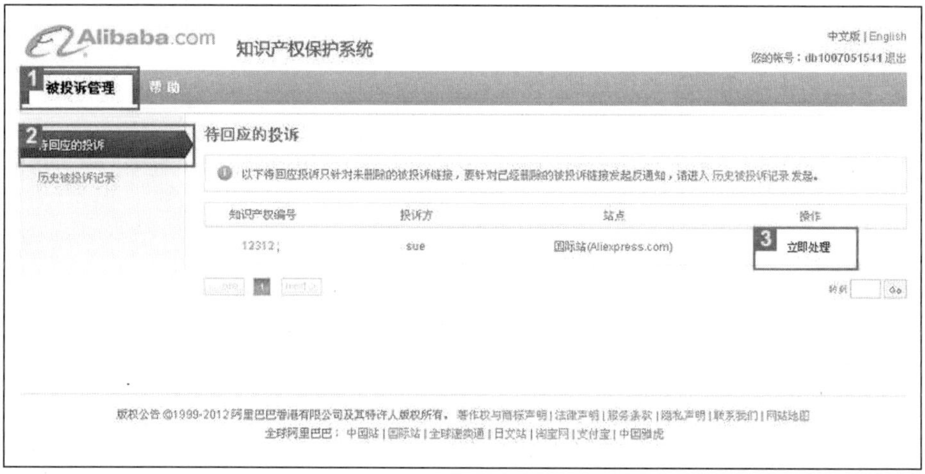

图 6-14　被投诉管理：待回应的投诉

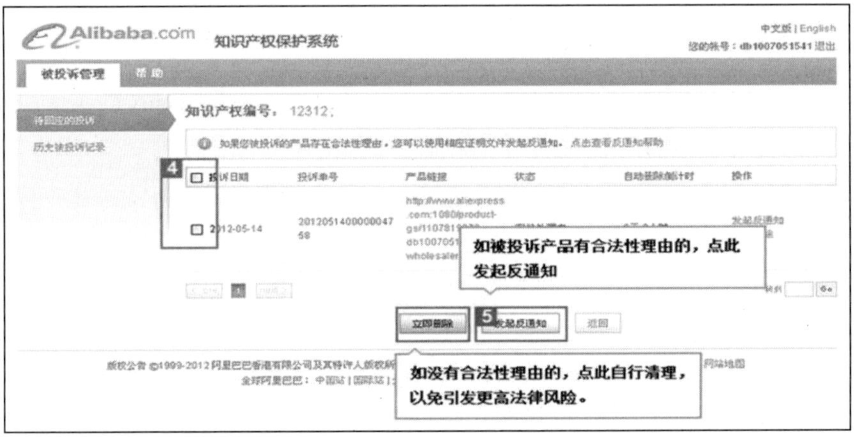

图 6-15　发起反通知操作

在“发起反通知”页面填写反通知表单，如图 6-16 所示。

图 6-16　在“发起反通知”页面填写反通知表单

也可对历史投诉记录发起反通知：单击“被投诉管理”中的“历史被投诉记录”按钮，查看案件情况。勾选需要发起反通知的投诉，单击“发起反通知”按钮，如图 6-17 和图 6-18 所示。

图 6-17　被投诉管理：历史被投诉记录

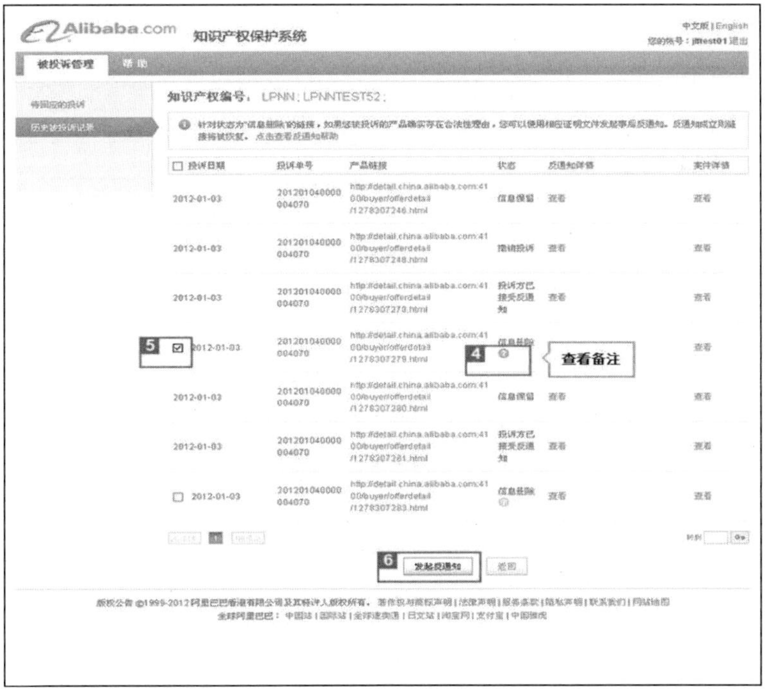

图 6-18　发起反通知

1）如何更有效地发起反通知

针对商标投诉，可以从以下 4 个方面发起反通知，并附上相关资料。

（1）被投诉产品系购买自商标权人处或其授权代理商处。

若主张被投诉产品购自商标权人处，请提供贸易双方之间的有效交易凭证，交易产品信息须与被投诉产品信息保持一致。

若贵司主张被投诉产品购自有授权的供应商处，请提供贵司供应商自商标权人处获得的销售授权证明文件，并同时提供贵司与供应商之间的有效交易凭证，交易产品信息须与被投诉产品信息保持一致。

（2）被投诉方有销售授权。

你需要提供商标权人授权你进行销售的有效授权书。

（3）注册商标的保护范围未包含被投诉商品。

请详细说明被投诉商品与商标注册的类别不相同/相似，被投诉商品上的商标与投诉商标不相同/近似，或不在驰名商标跨类保护范围之内的原因。

请详细说明被投诉商品与注册保护的商品之间商标注册的类别不相同或者相似；被投诉商品与注册保护的商品之间商标不相同或者近似；或被投诉商品不在驰名商标跨类保护范围之类的原因。

（4）其他不侵权的情况。

针对专利投诉（中国大陆专利），可以从以下 5 个方面发起反通知，并附上相关资料。

（1）被投诉产品与专利存在差异。

针对外观设计专利的投诉，你可将被投诉产品与投诉方专利外观图进行仔细比对，并以文字对比形式做出详细的描述。

针对实用新型专利/发明专利的投诉，您可以针对投诉人主张被侵犯的独立权利要求，指出被投诉产品缺少某一技术特征，或者被投诉产品的某一技术与专利技术方案（权利要求书）中的相应技术特征的不相同之处。

（2）线上公开资料。

请提供淘宝网、天猫、速卖通、阿里巴巴中文站的后台交易订单详情的截图及订单编号，或阿里巴巴国际站上收到的询盘完整截图（含询盘页面的地址栏信息）。

专利申请日前已发布在阿里巴巴国际站上的产品链接（产品最后一次修改时间要在专利申请日之前）。

申请日前已在国内外公开的专利资料，请提供专利信息的截图，并确保被投诉产品与在先专利一致。

（3）线下公开资料。

销售该产品的交易凭证，比如买卖双方的合同，并同时提交与交易凭证相关的第三方资料，比如发票/报关单。

产品认证报告，比如 CE/SGS 产品认证报告。

报刊、书籍和杂志，提供相关页面的照片。

电视/电影/广告等公众媒体中出现产品的画面资料。

申请日前未公开的专利资料，请提供专利信息及专利权人的合法授权证明。

（4）合法的授权/购买渠道。

你需要提供相关进货凭证，如合同、发票等，如果采购自专利权人的代理商处，需要一并提供进货凭证及专利权人授权该代理商进行销售的授权书。

（5）其他不侵权的情况。

无效宣告请求审查决定书、确认不侵权诉讼的判决书或者行政机关出具的是否侵权认定书。

《专利权评价报告》证明涉案专利不具备三性。

针对专利投诉（港澳台及海外专利），可以从以下 3 个方面发起反通知，并附上相关资料。

（1）被投诉产品与专利存在差异。

你需要提供律师函或确认不侵权诉讼的判决书等相关文件来说明不侵权的理由。

（2）你对被投诉产品本身享有具备法律稳定性的专利权或者是获得其他权利人的合法授权。

（3）被投诉产品购自专利权人处或其授权代理商处。

你需要提供相关进货凭证，如合同、发票等，如果采购自专利权人的代理商处，需要一并提供进货凭证及专利权人授权该代理商进行销售的授权书。

针对著作权的投诉，可以从以下 3 个方面发起反通知，并附上相关资料。

（1）你对被投诉作品本身享有著作权。

你需要提供早于权利人的著作权登记证书/合法出版物等，或者早于权利人作品完成日或公开发表日之前的产品目录或者商品销售记录等。

（2）被投诉产品购自著作权人处或其授权代理商处。

你需要提供相关进货凭证，如合同、发票等。如采购自著作权人的代理商处，需要一并提供进货凭证及著作权人授权该代理商进行销售的授权书。

（3）其他不侵权的情况。

反通知指引仅作参考但不限于上述内容，最终决定权/解释权归阿里巴巴所有。

2）也可以联系投诉方协商撤诉解决问题

登录知识产权保护系统，找到对应的投诉信息，单击“投诉方信息”查看，如图 6-19 所示。

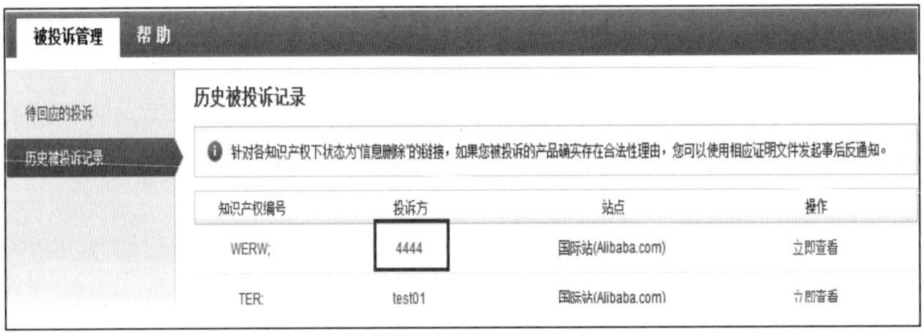

图 6-19　历史被投诉记录：投诉方信息

查看到投诉方联系方式后，你也可以联系对方进行沟通。

第 3 步：如产品信息涉及品牌侵权，请及时清理排查产品，避免重复侵权，具体操作如下。

1．删除被知识产权投诉的产品

登录知识产权保护系统，在“被投诉管理”模块的“待回应的投诉”或“历史被投诉记录”下能查看投诉方知识产权信息和联系方式，单击“立即处理”或“立即查看”选项，即能看到被投诉的产品链接，若对投诉没有异议，则可以单击“立即删除”将产品进行删除，如图 6-20 和图 6-21 所示。

图 6-20　历史被投诉记录：立即处理

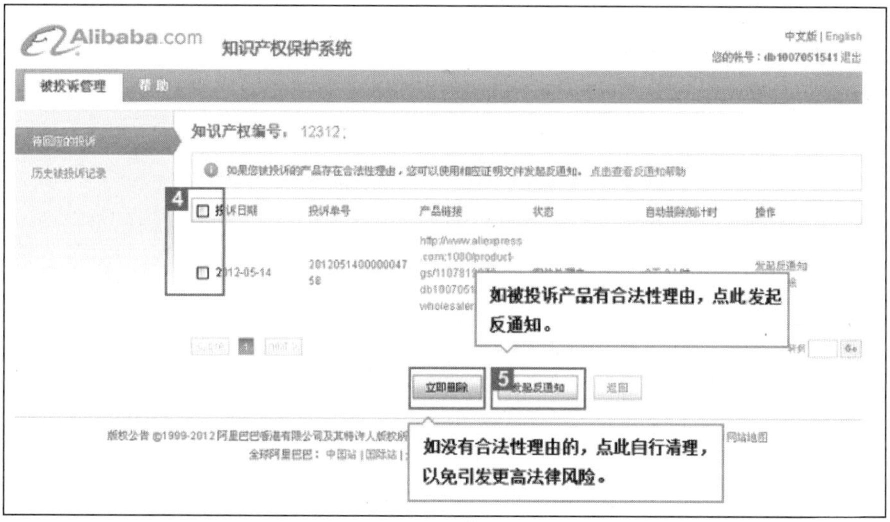

图 6-21　历史被投诉记录：投诉方知识产权信息

2．通过全文搜索功能排查其他产品

登录 My Alibaba 后台→产品管理→工具中心→全文搜索工具，查看已审核通过的产品的文本信息（不含图片），你可以通过一个完整的英文单词检索出该单词所涉及的产品，便于自行管理和排查侵权禁售的产品信息，如图 6-22 所示。

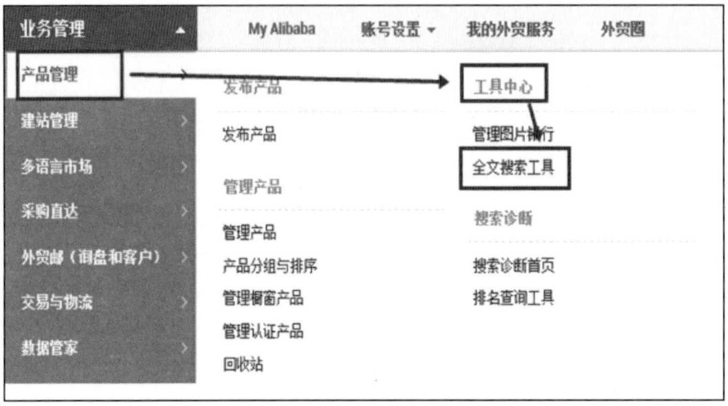

图 6-22　产品管理：全文搜索工具

如果输入的搜索词存在于商品的名称、关键词、自填属性和详细描述中，则可以被排查到。对搜索出来的商品进行编辑或者删除时，管理产品中的商品也会同步更新，如图 6-23 所示。

图 6-23　对搜索出来的商品进行编辑或删除

如你发现网站有其他会员使用你的品牌信息或侵犯知识产权，可以提交知识产权投诉或图片盗用投诉。

6.3　阿里巴巴国际站的禁限售规则

平台禁止发布任何含有禁限售商品的信息，任何违反本规则的行为，平台将依据本规则给予处罚。违禁商品指法律法规等禁止发布的信息及阿里巴巴国际站禁止发布的信息。限售商品指信息的发布或产品的销售应取得行政许可或相关授权，在取得行政许可或相关授权的前提下，可依法发布。

表 6-4 所示为部分禁止发布的商品信息及对应的违规处理，详见国际站《禁限售商品目录》。一般违规，一天内累计扣分不超过 12 分；严重违规，每次扣 48 分，关闭账号；下架商品在“平台抽样检查”范围之内，如有违规会按照相关规则处罚。

表 6-4　部分禁止发布的商品信息及对应的违规处理

禁止发布商品及信息	对应违规处理
（一）枪支、军警用品、危险武器类	
真枪、弹药、军火及大型武器	严重违规行为，每次扣 48 分
枪支、弹药、军火的相关器材及主要部件	6 分/次
仿真枪（如气枪、发令枪、BB 枪、彩弹枪）、枪配件、鱼枪鱼叉	6 分/次
可致使他人暂时失去反抗能力，对他人身体造成重大伤害的管制器具（如电击器）	6 分/次
严重危害他人人身安全的管制器具（例如，指节套、甩棍、狼牙棒、浪人叉、飞镖等）。 一般危害他人人身安全的管制器具（例如，双节棍、钥匙棍）	6 分/次 2 分/次
反人权等信息（如纳粹）	2 分/次
警服、警徽、警用交通工具	2 分/次
限售警用设备（如警棍、手铐）	0.5 分/次
限售弓弩	0.5 分/次
（二）毒品、易制毒化学品、毒品工具	
麻醉镇定类、精神药品、天然类毒品、合成类毒品、一类易制毒化学品	严重违规行为，每次扣 48 分
二类易制毒化学品、类固醇	6 分/次
三类易制毒化学品	2 分/次
毒品吸食工具及配件	2 分/次
帮助走私、存储、贩卖、运输、制造毒品的工具（如大麻生长灯）	1 分/次
制作毒品的方法、书籍	1 分/次
（三）易燃易爆、危险化学品类	
爆炸物	严重违规行为，每次扣 48 分
易燃易爆化学品	6 分/次
雷管	6 分/次
剧毒化学品	6 分/次
放射性物质	6 分/次
有毒化学品	2 分/次
石棉及含有石棉的产品	1 分/次
消耗臭氧层物质	1 分/次

续表

禁止发布商品及信息	对应违规处理
限售烟花爆竹、点火器及配件	0.5 分/次
（四）反动等破坏性信息类	
含有反动、破坏国家统一、破坏主权及领土完整、破坏社会稳定，涉及国家机密、扰乱社会秩序，宣扬邪教迷信，恐怖组织或法律法规禁止出版发行的书籍、音像制品、视频、文件资料	严重违规行为，每次扣 48 分
种族歧视	2 分/次
（五）色情低俗、催情用品类	
含有色情淫秽内容的音像制品及视频、色情陪聊服务、成人网站论坛的账号及邀请码	严重违规行为，每次扣 48 分
儿童色情产品	严重违规行为，每次扣 48 分
含真人露点及暴力图片	2 分/次
原味产品	0.5 分/次
不文明用语	0.5 分/次
（六）涉及人身安全、隐私类	
身份证及其他证明身份的文件（如出身证明、护照、签证）	严重违规行为，每次扣 48 分
银行卡及其相关产品	严重违规行为，每次扣 48 分
用于监听、窃取隐私或机密的软件及设备	6 分/次
用于非法摄像、录音、取证等用途的设备	2 分/次
盗取或破解账号密码的软件、工具、教程及产物	2 分/次
个人隐私信息及企业内部数据；提供个人手机定位、电话清单查询、银行账户查询等服务	2 分/次
银行卡复制器	2 分/次
（七）药品、医疗器械	
处方药	6 分/次
医疗咨询和医疗服务	6 分/次
口服性药	2 分/次
有毒中药材	2 分/次
限售非处方药	0.5 分/次
限售口服减肥药	0.5 分/次
限售医疗器械	0.5 分/次
（八）非法服务、票证类	
单证、票据、军事勋章	2 分/次
金融服务、金融咨询、非法集资、投资服务、保险服务和银行服务	2 分/次

续表

禁止发布商品及信息	对应违规处理
法律咨询、彩票服务、教育类证书及相关服务	2 分/次
追讨服务、代加粉丝、听众服务或限售代办签证服务	0.5 分/次
（九）动植物、动植物器官及动物捕杀工具类	
人体器官、遗体	严重违规行为，每次扣 48 分
国内外重点保护类动物、濒危动物的活体、内脏、任何肢体、皮毛、标本或其他制成品，已灭绝动物与现有国家二级以上保护动物的化石	2 分/次
猫狗肉、猫狗皮毛、鱼翅、熊胆及其制品	2 分/次
国内外重点保护类植物及制成品	1 分/次
（十）涉及盗取等非法所得及非法用途的软件、工具或设备类	
信号屏蔽器	6 分/次
盗窃车辆及工具	6 分/次
Bitcoin 等虚拟货币	6 分/次
涉嫌欺诈等非法用途的软件	2 分/次
赌博工具（如老虎机）	2 分/次
卫星信号收发装置及软件、电视棒	2 分/次
可能用于逃避交通管理的商品（例如，车牌遮挡器、安全带消声扣）	1 分/次
考试作弊工具	1 分/次
（十一）烟草及制品、电子烟液	
烟草（如烟丝、烟叶）	6 分/次
卷烟、雪茄等烟草制品	6 分/次
电子烟液	6 分/次
卷烟材料（如卷烟纸、滤嘴棒、烟用丝束）	1 分/次
限售烟草专用机械	0.5 分/次
（十二）违反国家行政法规的商品	
伪造变造的货币及印制设备	严重违规行为，每次扣 48 分
伪造货币的材料（如全息图）	6 分/次
货币	2 分/次
贵金属（如金、银、铂）	2 分/次
（十三）其他	
经权威质检部门或生产商认定、公布或召回的商品，国家明令淘汰或停止销售的商品，过期、失效、变质的商品，无生产日期、无保质期、无生产厂家的商品	2 分/次
含违禁成分的产品（如含 DMAA 成分的健身补充）	2 分/次

续表

禁止发布商品及信息	对应违规处理
禁售音像制品	1 分/次
在网站发布非商业信息（如不正当言论、威胁、污蔑、诽谤、求职、他人私人信息等非商品内容）	0.5 分/次 （情节严重的直接关闭账号）

限制发布的信息，指信息的发布或产品的销售应取得行政许可或相关授权，在取得行政许可或相关授权的前提下，方可依法发布，但应发布至指定类目下（具体参见本规则第二十五条，因本书篇幅有限，不再详细展开）。

限制发布的信息包括如下几类。

（1）音像制品。

（2）非处方药、宣传减肥功能的口服用品、医疗器械。

（3）国家法律法规许可销售及发布的警用物品。

（4）烟花爆竹。

（5）弓弩。

（6）其他法律法规规定的在依法取得行政许可或相关授权后可以销售及发布的产品。

6.4 本章总结

本章重点介绍了什么是知识产权，知识产权由哪几部分组成。商标权、专利权和著作权的含义，商标权侵权的表现、专利权侵权的表现，以及著作权侵权的表现。介绍了遭遇知识产权投诉该怎么处理，包括处理步骤和需要提交的资料。本章还介绍了阿里巴巴国际站禁限售产品规则。禁止发布的信息和限制发布的信息。

6.5 巩固练习

（1）什么是知识产权？

（2）阿里巴巴国际站规定的知识产权侵权行为有哪几类？

（3）如何预防跨境电商交易过程中的知识产权侵权行为？

（4）《阿里巴巴国际站知识产权规则》的积分规则是什么？

第7章

国际贸易风险与安全

本章学习目标

- 了解国际贸易风险的类型
- 了解国际贸易风险的规避措施
- 了解国际贸易诈骗的类型
- 了解国际贸易诈骗的防范
- 了解阿里巴巴国际站交易违规处罚规则

7.1 国际贸易风险

7.1.1 国际贸易风险的类型

国际贸易风险主要是指国际贸易业务流程中发生的风险。目前，我国外贸出口企业在国际贸易中主要存在以下几类风险。

1. 政治和政策风险

政治风险在很大程度上取决于各国的政治稳定性及实施的政治制度。相对来说，政治较为稳定的国家，政治因素影响国际贸易的风险较小；而政治动荡或不稳定的国家，其政治因素影响国际贸易的风险较大。国际经济一体化进程的加快，使国际贸易的加速发展成为一个必然趋势。一个国家的经济政策、金融政策等都会对国际贸易有直接的影响，这些影响在一些特定的情况下会转移为国际贸易风险。例如，如果一个国家在国际贸易过程中采取反倾销等贸易保护政策，就会给国际贸易带来严重的消极影响，产生贸易摩擦，为国际贸易带来风险。

来自国外的政治风险如战争、贸易（战）争端、政治经济制裁、一些临时措施如提高关税、反倾销、反补贴、各种临时文件等。

来自国内的政治风险如出口退税或者补贴政策的调整、汇率的变化、进出口许可证制度的变化、外汇政策的变化、检验制度的调整和改变等。

案例 1

2014 年，阿根廷政府出台新规，限制公民海外网购，规定每人每年最多可进行两次境外网购，每年购物金额若超过 25 美元则应对超出部分缴纳 50%的关税。阿根廷作为热门的新兴市场之一，出台这一政策无疑给中国的外贸电商带来了困惑。

速卖通表示，清关是买家的义务及责任，若买家不履行清关义务，平台将判定为买家责任，卖家将不会因海关延误而导致的纠纷受到惩罚。

速卖通将向出口阿根廷的卖家提供一定的支持和保护政策，卖家可修改运费模板，设置对阿根廷不发货。

案例 2

我国南方 A 公司，长期从事玩具娃娃出口业务，于 2008 年 11 月与印度某 B 公司，订立玩具娃娃出口合同，合同标的约为 15 万元，双方约定 A 公司于 2009 年 1 月 26 日至 31 日交货，收货后 30 日内付款。2009 年 1 月 23 日，印度政府宣布依据 1992 年印度《对外贸易法》第 5 章和第 3（2）章规定，即日起禁止进口海关税号 9501、9502 和 9503 项下的中国玩具，禁期为 6 个月，直到发布下一个公告为止。此时，货物即将到达印度港口，运输船由于储油量等船舶自身的技术原因难以中途返航。2009 年 1 月 27 日，货物到达 B 公司指定港口。B 公司拒绝接受货物，并要求延缓履行收货义务。A 公司为减少损失，只能在印度附近的国家以低于合同约定的价格销售货物。同时，A 公司不得不在当地临时租用仓库，并雇用临时保管及销售人员。2009 年 2 月 7 日，印度商工部外贸总局向其下属的各许可证管理局和印度海关各口岸专员发出第 58 号通知，宣布装运日早于第 82 号公告发布日期的中国玩具不在禁止之列，被视为允许进口。此时，A 公司已经租用当地仓库 12 天。

此案例是典型的政府禁令引起的贸易封锁。由于当地法律的变更或者政府的禁令使 B 公司难以按合同适当履行义务，构成履行不能，企业在订立合同时不能预见、不能避免、不能克服，故该企业不存在过失，可以属于不可抗力导致的合同利益难以实现，因而 A 公司不能追究 B 公司的违约责任。

外贸企业可采取以下措施防范政治风险。

1）通过合同条款约束

双方在订立进出口合同时，我国企业应注意在合同中增加特定条款。特定条款可以从多个角度保障我国企业的权益。该条款可以约定利于双方贸易安全的适用法律和争议解决方式。一般而言，费用低廉、程序简易的仲裁能使企业更大程度地表达其解决纠纷的意思，也使解决企业纠纷的成本大大低于其他司法途径，而选择完善、中立的法律也能使企业获得更有利的法律地位；贸易条款可以订立排除双方所在国政府的主权豁免、利率稳定条款、不可抗力条款，也可以约定货币汇兑的稳定性，等等。例如，双方可以在稳定性条款中约定国家或地区政府将持续支持该国际贸易的进行，合同双方应当依照订立合同时的法律和规定履行合同义务，任何政府的行为或者当地法律法规的变化均不影响合同的履行，除非经过双方当事人的同意。通过稳定性条款，对于由于贸易国法律变更等原因导致的合同无法履行，根据该条款对于合同双方的合意的要求，我国企业可以在争议的解决中占有更主动的地位。

2）投保出口风险保险

向出口信用保险机构投保出口风险保险，以转嫁我国企业由于政府行为或法律的变更导致的损失。在中国的出口保险机构提供的出口风险保险中，包含多种风险管理，其中也包括政治风险管理和赔付。保险人可以充分利用自身的专业性跟踪贸易国的政治经济情况，及时给予较为准确的风险预警，为出口企业提供风险规避技巧，对于海外的应收账款的追偿也可提供卓有成效的帮助，并在出口国产生经济风险时给予企业援助。

3）谨慎选择中长期信用交易

在对贸易国的政治经济环境进行系统全面的评估后，根据不同的情况，确定交易的期限长短。一般而言，中长期信用交易的期限大于半年。一方面，国家的政治经济状况与其发展程度和政治经济总体框架相关联，因此，一般不会在短期内发生太大改变。一旦其国家状况不佳，也难以在短时间内得到改善，中长期信用交易将使企业持续受损。另一方面，短期的信用交易更为灵活，一旦该贸易国的政治经济状况发生了巨大变化，其可以较快退出该国市场，减少损失。

2．法律风险

跨境电子商务是指分属于不同国家的交易主体，通过电子商务的手段将传统进出口贸易中的展示、洽谈和成交环节电子化，并通过跨境物流及异地仓储送达商品、完成交易的一种国际商业活动。和国内的电商法律相比较，跨境电子商务的法律风险会涉及很多不同的法律领域，相对来说比较复杂。由于我国跨境电商的发展经验还不丰富，相应的法律法规建设还不够完善，因此，会产生一系列的法律风险问题。

知识产权风险：随着电子商务的发展，网上销售书籍和报刊已经被广泛采纳，这种行为在一定程度上就存在关于著作权的法律风险隐患。由于传统的著作权是以实物为著作载体，而跨境电商的交易模式产生了一种电子文档和课件浏览的销售方式。在进行电子交易的过程中，企业无法从根本上保证购买者不对书本和报刊信息随意传播，也无法保证不被其他用户复制，而这些行为都侵犯了原作者的著作权，从而引发著作权的相关法律问题。

个人隐私风险：互联网用户在进行电子商务交易的过程中，大多数网站都会要求消费者在交易的过程中进行个人信息登记。如果企业没有采取措施保护或者由于疏忽导致用户的个人信息泄露，就会造成消费者对企业的强烈不满及排斥。在跨境电商活动中，企业会整理消费者的个人信息，建立庞大的消费者信息资料数据库，有些企业会有偿向第三方出售这些信息，这些行为都违反了个人隐私权的相关法律。

交易风险：以互联网为基础的电子商务，在进行交易的过程中大多都采取电子支付的方式，这在一定程度上就存在很大的诈骗风险。跨境电子商务的交易风险主要是国际性的非法交易活动，参与到跨境电商活动中的企业没有按照合法的途径进行交易，这会造成企业与消费者之间的经济利益的损失。由于跨境电商在国际上还未形成一个统一的信用评价标准，这在某种程度上给很多不法企业或个人提供了洗钱或骗钱的可能性。除此之外，我国第三方支付平台众多，会给个别不法机构或个人提供违法违规或诈骗的可能性，银行和第三方支付平台在跨境电商交易中存在安全漏洞，这些都会导致跨境电子商务活动中存在很多已知或未知的法律风险。

税收风险：由于跨境电商在运输货物时会存在个体小、总量大及种类分散的问题，很多企业为了逃避税收，会进行多次邮递来运输大量货物，并且很多小型跨境电商企业或个人用混淆自用物品与代购物品的方式逃避税收。这些行为都为海关征税增加了难度。

3. 市场风险

市场风险是指由于国内或国际市场的变化而导致企业在国际贸易中亏损的风险，有时也会演变为价格风险或财务风险。在一般的国际贸易中，企业主要面临的市场风险是汇率风险和价格风险。汇率风险是由本币和外币的价值发生变动的可能性所导致的，价格风险是指企业主要商品的价格出现剧烈波动，从而为企业在国际贸易进程中带来巨大的风险。

根据电子商务研究中心的资讯，虽然跨境电商发展势头迅猛，但是受下半年以来人民币汇率波动的影响，在跨境电商领域，“海外直采＋自营保税仓”模式的跨境电商经营者由于大货量和深库存，受到较为严重的冲击。敦煌网总裁王树彤则看到事情的另一面：“跨境电子商务相对传统外贸，其实是把集装箱式的生意变成碎片化，周转速度快，周转期基本在 7 到 14 天。”她认为，无论是保税仓模式还是平台模式的跨境电商，均有“短平快”的优势，降低了汇率风险损失。

案例

如果“退单”这个术语对你来说比较陌生，那么你要多加留心。退单是指顾客通过发卡行撤销订单的付款。造成退单的原因多种多样，以下是一些常见类型。

- 顾客声称未收到物品。
- 顾客声称收到的实物与卖家的描述显著不符，或者收到时物品已损坏。
- 顾客声称并未授权进行该笔交易，他们的身份或信用卡被盗用。

如果商家可以积极回应顾客的反馈，提供明确的退货政策，或在适当情况下在买家发起退单申请前就已开始处理退款要求，则一些退单是可以避免的。若顾客声称未授权交易而产生退单问题，选择一个合适的支付工具则显得尤为重要。例如，在 PayPal 的卖家保障政策下，商家可以不必承担由未授权交易引起的退单损失。

外贸企业可采取以下措施规避国际贸易市场风险。

1）实施交易对象资信调查

在国际贸易中，选择好交易对象是非常重要的，这是规避贸易风险的前提。一定要慎重考察对方企业的真实性，查清对方的资信情况。资信调查的主要内容有查看对方营业执照的正本和副本，同时核实其经营活动情况、货物情况、注册资本、法定地址和现在是否仍在合法地进行经营活动。考察对方资产信用的真实性和履约能力，以及经营管理能力，如生产加工能力、出口许可、原材料供给、货源等。对其主体资格要辨别清楚。例如，对方是以自然人身份或以法人身份还是以非法人经济组织身份出现，是以法定代表人的身份，还是以委托代理人的身份出现。调查对方企业的信誉度，有无不良行为历史的记载。开展资信调查非常必要，是规避国际贸易风险至关重要的一步。

2）采用技巧手段转移风险

在国际贸易中，外贸出口企业可以采取一些技巧手段，付出一定的代价，通过让有关当事方承担风险的方法，将相关风险有效地转移出去。转移风险规避措施的种类较多，外贸主体应依据贸易的具体情况，选择合理的转移方法。

例如，恰当投保货物运输保险。国际货物运输往往路途遥远、运输时间长，许多风险隐患出现在货物流转的进程中。为了转嫁货物在运输进程中的风险损失，贸易主体有必要办理货物运输保险。投保货物运输险不仅利于进出口企业加强经济核算，而且利于进出口企业坚持正常的经营。办理投保业务时，务必不错保、不漏保。

充分运用出口信用保险。出口信用保险是由国度提供基金，由国度认可的保险机构向出口商供给的一项非营利性、政策性保险业务。出口信用保险的承保对象是出口业务中一般商业保险公司所不愿承保的境外买方信用风险。出口信用保险弥补了货物运输保险所不能涵盖的保险内容。投保出口信用险能够保障出口商安全及时收汇，确保出口企业的资金正常流转。但是，即使信用证结算，也要注意保证单证相符、证证相符。

善于使用国际保理业务。在国际保理业务中，保理商供给包含对买方资信调查、百分之百的风险担保、催收应收账款、财务管理和资金融通等综合性财务服务。在以 D/A、D/P、O/A 等方法结算货款的国际贸易中，外贸企业可选择国际保理业务来保障货款的安全性，规避出口收汇风险。保理业务对于出口企业来讲，由于给买方客户供给了具有吸引力的付款条件，可较容易获得国外订单，促进产品出口。

选择有效的结算方法。与一般的国内贸易相同，国际贸易也存在物流和资金流。如果说进口商关心的是支付货款后能否收到合同规定的货物，那么出口商关心的则是发出货物后能否收到合同中规定的货款。于是，选择同时满足双方安全的结算方法则是至关重要的。在国际贸易中使用的主要支付方法有汇付、托收和信用证支付。由于汇付是由付款人将款项汇缴收款人，如果汇款人在收到货物或取得货物提单之前将款项汇出，一旦因卖方原因不能到货，则会遭受钱货两空的损失。因此，进口方的汇付主要用于合同定金等小量款项的支付。与汇付相反，托收则是出口商发货后，委托当地开户行通过其进口商所在地的往来行收取货款。与前者相同，它也属于高风险的商业信用；这种支付方法规避风险的方式是跟单托收，并采用付款交单。即便如此，对出口方而言仍然存在如下风险：一旦市场行情变得对进口方不利，进口方可能会以各种借口拒不付款赎单。这时，尽管出口商掌握货物所有权，但为得到价款可能要承受巨大损失（如降价销售、变卖）。这样就要尽可能地选择体现银行信用的结算方法：信用证结算。信用证结算以银行信用为担保，风险相对小。一般而言，信用证属于凭单付款的支付方法，只要出口商提交的单据符合信用证的要求，开证行（付款行）就会付款，从而大大降低了风险。

切实提高出口产品质量。如今，国际市场的竞争已从价格的竞争转变为质量的竞争，企业应依靠科技进步，重视科技成果在生产中的运用，不断开拓新产品，提高产品的质量、档次和加工深度。面对国际间的技巧性贸易壁垒及不断提高的“国际标准”，我国出口企业要用产品质量进行反击，努力提高我国标准档次，打造品牌产品，增强产品国际竞争力，以规避技巧性贸易壁垒带来的政策风险。

严格遵循国际贸易惯例。国际贸易通例通常是由国际性组织或商业团体制定的有关国际贸易的通则、准则和规矩。它已被大多数国度的贸易界、银行界人士所熟知，并被广泛接受和应用。企业在合同的签订、货物的交付、货款的结算进程中应严格按进出口贸易的基础操作程序办事，保持利用“银行信用”完成货款的结算，正确处理好合同、信用证、单据、货物之间的关系，尤其是信用证、单据之间的关系，做到“单证一致”、“单单一致”，保证货款及时清偿。

4．合同风险

在国际贸易中，合同风险也是常出现的贸易风险之一。在各国进行国际贸易的过程中，交易双方都需要签订贸易合同。国际贸易合同包含生产、质量、管理、法律、技术等很多内容，其中有很多贸易惯例的专业术语，严格规定了交易双方的权利和义务。如果一方对国际贸易准则及相关法律法规没有详尽的了解，很容易出现操作层面上的风险，这不但会导致贸易中的巨大损失，也会在国际市场上留下不好的形象，使各项国际贸易都受到影响。

5．信用风险

作为一种新兴的国际贸易模式，近年来发展较为迅速的跨境电子商务主要面临的风险是信用风险，它多产生于交易一方未能履行签约合同的内容，从而造成一方或多方经济损失的情况。信用风险在很大程度上影响着跨境电子商务的有序和快速发展的进程。当前的信用风险主要由以下四个因素造成。

（1）商品本身的信用风险：和有形市场的商品销售不同，跨境电子商务销售的产品、质量等都具有不确定性，因此商品本身就会产生很多信用风险问题。最基本的信用风险问题就是商品的可靠度，即商品的质量、性能及是否与网页提供的产品描述相匹配等。B2C电子商务的交易双方会根据平台上的图片和文字描述等信息来选择商品，如果图片和文字描述过于夸大，不够真实，会影响买家的消费体验，直接带来严重的信用危机。

（2）支付方式的信用风险：支付方式的信用风险主要是由 B2C 跨境电子商务交易过程中的安全性和保障性不足造成的信用隐患。跨境电子商务的付款方式过于依赖网上银行、快捷支付、支付宝等第三方支付平台进行操作，在一些环节会比较容易出现风险，比如因物流延迟送达时间，第三方平台会自动默认交易成功，并将购物款打到卖方账户，这一环节就存在一定的信用危机。

（3）第三方物流的信用风险：物流运输过程的不确定性和多主体性加大了跨境电子商务的物流信用风险。从目前大多数电子商务交易的方式看，很多第三方电商平台会将物流作为信用评价的重要指标之一。在网络交易货物量急剧增长的同时，物流方面也面临着很大挑战。

（4）监管体系的信用风险：我国目前还没有完善的用于监管电子商务交易市场的法律法规，而有形市场的法律法规对跨境电商来说缺乏实用性和稳定性。尤其是近几年来，跨境电商中小企业数量猛增，电商销售投诉的增加也从侧面反映了我国电商市场急需完善的监管体系。

6．结算和电子支付风险

浮动汇率是当前国际货币结算中需要了解和使用的重要工具，汇率的实时变化在很大程度上影响了国际贸易结算，尤其是在汇率剧烈变动的当今世界，汇率市场的风险会直接影响国际贸易的进程，为各国企业参与国际贸易带来很大风险。在进行国际贸易时，不可避免地会遇到货币汇率的变动问题，这意味着我们必然需要解决贸易结算问题，它与国内贸易使用本币进行结算不同，国际贸易中的货币结算不是简单的本币结算，而是本币与外币之间的汇率折算问题。国际外汇市场随时波动的汇率会影响国际贸易中双方的利益分配，直接或间接地增加企业参与到国际贸易中的风险。

7.1.2 国际贸易风险防范的意义

从国家层面看，防范国际贸易风险，有利于促进整个国民经济的健康发展。企业是国民经济的基础，企业的兴衰与国民经济的发展息息相关。通过实施有效的风险管理，降低企业的各种风险，提高企业应对风险的能力和市场竞争能力，以企业的健康发展促进整个国民经济的良性发展。

从企业层面看，有利于企业实现自身的经营目标，增加企业经济效益。企业经营活动的目标就是追求利润的最大化，实现经济效益和社会效益的有机结合。在实现这一目标的过程中，会受到各种各样不确定性因素的影响，从而影响企业的整个经营目标的实现。因此，对于企业来说，进行国际贸易风险管理是非常有必要的，可以化解很多不利因素的影响，保证企业经营目标的实现，同时在国际贸易活动中提升自身的竞争力和信誉度。

有利于企业在国际贸易活动中做出正确的风险防范措施，提高企业的风险应对能力。在经济全球化日益加强的当今世界，企业在国际市场上面临的环境愈发复杂，不确定性和风险隐患越来越多，其科学决策的难度大大增加，企业只有树立科学的风险防范意识，建立有效的风险管理机制，实施有效的风险管理措施，才能在变幻莫测的国际市场中做出科学正确的决策。

7.1.3 国际贸易风险防范的措施

风险规避是风险应对的一种方法，是指通过有计划地变更来消除风险或风险发生的条件，保护目标免受风险的影响。风险规避并不意味着完全消除风险，我们所要规避的是风险可能给我们造成的损失。一是要降低损失发生的概率，这主要是采取事先控制措施；二是要降低损失程度，这主要包括事先控制、事后补救两个方面。

1. 政府

政府要完善税收制度，减少不法分子利用征税漏洞进行少量多次进出境或恶意虚报等逃税漏税的问题。同时，政府也应进一步加强统一全国各地海关对行邮渠道进出境监管的操作流程和执法力度，从而减少海关的执法和廉政风险。

由于我国跨境电商还在发展的过程中，相关法律法规具有一定的滞后性，在一定程度上制约了我国跨境电商的发展速度和规模。针对我国跨境电子商务的特点和风险问题，要建立中国特色的电子商务法律法规，在满足国内当前经济需要的同时，也要适应世界经济发展的需要和新格局。国际市场和电商的发展都是灵活且多变的，法律法规的制定也要顺应国内和国际市场的要求。除此之外，国家还需要进一步强化征税监管力度，建立电商企业的信用评级系统。

2. 企业

在国际贸易活动中，企业要严格遵守国际贸易法律法规，一方面要遵守贸易双方所在国家的相关贸易法律法规，同时也要遵守由国际性组织或商团制定的被业内人士普遍接受并遵守的国际贸易准则。这样才能使国际贸易活动更加规范有序，有效地防范和控制国际贸易活动中容易产生的风险。

企业在进行国际贸易的过程中，都存在一定程度的风险，而企业的风险管理就是对贸易过程中的利益获取和风险隐患进行合理的分配，尽可能地减少风险隐患所占的比例。在国际贸易的操作问题上，企业应选择合理的转移技术手段以规避国际贸易风险，比如使用国际保险业务、合理使用银行保函和备用信用证等，这些技术手段在一定程度上可以转移国际贸易风险。

在合同谈判和签订阶段，首先是要确定用户的诚信，加强资信调查。在调查中要重点了解对方的企业性质、贸易对象的道德、贸易经验等，特别是贸易伙伴的资金及负债情况、经济作风及履约信用等。根据雨果网资讯，合同文本主要防范以下风险。

（1）谈判前参照完善的格式样本谈判，避免遗漏有关条款。

（2）尽量提供自己的合同文本，自己掌握主动权。

（3）在磋商过程中，E-mail、传真或口头等方式的约定，以签订正式合同确认书为准，使合同具有确定性、公开性、告诫性，避免电子证据（E-mail、电子数据、传真）的证据缺陷。

（4）防止侵犯外国专利权。目前我国出现较多的此类纠纷，要注意避免侵权带来的收汇风险，明确法律责任。

（5）支付条款风险防范：如果是汇付方式，尽量在合同条款中要求进口商提供银行保函。如果采取托收方式，事先要注意有的拉美国家常常按照 D/A 方式处理 D/P，更要注意设法在进口商付款前确保货物的所有权，防止钱货两空。在办理托收时不要在托收委托单上指定代收行。如果是 L/C 方式，要注意规定对方的开证时间、开证银行，并要求进口商退货时将 3 套正本提单全退回方可。

（6）违约金条款不要遗漏，一定要全面，幅度可以高，但不要太高，因为太高导致条款无效，等于让裁判庭自己决定。

（7）商检条款：合同应对检验标准、检验期限、凭封单检验还是凭现状检验，以及对标的物质量和数量提出异议和答复的期限做出明确规定，以免进口商拖延不决。

（8）不可抗力条款：最好在国际合同中尽量列举不可抗力的具体范围、证明条件、通知期限，这可以避免进口商找借口不付款。

（9）争议解决方式条款：由于国外执行难等许多原因，最好约定仲裁条款。条款表述要规范，不能模棱两可造成麻烦。

（10）法律适用条款：应尽量争取适用中国法解决争议。

（11）可以规定“货物所有权保留”条款。在不影响正常贸易的情况下，约定在进口方尚未付清全部货款之前，货物仍由出口商所有。

（12）对方提供的合同，防止看不见的条款，即“影子条款”。对方提供的合同，带回公司考虑后再签，不要匆忙签字。

3．信用

当前国际贸易的主要支付方式有三种：信用证、汇付和托收。各国企业要根据不同的情况选择合适的结算方式，尽可能降低结算贸易风险。

如今各国之间的贸易往来不仅是依靠价格竞争，更多是以服务和商品质量为核心的竞争。因此，企业应注重提升商品和服务的质量来增加其信用度，树立质量意识和品牌意识，提升国际竞争力，主动迎合国际标准，控制国际贸易风险最小化。

另外，要严格调查贸易对象的资信情况。这是规避贸易风险的前提条件，在进行国际贸易活动之前，一定要考察对方企业的真实性，调查对方的资信状况。资信调查的主要内容如下。首先，查看对方营业执照的正本和副本，同时核对其注册资本、经营状况、法定地址及现在是否仍旧在合法经营；其次，查看对方资产信用的真实性及其履约能力，从而了解其经营管理能力；第三，调查清楚对方的主体资格，了解清楚对方是以自然人还是法人等其他身份进行经营的；最后，了解对方企业的信誉度，查看对方是否存在不良的信誉记录。

4. 物流

物流运输途中，包裹出现遗失、破损、海关扣关及包裹退回的现象时有发生，下面列举一些常见的国际贸易风险问题和相应的解决方案。

1）未通过航空安检

危害航班干扰信号、易燃易爆产品、涉嫌假冒伪劣的产品都无法通过航空安检。因此，商家运输货物中有危险品，要做好危险品证明，并在航空公司备案；有电池类产品，要做好 MSDS 证明；不运输涉嫌假冒伪劣的产品。

2）转运途中的风险

航空包裹在到达目的国时要经过很多次中转，这个过程中容易出现很多问题。国际物流中转过程中的丢失、恶劣天气导致的包裹投递延迟、分拣人员暴力分拣、中转拆包导致的外包转破损都是在转运途中较容易出现的问题。如果货物中有易碎物品，商家要多贴易碎品标签，在发货前多垫泡沫、气泡袋、打木架或木箱，以加固好自己的产品，保证产品安全；在货物货值较高的情况下，建议商家购买保险；面对时效要求高的货物，商家要注意选择物流方式，慎用邮政大小包。

3）清关问题

关税过高，买家不愿清关，买家国家限制进口产品，侵权产品被海关查扣，申报价值与实际不符，货物需要退回或当地弃件及销毁等都是比较常见的清关问题。

为了避免出现这些问题，商家要了解产品在目的国海关清关的要求，避免涉嫌侵权，如实申报产品价值。申报品名要尽量详细，避免只写“礼品”“配件”。要注意的是，商业快递邮寄到巴西，一定要写上收件人 VAT 税号，电子产品邮寄到欧洲尤其是意大利和西班牙，一般需要 CE。西班牙、葡萄牙、波兰、乌克兰、意大利、俄罗斯、巴西、以色列这 8 个国家不能弃件或销毁。

4）选择合适的物流

对于要求快速送达的产品，可以选择商业快递。商业快递费用高，可以全程追踪，5~7

天到达目的地，丢包和客户撤销付款的风险小。

不需要尽快送达的商品，可以选择航空小包。航空小包可以发 2 公斤以下的货物，特点是便宜、方便，全球通邮，价格统一，但时效性不稳定，更新信息慢，丢包和客户纠纷风险大。

不同国家的物流环境，特别是物流软环境不同。不同国家的物流运输方式差异化很大。西欧、北欧、南欧可以用 DHL 和 TNT，且清关能力强。TNT 在荷兰、比利时优势明显。在东欧，DHL 的优势区有卢马尼亚、保加利亚、摩尔多瓦、匈牙利等，EMS 的优势区有希腊、俄罗斯、土耳其等。

在亚洲，韩国、日本、泰国等东南亚国家适合发 FedEx 和 DHL。FedEx 时效快，DHL 具有速度快的特点，但它的价格高。印尼建议发 DHL，因为它的清关能力强。

加拿大、美国等美洲国家，发 FedEx、UPS、DHL 的清关能力强、速度快。墨西哥适合发 FedEx，阿根廷、巴西适合发中国邮政 EMS。要注意巴西需要提供税号。中南美 FedEx 价格优势明显，但要小心清关风险。

大洋洲发 DHL 和 UPS 的速度快，但价格高；TNT 和 FedEx 的价格低，但网点相对少。要特别注意澳大利亚的产品包装要贴上“MADE IN CHINA”的标签。中东地区适合发中东快递 ARAMEX 和 EMS。非洲的商业快递非常贵，偏远地区多，建议发 EMS。

综上所述，EMS 在各国的通关能力最强，航空小包运输范围广，能到达商业快递和邮政快递到达不了的很多国家和地区，几乎通邮全球。

7.2 国际贸易欺诈类型

跨境电商中的诈骗是以非法占有为目的，通过网络信息系统虚构事实或者隐瞒真相，骗取数额较大的财物的行为。Forter 针对 2014 年超过 100 万个电商交易进行了调查对比，最为惊人的发现是非洲的电商几乎都充斥着欺诈行为，该地区的电商欺诈率是全球平均水平的十倍多；与此同时，南美地区的欺诈率是全球平均水平的三倍多。相对来说，亚洲刚好处于全球平均水平。同时，亚洲也是电商参与人数最多的地区之一。欧洲地区的电商发展早且成熟，欺诈率比全球平均水平低。

跨境电商行业不仅意味着巨大的商机和潜力，也存在着比线下市场和国内电商交易更复杂、更棘手的交易欺诈问题。有效应对这类欺诈需要防患于未然，事先了解在线跨境交易中可能存在的各类欺诈和解决方案，以便及时搬开这块“绊脚石”。

一般有以下几种类型的欺诈行为。

1. 账号转让

案例

2016 年 3 月，某日用品公司由于对平台不重视所以生意不佳。公司老板突然接到一个电话，自称是供应商，在阿里巴巴看到公司老板的联系信息，想先买个子账号试试效果。考虑到生意不佳，出租子账号能抵消一部分成本，同时对自己产品没有利益冲突，相反，热门产品有可能带来一些流量，于是老板欣然答应。突然有一天，老板陆续收到通知说有买家投诉他收款不发货。于是老板打电话给这个供应商，但是对方手机已经关机。面对着近 3 万美元的赔偿款，老板欲哭无泪。阿里巴巴账号被关闭拉黑，经营状况良好的诚信通也被关闭，损失惨重。

2. 联系不上

案例

某年 2 月，客满团队收到买家投诉，称某电子公司在年前收取 5000 美元，同意过完春节发货，但是后来联系不上供应商。客户经理王同学表示，年前拜访客户时客户办公场地没有人，电话联系负责人蒋先生（湖南长沙人），负责人称公司效益一般，回老家过年了，打算年后再重新招业务员做外贸。小王打算年后再与客户详细沟通方案，可没想到客户再也联系不上了。小王急忙在有害举报平台提交举报，但为时已晚，已经有三四个买家在平台提交了投诉。最终因联系不上该公司导致投诉问题无法解决，被拉入黑名单。

3. 货不对版/收款不发货

案例

某年 12 月，某海外买家通过阿里巴巴联系上一个中国供应商，购买二手机械（供应商主营窗帘产品，页面发布了二手机械）。供应商收到询盘后，迅速报价：2008 年款机器×××美元，买家付了××美元订金（30%），并在供应商上海所在办公室签署合同，该 2008 款机器的编码为 CAT0140H0APM032**。支付尾款前，买家检验了该款机器，发现机器编码有重新黏合的痕迹，怀疑供应商将新机器的编码贴在了老机器上，于是买家邀请了检测机构进行检测，发现机器的生产年限为 1994 年。

4．邮箱被盗

案例 1

某年 3 月，供应商 A 突然收到多个买家的询盘，询盘内容千篇一律，买家均要求 A 线下联系他；A 尝试通过个人邮箱联系其中一个买家……

又过了几天，就有其他买家要求 A 发货，但 A 表示并未收到过买家货款。咨询安全部工作人员后才知道，原来是有骗子冒充买家给 A 发询盘，通过植入木马的方式盗取 A 的邮箱，进而冒充 A 诱骗买家。

案例 2

2013 年 10 月，某农药生产企业与埃及乙公司签署销售合同，价值 60 多万美元。基于双方长期的信任关系，卖方同意发货后 90 天内付款。

卖方按合同发货，到付款期限时催客户付款，客户却说货款已付。

卖方公司经银行查询并未收到该款项，以为是银行传输问题，因此又等待了 4 天，仍未能收到款项，后经追查，发现买方公司将货款打入了深圳某银行的账户，而非卖家账户，后经查实该账户为欺诈账户。起因是甲公司邮箱被他人盗用。卖方得知自己的邮箱被人盗取，立刻报警，但警方以该公司不是直接受害人为由，拒绝立案。后来买方公司从国外来中国报警，并通知汇出行及中转行冻结货款，但随后收到银行通知，该款项已被人取走，无法追回。

尼尔森（全球市场调研公司）采访了 6 个国家不同行业的 274 位企业家，总结出以下几种主要的欺诈类型。

1）身份盗窃

电商中最常见的欺诈类型是身份盗窃（比例占 71%）、“网络钓鱼”（占 66%）和账号盗窃（占 63%）。信用卡是主要盗窃目标，因为骗子进行无卡交易非常方便。

传统的身份盗用案例中，骗子的目标就是用另一个身份进行交易。与其自己创建一个新的身份，直接盗用他人身份信息更简单迅速。

骗子通过获取姓名、地址和邮箱，以及信用卡账户信息盗取他人身份。用别人姓名和信用卡账号在网上下单购物。“网络钓鱼”就是用欺诈网站、邮件或短信骗取个人信息。另一种诈骗手段是网址嫁接，当消费者单击一个网站时，会被直接导入另一个欺诈网站。通常，这些盗用的身份信息都是用来进行欺诈性交易的——大多数情况下，账号中的支付信息已经被盗走。

2）友善欺诈（Friendly Fraud）

这种欺诈方式并不像听起来那么友善。消费者在网上订购产品或服务，用信用卡或借记卡付款。然后声称信用卡账户信息被盗窃，要求退款。他们获得了退款，但是也保留了商品或服务。这种盗窃方式多发于服务行业，比如赌博。温和欺诈也经常与再发货连在一起。骗子用盗来的支付信息付款，但是又不想货物直接送到自己的家庭地址。相反，他们通过盗用信息下单，然后由中间人（信息被盗用者）退货给骗子。

3）联属欺诈（Affiliate Program）

这是一种国外流行的互联网营销模式。联属欺诈有两种表现形式，都是为了同一个目标：联属会员通过制造虚假访客量和注册数据骗取非法佣金。

4）三边欺诈

三边欺诈是通过三点来实施的。第一点，注册虚假网店，低价提供高需求商品，还有其他一些吸引人的条件，比如下单后立即发货。这个网店用来收集消费者地址和信用卡数据——这是它唯一的目的。第二点，利用从别处盗来的信用卡数据和客户名称真正在网店下单，然后收货地址填自己假网店下单的客户地址。第三点，再用假网店盗取的信用卡账号购买其他产品。这样，很难追查到订单信息和信用卡账户之间有什么联系，导致欺诈难以被发现，容易给卖家造成较大损失。

5）商家欺诈

商家欺诈很简单：产品标价很低，但是收到付款后不会发货。这种欺诈类型也存在于批发商中。没有具体针对哪种付款方式，但肯定是属于买方无法申请自动退款的类型。

6）跨境交易欺诈

跨境交易欺诈预防最大的挑战，就是缺乏统一的市场交易规范机制。跨境交易量不断增加，也给欺诈预防带来很大困难。各国的欺诈预防工具也有很大差异。语言障碍和将货物跨境发往单一客人的复杂流程，都让跨境交易欺诈更加难以防范。

7）不同销售平台欺诈

欺诈方式根据销售渠道变化，很多企业都在努力实现多渠道销售让欺诈预防难度更大。通过第三方平台进行的欺诈交易，比较容易成功，因为人们疏于防范；其次是移动端交易和自主站交易。

7.3 国际贸易投诉及纠纷处理

买卖双方在交易过程中产生争议，若双方无法协商或者协商不能达成一致意见，一方或双方可申请提交阿里巴巴进行斡旋处理。阿里巴巴介入后，会通知双方该贸易投诉产生。

如果贸易投诉没有被及时解决，很可能升级为欺诈案件，被投诉方可能承担经济和法律上的责任。

7.3.1 贸易投诉类型

1. 未收到货物招致投诉

情况 1：直接不发货

买家付了款之后，供应商在收到投诉时，货物仍然未发出。

情况 2：虚假发货

买家付款后，供应商提供了虚假发货凭证，供应商收到投诉时，投诉方没有收到货物或者提供的物流单号无追踪信息。

情况 3：拒绝退货

买卖双方协商一致买家退货后，供应商不予解决 （拒绝重新发货、拒绝退款、不合理拖延、联系不上等）。

2. 货物与约定不符招致投诉

情况 1：严重的质量问题

买家收到的货物存在严重的质量问题。

情况 2：严重短装

买家收到的货物少于合同约定的数量或者重量。

情况 3：假货

买家收到的货物是假货，不是正品。

3．未收到货款招致投诉

买家收到货物后，未按照合同约定付款。

7.3.2 如何避免贸易投诉和欺诈的发生

1．做好账号管理，防止邮箱被盗

案例

业务员小王最近接了个大单，有一个美国买家 Jack 订购了 100000 个书包，双方沟通得很愉快，小王也将形式发票通过邮箱 wing_wang@xiwang.com 发给了买家，双方约定预付 30%货款，尾款见提单付清，收款人为：浙江新希望文具有限公司，账号：527382724。发完邮件后的两周内小王都没有再收到买家的邮件。

两周后的某一天小王突然收到了买家 Jack 的催货邮件。小王很纳闷，为什么预付款都未打，就让我发货呢？和买家进一步沟通后发现，发完形式发票邮件的第二天，买家收到了另外一封邮件，告诉买家公司账号出现了问题，需要将款项付到一个个人收款账号。Jack 认为既然是供应商的要求，个人账号就个人账号吧。

小王当场表示从未要求修改过银行账号，双方核对邮件后发现，交易过程中出现了一个新的邮箱地址 vving_wang@xiwang.com，这才恍然大悟，邮箱被盗了！

当前，越来越多的骗子通过盗取会员的邮箱账号，获得会员邮箱中的询盘信息进行欺诈行为。由于邮箱系会员自行注册获得，阿里巴巴无法对其进行安全保护，最终导致买家受损，客户诚信受到买家挑战。

1）盗取邮箱的骗子的惯用手段

- 发布钓鱼链接。
- 进入客户邮箱获取双方邮件信息或修改邮箱后台设置，设置自动转发功能。

- 监控买卖双方交易过程。
- 等待至付款阶段，屏蔽双方正常往来，仿冒与买家或者卖家相近的邮箱，诱导付款或者发货。
- 款项到手后，逃之夭夭。

2）防范邮箱被盗的措施

- 勿点击不明链接，电脑定期杀毒。
- 不定期查看邮箱后台及登录 IP，是否有异常设置，例如是否被设置了自动转发功能。
- 遇到双方正常沟通突然中断，可尝试用其他邮箱或者电话和买家联系。
- 可将公司收款账号公布在网站首页。
- 如已导致买家受损，尽量和买家解释清楚，并尽可能和邮箱运营商联系，确认被盗事宜。

3）具有以下几个特点的邮件往往是钓鱼邮件

- 冒充邮箱。请仔细区别邮箱是否属于变形冒用邮箱，例如，Servce@Alibaba.com 或 service@Alibba.com。
- 通用性问候。开头问候不指代姓名，如 Dear Alibaba Member，而不是 Hi/Dear Jack Ma。
- 假预警邮件。“警告您的邮箱出现问题，需要赶快单击链接提交邮箱地址和对应的密码来避免账号关闭。”正常的平台服务人员是不会向你要邮箱和密码的。
- 钓鱼链接。请不要随意打开邮件中的链接以免个人信息泄露造成损失。

2．做好账号管理，小心账号转让的陷阱

案例

今年是王先生和阿里巴巴合作的第 5 年，双方合作很愉快，生意也比较稳定。王先生很喜欢逛外贸论坛，通过论坛，他认识了一些生意上的朋友，其中就有小林。

小林对外贸非常熟悉，有什么问题，王先生总爱向他求教。久而久之，双方成了非常好的朋友。突然有一天，小林告诉王先生想注册成为阿里巴巴会员，但希望能先看看效果，问王先生能不能先租个子账号给他。在了解到小林经营的产品和自身的没有冲突后，王先生二话不说就给他注册了个子账号。

一个月的时间过去了，双方相安无事。突然，王先生两天内收到了 8 个国外买家的投诉，投诉他收款不发货。王先生非常纳闷，在核实后发现系小林收了买家的钱。联系小林时，已经联系不到。

由于涉案金额达到 5 万美元，王先生无法解决问题，最终使用了 5 年的账号被关闭，王先生欲哭无泪。

骗子本人或通过中介向中国供应商求购子账号，部分供应商禁不住骗子的诱惑，又因为其经营产品与自己无明显利益冲突，于是将子账号转让出去。骗子拿到子账号后专门从事欺诈行为，几乎 100%会产生欺诈案件，最终需要供应商解决问题，因小失大。

1）骗子惯用手段如下

- 准备阶段：在论坛发布求购信息，或直接电话联系供应商（骗子直接收购账号）；骗子从供应商熟人、朋友、同学处下手，通过熟人向客户求租账号。
- 行骗阶段：发布高危产品，如苹果手机、自行车、化工等，并以超低价诱骗买家上当。
- 收网：买家付款，骗子逃之夭夭。

2）警示点如下

- 《中国供应商合同》第 6.1.4 节规定：擅自允许他人使用本合同项下服务或将服务转让或者部分转让给他人使用的，阿里巴巴有权提前终止服务，且不退尾款。
- 账号转让产生贸易投诉的概率非常大，几乎 100%产生案件，且案件量多，涉案金额大，影响较恶劣。
- 法律层面，账号属于会员财产，因账号问题（盗号除外）产生的投诉问题，需要会员承担。
- 后续追偿难：会员自身无权利向警方求助，因其本身是非受害方；会员几乎无法通过法律途径向骗子追偿；骗子基本信息造假，会员无法找到该骗子。

3. 提高警惕，识别骗子买家

案例

3 个月前，小方通过阿里巴巴结识了一位孟加拉国买家，买家很畅快，认识当天就下了个 trial order，双方合作很愉快。前不久，买家又找到小方，表示对货物很满意，这次决定订一个集装箱的货物，总金额 5 万美元。

鉴于老客户，双方约定 30% TT，70%见提单付清，货物需在一个月内发出。收到买家付款单后，小方催促工厂在一个月内完成了货物生产，并将货物发了出去。货物到达对方港口，小方即催促买家付尾款，但买家迟迟不给回复。

小方心生疑惑，仔细查看了预付款水单，并和银行核实，发现付款水单系仿冒，预付款并未到账。正当小方想将货物运回时，发现买家勾结了当地海关，提取了货物，小方财货两空，损失惨重。

骗子买家识别技巧如下。

- 行骗准备阶段。在此阶段，通常买家会以大单诱惑卖家。
- 行骗手段。行骗手段通常是支付预付款或提供造假水单。拒付尾款/要折扣/提取货物，与海关勾结提货。
- 行骗结果。提取货物，停止沟通。

4. 签订合同时要注意以下几点

1）避免过度承诺

国外客户较重视合同条款，因此在签订合同时，应该尽可能给自己留一点空间，不要为了留住客户过度承诺，最终导致客户投诉。

2）避免欺瞒买家

当无法按照合同交货时，部分供应商会想出各种借口欺瞒买家，其实这时候如果供应商能够将实话告知，更能得到买家的理解。

3）避免不理睬

双方出现纠纷时，部分客户会采取冷处理，即不理睬买家的诉求或者较敷衍地回复买家，友好沟通通常可以减少买家的投诉。

5. 发货之后注意以下几点

1）关注物流运输情况

发货后因为物流原因导致货物灭失的，应及时联系物流公司赔偿，然后将实情告知买家，给出赔偿方案，避免卖家自己受损，也更能得到买家理解。

2）及时协助客户收货

货物到达买家国家，可能因海关原因导致货物被退回或者派送不成功被退回。及时提醒客户货物已经到目的地，减少因为第三方原因导致未收到货物的情况。

3）保留发货凭证

发货后尽量完整保存发货凭证及产品信息（例如产品照片、发货批次的产品质检报告），保证在产生纠纷时能有证明无责的材料。

7.3.3 如何处理贸易投诉

三种贸易投诉类型的对应解决办法如下。

1．未收到货物

与买家协商发货或者退款，然后提供发货或者退款底单作为解决问题的凭证。

2．货物与约定不符

与买家协商补发货物，补差价或者共同协商其他解决办法。

3．未收到货款

与卖家协商付款，提供完整的付款凭证。

案例：中国跨境电商在美国遭遇法律纠纷，账户资金或被清零

近日，国际第三方支付平台 PayPal 被爆出有大量中国商户的账户因为诉讼遭到冻结。部分商户因为没有在规定期限内应诉，其账户资金可能被支付平台清零，造成巨额经济损失。一个 PayPal 账户维权 QQ 群的负责人统计，群内 134 位商户被冻结了 179 余万美元，折合人民币约 1114 万元。在义乌做生意的余女士就遇到了这样的困境。

余女士：我的账号被我弟弟拿去，然后有一个客户，通过他那个账号问他，"您这边这个包有没有货，我想买 20 个，能不能通过 PayPal 付款？"我弟就把我的账号提供过去了。我这边直接收到一封 PayPal 发来的邮件，说我们收到法院传票，账户涉嫌卖侵权产品被冻结了。

遭遇 PayPal 账户冻结的商户汤女士指出，外国商户被美国买家提起诉讼时，相关诉讼通知需要通过电商平台代为转达，然而在这一点上，PayPal 的通知工作并不能保证及时到位。

汤女士：比如说 PayPal 关了我们的账户，那它至少也要通知我们，它没有做到。它只是说有书面的通知，但我们没有收到这个通知，它也没有进行这方面的确认。

余女士也称，PayPal 在处理事件的过程中没能及时传递法院传票等关键信息，这给她的跨国应诉增加了难度。

法律问题，最终还需要通过法律途径解决。不过对中国商户来说，即便选择应诉，维权之路同样举步维艰，摆在他们面前的最大问题是跨国诉讼成本高昂。以余女士为例，她被冻结资金 25000 美元，在美国请律师花费 4000 美元，最终支付和解金 15000 美元，算下来一共支付了十几万元，搭进去的时间和精力也让余女士疲惫不堪。

7.3.4 阿里巴巴国际站交易违规处罚规则

本规则适用于阿里巴巴国际站用户间的跨境货物贸易纠纷处理，包括信用保障（Trade Assurance）及安全支付（Secure Payment）等在线交易纠纷，以及用户通过阿里巴巴国际站结识后，通过线下传统贸易方式进行交易所产生的纠纷。如相关在线交易等有特殊纠纷处理或处罚规则的，从其特殊规则。用户在交易履行过程中产生交易争议的，应自行协商解决，若双方无法协商或协商不能达成一致意见，可通过投诉举报平台请阿里巴巴介入处理。其中，发起交易纠纷投诉、提出判责诉求的用户称为投诉方，另一方为被投诉方。

阿里巴巴将依据投诉双方提交的相关证据材料做出不予受理、判责并关闭投诉等处理决定。任意一方未在规定时间内提交证据材料，虽提交但不能充分说明其主张或有涂改、伪造、变造证据材料情形的，阿里巴巴有权直接做出不利于该方的决定。

用户应在约定交货期之日或付款之日（以二者中较晚者为准）起一年内向阿里巴巴发起投诉处理申请，逾期发起的，阿里巴巴有权拒绝处理。

阿里巴巴按表 7-1 所示的标准计算阿里巴巴国际站用户间跨境货物贸易中的交易违规行为罚分（2016 年 7 月开始正式实施）。

表 7-1　交易违规行为罚分

纠纷大类	纠纷小类	注　释	一般纠纷（未解决）	严重纠纷	
				已解决	未解决
未收到货物	1. 未收到货				
	1.1 收款不发货	截止投诉受理之日，被投诉方已收款却不发货	/	6	48
	1.2 虚假发货	被投诉方已收款，但提供了虚假发货凭证，投诉方没有收到货物	/	6	48
	1.3 退货不解决	经双方协商一致，投诉方退货后，被投诉方不予解决（拒绝重新发货、拒绝退款、不合理拖延、联系不上等）	/	6	48
未收到货物	1.4 其他	被投诉方已发货，但因被投诉方原因导致货物的丢失、扣关、退回等，截止投诉受理之日投诉方未能收到货	/	6	48
	2. 成交不卖	安全支付订单已成立，被投诉方收款后逾期不发货，导致订单被系统关闭，而货款已退还投诉方	3	/	/
	3. 收货不付款	被投诉方已收到货物，但未按合同约定付款	/	6	48
货不对版	4. 质量				
	4.1 严重质量问题	投诉方收到的货物材质、成分含量、类别、安全标准等与约定明显不符，或者货物的主要功能缺失或完全不能使用，或者有严重质量问题等；有假货嫌疑的除外	/	6	48
	4.2 一般质量问题	投诉方收到的货物存在相对轻微的质量问题，未达到约定标准，但不影响使用或无明显危害的	6	/	/
	5. 数量				
	5.1 严重短装	被投诉方短装的数量（或价值）占比大于等于20%的	/	6	48
	5.2 一般短装	被投诉方短装的数量（或价值）占比小于 20%，且未能提供合理解决方案的；涉嫌欺诈的除外	6	/	/
	6. 假货	投诉方收到的货物不属于约定性质或品牌的产品，或被投诉方未能提供品牌授权或自有品牌证明的	/	12	48
恶意行为	7. 恶意下单	被投诉方多次下订单（针对同一投诉方≥2 次），但未按约定付款，导致投诉方信用保障额度或库存锁定无法在线交易的	/	6	48

续表

纠纷大类	纠纷小类	注　释	一般纠纷（未解决）	严重纠纷	
				已解决	未解决
恶意行为	8. 恶意评价	被投诉方多次无真实依据而做出明显虚假评价描述（针对同一投诉方≥2 次）	/	6	48
	9. 恶意投诉	一方无合理理由，发起多次纠纷投诉不成立的（针对同一被投诉方≥2 次）	/	6	48
	10. 恶意骚扰	被投诉方多次（针对同一投诉方≥2 次）对另一方出具不正当言论、威胁、污蔑、诽谤、辱骂等，或者短期内多次恶意联系另一方	3	/	/
其他纠纷	11. 其他损失纠纷	被投诉方未经投诉方同意而临时变更运费/港口/物流方式/交货期或产生其他费用等，投诉方已收到货，但因有其他损失而发起投诉的	3	/	/
	12. 售后纠纷	被投诉方不履行约定的售后服务，或不履行约定的承诺	3	/	/

备注：除上述外，用户有其他违反诚信交易、合法合规等交易行为原则之行为的，阿里巴巴有权视被投诉方过错程度、投诉方损失情况等给予处理，给以 3~48 分的罚分。

纠纷受理期限：约定交货期之日或付款之日（以二者中较晚者为准）起一年内。

因争议双方达成和解、谅解而投诉方撤销投诉的，阿里巴巴有权对被投诉方免除处罚，但因被投诉方引诱、威胁、胁迫等不适当方式导致撤销投诉，或阿里巴巴认为不适合免除的除外。

阿里巴巴的处罚不免除用户根据法律法规、用户间其他约定、用户与阿里巴巴订立的合同等应当承担的赔偿及其他一切责任。

7.4　本章总结

本章重点介绍了防范国际贸易风险的意义，分别解释了什么是国际贸易政治风险、市场风险、合同风险、信用风险、结算和电子支付风险。外贸企业可采取合同条款约束、投保出口风险保险、谨慎选择中长期信用交易等措施防范政治风险。外贸企业可实施交易对象资信调查、恰当投保货物运输保险、充分运用出口信用保险、善于使用国际保理业务、选择有效的结算方法等措施规避国际贸易市场风险。

本章还介绍了典型的跨境电商欺诈行为，如账号转让、联系不上、货不对版/收款不发货和邮箱被盗。从行为人的角度进行分类，又有双方欺诈和三方欺诈。

为了避免贸易投诉和欺诈的发生，要做好账号管理以防止邮箱被盗、小心账号转让的陷阱等。此外，介绍了骗子买家识别技巧、签订合同时的注意事项等。

7.5 巩固练习

（1）国际贸易一般会产生哪些风险？

（2）如何防范国际贸易中的市场风险？

（3）跨境电商欺诈有哪些类型？试举三个例子。

（4）如何避免贸易投诉和欺诈的发生？